QINGDAI HENAN XUEXIAO JIAOYU FAZHAN DE SHIKONG TANSUO

清代河南学校教育发展的时空探索

王洪瑞 著

西北大学出版社

·西安·

图书在版编目（CIP）数据

清代河南学校教育发展的时空探索／王洪瑞著．—西安：西北大学出版社，2023.12
ISBN 978-7-5604-5270-8

Ⅰ.①清… Ⅱ.①王… Ⅲ.①地方教育—教育史—河南—清代 Ⅳ.①G527.61

中国国家版本馆CIP数据核字（2023）第242907号

清代河南学校教育发展的时空探索
QINGDAI HENAN XUEXIAO JIAOYU FAZHAN DE SHIKONG TANSUO

著　　者	王洪瑞
出版发行	西北大学出版社
地　　址	西安市太白北路229号
邮　　编	710069
电　　话	029-88302607
经　　销	全国新华书店
印　　装	陕西瑞升印务有限公司
开　　本	787mm×1092mm　1/16
印　　张	21.75
字　　数	408千
版　　次	2023年12月第1版　2023年12月第1次印刷
书　　号	ISBN 978-7-5604-5270-8
定　　价	98.00元

本版图书如有印装质量问题，请拨打电话029-88302966予以调换

摘 要

教育是社会的一项基础性事业，接受教育的经历是大多数人人生的重要阶段和发展基础。教育发展的时空差异对区域社会的变迁影响深远。作为连接古代与近代的重要阶段——清代更是如此。而清代的河南地区是一个既不像江浙湖广那样发达，也不像云贵蒙藏那样落后的中层省份，它的社会特点在一定程度上代表了中国大多数地区的社会特点。选择教育的综合载体——学校为对象，对清代河南教育发展的时空差异及影响因素进行深入探讨，不仅具有长远的普遍意义，而且可以为深入理解教育与区域社会的关系奠定坚实的基础。

本书内容共分三个部分：

第一部分即第一章绪论，通过对选题的简要分析和研究现状的深入总结，提出了本书的研究思路。虽然教育是社会生活的重要方面，但是前人对此问题的研究，或限于制度文本，如教育史学界；或关注相对较少，如历史地理学界。而且涉及的研究大多选择科举人才特别是进士人数作为考察区域教育发展水平的依据，存在着一定的不足。实际上，教育存在两个系统：培养系统和选拔系统。学校作为教育活动的综合载体，隶属培养系统，是教育的本质系统和基础系统。而人才只是教育选拔的结果，是教育效果的体现。选择学校的数量分布及其所能提供的教育总量对清代河南教育的地域差异及其影响因素进行分析，不但更加接近教育发展的实际，而且有助于丰富和完善区域教育与历史地理研究的内容和范围。

第二部分即主体部分，包括第二到第五章，分别探讨了清代河南学校教育发展的背景、过程、时空差异及影响因素。第二章介绍了清代河南学校教育发展的自然和社会背景，包括特殊的自然条件与频繁的水旱灾害、稳定的行政区划和完备的科举制度、繁忙的社会生产与落后的生产方式、动荡的社会局势与贫困的农民生活等，种种背景都直接或间接地影响了各地各级教育发展的环境和条件。第三章通过对此过程的整体考察，发现其大致经历了三个阶段：传统教育体系的建制与发展（1644—1795）、传统教育体系的衰败与重创（1796—1899）、新教育的萌芽与确立（1900—1911）。传统教育体系包括各级儒学、社学、义学、私塾、书院等，新教育体系包括普通、师范等各类新式学堂。顺治初到乾隆末传统教育体系逐步建立和发展。嘉庆以后，各类传统学校逐渐衰败，咸同时期遭受重创，同光之际又得以恢复苟延。光绪末年直至清亡，在传统教育的改良过程中，新式教育逐渐萌芽并最终草草确立。传统教育的垂而不死和新式教育的迟迟萌芽充分反映了清代河南教育的封建、保守与滞后。

与此同时，清代河南教育的发展呈现出了明显的时空差异。第四章便以各类学校为例分析了这一差异，特别是各类学校数量上的时空分布和程度上的发展差异。在嘉庆二十五年（1820）行政区划的基础上，通过广泛搜集资料，采用合理标准，对各类传统学校和新式学堂进行了数量和存续时间等数据的统计，并在这些统计的基础上，运用数理方法，揭示了各类学校的时空分布特征，评估了各类学校的地域发展差异。具体来说，儒学依政区而置，时空分布与政区的调整息息相关。发展差异缺乏考察途径，由入学机会看，卫辉、陕州等地较大。义学的普及程度高于社学，虽然都是初级学校，但由于性质的些微差异，时空分布和发展差异各不相同。书院的设置，时间上集中于康熙中期和乾隆初期，地域上集中于开封、河南两府。而由人均书院教育供给量的比较可知两地也是书院普及程度较高的地区。新式学堂中普通学堂特别是中小学堂的设置初具规模，具备比较分析各地发展差异的基础条件。中学堂各地设置数目差别不大，但发展差异明显。南阳、开封、怀庆等府中学教育发展良好，其余诸府相对较差。小学堂集中设于开封、怀庆、河南、光州等地，普及程度与数量分布基本一致。由于书院和小学堂在新旧教育中的重要地位和沿承关系，其时空分布和发展差异基本代表了新旧教育的相应特征。

第五章探讨了影响各类学校时空分布、发展差异的宏观和微观因素。宏观因素主要有自然、政治、经济、文化等条件，微观因素主要有地方官的兴学热情及个别人物或学校的示范效应等方面。自然环境通过地形地貌和对人口、经济的制约直接或间接影响学校的分布和发展。政治条件通过文教政策、政治地位、社会局势等方面影响各类学校的集中倾向和发展势头。而地区经济发展水平、学校自身经费充裕情况、区域传统经济结构等经济条件决定着学校系统的存在基础、持续能力和结构类型。此外，学术活动和传统习俗等文化要素对学校的分布和发展也有一定影响。各种因素发挥作用的范围和限度不尽一致，清代河南学校教育发展的时空差异正是区域社会的宏观环境和微观环境综合作用的结果。

第三部分即第六章结语，概括了清代河南教育发展的地域特征及其对当前教育改革的启示。这些特征包括：清代河南教育的发展具有明显的阶段性和突出的地域性，不同地区新旧教育的发展具有一致性和一定的错位性，各类学校分布差异与发展差异的一致程度与人口因素密切相关，区域社会条件的差异是学校分布不均和地区失衡的根本原因等。

目 录

第一章 绪论 1
  一、选题的缘起与意义 1
  二、研究的现状与问题 3
  三、思路的突破与设计 12
  四、材料的分析与利用 17
  五、内容的创新与划分 20

第二章 清代河南学校教育发展的自然和社会背景 23
  第一节 特殊的自然条件与频繁的水旱灾害 23
  第二节 稳定的行政区划和完备的科举制度 28
    一、行政区划相对稳定 28
    二、科举制度更加完备 31
  第三节 繁忙的社会生产与落后的生产方式 34
    一、农业——广博的垦殖与低下的产出 34
    二、手工业——繁忙的生产和落后的经营 37
    三、商业——繁华的商业集镇和落后的商品经济 39
  第四节 动荡的社会局势与贫困的农民生活 42
    一、社会局势长期动荡 42
    二、农民生活比较贫困 45
  第五节 小结 50

第三章 清代河南学校教育发展的基本过程 52
  第一节 清代以前地方传统教育体系的演变 52
    一、汉代地方教育的松散化 53
    二、魏晋南北朝时期地方教育的初步制度化 54
    三、唐宋时期地方教育的体系化、制度化 54

四、元明时期地方教育的普及化、定型化·················· 56
第二节　传统教育体系的建制与发展（1644—1795）············ 58
　　一、初等教育机构——社学、义学和私塾的重建与发展······· 58
　　二、中等教育机构——府、州、县学的继承与发展··········· 62
　　三、混合教育机构——书院的兴起与发展···················· 65
第三节　传统教育体系的衰败与重创（1796—1899）············ 73
　　一、传统教育体系的衰败·································· 73
　　二、传统教育体系的重创·································· 74
　　三、传统教育体系的恢复与苟延···························· 76
第四节　新教育的萌芽与确立（1900—1911）·················· 80
　　一、传统教育的改良和新教育的萌芽······················· 80
　　二、科举制度的废除和新教育的确立······················· 83
　　三、清末河南新教育发展的总结与反思····················· 94
第五节　小结··· 96

第四章　清代河南学校教育发展的时空差异·················· 99
第一节　传统学校的时空分布特征和地域发展差异············ 101
　　一、儒学·· 102
　　二、社学、义学、私塾·································· 110
　　三、书院·· 157
第二节　新式学堂的时空分布特征和地域发展差异············ 204
　　一、普通学堂的分布与发展······························ 206
　　二、师范学堂的分布与发展······························ 224
　　三、实业学堂的分布与发展······························ 229
　　四、女子学堂的分布与发展······························ 235
第三节　小结·· 237

第五章　影响河南学校教育发展时空差异的因素分析·········· 240
第一节　各类学校的时空分布特征和地域发展差异············ 240
第二节　社会宏观因素对各类学校时空分布和发展差异的影响·· 244
　　一、自然因素对各类学校分布和发展的影响················ 244

二、政治因素对各类学校分布和发展的影响 …………………………… 249
　　三、经济因素对各类学校分布和发展的影响 …………………………… 276
　　四、文化因素对各类学校分布和发展的影响 …………………………… 299
第三节　社会微观因素对各类学校分布和发展的影响 ………………………… 304
　　一、地方官绅的兴学热情 …………………………………………………… 304
　　二、个别人物、学校的示范效应 …………………………………………… 308
第四节　小结 ………………………………………………………………………… 311

第六章　结语 …………………………………………………………………………… 313
　　一、清代河南教育的发展具有明显的阶段性和突出的地域性 ………… 313
　　二、不同地区新旧教育的发展具有一致性和一定的错位性 …………… 314
　　三、各类学校分布差异与发展差异的一致程度与人口因素密切相关 … 316
　　四、区域社会条件的差异是学校分布不均和地区失衡的根本原因 …… 317
　　五、清代河南教育的发展对现代教育改革的启示是多方面的 ………… 320

参考文献 ………………………………………………………………………………… 322

附图表目录

表 2-1	河南地形地貌分布表	24
表 2-2	清代河南自然灾害基本数据统计表	25
表 2-3	1861—1895年间河南和全国受灾县数对照表	27
表 2-4	清代河南府州县数目变化表	29
表 2-5	清代河南各地粮食年均亩产情况表	46
表 2-6	清代河南农民年均粮食收获量估算表	46
表 2-7	清代河南各地分成地租情况表	48
表 2-8	清代河南农民每年人均粮食净收入估算表	49
表 3-1	咸同时期河南永广学额统计表	77
表 3-2	咸同时期河南各地修复儒学、书院统计表	77
表 3-3	光绪年间河南新建书院一览表	79
表 3-4	1907—1909年河南专门学堂学生统计表	90
表 3-5	1907—1909年河南师范学堂学生统计表	90
表 3-6	1907—1909年河南实业学堂学生统计表	90
表 3-7	1907—1909年河南普通学堂学生统计表	91
表 4-1	清代河南各类学校、教师、学生名称对照表	101
表 4-2	清代河南儒学一览表	102
表 4-3	嘉庆二十五年河南各地儒学等级、学额一览表	109
表 4-4	清代河南社学置废情况原始数据表	111
表 4-5	清代河南社学置废年代修正数据表	117
表 4-6	清代河南各府州历朝社学设置一览表	121
表 4-7	清代河南各府州社学设置集中程度表	125
表 4-8	清代河南各府州社学发展程度差异对照表	127
表 4-9	清代河南义学置废情况原始数据表	129
表 4-10	清代河南各府州历朝义学设置一览表	144
表 4-11	清代河南历朝义、社学年均设置数	144
表 4-12	清代河南各地人均义学设置表	148
表 4-13	清代河南义学设置均衡程度表	149
表 4-14	清代河南各府州义学设置均衡程度表	150
表 4-15	清代河南各府州的义学教育供给差异对照表	152
表 4-16	清代河南书院设置一览表	161
表 4-17	清代河南各府州历朝书院设置一览表	180

表4-18	清代河南各地区不同时期年均设置书院数目对照表	185
表4-19	清代河南各府州书院分布密度对照表	191
表4-20	清代河南各府州人均书院教育供给量差异比较表	201
表4-21	清末不同年份不同刊物对河南中学堂的统计差异对照表	209
表4-22	河南全省中学堂一览表	212
表4-23	清末河南各中学堂发展差异量化统计表	215
表4-24	清末河南各类小学堂不同年份设置情况一览表	219
表4-25	宣统元年河南各府州各类小学堂及学堂学生分布表	220
表4-26	清代河南各府州义、社学与初等小学堂的设置数目对照表	222
表4-27	清末河南不同年份各级师范学堂及学生数量统计表	227
表4-28	光绪三十四年河南各府州师范学堂学生统计表	229
表4-29	1907—1909年河南省实业学堂设置一览表	232
表4-30	1902—1908年河南省实业学堂设置分布表	234
表5-1	清代河南各府州各类学校设置数目与发展程度位次对照表	243
表5-2	清代河南不同地形书院及小学堂设置情况表	246
表5-3	顺治年间河南各府州儒学重建或修复进度差异对照表	250
表5-4	顺治二年至十年各地儒学修复数目与举人录取数目对照表	251
表5-5	清代河南各府州不同政策时段义学设置情况表	256
表5-6	清代河南各府州不同政策时段书院设置情况表	263
表5-7	清代河南各府州驻地各类教育资源优势对照表	268
表5-8	清代河南各类传统学校不同朝段设置数目对照表	273
表5-9	嘉庆二十五年河南各府州人口、田地、田赋一览表	281
表5-10	清代河南各府州学校发展程度与经济发展状况关联程度对照表	283
表5-11	清代河南各项国家教育财政拨付经费总额及其比例一览表	286
表5-12	光绪时期部分州县学田与举人数目对照表	287
表5-13	清代河南部分县域义、社学的经费总额与设置数目对照表	291
表5-14	清末河南各府州部分书院经费额数与院生数目对照表	296
表5-15	清末河南各地实业学堂宜办与已办情况对照表	299
表6-1	清代河南各府州新旧教育的发展位次对照表	315
表6-2	清代河南各府州社学、义学、书院设置数目与发展程度位次差异对照表	317

图4-1	清代河南书院设置折线图	187
图4-2	清代河南书院分布示意图	188
图4-3	清代河南各府州书院分布差异示意图	190
图4-4	清代河南各府州书院发展差异示意图	203
图5-1	清代河南各府州新旧教育发展位次变化对照图	244

第一章 绪 论

一、选题的缘起与意义

（一）选择教育问题的缘由

教育者，社会之基，人文之本也。教育是社会的一项基础性事业。作为一种培养人的活动，教育是控制社会意识形态的重要手段和提高社会成员文化和道德素质的必由之路。对于个人来说，它又是实现个人社会化过程的必要条件和决定个人社会选择的关键因素，接受教育的经历是大多数人人生的重要阶段和发展基础。因此，无论对于社会还是个人，它都有着无可替代的作用和影响。然而，这样一项重要的人文事象，却长期未能纳入历史地理的研究范围。自从历史地理学由沿革地理发展到历史地理后，历史地理已经从一种严格意义上的学科名称演化为一种思维方式的指称，历史地理的研究对象早已泛化，除自然要素外，政治、经济、文化、军事、民族、宗教等人文要素也都已纳入历史地理的研究范围，但教育却一直未能进入学者的视野。当前历史地理学界对教育问题的关注一直较少，选择这一问题进行研究有利于丰富和完善历史地理学科的研究内容。

（二）选择学校代表教育问题的理由

当前许多学者在涉及教育问题时，大多从文化或制度的角度，选择人才或科举等教育的伴生物作为文化的主导因子进行文化地理的研究，而对教育的综合载体——学校，进行研究的投入不够。实际上，教育问题包含两个系统：一是培养系统，二是选拔系统。

科举是选拔制度，人才是选拔结果，二者都属于选拔系统；而学校是培养系统。一个地区教育水平的高低，是这两个系统综合比较的结果。单单以科举人才的多寡代表教育水平的高低，有时并不能反映地区教育的实际。原因是：①各地人口规模大小不同、学校普及程度不一、读书应试人数不等、录取竞争机会不公等问题都是造成人才数量与教育水平之间对应关系偏差的因素。比如从咸丰二年到光绪二十九年，南阳府先后考取举人129人，远高于陕州、汝州等地，但实际上南阳府的教育水平可能远低于陕州、汝州等地区，因为南阳府的人口基数是这些地区的好几倍，若论人均举人拥有量，南阳府是很低的。②每一次科举应试，实行的是无限重复参考制，只要你具备了参加上一级考试的资格，就可以无限制地重复参加考试，直到考上为止。如果两个地区考取某一层级的科举人才总数相等，平均考取率也相等，一个地区的人中有很多是参加了多次考试才考中的，另一个地区的人中大多是一次考中的，难道能说这两个地区教育水平相等吗？再者，古代科举人才分秀才、举人、进士三个层次，由童生到秀才和由秀才到举人一般在学校接受教育，由举人到进士则不一定，因为考取举人即可做官，吃皇粮，办皇差，从事各种职业，这些人在"岗位"上还可以再参加进士考试，与其受教育的经历和效果是有一定距离的。所以很多人选择进士数额作为衡量地区教育水平或文风高下的重要指标是有一定偏差的，特别是对于一个省区之内的各府而言，更是如此。另外，科举考录优势地区的优势累加会带来竞争机会的强烈不公。特别是地区官员人数的增加会通过人脉关系影响考官偏好，地方考生的应试技巧会通过经验传递影响考试成绩，中央政府的取士倾向会通过籍缘、地缘增加优势地区的无形保护，等等，都会造成优势地区对其他地区考生的排斥。所以不但地区科举人才总数的多少与教育水平的高低关系不大，即使人均科举人才的多少，也与教育水平的高低不是完全的正相关关系。这种状况至今如此。就拿现代的高考来说，北京地区的高考录取率一直远高于河南，但这是建立在同等高校的录取分数比河南地区低100多分的基础上，如果按照统一的录取标准，北京地区的录取率很可能要低于河南，但谁又能说北京的教育比河南落后呢？反过来，如果依据北京地区考生的平均成绩低于河南，就判定北京的教育水平比河南差，同样也是不合实际的。因此在代表教育选拔系统与培养系统的两个核心要素——人才和学校中，学校更能代表地区教育的实际，毕竟教育在本质上是一种培养人的活动，这种活动的发生地即是学校。选择学校这一教育活动的场所作为区域教育的研究对象，一方面更为接近教育的本质，另一方面有助于校正人才选项在教育研究上的偏差，丰富和完善历史地理对教育问题的研究，为教育与社会等进一步的研究提供基础和保障。

(三) 选择河南的理由

在清代广大地域中,河南既不像江浙湖广那样发达,也不像云贵蒙藏那样落后,无论在经济上还是其他社会发展要素上,河南都是广大"中层社会"的一个典型省份。对于全国而言,河南比发达或落后省份更具代表性。人口众多,灾害频繁,民生维艰,发展不均,民风淳朴,文化深厚。河南社会的特点从一定程度上代表了清代中国社会的特点。但从区域研究的现状看,多数成果集中于两个"极端":要么是较为发达的江浙湖广,要么是特色浓郁的云贵蒙藏,江浙湖广的经济、文化,云贵蒙藏的民族、宗教等都是学者喜欢关注的焦点。这些特殊地区当然应该研究、值得研究,但广大更具代表性的普通地区似乎亦不应忘,特别是像河南这样既不沿边亦不沿海,经济文化中规中矩的地区,对它的研究可能发现更具普遍意义的结论。鉴于河南研究的薄弱及典型意义,本文选择河南作为研究的地域,意为拓宽和加强历史地理学的研究区域,为促进中层省份的研究抛砖引玉。

此外,选择清代河南教育这一命题,还受到已有研究基础的影响和个人知识结构的制约。但总体而言,从历史地理的角度,分析清代河南各地教育发展的时空差异及其制约因素,有助于探索和了解区域教育不均的历史状态和深层原因,为进一步分析区域教育不均的历史影响、促进教育地区均衡、实现教育公平提供有益的启示和借鉴。

二、研究的现状与问题

(一) 研究的现状

清代的地方学校系统伴随着清朝政权的命运经历了由草创、完善到衰败、改制的过程。在这一过程中,作为国家和地方文教事业的核心,有关各类学校的政策诏令、制度设计、兴废更替等存续的痕迹被系统而分散地记载在了有关清代历史的各类古籍中,如编年体的历朝《起居注》《实录》《东华录》,纪传体的《清史稿》,典制体的"清三通"、《清会典》等。对于这些资料的整理和研究,在清朝灭亡之前新式师范学堂建立时即已开始,迄今仍在继续。在这百余年的历程中,有关清代地方学校的研究,由资料整理到研究提高,由简单介绍到深入分析,大致走过了三个不同的阶段。

1. 20 世纪初—30 年代

光绪末年,伴随着新式师范学堂的设立,有关教育史学科的教材问题提上日程。为了适应这种需要，1902 年商务印书馆出版了日本学者狩野良知的《支那教学史略》，该书是日本教育史教材中有关中国部分的改写，对清代的学校教育做了简要介绍。除此之外，类似的著作还有江苏师范学堂所用的讲义《教育史》①、根据日本教材改编由学部批准的师范学堂教材《教育史》②等。1911 年辛亥革命后，国内学者自己编写的教育史著作开始大量出现，其中涉及清代学校教育比较典型的有：李步青的《新制教育史》③、王凤喈的《中国教育史大纲》④、黄炎培的《中国教育史要》⑤、陈青之的《中国教育史》⑥、陈东原的《中国教育史》⑦等。这几种著作的叙述年代，起于史前或汉代，止于清末或民国，都是从总体上介绍了中国历史时期教育发展的概况和变迁大势，关于清代学校系统的介绍只是其中的一部分。

除了这几部通史性的著作外，一些断代性或专题性的研究也开始出现。如陈东原的《中国科举时代之教育》⑧，分六个章节概述了科举时代的科举、官学、私塾、书院、学风等情况。郭秉文的《中国教育制度沿革史》⑨从管理制度的角度叙述了清代旧教育的发展历程和新旧教育的过渡问题，是郭 1914 年在美国哥伦比亚大学毕业时的博士学位论文。该书 1916 年在上海出版，是近代中国第一部教育制度简史。与郭书相近的著作还有薛人仰的《中国教育行政制度史略》⑩，其中第二章的清代中央教育行政、第五章的新教育行政之萌芽和第六章的新旧教育行政之过渡等部分，论述了有关清代教育行政的制度及其演变。陈宝泉的《中国近代学制变迁史》⑪，分无系统的教育时期、钦定学堂章程时期、奏定学堂章程时期、民国新学制颁布时期、学校系统改革案颁布时期等五个部分，叙述了近代以来学制的变迁。其中"无系统的教育时期"与《清史稿》的提法是一致的。《清史稿》卷 107《选举志二》关于学校的沿革曾言："学校新制之沿革，略分二期。同治初迄光绪辛丑以前，为无系统教育时期。辛丑以后迄宣统末，为有系统教

---

① 增户鹤吉讲授，孙家树等译，江苏师范讲义编辑部编辑《教育史》，江苏宁属学务处 1906 年 4 月发行。
② 孙清如编著：《教育史》，上海：商务印书馆，1908 年。
③ 李步青：《新制教育史》，上海：中华书局，1915 年 5 月初版。
④ 王凤喈：《中国教育史大纲》，上海：商务印书馆，1928 年 1 月初版。
⑤ 黄炎培：《中国教育史要》，上海：商务印书馆，1930 年 10 月初版。
⑥ 陈青之：《中国教育史》，上海：商务印书馆，1936 年 4 月初版，10 月再版，1940 年长沙 3 版。
⑦ 陈东原：《中国教育史》，上海：商务印书馆，1936 年 7 月初版，1937 年再版。
⑧ 陈东原：《中国科举时代之教育》，上海：商务印书馆，1934 年 3 月初版。
⑨ 郭秉文：《中国教育制度沿革史》，上海：商务印书馆，1916 年 11 月初版，1922 年 2 月再版。
⑩ 薛人仰编著：《中国教育行政制度史略》，上海：中华书局，1939 年 8 月。
⑪ 陈宝泉：《中国近代学制变迁史》，北京：文化学社，1927 年 6 月出版。

育时期。"①陈曾任学部实业司司长，对近代以来的学制变化颇为稔熟，所以此书对清末新式学堂的记载尤为详细。1933 年出版的由蔡芹香编著的《中国学制史》②，将清代学制作为历代学制的一个部分做了概述，因为是通史性的专题研究，所以对于清代学制的论述，与陈书相比，详略各异。

与此同时，有关清代学校教育资料的整理、编辑工作也取得较大进展。1928 年，上海中华书局出版了舒新城编辑的《近代中国教育史料》③（1—4 册）。该书以时间为序，分门别类地将不同时期的教育资料集于其中，这种体例也为以后的资料编辑所效法。1935 年，丁致聘根据《学部官报》《学部奏咨辑要》和《东方杂志》等资料，编写了《中国近七十年来教育记事》④，叙述了从 1862 年到 1933 年 71 年间中国教育的重大史实，其中详细记述了各地新式学堂的设立和演化。1936 年曾任职于教育部的蒋维乔以回忆录的形式撰写了《清末民初教育史料》⑤，发表在上海的《光华大学半月刊》上，虽然篇幅不长，但可补诸多古籍之不足。

以上累累著作，基本上都是从宏观的角度整体上论述教育的有关问题，涉及地方学校的部分十分有限。而专门对清代义学、社学、书院进行研究的著作为之尚少。书院的研究尚可缀色，但不以清代为限，而是着眼于此类教育机构的制度演进、名称考订等方面。义学、社学的研究基本空白。即使民国时期的小学也仅有吴研因、翁之达编著的《中国之小学教育》⑥等为数不多的两三部著作。其原因正如该书结论所说：教育行政者及办学者都不重视小学教育，研究者也缺乏兴趣。

在义学、社学研究基本空白的同时，有几部有关书院研究的成果颇值一提。1934 年，中华书局出版了盛朗西编著的《中国书院制度》⑦一书，分六个章节介绍了书院的起源、宋元明清的书院及其废替等。1936 年，商务印书馆出版了胡适等编的《张菊生先生七十生日纪念论文集》，在该文集中收录了谢国桢著的《近代书院学校制度变迁考》一文⑧，分缘起、乾嘉以来书院建置之沿革、书院之课业及光绪年间新旧学则之条议、吾

---

① 《清史稿》卷 107 志 82《选举志二·学校条二》。
② 蔡芹香编著：《中国学制史》，上海：世界书局，1933 年 7 月。
③ 舒新城编：《近代中国教育史料》，上海：中华书局，1928 年 3 月初版，10 月再版，1933 年 2 月 3 版。
④ 丁致聘编：《中国近七十年来教育记事》，上海：国立编译馆，1935 年 5 月初版。
⑤ 蒋维乔：《清末民初教育史料》，载《光华大学半月刊》1936 年 10 月 5 卷 1 期和 1936 年 11 月 5 卷 2 期。
⑥ 吴研因、翁之达编著：《中国之小学教育》，上海：商务印书馆，1934 年 10 月初版，1935 年 2 月再版。
⑦ 盛朗西编著：《中国书院制度》，上海：中华书局，1934 年 11 月。
⑧ 谢国桢：《近代书院学校制度变迁考》，上海：商务印书馆，1936 年 5 月。

人对今日教育之感想等四个部分，对近代书院进行了深入研究，堪称清代书院研究的佼佼者。1937 年，罗季龙对书院制度也进行了研究，写出了《中国书院制度之研究》①一文。该文为罗的国立武汉大学哲学教育系毕业论文。在文中，罗从书院的精神内核和师生表现提出了书院制度的五利五弊，切中肯綮，不妨抄录如下：

五利：

自由研究精神，提倡不遗余力，近代学术因以发扬，此利之首也。

师生感情融洽，朝夕研讨，尊师重学之风因以养成，此利之次也。

广收生徒，不以贫富而异教，卒以人文蔚起，学者辈出，此利之三也。

宏奖著述，以资策励，集合群力，从事编纂，因而流传古籍，辨章学术，此利之四也。

讲求律己治人之法，竞诵格物致知之论，重修养、尚品格，经千年科举荣利之劫，学风不靡，此利之末也。

五弊：

山长滥竽充数，不问品学，书院内容，日益败坏，此弊一也。

士子以儇薄相高，以浮夸相尚，动辄滋事，日益嚣张，此弊二也。

多课时文帖括，无裨实用，徒为科举预备，渐失学术精神，此弊三也。

学生注意膏火，志趣卑陋，动辄计较锱铢，忿争攻讦，剽袭冒名，大雅扫地，此弊四也。

借书院为纳交声气之地，觞酒酬酢，庆贺往还，游荡门外，招摇市中，尤不肖之甚，贻羞学界士林，此弊五也。

最后希望"寓书院精神于学校形式之中，取所长而弃所短，杜其弊而存其利，则是书院制度而又助于中国教育前途者，庶乎不致发生削足适履之弊也"。已经注意从书院的制度中吸取营养，为当时中国的学校教育提供借鉴，研究深度不言而喻，更进一步。

除了这几部综论书院的著作外，从区域的角度对书院进行详细研究的成果也同时出现。其中吴景贤的《安徽书院沿革考》②、柳诒征的《江苏书院志初稿》③、王兰荫的《河北书院志初稿》④、刘伯骥的《广东书院制度沿革》⑤等书，分别论述了各自书院的

---

① 罗季龙：《中国书院制度之研究》，民国二十六年（1937）国立武汉大学哲学教育系毕业论文。
② 吴景贤：《安徽书院沿革考》，安徽省立图书馆（安庆）主办《学风》1932 年第二卷 4—8 期。
③ 柳诒征：《江苏书院志初稿》，《江苏省立国学图书馆年刊》第 4 期专著栏，1932 年出刊。
④ 王兰荫：《河北书院志初稿》，北平：国立北平师范大学出版科，1936 年 9 月。
⑤ 刘伯骥：《广东书院制度沿革》，长沙：商务印书馆，1939 年 7 月。

建置沿革、章程条规、行政组织、课程训导、教学祭祀、经费来源、地位影响等方方面面。虽然体例和方法未能体现地域思维，但对于书院特别是清代地方书院的研究已经至为详细，奠定了书院研究的基础，此后的诸多研究基本未能超出前述诸书的研究范围。这一时期发表的有关书院的论文有曹松叶的《宋元明清书院概况》①、王镜第的《书院通征》②、班书阁的《书院兴废考》③等，依据相关资料对不同时期国内书院的数目进行了大致考订。

总体来说，这一时期的研究有如下特点：其一，对清代学校的研究仅限于简单介绍归纳，且多在教育通史类著作中提及，缺乏专门研究；其二，专题类研究集中于教育制度等静态化的内容，对于学校的发展变化等动态化的东西缺乏研究；其三，关于近代学制的资料整理工作取得了一定进展；其四，对于各类学校的研究，突出体现在书院上，而义学、社学的研究基本空白；其五，对书院的研究范围已较广泛，数目考订、建置沿革、章程条规、组织行政、课程训导、教学祭祀、经费来源、地位影响等静态和动态方面都有涉及，但侧重时间线索，缺乏空间思维；其六，对于河南地区的区域教育研究尚未开展。

2. 20世纪60—70年代

由于战乱和一系列政治运动的影响，20世纪40年代至80年代初，国内关于清代教育的研究基本处于停滞状态，聊可指出的工作是：其一，1961年人民出版社再版了舒新城的《近代中国教育史料》，但是将原书按照阶级斗争的观念和近代史分期法进行了重新编辑和删减，并改名为《中国近代教育史资料》，分上、中、下三册，从学术意义上讲，比原书可能还有所退步。其二，1962—1964年，毛礼锐、陈景磐等受教育部委托分别编写了《中国古代教育史》和《中国近代教育史稿》，但未正式出版。而此时我国港台地区及国外的研究却有所进展。1969年，台湾学者陈启天编著的《近代中国教育史》由台北中华书局出版。1972—1976年，日本学术振兴会出版了多贺秋五郎编辑的《近代中国教育史资料》，该书搜集范围广泛，辑录方式独特，直接影印了大量原始文献，为研究者提供了可靠的资料来源。1976年，台湾学者苏云峰所著的《张之洞与湖北教育改革》④一文发表，该文首次将历史名人的教育思想及办学实践与区域学务结合起来进行

---

① 中山大学语言历史研究所主办：《中山大学语言历史研究所周刊》第10辑第111—115期，1929—1930年出刊。
② 北平清华学校研究院主办：《国学论丛》，1927年第1卷第1期。
③ 河北省立女子师范学院（天津）主办：《女师学院期刊》，1933年第2卷第1期。
④ 苏云峰：《张之洞与湖北教育改革》，《台北中央研究院近代史研究所专刊》第35辑，1976年出刊。

研究，揭示了近代湖北教育模式的成败特征，对区域学校的研究有一定启示意义。总之，此段时间是清代教育研究的低谷期，这一时期的研究特点表现在：①对清代教育的关注集中于清代后期即近代以来的教育变迁；②大多数著作依然是从全国角度对教育的整体研究，区域教育的研究比较少见，遑论河南；③大陆研究基本停滞，我国港台地区和国外的研究虽有所发展，但对清代教育依然涉及不多。

3. 20 世纪 80 年代以来

20 世纪 80 年代以来，随着国内学术环境的改善，一系列相关论著相继涌现，蔚为大观。

首先，资料的整理工作取得了很大进展。1983—1993 年，华东师范大学出版社出版了朱有瓛主编的《中国近代学制史料》。该书以学制变化为主线，辑录了自同治元年（1862）同文馆成立到民国 11 年（1922）壬戌学制公布 60 年间有关学校教育的谕令、奏章、咨文、通电及各地办学情况，取材范围既有一般文献，也有大量报刊、地方志、文集、年鉴，特别是学部官报和地方教育官报，从而为研究地方新式学堂的发展带来了极大方便。1986—1987 年，人民教育出版社发行了陈学恂主编的《中国近代教育史教学参考资料》，该书内容简明扼要，第八章教育统计部分专门辑录了学部总务司三次全国教育统计的资料，为相关研究带来方便。1991—1994 年，上海教育出版社出版了璩鑫圭主编的《中国近代教育史资料汇编》，该书以专题为经、年代为纬，分《普通教育》《学制演变》《实业教育师范教育》《高等教育》等分册，辑录了从清末至民末的教育资料，是迄今为止最为宏大的资料汇集。1993 年，尹德新主编的《历代教育笔记资料》①问世，其中第四册为清代部分，搜集了清人笔记、小说、文集等文献中对社学、义学、书院、儒学等各类学校的生动记述，弥补了典籍文献的诸多不足。1995 年，赵所生、薛正兴主编的《中国历代书院志》②出版。该书共分 16 册，其中第六册大部分为河南地区的书院文献，像百泉书院志、敕赐紫云书院志、南阳书院学规、彝山书院志、创建豫南书院考略、明道书院志、朱阳书院志等。随后，1996 年季啸风编著的《中国书院辞典》③，1998 年陈谷嘉、邓洪波主编的《中国书院史资料》④等书相继问世，为清代河南各类学校的深入研究提供了帮助。

---

① 尹德新主编：《历代教育笔记资料》，北京：中国劳动出版社，1993 年。
② 赵所生、薛正兴主编：《中国历代书院志》，南京：江苏教育出版社，1995 年。
③ 季啸风编著：《中国书院辞典》，杭州：浙江教育出版社，1996 年。
④ 陈谷嘉、邓洪波主编：《中国书院史资料》，杭州：浙江教育出版社，1998 年。

其次，对各类学校的研究成果迭出。特别是针对书院的研究论著最为丰富，仅先后出版的著作就达百余种，论文数千篇。其中代表性的著作有张正藩《中国书院制度考略》①、李国钧《中国书院史》②、刘少雪《书院改制与中国高等教育近代化》③和李兵《书院与科举关系研究》④等。这些书分别从不同角度论述了书院的制度变迁、思想学派、改制演进以及与科举的关系等，虽然对书院的总体认识相较于20世纪30年代的研究没有实质性的突破，但论述的广度深度、依据的资料范围较30年代有明显进步。特别是李兵的《书院与科举关系研究》一书，从不同历史时期、不同角度，对中国古代书院与科举的关系进行了详细梳理，认为书院因科举而兴，又因科举而亡，处于国家教育体系之外的书院不可能对科举制度产生巨大的影响，只能通过培养人才而服务于科举制度。针对义学、私塾等私立学校的研究，吴霓的《中国古代私学发展诸问题研究》（中国社会科学出版社1996年）、王炳照主编的《中国私学·私立学校·民办教育研究》（山东教育出版社2002年）等著作均有涉及。吴书主要以南方私学为例，对古代私学发展过程的组织制度、经费管理等问题进行了研究。王书为全国教育科学"九五"规划重点课题的研究成果，该书分三编考察了中国古代私学、近代私立学校以及当代民办教育的发展状况，揭示了私学在中国教育史上的地位和影响。另外，陈剩勇在《清代社学与中国古代官办初等教育体制》⑤一文中分析了清代社学、义学的特质、体制及规模，指出社学（义学）作为传统中国的官立初等学校，其教育宗旨、课程设置、日常管理、经费来源等均由朝廷管辖、督察和支持。直到19世纪的晚清时期，社学、义学依然存在，在许多地区一度还有较大发展。由社学、义学的发展历程和制度设计可以看出，传统中国确实拥有一套官办初等教育体制，但在晚清教育变革中，社学、义学最终未能发挥其应有的作用而遭废弛毁弃，与中国本土教育固有的缺陷和弊端不无关系。

这些从全国角度对各类学校的通论性研究，并不一定都适合于清代河南各类学校的发展。应当说，清代河南地区各类学校的发展有自己的特色和问题，而这正是本书所要着重探讨的对象，但这些研究为清代河南地区各类学校发展特征的研究提供了思维和方法的参照。

再次，从数量考证或地域分布的角度对地区内义学、社学、书院等各类学校进行研

---

① 张正藩：《中国书院制度考略》，台北：中华书局，1981年。
② 李国钧主编：《中国书院史》，长沙：湖南教育出版社，1994年。
③ 刘少雪：《书院改制与中国高等教育近代化》，上海：上海交通大学出版社，2004年。
④ 李兵：《书院与科举关系研究》，武汉：华中师范大学出版社，2005年。
⑤ 陈剩勇：《清代社学与中国古代官办初等教育体制》，《历史研究》1995年第6期。

究的成果开始出现。如李可对云南义学的简要介绍①，蒋立松对贵州社学、义学的初步探讨②，李颖对台湾土番社学的政策研究③，廖志豪对苏州府学、书院、社学与义学的数量考订④，潘大礼对珠江流域社学的细致研究等⑤，都是一些有代表性的研究。特别是潘大礼的研究通过对清代中期珠江流域社学的分析，以社学这个基层教育机构为载体，以官员与绅士的关系为视角，分析了社学作为传统民间社会"公共领域"的一个组成部分，随着社会的变迁，其组织功能也随之发生了变化，从教育逐渐走向了参政的道路，从而加深了对该地区社会变迁的认识。另外尤值一提的是从历史地理视角对书院的分析研究逐渐出现。2004 年笔者发表了《清代河南书院的地域分布特征》一文，从历史地理和区域教育的角度，分析了清代河南书院分布的时空差异及其成因，为书院的研究提供了一种相对新的视角。随后类似的研究便相继出现。如李并成、吴超的《清代甘肃书院的时空分布特征》和姚娟、刘锡涛的《清代安徽书院的地域分布特点》等⑥。

最后，对河南区域教育资料的整理和研究渐成气候。1983 年 10 月，河南省教育志编辑室编辑印刷了《河南教育资料汇编》。该书的清代部分通过辑录《河南教育官报》《河南官报》《东方杂志》《中国近代史资料丛刊》等资料，对清末河南的学务状况进行了详细的统计和汇总，同时还依据各地方志和两部省志收录了书院、社学、义学、儒学等各类学校的相关资料，为研究清代特别是清末河南的地方学校提供了很大方便。这是河南地方教育工作者有意识地搜集整理河南区域教育资料之始，为此后河南区域教育的研究奠定了坚实的基础。1989 年，依据各类传记资料，由徐玉坤主编的《河南教育名人传》⑦一书由河南教育出版社出版。该书是河南教育界正式出版的第一本针对河南的区域教育资料。该书选取了河南各个历史时期部分有代表性、有突出贡献的教育家近 60 名，概括地介绍了他们的生平、教育活动、教育思想和教育业绩等。其中主要活动于清代的有

---

① 李可：《清代云南"义学"初探》，《昆明师专学报》（哲社版）1992 年第 1 期。
② 蒋立松：《清前期贵州少数民族地区社学、义学发展述略》，《贵州民族研究》季刊 1998 年第 4 期。
③ 李颖：《清代台湾土番社学述略——兼论清廷治番的文化政策》，《福建社会主义学院学报》2000 年第 1 期。
④ 廖志豪：《苏州府的府学、书院、社学与义塾》，《苏州铁道师院学报》（社科版）1993 年第 2 期。
⑤ 潘大礼：《清代前中期珠江流域公共领域的发展——以该地区社学为例》，《台声·新视角》2005 年第 12 期。
⑥ 王洪瑞：《清代河南书院的地域分布特征》，《史学月刊》2004 年第 10 期。李并成、吴超：《清代甘肃书院的时空分布特征》，《青岛科技大学学报》（社科版）2005 年第 2 期。姚娟、刘锡涛：《清代安徽书院的地域分布特点》，《阜阳师范学院学报》（社科版）2006 年第 5 期。
⑦ 徐玉坤主编：《河南教育名人传》，郑州：河南教育出版社，1989 年。

耿介、张伯行、李棠阶、李时灿、任芝铭、张中孚（嘉谋）等13人。该书生平介绍详细，文字叙述生动，对于生活于清末民国的李时灿等人的介绍有较强的可信度和资料性，但对于耿介几人的介绍则资料性较差，既是二手资料又经过文学加工，只可备阅不可参注。1990年，河南大学出版社出版了由申志诚、孙增福等编著的《河南近现代教育史稿》①一书。该书分12章叙述了清末至中华人民共和国成立前河南教育的变革历程。其中第一章论述了清末河南各级各类学校的设置情况及有识之士对河南教育的改革活动。1991年，河南大学高教研究所刘卫东、高尚刚编著的《河南书院教育史》②出版。该书分四章介绍了河南书院教育简史、书院教育史志资料、各地市书院兴废简况、书院教育名人等，对河南书院的发展做了较为系统的总结。此后，1993年，徐玉坤主编的《河南教育大事记》再由河南教育出版社出版。1995年，中州古籍出版社出版了李春祥、侯福禄主编的《河南考试史》。2004年，王日新、蒋笃运主编的《河南教育通史》由大象出版社出版。这几部著作多为领导挂名、数十名教育史界学者实际操作的集体成果，因此各部分水平参差不齐，加之校对不严，引注无范，书中舛误较多，学术价值大打折扣，但它毕竟对河南教育中的种种问题做了相对系统的总结，为以后的研究奠定了基础。

倒是这一时期几篇相关的研究论文价值颇高。彭勇的《广收人材以资吏治——清前期河南地方教育体系略探》③一文，认为清前期的河南地方教育既是全国教育体系的一个缩影，同时又带有明显的地域色彩。河南地方教育体系大体上由三部分组成：①作为官学的府、州、县学；②由政府组织和倡导建立的社学、义学和书院等初级教育形式；③以里甲和私塾教育的辅助教育形式。这些教育形式都受到封建科举考试的左右。各级学校不仅灌输封建思想与伦理道德、培养了一大批官员，同时在发展农村教育、开启民智，以及继承和发扬中华传统文化方面都起到了一定的作用。汪维真《刘青霞慨捐救国事实及原因分析》④一文，通过对大量史料的爬梳，展现了刘青霞的不凡人生，揭示了刘在清末河南新式学堂设置中的重大影响。

（二）现状的总结

20世纪以来，有关清代河南地方学校的研究是从一个比较宏大的题材逐步深入涉及的，即中国教育—清代教育—清代学校—清代地方学校—清代河南地方学校。如果单论

---

① 申志诚、孙增福等：《河南近现代教育史稿》，郑州：河南大学出版社，1990年。
② 刘卫东、高尚刚编著：《河南书院教育史》，郑州：中州古籍出版社，1991年。
③ 彭勇：《广收人材以资吏治——清前期河南地方教育体系略探》，《南都学坛》（哲社版）2000年第1期。
④ 汪维真：《刘青霞慨捐救国事实及原因分析》，《河南大学学报》（社科版）2003年第1期。

清代河南地方学校的研究，其起步是比较晚的，成果是比较少的，而且是建立在前述宏观选题的基础上的。因此分析清代河南地方学校的研究现状，必须从更宽泛的范围进行梳理，通过了解这一研究的由来，加深对其研究现状的认识。但由此也可发现这一研究自 20 世纪以来的一些特点或问题：①研究人员多为教育史学者，其研究重观念裁量，轻史实分析，习惯从教育制度、教育思想、教学方法等方面论述问题，与历史学者的研究差异较大；②无论教育史学者还是历史学者，其研究的倾向和偏重是基本一致的，虽然二者采用的方法不同，但均强调对制度文本的分析，缺乏对这一制度文本在不同地区实行时被执行的彻底程度和社会影响的分析；③由于教育自身在社会变迁中的巨大作用和近代教育资料整理的巨大进展，清代后期的研究无论广度和深度均大于前期；④专门研究清代河南地方学校的论著少之又少。

从研究内容的涉及程度看：①目前已经说明的问题有各类学校的建置沿革、章程条规、组织行政、课程训导、教学祭祀、经费来源、地位影响及相关教育思想、学术流派等静态和动态方面；②尚待解决的问题有各类学校的数量考证，各类学校分布与发展的时空差异及影响因素，学校与社会变迁的关系，学校与区域文化的关系，学校与士绅演变和社会流动的关系，学校与乡村教化和社会控制的关系，不同地区义学、社学的制度特色及角色定位等；③针对河南地区而言，有关其地方学校系统的研究，已经说明的问题有各类学校设置的简单历程、名人的兴学活动、宋明理学对河南书院教育的影响，个别书院如大梁、百泉书院在河南地方教育史上的地位等；④本书拟解决的问题是清代河南各类学校的数量考证、时空分布、发展差异及影响因素，通过严格的史料考证和数量统计，揭示清代河南各类学校发展的地域差异及影响因素，为河南地方学校系统乃至区域教育的进一步研究打下坚实的数据基础。因此对于各类学校与地方社会的关系等问题暂予回避。

三、思路的突破与设计

（一）概念的分析与界定

清代——从字面意思理解，清代即由清王朝所代表的中国历史的时代。这一时代的断限不能以清王朝本身的存续时间为准，而应以其代表资格的取得和消失时间为准，而清王朝代表资格的取得是以取代中原王朝为前提的。应当说作为一个政权存在，清王朝 1616 年即已建立政权，如果从国号为"清"算起，也至少在 1636 年即已建国，但 1644

年 5 月，清军攻入北京，才标志着清王朝取得了代表中国历史的资格，这是由以广大农耕地区的王朝更迭作为历史划限标准的传统中国史观决定的，是一种惯常的标准。当然这一标准有时也不完全一致，比如清王朝代表资格的消失就不是以 1912 年 2 月清帝退位为准，而是以 1912 年元旦中华民国成立为准，所以 1644 年既是崇祯十七年又是顺治元年，而 1912 年却只是民国元年，而不能同时是宣统四年。当然，古代年号纪年与公元纪年的不一致性可能也是一个重要原因。1912 年 2 月清帝退位时只是宣统三年的腊月二十五，还没有进入另一个农历年，自然不能计四年。所以从一定意义上说，清朝是一个政权名称，而清代则是一个时段名称，它的精确界限为 1644 年 5 月至 1911 年 12 月。本书即以这一断限为准。

河南——作为一个地域名称，它有一定的边界和范围，但作为一个行政地域名称，这一边界和范围又随着时间的变化有所不同，特别是由于行政需要而设计的内部建置和区划时有调整，变化幅度远远大于地域整体范围的变化。就清代二三百年的历史看，在这些不同的调整和变化中，从乾隆二十九年（1764）到咸丰十年（1860）的 90 余年间区划最为稳定，学术界常用的嘉庆二十五年（1820）的区划即在此期间。本文采用的河南的地域范围和行政建置也以此为准。

教育——教育一词最早出现于《孟子·尽心上》："得天下英才而教育之，三乐也。"此处的教育即具有了现代的意义。许慎《说文解字·攴部》云："教，上所施下所效也；育，养子使从善也。"《现代汉语词典》解释教育曰："按一定要求培养人的工作，主要指学校培养人的工作。"[①]英文 Education 意为把内心的东西引导出来。中外对教育的理解或进行教育活动的方式有所不同，中国重视外部环境的附加，外国重视内部本真的引导。但最终目的应该是一致的，即让个体适应或完成社会化的过程。一般来讲，作为一种培养人的活动，教育分为学校教育、家庭教育和社会教育。在这三种形式中，最规范和最有效的形式就是学校教育。本书所言教育即指学校教育。

学校——专门进行教育的机构。对于清代的学校系统来说，包括前期的府州县学、书院、社学、义学、私塾等传统学校和晚期的各类新式学堂。

时空分布——各类学校的设置数量在时间和空间上的分布。

发展差异——各类学校发展程度的地域差异。

供给差异——由各类学校的设置数量和存续时间共同决定的学校教育供给量的地域差异。

---

① 《现代汉语词典》（第 7 版），北京：商务印书馆，2016 年，第 660 页。

（二）思路的解析与设计

清代河南教育发展的时空差异这一命题，实际上包含了许多辩证关系。如时间和空间、相对与绝对、个性与共性、质量和数量等。①研究的维度是时间和空间。时间和空间是任何事物的存在形式，清代河南的教育也不例外。作为一种研究对象，其存在的时间形式便是清代——这一长达几百年的历史阶段，空间形式便是河南——这一广袤的行政区域。研究的指向便是这一时空中教育发展的差异特征。②思考的角度是绝对与相对。即清代河南教育在这一时空中的存在不是均质的，其发展的特征有绝对与相对之分。如绝对差异、相对均质，绝对分散、相对集中，绝对失衡、相对均匀等。③特征的表现有部分与整体之别。相对于整个区域来说，河南教育的发展一方面有清代这一历史时期的整体特征，另一方面在不同的历史阶段如康乾各朝又有不同的阶段特征。同样，相对于整个清代来说，河南教育的发展一方面有河南这一区域的总体特征，另一方面在不同的划分区域如各府州县又有不同的地域特征。康乾各朝的阶段特征与整个清代的整体特征和各府州县的地域特征与整个河南的总体特征，是一种个性与共性、部分与整体的关系。④研究的内容是质量和数量。质量与数量是事物存在的本质属性。数量的时空差异是一种时空分布差异，质量的时空差异是一种时空发展程度差异。对于时空分布的差异，可以通过数量的精细考证实现；对于发展程度的差异，可以通过一些指标的综合分析实现，当然这些指标的表达依然要通过一定的数值来体现。对于数量的时空差异分析，资料和技术均可保证；但对于质量的时空差异分析，空间可以保证，时间则由于口径和技术原因相对难以实现，所以暂且予以缺略。

因此本书着力解决的问题是清代河南各类学校数量上的时空分布和质量上的地域差异。对于前者，在广泛搜集资料、严格考证存废的基础上，依据嘉庆二十五年（1820）的区划，采用相对科学的标准，对各类学校在清代的存在数量进行整理，并从中分析各类学校的时空分布特征。对于后者即发展程度的地域差异，依据资料的翔实程度和一定的指标要求，不同学校采取不同处理方法：传统学校资料所限，拟通过由各类学校的设置数量和存续时间共同决定的学校教育供给量的地区人均值的差异予以决定；新式学堂资料较详，采用多种综合指标予以决定。然后在完成差异评价的基础上，分析产生这种差异的背后原因，即影响学校发展的区域自然和社会因素，探讨每种因素作用的幅度和限度，了解影响区域学校发展的主导因素和辅助因素，为正确认识清代河南学校教育发展的时空不均，深入理解现存教育失衡的历史渊源，合理制定区域教育发展政策提供依据和助益。

（三）依据的理论与方法

本研究依据的理论：①区域分异理论。区域是地理学中一种常见的空间概念，通常指的是地球表面按自然地理特征而划分的地域单元。不同单元之间具有异质性，同一单元内部具有同质性。这一概念引入其他学科后，出现了许多不同学科的不同称谓，如行政区、文化区、经济区等。而教育学上目前尚没有"教育区"的提法，这是因为在规范化的学校教育中，教育制度的高度统一性抵消了制度层面上的地域差异性，统治阶级由于意识形态控制的需要，会制定统一的教育内容进行灌输。比如清代教育通过学校进行传承的主要是宋明理学、五经大全，当代教育通过学校进行传承的主要是马列主义、毛泽东思想以及各种自然和社会科学文化知识等。所以从这个层面上看，教育的地域差异便不明显，特别是标志文化差异的重要指标——习俗、礼仪并不通过规范的学校教育进行传播，而是通过社会教育的潜移默化代代相传。但人为的制度是同一的，现实的世界是多样的，同一的制度在不同的区域里会产生不同的结果，所以区域的分异是绝对的。比如学校的设立，作为教育制度化的一个代表，学校直接标志着教育发展的规范程度和水平，但学校的分布和发展状况，各地区却大为不同，因此研究学校的分布和发展状况便成了评价特定地区教育发展水平的重要途径和参照。②发生学理论。发生学原指在地球历史发展过程中生物种系的发生和发展，是由达尔文的生物进化论提炼出来的一种研究方法与范式，主要是通过功能和形态的比较探索现存生物种系间的亲缘关系以解释它的形成过程。发生学研究弥补了起源学研究的不足，特别是任何事情的起源从来就没有绝对的开端，而起源学研究强调以事件的发生作为起源，必然导致起源的绝对化，无法解释系统结构的生成机制。作为一种观念与方法，发生学在人文科学领域运用日渐频繁，突出表现就是人文科学学术范式的转变：从静态的现象描述到动态的历史——发生学分析，从事件与现象的历史性研究到观念与认识的逻辑性研究。本书对清代河南学校系统特别是系统差异形成的研究，即不单以具体事件的起源影响分析这一差异形成的过程，而同时从这一差异状况的发生过程探讨一些因素的综合逻辑影响。③教育公平理论。教育公平理论认为教育公平是一切社会公平的基础，是实现其他社会公平的先决条件。为了实现教育公平，必须首先研究教育不公。教育不公是古今社会的客观存在，对于个人而言，教育不公表现为接受教育的机会和结果不等；对于地区而言，教育不公表现为地区教育的发展失衡。通过对这种失衡状况和程度的分析，揭示其背后的原因和作用的限度，为当今教育的地区不均问题的研究提供史实的分析和探索，不仅有助于消除这种差异，促进地区均衡，实现教育公平，而且符合研究教育区域差异的最终目的和建设和谐社会的终极目标。

本研究采用的主要方法：①数理统计法。运用数学方法，通过数量关系来认识事物本质和规律的研究方法叫数理统计法。数理统计法是本书采用的首要方法，是科学研究的基础和提高史学科学化的手段。传统研究方法在分析区域事实及归结产生原因时，往往习惯在相当抽象的层面上提供一些证明或推测，缺乏统计上对应的可靠的数理统计及相关分析，导致结论可能正确，但论证过程缺乏说服力。也就是说，无法证明这些证明或推测与其所要说明的事实之间存在多大程度的相关性，而要想建立这种相关性，单纯的人为叙述难以实现，必须依靠数理统计。当然，由于历史无法重演，即使数理统计得出的结论也不可能得到验证，历史资料的扑朔迷离也容易产生错误的统计结果，因此对于数据的采纳必须通过严格的史料考证。本书各类学校的统计及随后的分析统计便依据这样的思路，在追求数据尽可能翔实可靠的基础上，进行统计分析。②图表法。图表法是将采集的数据或统计的结果通过图表的形式予以直观形象化展示的方法。图表法与数理统计法是共行并进、相辅相成的。只有二者合并使用，彼此才有存在的意义。图表法的最大优点是可以将研究结果直观形象化展示，达到文字叙述达不到的效果，省略不必要的累赘分析。本书在研究中即大量运用了这种方法。③区域比较法。区域比较法是将同一项目的不同区域之间或同一区域的不同项目之间进行比较，通过比较发现某种规律的方法。区域比较法是历史地理学常用的方法，它的优点是通过比较可以发现区域间差异的方面和程度，缺点是比较前提的不一致会造成比较结果的偏差。所以在历史条件千差万别的情况下，在是否具有可比性及比较的前提是否一致等问题上应该注意。④学科交融法。所谓学科交融法，是指历史地理学与其他学科在研究理论与方法上的借鉴和交融。本书在研究过程中即充分借鉴了统计学、教育学等学科的理论和方法，深刻复原了各类学校发展的水平和差异，分析了各种因素作用的限度和范围，丰富了历史地理学研究的内容和手段。

（四）研究的重点与难点

本书的研究重点是各类传统学校发展的时空差异，因为区域社会对教育的制约主要是各地千差万别的社会条件造成了教育发展的时间差异和地域差异，使地方教育的发展表现出明显的阶段性和地域性。因此对这种差异状况的研究便是正确认识影响差异的制约因素的前提，自然也是本书研究的重点。难点是对这种差异的评价和衡量，特别是评价指标体系的建立和修正。由于现有资料口径的不一和记载的模糊，在运用数理统计法时有许多危险的漏洞，必须时刻警惕和消除这些漏洞对评价结果的不良影响，处理的方法主要是在尽可能减少分析误差的前提下，对评价体系进行适当的修正，这是一个难点。比如学田的资料，由于像书中总结的几种情况——用途广泛、稞租不等、时段不一、数字不详、地区不全、受侵严重、置废无常等均不同程度地存在，根本不能用来衡量学校经济状况的优劣，所以作为一个评价指标，只能舍弃。再如，书院中院生的资料，同样存在着数据不全的情况，不是所有书院均有院生数据，不是所有时期都有院生数据，所以书院院生数的指标无法列入评价体系。但无论学田还是院生数据，虽然不全，依然可以用来验证由其他指标形成的评价结果。

四、材料的分析与利用

（一）资料的分类与本书采用的主要资料

史实材料是研究的基础，对史实材料的理解和辨析直接影响研究结果的合理与偏差。一般来讲，根据史料编写的组织形式，可以将史料分为四大类：①国家文献。如《清史稿》《清实录》《清朝续文献通考》、朱批奏折、国家档案等。②地方文献。如方志、碑刻、地方报刊等。③个人文献。如文集、笔记、小说、家谱、年谱、书信、日记、回忆录等。④其他资料。如资料汇编、今人论著、外文资料等。本书使用的资料主要是①、②、④类。

1. 国家文献

在涉及清代教育制度、教育政策或教育思想时，一些国家文献如《清史稿》的选举志、儒林传，《清朝文献通考》和《清朝续文献通考》的学校考，《大清会典事例》的礼部典例、《清儒学案》的名儒学案、历朝东华录中的相关内容等都是着重参考的内容。如《清朝文献通考》记载了前代前期历朝对于全国教育的重要政策和各地学校的若干规定。光绪《钦定大清会典事例》卷395礼部目学校条下记载了一些有关学校政令的重要上谕。这些上谕或规定对分析文教政策对地方教育的影响至关重要。

2. 地方文献

重点是地方志，包括省志和府、州、县志。据《中国地方志联合目录》的统计，现存清代河南的地方志大概有458种，这458种地方志大部分集中于北京和河南。方志中的《学校志》《教育志》《建置志》《人物志》《艺文志》等都包含了大量教育资料。这些资料也正是研究河南教育区域差异的基本依据。特别是有些在《学校志》和《教育志》中没有体现的史料在《人物志》或《艺文志》中会有记载。比如，安阳县清末建有西山书院，该书院的建立人是当地名绅马吉森，但该书院在民国《续安阳县志》卷9的《建置志》学宫条下并未见载，而是出现在该志卷16的《人物志》中。再如仪封厅请见书院，乾隆《仪封县志》卷3《建置志》记载较略，但该志卷12的《艺文志》中录有张伯行的《请见书院记》，从中便可窥见请见书院始建于1694年，竣工于1697年。同时结合卷7《官师志》和卷8《循吏传》又可大致推测出其前有书院饮泉书院的毁废年代。

3. 其他资料

（1）资料汇编。1983年10月河南省教育志编辑室编辑印刷的《河南教育资料汇编·清代部分》和1983—1993年华东师范大学出版社出版的朱有瓛主编的《中国近代学制史料》等资料汇编，虽然都是汇集清末的教育资料（《河南教育资料汇编·清代部分》虽名曰清代，实为晚清），但对清末河南传统学校的演变也有涉及，因此也是本书着重参考的对象。

（2）今人论著。今人论著范围广泛，涉及本书选题或与本书选题有关的论著，不但标示了当前研究的现状，而且开阔了本书思维的方向。如吴宣德的《中国区域教育概论》，从区域教育的角度，提出了重构中国教育史研究的全新视角，并从宏观的视角，论述了中国文化与教育中心的转移。虽然作者主要运用的是汉、明时期的资料，但对清代学校的地域问题也有少量涉及。

（3）外文资料。由于种种技术原因，本书对外文原版资料参考不够，仅有的几种参考或为中译本，或转引自其他文献。此种遗憾，有待以后深入研究时再行弥补。

（二）材料的甄别与利用

大量的史籍资料为研究清代河南的教育提供了很大方便，但资料记载的不一致又为此研究提出了一定要求，如何准确利用资料、如何甄别和取舍材料是一个重要的问题。如果对此问题处理不当，照搬资料的记载，有时将会对研究的结果产生严重影响。为此，本书在资料的利用中，本着去伪存真、解疑存惑的原则，参照比校、锱铢必核，力争做到引用材料的真实可靠。像本书引用最多的方志资料，由于前人对其真实性和虚饰性已多有评价，因此引用时便尤为注意。比如在义学的设置上，道光《禹州志》卷12《学校志》记载："（道光）六年，前府宪今升藩宪栗札饬增设义学，广资教育。"民国《禹县志》卷8《学校志》记载："（道光）六年，布政使栗毓美檄州增设义学，广资教育。"二者记载的时间、人物都基本一致，唯独政策发布人的职务不同。查《清史稿》卷203表43《疆臣年表七》和《清史稿》卷383列传170《栗毓美传》以及钱实甫《清代职官年表》第三册《布政使年表》知，道光六年（1826）河南布政使为杨国桢，此时，栗毓美仅为开封府知府,道光十二年(1832)栗升任河南布政使,道光十五年(1835)任护理巡抚,再升河东总督。道光《禹州志》的刊本为道光十五年,其修志时间当稍早于此,故道光州志云"前府宪今升藩宪"是非常合理的,而民国《禹县志》的简言"布政使栗毓美"是有所不妥的,由此推断民国《禹州志》对人物职务的记载要么是错误的,要么是后人为了尊重而形成的行文习惯的流露,即以较高官职的署名代替或涵盖较低官职时的作为。就像我们现在说"周总理1927年指挥了上海工人第三次武装起义"一样,虽然"总理"是1949年以后的事情,但也说得过去。而道光六年禹州隶属开封府管辖,所以身为开封府知府的栗毓美对下辖州县檄文行令是完全应当的。

由此可知,道光六年,开封府知府栗毓美曾檄饬下辖州县增设义学,广资教育。那么,省内其他府州的官员有没有类似檄文呢?有。光绪《扶沟县志》卷8《学校志》载:"道光七年知县姚用书奉文劝捐义学,各绅民捐地二顷九十余亩。"光绪《宜阳县志》卷5《学校志》载:"道光八年鲍承焘奉文劝捐义学三十六处。"一般而言,不论这种奉文来自知府还是知府之上的省级官员,扶沟知县所奉之文应为陈州知府下达或转发,宜阳知县所奉之文应为河南知府下达或转发。也就是说,开封府、陈州府、河南府等地的知府都曾下文檄饬属下设立义学,那么,这种不约而同的行为是一种巧合呢,还是在这些知府之上还有命令?民国《太康县志》卷4《教育志》为我们提供了答案。该志云:"(道光)七年春奉大宪檄中州州县各立义学。"此处的"大宪"即指省内最高官员——巡抚。也就是说太康县和同在陈州府的扶沟县于道光七年的春天接到了河南巡抚的檄文,河南府的宜阳县接到檄文的时间要略靠后,大约在道光八年,二者距省城路程的远近应该是主要原因。那么河南巡抚发出檄文的时间肯定应该在道光七年的春天之前,结合开封知府栗毓美的檄文时间,从一般逻辑来看,应该在道光六年,因为一则一般不会发生开封知府在自己属地下了命令之后,河南巡抚再拿同样的命令行文全省。再则开封知府与河南巡抚同处一地,时间上不会相错太远,同在一年之内是很正常的。

查《清史稿》卷203表43《疆臣年表七》和钱实甫《清代职官年表》第二册《巡抚年表》知,道光六年直到道光七年底河南巡抚为程祖洛,因此道光年间河南省内一次重要的义学设置政策即可以明确归结为:道光六年,巡抚程祖洛檄饬各州县设立义学。

由此可见,即使对一条极为有用的资料也不可轻易照搬,必须通过旁征博引和逻辑推理核其真伪,否则若以民国《禹县志》的记载轻易得出"道光六年布政使栗毓美檄饬省内各州县设立义学"的结论,就会缪不可言了。此外,书中对地方文献中的学田资料、国家文献中的政策资料等都在分析甄别之后提出了相对稳妥的取舍原则,以求做到充分利用、合理利用。

五、内容的创新与划分

（一）本书的主要创新点与有待继续探讨的问题

（1）从历史地理的视角，首次对清代河南教育发展的时空分布特征和程度差异特征做了初步的分析和探讨，丰富了区域教育史的研究视角和历史地理学的研究范围，一定程度上改变了河南教育研究的薄弱。如前所述，前人对教育史的研究大多从同一的制度文本出发，缺乏区域考察的视角，即使是近来区域教育的研究，依然采用纯粹历史学的思维方式，以时间为线索，以"制度—思想"为模式，叙述某一地区教育发展的历史，其研究的性质属于中国教育史研究的地方化，研究范式没有实质改变。而历史地理学的研究一直缺乏教育的内容，同时河南地区教育的研究又一直较为薄弱。因此本书的研究在一定程度上改变了这些状况，为结合薄弱地区、借鉴其他学科开展交叉研究，促进历史地理学发展起到了抛砖引玉的作用。

（2）从受教育者的角度，依照国家和社会所提供的教育总量，选择学校而不是人才作为研究教育的切入点，在一定程度上改变了在教育研究上的惯常做法，校正了由科举人才所体现出的地区之间巨大教育差异水平的误差，更加符合地区教育发展的实际。比如依据举人或进士人数，有的地区可能几百个，有的地区可能一两个，但二者之间的教育发展水平绝对不可能相差近百倍；如果不代表差异程度，只是较高与较低的定性，又很难看出二者之间真实水平的对比。本书通过对传统学校的儒学、社学、义学、私塾、书院和各类新式学堂时空分布特征和地域发展水平的探讨，首次提出了教育供给量的概念，为学校系统进入教育研究的首要选项奠定了基础。

（3）运用多种数理统计方法，对清代河南各类学校发展程度的地域差异做了尽可能的精细评估。特别是首次引入 KURT 函数对清代河南书院分布的地区均衡程度进行了科学计算，为史学研究手段的计量化、科学化提供了范例。同时书中对社学、义学等学校的时空分布和程度差异特征的分析，均在获取大量数据的基础上，运用数理统计和图表结合的方法，力图对其做出量化解析。此外还通过综合加权平均法对清末河南各府州中学堂的发展水平进行了量化估测，充分体现了计量史学追求尽可能用完整的数据进行定量分析的研究特点，扩大了资料的搜集范围，提高了史学研究的精确性。

（4）通过对各类学校发展的时空差异状况与影响因素之间的统计学意义上相关性分析，深入揭示了各种因素发挥作用的范围和限度。古今中外，教育发展水平的时空不均是普遍存在的，前人在涉及此类问题时，总是把个中原因笼统地归结为政治、经济、文化等因素的影响并依次提出一些相对抽象的证明或推测，没有在各种因素与地区教育的差异状况之间建立统计学意义上的相关性分析，看不出各种因素影响力度的大小和作用广度的范围，所归结的差异原因便缺乏说服力。本书通过在二者之间统计学意义上相关性的建立及依之进行的数据分析，揭示了不同层次的教育差异与不同影响因素之间的关联程度，深入地解释了清代河南教育的地域特征。

当然，依据区域分异理论、运用数理统计方法对清代河南教育时空分布特征和地域发展特征的揭示和解释，只是完成了从历史地理学视角研究区域教育的第一步，为开展其他方面的进一步研究奠定了一个背景基础。对于教育与社会的关系来说，教育只是社会大系统中的一个子系统，而此研究只是分析了在这个大系统中，千差万别的区域社会条件对教育差异的制约，还没有揭示纷繁复杂的区域教育因素对地方社会的影响，特别是教育对区域社会变迁、社会流动、社会控制、社会风貌等方面的影响。这些都是有待深入研究、继续探讨的问题。

（二）章节安排和内容划分

根据研究的内容和思维的逻辑，本书大致分为三个部分，除第一部分绪论（第一章）和第三部分结语（第六章）外，中间的第二、三、四、五章为第二部分，其中：

第二章介绍清代河南学校教育发展的自然和社会背景。特殊的自然条件与频繁的水旱灾害导致人口大量死亡，社会危机丛生，严重影响了社会各项公共事业包括文化教育的发展。稳定的行政区划和完备的科举制度直接影响了教育发展的地域范围和方向目标。繁忙的社会生产与落后的生产方式严重制约了教育发展的经济基础和持续能力。动荡的社会局势与贫困的农民生活直接影响着教育的受众或对象，减弱了教育的社会调节功能。种种背景都直接影响了各地各级教育发展的环境和条件。

第三章叙述清代河南学校教育发展的基本过程。通过对清代河南教育发展过程的整体考察，将该过程分为了三个阶段：传统教育体系的建制与发展（1644—1795）、传统教育体系的衰败与重创（1796—1899）、新教育的萌芽与确立（1900—1911）。在第一阶段分别叙述初等教育机构——社学、义学和私塾的重建与发展，中等教育机构——府、州、县学的继承与发展，混合教育机构——书院的兴起与发展。第二阶段分别叙述传统教育体系的衰败、传统教育体系的重创、传统教育体系的恢复与苟延。第三阶段分别叙述传统教育的改良和新教育的萌芽、科举制度的废除和新教育的确立、清末河南新教育发展的总结与反思。

第四章以各类学校为例分析清代河南学校教育发展的时空差异。将各类学校分为传统学校和新式学堂两大类：传统学校分别指各级官学、社学、义学、私塾、书院等教育机构，新式学堂包括普通学堂、师范学堂、实业学堂、女子学堂等各类学堂。在广泛搜集资料、依照传统区划、采用合理标准的基础上，统计了各类学校的数量指标。在这些数量指标的基础上，分析各类学校的时空分布特征。最后依据各类学校数量、存续时间、地区人口等要素确定各地的人均教育供给量，并由该供给量的大小区分出各类学校发展水平的地域差异。

第五章分析影响各类学校时空分布和发展差异的各种因素。总结各类学校的时空分布与地域发展程度差异，然后依次分析社会宏观因素中的自然、政治、经济、文化等要素和社会微观因素中的地方官绅的兴学热情，个别人物、学校的示范效应等要素对各类学校分布和发展的影响。其中政治要素着重探讨文教政策、政治地位、社会局势对学校分布和程度差异的影响，经济要素着重探讨地区经济发展水平、学校自身经费充裕情况、区域传统经济结构对学校分布和发展的差异，文化要素主要探讨学术活动和传统习俗对学校分布和发展的影响。在探讨各种因素的影响时，重点采用数理统计方法，在每种因素与各类学校分布和发展的实际状况之间建立统计学意义上的相关性联系，通过数据事实有力地说明各种因素产生影响的力度和广度、发挥作用的范围和限度。

最后一部分结语对全文的内容进行总结，并归纳出清代河南教育的发展特征。

第二章
清代河南学校教育发展的自然和社会背景

清代河南的地域范围与现今相差无几，除北部少部分边界变化较大外，其余大部分与现在几乎相同。北部彰德府兼领了今天河北的涉县、临漳和武安等县市，而今天濮阳和新乡的部分地区则为直隶、山东分辖，两相比较，有进有出，故整体面积相差不大。据谭图所绘嘉庆二十五年的河南地图，用方格求积法求得清代河南的面积约为 16.3945 万平方公里，而据最新版的《中华人民共和国行政区划简册》[①]，现在河南的面积约为 16.6784 万平方公里。但这片广袤的土地并不是河南人民安居乐业的美好家园，有清一代，数百年间，天灾不断，人祸连绵，政治动荡，经济艰缓，可以说为河南的教育事业提供的并不是一份十分完美的依托。

第一节　特殊的自然条件与频繁的水旱灾害

从地理形势看，河南东连齐楚，西阻函潼，南据淮水，北逾衡漳。其地理大势：三面环山，一面平原，西高东低，呈三级阶梯。北部太行纵列，西部伏牛横亘，南部大别斜陈，东部平原辽阔，山、原之间是短促而狭长的丘陵地带，山、陵之间是星罗棋布的河谷、盆地。各类地形地貌的分布如表 2-1。

---

① 中华人民共和国民政部编：《中华人民共和国行政区划简册》，北京：中国地图出版社，2005 年。

表 2-1 河南地形地貌分布表

地貌类型	海拔高度（米）	面积（万 km²）	占全省总面积（%）	占全国同类面积（%）	分布范围
山地	>500	4.5	26.6	1.2	太行山丘陵区、西部黄土台地丘陵区、豫西山地丘陵区、桐柏大别山地丘陵区
丘陵	20~500	3.0	17.7		
平原盆地	<200	9.3	55.7	2.9	太行山、伏牛山、大别山前平原、黄河平原区、淮北平原区、南阳盆地区

资料来源：《河南省情》，河南人民出版社，1987年，第23页。

从气候条件看，河南属暖温带至亚热带、湿润至半湿润气候。一般特点是冬季寒冷雨雪少，春季干旱风沙多，夏季炎热雨丰沛，秋季晴和日照足。对于这一特点的描述，虽然由于时代的原因，有关河南的清代史籍中没有明确的"气象"条目加以说明，但从遍布各地方志"灾异"或"祥异"条目中关于"大旱"和"大雨"的发生时间中即可窥见。

从水文条件看，本省河流众多，分流如扇。"其名山则有嵩高、太行、三崤、底桂，大川则有大河、淮水、汴水、洛水、颖水、汝水"①，除这些"大川"之外，尚有卫水、沁水、白水、丹水以及贾鲁河、惠济河等众多河流，分属黄、淮、卫、汉流域。黄河自陕晋边境，折而东流，初跃砥柱，继入平原，流速骤减，泥沙顿积，日久渐淤，堤防随高。淮河源于桐柏，横贯东南。南侧支流，河短流急，常称"山水"；北侧支流，坡平弯多，乃称"坡水"。卫河源自太行，斜居豫北，乃海河主流、漕运要道，及至西南唐白诸水，纵贯宛邓，汇流入汉。

特殊的地形和水文条件在气候的作用下，造成了清代河南自然环境的一个显著特征：自然灾害尤其是水旱灾害连年不断。由于三面环山，南部大别山又是西北—东南走向，所以省内水汽主要来自东南方向。"西部山脉与水汽入流呈迎风坡态势，气流受地形的影响急剧上升，特别是在地形起伏缺口地带或喇叭口地形的上前方，气流运动更加剧烈，极易产生强烈暴雨"②，而山区到平原的过渡地带又很短，所以这种暴雨往往转为山洪，直泻平原。但平原地区的河流由于坡降较小，泥沙日积，河床较高，排水不畅，加之河南处于亚热带向暖温带的过渡地带，南北兼有两种气候特征，冷暖气流交替出现，暴雨多集中在七八月份，降雨集中加上排泄不畅的结果便是洪涝灾害频繁发生，而洪水过后，

---

① 嘉庆《重修一统志》卷185 河南统部《河南统部·形势》。
② 河南省水利厅水旱灾害专著编辑委员会编：《河南水旱灾害》，郑州：黄河水利出版社，1998年。

雨水稀少，又往往造成大面积的干旱。除水旱灾害外，蝗灾、震灾、雹灾等种种灾害均不少见。

根据盛福尧、马雪芹、苏全有、王晓艳等人的研究①，清代河南自然灾害的典型特征是频繁、连发、灾重、区域不均。

首先，就频繁程度而言，清代268年间，较大的水旱等灾害就达214次之多，平均四年三灾，而同期全国同类灾害的总数仅为786次，②河南占全国的27.2%之多。至于小型灾害更是不计其数，几乎无年不灾。有些时段如康熙年间几乎年年有灾，有些时段如顺治、咸丰、光绪、宣统年间甚至一年数灾。

其次，一种自然灾害不但本身可以连年发生，同时又可以引发其他灾害。以水旱灾害为例，有些年是连涝，如1850—1855年连涝6年，1866—1869年连涝4年，1882—1890年连涝9年，1883、1885年为大水，1893—1896年连涝4年，其中1893年为大水。有些年则是连旱，如1856—1859年连旱4年，1875—1881年连旱7年，1876、1878年是大旱，1877年为特大旱，1899—1903年连旱5年，1900年为大旱。③水旱灾害几乎相间而生。大水过后是大旱，大旱过后多蝗灾。清代河南较大的水灾61次，旱灾41次，蝗灾31次，其中多数都是依次发生，具有明显的连发性或继发性（表2-2）。

表2-2 清代河南自然灾害基本数据统计表

年号	年数	水	频率	旱	频率	震	频率	雹	频率	蝗	频率	总计	频率
顺治	18	8	2.3	4	4.5	6	3	1	18	3	6	22	0.8
康熙	61	18	3.4	15	4.1	8	7.6	—	—	10	6.1	51	1.2
雍正	13	4	3.3	—	—	—	—	1	13	—	—	5	2.6
乾隆	60	11	5.5	8	7.5	3	20	2	30	4	15	28	2.1
嘉庆	25	3	8.3	2	12.5	8	3.1	—	—	2	12.5	15	1.8
道光	30	4	7.5	4	7.5	6	5	3	10	3	10	20	1.5
咸丰	11	5	2.2	4	2.8	—	—	4	2.8	4	2.8	17	0.6
同治	13	2	6.5	1	13	—	—	3	4.3	1	13	7	1.8

---

① 盛福尧：《河南历史气候研究》，北京：气象出版社，1990年。马雪芹：《明清河南自然灾害研究》，《中国历史地理论丛》1998年第1期。苏全有：《有关近代河南灾荒的几个问题》，《殷都学刊》2003年第4期。王晓艳：《清代河南的自然灾害述论》，《河南理工大学学报》（社会科学版）2005年第4期。
② 邓云特：《中国救荒史》，北京：商务印书馆，1993年。
③ 河南省水利厅水旱灾害专著编辑委员会编：《河南水旱灾害》，郑州：黄河水利出版社，1998年。

续表

年号	年数	水	频率	旱	频率	震	频率	雹	频率	蝗	频率	总计	频率
光绪	34	13	2.6	12	2.8	8	4.3	8	4.3	4	8.5	45	0.8
宣统	3	2	1.5	1	3	—	—	1	3	—	—	4	0.8
总计	268	70	4.4	51	6.5	39	6.9	23	11.7	31	8.6	214	1.3

备注：①本表是在王晓艳《清代河南的自然灾害述论》（见本书第25页脚注①）一文中表1"清代河南自然灾害数据统计结果"的基础上，依据更翔实的资料作了重大修订改正而成的。②水灾指大水灾，造成农业歉收，人员伤亡。③旱、雹、蝗灾指波及3县以上，造成农业减产。④震灾指有房屋倒塌或人员伤亡的破坏性地震，一般≥4.5级。⑤以年为计次时段。⑥小数点后采用四舍五入法精确至十分位。

资料来源：1. 古籍《清史稿》、《清实录》、雍正《河南通志》、乾隆《续河南通志》、河南各县清代和民国方志176种。

2. 资料汇编：a.《河南省历代旱涝等水文气候史料》，河南省水文总站，1982年，出版单位无。b.《河南水旱灾害》，河南省水利厅水旱灾害专著编辑委员会，郑州：黄河水利出版社，1998年。c.《河南地震历史资料》，河南省地震局河南省博物馆，郑州：河南人民出版社，1980年。

再次，灾害程度严重。①大旱大涝多，人、财、物损失重。清代河南23个大旱年份中即有12个年份连旱，即1689—1692年、1721—1722年、1784—1786年、1876—1878年。如光绪三年（1877）开始的丁戊奇荒，许昌县"秋无禾大饥，饿死逃亡，道殣相望，各镇立卖人市"①，孟县百姓"饥死无数，村落为墟"②，浚县"大旱饥且疫，道殣相望，合境人口三十余万，能自结者不过十之二三，十室九空，极目赤地，往行数里不见一人"③。林县、安阳、武陟等县情况也是一样，因大旱造成庄稼无收，人民相食者比比皆是。到光绪四年（1878），其间两年内河南人口就损失了1 829 000人。④某些县份损失则更为严重，如灵宝未受灾时人口为15万～16万，此时降到9万人，损失了40%～44%；荥阳在报灾前人口为13万～14万，此时降为6万人，损失率为54%～57%；新安县在此期间人口由15万降到了6万，损失率为60%⑤。大涝年份25次，每遇大涝，河水决溢，波涛横流，平地水深丈余，房屋倾圮、人畜庄稼被淹者不计其数。特别是黄河的频繁决口极大地加剧了这种灾害。清代黄河在河南境内大小决口50余次，决口之后短时间内

---

① 民国《许昌县志》卷19《祥异》。
② 民国《孟县志》卷10《祥异》。
③ 光绪《浚县志》卷5《循政》。
④ 严中平：《中国近代经济史统计资料选辑》，北京：科学出版社，1955年，第371页。
⑤《申报》1878年9月10日、11日。

又难以堵塞，待灾害过后堵塞决口又耗费甚巨，无疑又大大加重了劳动人民的负担。如顺治十一年（1654）堵塞决口，费银80万两。乾隆四十五年（1780）堵塞决口，费银500余万两。道光二十二年（1842）堵塞决口，费银600余万两。光绪十四年（1888）堵塞决口，费银1200万两。①②波及范围广，受灾县数多。依据夏明方的研究，在1861—1895年的35年中，全国（新疆、西藏、内蒙古除外）受灾县数为17278个，年均约493.7个，而河南一省即占2254个，年均64.4个。当时全国县级行政区划为1606个，河南为105个，全国受灾县数所占比例为30%，而河南所占比例则高达61%，高出全国一倍。②至于各时段河南和全国受灾县数的比较情况，依夏之研究可制表如下（表2-3）：

表2-3　1861—1895年间河南和全国受灾县数对照表

时段	全国受灾县数	河南受灾县数	河南占全国比例（%）	河南居全国位次
1861—1865	1476	223	15	2
1866—1870	2443	325	13	2
1871—1875	2363	304	13	3
1876—1880	2791	386	14	2
1881—1885	2829	407	14	1
1886—1890	2681	340	13	2
1891—1895	2695	269	10	4
总计	17278	2254	13	—

最后，区域分布不均。由南北气候差异所带来的不同地域水旱程度的不同，必然导致灾害发生区域的不均衡性。为说明问题，姑且依嘉庆二十五年（1820）之行政区划将河南分为豫北、豫西、豫东、豫南、豫西南五部分。豫北包括彰德府、卫辉府和怀庆府，豫西包括河南府、陕州和汝州，豫东包括开封府、归德府、陈州府和许州，豫南包括汝宁府和光州，豫西南即南阳府。据《河南水旱灾害》一书统计，1450—1949年，以上区域旱灾出现的频率分别是52.8%、52.0%、44.8%、33.4%、24.2%，很明显，豫北>豫西>豫东>豫南>豫西南。水灾出现的频率分别是42.6%、48.8%、50.2%、32%、28.2%，豫东>豫西>豫北>豫南>豫西南。清代包含于这500年中，其总体情况当与此相差不大，可见，

---

① 赵尔巽《清史稿》卷126志101《河渠一·黄河》。
② 夏明方：《从清末灾害群发看中国早期现代化的历史条件——灾荒与洋务运动研究之一》，《清史研究》1998年第1期。

从全省范围来看，豫北、豫西、豫东三个区域的水旱灾害显然多于豫南和豫西南。

不断发生的灾害导致人口大量死亡，生态环境恶化，社会危机丛生，直接破坏了生产者、生产工具和生产资料，进而打乱了生产力与生产关系的平衡，严重影响了社会各项公共事业如文化教育的发展。

第二节 稳定的行政区划和完备的科举制度

一、行政区划相对稳定

清代 200 多年间，河南的整体地域范围一直较为稳定，特别是雍正三年（1725）直隶浚、滑、内黄来属河南，雍正四年（1726）河南磁州往属直隶后，河南与周边省区的边界便一直无甚变化。据赵泉澄先生统计，清代河南先后发生了大小 13 次区划改革动作，基本上均属省区内部调整。①这 13 次调整具体如下：

（1）顺治十六年，南召并入南阳；②

（2）雍正二年，陈、许、禹、郑、陕、光六属州升直隶州；③

（3）雍正三年，直隶浚、滑、内黄三县来属；④

（4）雍正四年，磁州往属直隶；⑤

（5）雍正五年，胙城并入延津；⑥

（6）雍正十二年，陈、许升府，治所分置淮宁、石梁县。禹、郑降属州，复置南召县；⑦

（7）乾隆六年，许州府降为许州直隶州，裁石梁县；⑧

（8）乾隆二十九年，河阴并入荥阳；⑨

---

① 赵泉澄：《清代地理沿革表》，北京：中华书局，1955。第 59—62 页。
② 乾隆《南召县志》卷 1《沿革》，为便于查阅，相关注解一并注出。
③《清世宗实录》卷 23。
④《清世宗实录》卷 33。
⑤《清世宗实录》卷 43。
⑥《清世宗实录》卷 55。
⑦《清世宗实录》卷 146。
⑧《清高宗实录》卷 157。
⑨《清高宗实录》卷 724。

（9）乾隆四十九年，仪封改为厅；①
（10）道光十二年，淅川改为厅；②
（11）咸丰十年，仪封并入兰仪；③
（12）光绪三十年，郑州升直隶州；④
（13）光绪三十一年，淅川升直隶厅。⑤

由此可以看出，这些调整的特点是：①时间上雍正年间较为频繁。充分反映了经过清初几十年的发展后，由于国家承平日久，生齿日繁，一些地区政治和经济地位的发展变化。②范围上主要是小范围调整，一般仅限于一两地。③性质上主要表现为属州的升降和县的裁置。不同时间调整后各类政区的变化情况通过下表可以清晰地反映出来（表2-4）。

表2-4 清代河南府州县数目变化表

变革年代	府级政区			县级政区				府级政区数目	持续时间	县级政区数目	持续时间	政区总数
	府	直隶州	直隶厅	县	属州	厅	直隶州驻地					
顺治元年	8	1		96	11		1	9	80	108	15	117
顺治十六年	8	1		95	11		1			107	65	116
雍正二年	8	7		95	5		7	15	10	107	1	122
雍正三年	8	7		98	5		7			110	1	125
雍正四年	8	7		98	4		7			109	1	124
雍正五年	8	7		97	4		7			108	7	123
雍正十二年	10	3		100	6		3	13	7	109	7	122
乾隆六年	9	4		99	6		4			109	23	122
乾隆二十九年	9	4		98	6		4					121
乾隆四十九年	9	4		97	6	1	4	13	163	108	96	121
道光十二年	9	4		96	6	2	4					121
咸丰十年	9	4		96	6	1	4			107	44	120
咸丰三十年	9	5		96	5	1	5	14	1	107	1	121

---

① 嘉庆《钦定大清会典事例》卷128《户部一·疆理·河南省》。
② 《道光东华续录》卷7。
③ 光绪《钦定大清会典事例》卷152《户部一·疆理·河南省》。
④ 光绪三十年十一月初一日朱批陈夔龙折片。
⑤ 光绪三十年七月初二日朱批政务处议奏折。

续表

变革年代	府级政区			县级政区				府级政区数目	持续时间	县级政区数目	持续时间	政区总数
	府	直隶州	直隶厅	县	属州	厅	直隶州驻地					
光绪三十一年	9	5	1	96	5		5	15	6	106	6	121

说明：1. 变革年代主要来自赵泉澄《清代地理沿革表》（中华书局，1955年）第59—62页的考证。

2. 在府级政区中，直隶州和府不同：府没有自己独立的驻地，一般驻于某一领县下，如开封府驻祥符县、卫辉府驻汲县、河南府驻洛阳县等；直隶州有自己独立的驻地，它不驻于任一领县，如许州领四县临颍、襄城、长葛、郾城，但许州境内却共分为5块，就是除这4县外，还有许州自己独立的驻地1块。一般言许州实际有两重含义：一为许州驻地之许州，二为含领县之许州。其余几个直隶州陕州、光州、汝州都存在这种状况，所以本表将直隶州驻地也划为县级政区。这与传统的观念可能有所不同，一般的研究者习惯于将直隶州名称的双重含义不加区分，混为一谈，在论述河南县级单位设置时将直隶州驻地略而不顾，这从有关河南的大量著作中都可得到证实。

由表可以看出，清前期的变化明显大于后期，自乾隆六年（1741）后基本上已稳定下来。各类政区中县的变幅在95—100之间，府的变幅在8—10之间，属州的变幅在4—11之间，直隶州的变幅在1—7之间，变动最大者为属州和直隶州，正是由于二者之间地位的升降造成了府级政区和县级政区相互的变动。其中清初开封府所属四州陈、许、禹、郑变化最大。其他地区相对较小。县级政区的数目在106—110之间，府级政区的数目在9—15之间，政区总数在116—125之间。而各数字的持续时间说明，县级政区108个、府级政区13个、政区总数121个是一组最为适宜的数目。总体而言，作为政区组成的基本单位县最为稳定，二级政区府次之，这两个稳定保证了政区总数的稳定。

清初置96县，顺治十六年（1659）南召并入南阳，降为95个。雍正三年直隶三县来属后，增为98个，雍正五年胙城并入延津，变成97个。雍正十二年，陈州府治所置淮宁县，许州治所置石梁县，复设南召县，全省共计100个县，达到县数设置的高峰，此后便陆续下降。乾隆六年裁石梁县，乾隆二十九年河阴并入荥阳，乾隆四十九年仪封改为厅，道光十二年淅川改为厅，最终降至96个。整体上以雍正十二年为界，前期以增置为主，后期以裁并、改制为主。虽前升后降，但变幅不大。与县平级的属州的变化虽然较大，但由于总数较少，影响不大，所以县级政区的情况亦与此差相仿佛。

至于省与县之间的二级政区府一级的变化，情况则稍显复杂，可以说是稳中有变，变中有异。清初河南设八府一州，其中汝州领四县鲁山、宝丰、郏县、伊阳，终于清末，未有变化，是最为稳定的一个二级政区。其余八府均有调整，但情况有所差异。豫西、豫南地区的河南府、南阳府和汝宁府都是在各自所属范围内进行分割或裁并，如河南府分出陕州，汝宁府分出光州，南阳府分出淅川厅以及南召县的裁而复设等，均没有跨出清初范围。而豫北、豫东五府彰德府、卫辉府、怀庆府、开封府和归德府则在府属之间或与外省之间进行了调整。彰德府和直隶大名府：雍正三年内黄来属。卫辉府和直隶大名府：雍正三年浚县、滑县来属。归德府和卫辉府：乾隆四十八年考城属卫辉，光绪元年还属归德。卫辉府和开封府：雍正二年开封延津属卫辉，乾隆四十八年开封封丘属卫辉。怀庆府和开封府：雍正二年开封原武属怀庆，乾隆四十八年，开封阳武属怀庆。总之，清初开封府领4州30县，除被卫辉和怀庆分属4县外，其余调整均在余下的26县范围内进行，主要随其所领陈、许、禹、郑4州地位的升降而变化，总趋势是开封府所辖范围和领县数目逐渐缩小。

在中央集权的体制下，一个政区就是一个相对独立的区域，政区的分割直接影响了教育发展的地域范围，规定着教育的区域性和层级性。

二、科举制度更加完备

科举制度的实质是一系列的考试制度，这一制度经过明代几百年的发展，至清代已相当完备，据《清史稿·选举志三·文科条》载："有清科目取士，承明制用八股文。取'四子书'及《易》《书》《诗》《春秋》《礼记》五经命题，谓之制义。三年大比，试诸生于直省，曰乡试，中式者为举人。次年，试举人于京师，曰会试，中式者为贡士。天子亲策于廷，曰殿试，名第分一、二、三甲。一甲三人，曰状元、榜眼、探花，赐进士及第。二甲若干人，赐进士出身。三甲若干人，赐同进士出身。乡试第一曰解元，会试第一曰会元，二甲第一曰传胪，悉仍明旧称也。世祖统一区夏，顺治元年，定以子午卯酉年乡试，辰戌丑未年会试，乡试以八月，会试以二月。均初九日首场，十二日二场，十五日三场，殿试以三月。"①这一记载与《明史·选举二》的记载大同小异，都是从乡试讲起的。而实际上能参加乡试的人只是读书人中的极少数。在乡试之前，还有一系列的考试对读书人进行层层过滤，这些考试和乡试一样均在各自所在省域举行，所以清代全国的科举制度在一个地域上的投影主要是乡试及其以下的层层考试。②

---

① 赵尔巽等：《清史稿》，北京：中华书局，1977年。
② 常见古籍文献对科举制度的叙述多从乡试叙起，对乡试之前的层层考试则语焉不详，但这些考试比乡试以后的考试更为复杂，淘汰性更强，地域性更为突出，所以非详之不可。以下内容即系依据众多名人年谱、乡试录、同年录等稀见文献，结合《清朝文献通考·学校考》等常见古籍和今人研究成果整理而成。因系程序性叙述，不再一一注明出处。

第一，县试。县试由本县知县主持，参加者为尚未获得任何功名或未进入府州县学的士子，即童生。童生主要来自初级学校性质的社学、义学、书院或私塾，年龄大小不一。县试的目的是对参考童生进行初步遴选，频率为三年一次，时间多在是年二月，地点即本县。开考前童生要向本县署礼房报名，填写姓名、籍贯、年岁、三代履历等，五人具结，并取得本县廪生担保。约考五场，分试八股文、试帖诗、经论、律赋等。考后依童生答卷情况，顺治九年照入学人数取二倍，康熙三十九年后诏令不必限额亦不许滥送。

第二，府试。由本府知府或直隶州知州、直隶厅同知主持，参加者为所属县县试录取之童生，县试时缺考经补考合格者亦可参加。目的是对县试童生进行进一步的筛选。频率亦为三年一次，时间多在是年四月，地点即本府（州）城。报名手续与县试略同，只是另需加派一廪作保。考试分两场，考毕即发榜，录取名额系依照各县入学额数而定，入学额数又系依据各县人口、田赋和文化水平而定，并不是打通属县全府统一录取。若统一录取，很可能出现某县特多某县特少的状况，所以依学额录取在一定程度上保证了区域内教育的均衡发展。顺治九年照入学人数取一倍，康熙三十九年令不必限额亦不许滥送，乾隆八年定入额1名送50名，未几，又复旧例——不限额不滥送。

第三，岁试。由提督学政莅任后依次案临各府或直隶州主持举行，岁试的目的有二：一是从应试童生中选拔出新生员，二是对原有生员进行等级甄别。所以参加者为府试录取的童生和府州县学的生员。童生若府试缺考，补考一场，县、府试均缺考，补考二场，合格者亦可参加。岁试亦为三年一次，多在丑未辰戌年，一些方志中所言"每岁进取童生××名"并不是指每年录取多少童生，而是指每次岁试录取多少童生。岁试时间不定，主要取决于学政的案临日期。地点即为应考者所在府州治所。录取方法系依考生籍贯参照所属各府州县学的入学额数而定，同样不是统一录取。各地童生取额，清初时有变化，康熙九年定大学15或20名，中学12名，小学7或8名。当然，随着经济的发展，各地儒学的等级有升有降，入学名额亦随之改变，如康熙四十二年，考城、柘城、温县、登封四县儒学就由小学升为中学，入额由8名增至12名。康熙四十八年，陕州、叶县儒学由中学改为大学，入额由12名增为15名。[①]童生通过岁试即可成为生员，通称秀才。发往所属府州县学就读，称为"进学"。同时为了保证府学的生源，各属县录取生员需拨入府学一二名或若干名不等。而原有生员岁试后则在所属府州内统一甄别，分为六等，列一、二等及三等前列者方可参加下一场考试——科试。

第四，科试。亦由学政主持，目的在于录送参加乡试的生员和确定出贡或补廪给赏

---

① 《清朝文献通考》卷69《学校七·直省乡党之学一》。

生员。参加者为岁试一、二等及三等前列的生员。本来清初童生还须参加科试，方可录取，顺治十五年，"停直省科试，录取儒童，以三年为率，随岁试考取"①，这样童生仅参加岁试即可成为生员，不用再参加科试，故科试参加者即如前述，仅为优秀生员。科试亦为三年一次，紧临岁试之后多在寅申巳亥年举行，地点亦在各府州治所。与前述考试相比，科试十分重视考生资格审查，一有违例，即行斥革。录取时依府州为单位各自录取，全省总数初以各省举额而定。乾隆七年定大省举人1名录送80名，副榜1名录送40名；中省举人1名录送60名，副榜1名录送30名；小省举人1名录送50名，副榜1名录送20名。河南为中省，乾隆时期举额多为71人，副榜13人，故录取的能够走进乡试考场的生员数大致为71×60+13×30=4650人。但实际要远多于此，因为科试是由学政依次案临举行，以府州为单位录取。而乡试是全省统一录取，乡试名额并没有再分配到各府州，各府州在科试录取时，为了让本地区能在乡试中多一些中额，便尽力促使学政多录取，这样全省总数便不易把握，所以清代后期，定例逐渐打破，录取渐不限额，只以考生文理通达程度而定。河南乡试参加者一般在万人以上。正如《汝南县志》所言："晚清之时，每逢乡试，应试者常一万余人，解额不过八十二名，逢恩科则取中一百数名，或一县能中数名，或数县不中一名者，皆为常事，中举之数，毫无标准，又安得以若干人中几人为率也？"②当然，南方一些省份由于应考人数太多，在乡试正式开始前尚需经过二次选拔，但在河南乡试录中未见二选的记载。

童生参加的岁试，又称院试，经过县、府、院三试，成为秀才后，一个童生方具备进入科举的基本资格，此后要想进入乡场尚需通过岁、科两试。科试之外，尚有录科和遗录。录科为补考性质的考试，由学政主持，参加者为凡科考名列三等以后及因故未能参加科考之生员，以及名不列于府州县学亦未参加科试之在籍监生、荫生、官生、贡生等，时间在乡试之年的七月下旬，合格者亦可参加乡试。遗录是录科之后再次举行的补录，亦由学政主持，针对科、录两试中未能录取及因故未能参加录科补考之生员而设，主要是为了不致埋没人才。遗录录取没有定额，合格者亦准参加乡试。

乡试之后的考试即如《清史稿》所载，只是乾隆以后略有调整，内容上由原来的四书加五经之一改为四书五经全考，同时加试试帖诗。版本上对《五经四书性理大全》中的《春秋》采用《左氏传》《公羊传》《穀梁传》，取消《胡安国传》。时间上因北京二月过于寒冷，会试由二月改为三月，相应场期不变，殿试由三月初三改为四月二十一。程

---

① 《清朝文献通考》卷69《学校七·直省乡党之学一》。
② 民国《重修汝南县志》卷9《教育上》。

序上新创了审音制度、搜落卷制度等。最大的变化则是复试制度的建立和实施。乡、会试发榜后，中式者还需参加复试才能得到正式确认，这是前代科举制度中所没有的，它的创立保证了科举录取的尽量公平，表明了清代科举制度的更加完善。

由于科举制度在学校教育和官僚体制之间的独特作用，使得它直接影响了教育发展的方向和目标，规定着教育的内容和方法，对各地教育的发展产生了严重而深远的影响。清代任何地区的教育基本上都抹不开科举的影子，河南亦不例外。

第三节　繁忙的社会生产与落后的生产方式

清代河南的经济在农业、手工业和商业等领域都有不同程度的恢复和发展，但与同时期的东南地区或北方晋陕比较，它的落后性也较为突出。

一、农业——广博的垦殖与低下的产出

清代河南农业的发展体现在以下三个方面。

第一，耕地面积逐步扩大。明末战乱对河南农业生产的破坏极其严重，多数地方生民存者仅十之一二，大量人口逃亡，无数土地荒芜。如泌阳县明末原额人丁58088，逃亡人丁42309，顺治年间实在人丁15779。①确山县明末原额人丁17900，顺治年间仅2080。②获嘉县顺治十六年人丁1559，"明季原额人丁10076，自寇蹂兵残，重以奇荒天疫，户口萧然，十耗其九，国初现在入册人丁只有此数"③。土地的损耗更是惊人，如内乡县"国初寇息民安，熟地仅存百分之一，至顺治十六年邑田始熟百分之七"④。登封、卢氏县顺治五、六年间，熟地只有原额的1/10。⑤全省人口由明末的5193602口减为顺治十八年的918060口，⑥损耗率为82.4%。全省土地由明末的951025顷缩为顺治十八年的

---

① 道光《泌阳县志》卷6《赋役志》。
② 民国《确山县志》卷5《户口考》。
③ 乾隆《获嘉县志》卷6《赋役上》。
④ 康熙《内乡县志》卷4《户口·田赋》。
⑤ 咸丰《登封县志》卷16《会计簿》，乾隆《河南府志》卷27《物产》，引自黄以柱《河洛地区历史经济地理简论》，《河南大学学报》（自然科学版）1984年第1期。
⑥《明万历会典》卷19《户部6·户口1·户口总数》，《清朝文献通考》卷19《户口1》。

383404 顷①，损耗率为 60.0%。是故清廷定鼎之后，便积极招民屯垦，实行更名田、奖励垦荒、整顿赋役、蠲免赋税等各种措施，经过清初四十余年的恢复，虽然部分地区犹是榛莽土满，但社会秩序已大致安定。顺治十八年，全省耕地 38 万多顷，康熙二十四年，增至 57 万多顷，雍正二年达到近 66 万顷，乾隆十八年突破 70 万达 73 万余顷，此后略有下降，大体维持在 72 万顷左右。②

第二，作物品种逐渐完备。①传统粮食作物新品迭出，如小麦，禹县在清代出现了耐风旱的"火麦"品种，汲县在乾隆年间出现了"油麦"品种，它的特点《汲县志》云："惟油麦秆不甚高，而收获较他独多，且耐风，近多种之。"③此外谷物品种也发展到数十个。④②新型经济作物大有发展，如烟草自明末引入河南后，乾隆初年已推广至大部分地区，像豫北沁阳、获嘉，豫东鹿邑、襄城、禹州，豫南邓州、新县和豫西郏县等地。据方志记载，花生也在乾隆后期遍于全省许多地方。③高产粮食作物逐步推广。据陈铮研究，红薯在河南的传播大致在康乾年间从豫西伏牛山区开始，乾末嘉初，已遍及四方，东至通许，西到洛阳，南到光山，北达汲县，均可见到红薯种植的记载。⑤红薯高产易栽，遇蝗无损，"家有隙地数尺便可种得石许"⑥，洪涝退后，不及栽种五谷却可剪藤种薯，所以在乾隆后期人口压力增大、自然灾害频仍的情况下，河南境内"凡有隙地数尺，日可仰见天日者，皆可栽种番薯"⑦。玉米在河南的种植与红薯同时或稍早，封丘县在顺治年间已有种植，⑧其余各地的种植多在乾隆年间的方志中可见。据马雪芹研究，玉米也是先从伏牛山区大量种植，后在豫东平原广为作务，到乾隆后期，一般山区的县玉米占了秋粮总量的一半还多。它们的引种大大提高了单位面积的产量，有效地缓解了地狭人众的矛盾。⑨

第三，耕作技术有所提高。主要表现是种植苜蓿深耕土壤，植树造林抵御风沙，轮作套种用养结合。由于旱涝灾害频繁，黄河决口泛滥，河南农民在同盐碱风沙作斗争的

---

① 雍正《河南通志》卷 21《田赋上》，《清朝文献通考》卷 1《田赋 1》。
② 梁方仲：《中国历代户口、田地、田赋统计》乙表 61《清代各朝各直省田地数》，上海：上海人民出版社，1980 年，第 380 页。
③ 乾隆《汲县志》卷 6《食货》。
④ 乾隆《河南府志》卷 27《物产》。
⑤ 陈铮：《清代前期河南农业生产述略》，《史学月刊》1990 年第 2 期。
⑥ 乾隆《光山县志》卷 13《物产》。
⑦ 光绪《光州志》卷 2《农产物》。
⑧ 顺治《封丘县志》卷 3。
⑨ 马雪芹：《清代河南农业生产中的人地关系》，《陕西师范大学学报》（哲学社会科学版）1996 年第 4 期。

过程中，逐渐积累出种植苜蓿、深翻土地、植树造林以改良和保护土壤的经验。如道光《扶沟县志》云："惟种苜蓿之法最好，苜蓿能暖地，不怕碱，其苗可食，又可放牧牲畜，三四年后，改种五谷，同于膏壤矣"，"碱地挑深数尺或多牛深耕，可翻好土"。①此外，鉴于河南风沙较大，水土流失严重，一些地方如临漳等地农民就发明了在田间多植柳树以利用其根株盘结抵御风沙的经验和措施。②同时，在耕作方法上，麦豆轮作、麦粟轮作、玉米扁豆套种，各种搭配，因地制宜，随处可见。乾隆《汲县志》里显示了早谷—麦—黑豆、黄豆的二年三熟制，其他如孟津、密县、舞阳、扶沟、禹州等各地都巧妙地利用了作物的不同特征，不但有效地实现了一年两熟或两年三熟，而且把用地和养地有机地结合了起来，有利于地力的恢复和利用。

虽然清代河南的经济在农业生产的某些方面取得了一定的发展，但整体而言，其落后性也是很明显的。

首先，农业的命脉——水利建设，基本上呈衰败状态。清初省内虽然河渠众多，但此后由于黄河变迁、疏于管理等原因，大多兴废无常，长期处于瘫痪状态。特别是对于横贯全境、奔腾不息的黄河，更多的是考虑其何以避患，而不是何以兴利。冀朝鼎根据地方志材料统计，清代河南的水利活动共843次，然而多集中于雍正时期，且绝大多数只限一村或数村范围，③效果非常有限。除南部光州和西北怀庆外，其他地区基本上都不讲究水利。故雍正时河南巡抚石文焯言："查豫省民人耕种，全赖雨泽，灌溉之法，素不讲求。设遇亢旱，即致收成歉薄。"④乾隆时河南巡抚尹会一也说河南"地多平衍，利鲜灌溉，旱涝无备，全赖天时"⑤。相对破败的水利在很大程度上减弱了农业抵御自然灾害的能力，影响了农业生产的稳定发展。

其次，耕作方式简单粗放。基本上采取广种薄收的耕作方式。不重施肥，忽视耘锄，唐河农民"不知粪田，惟微幸于两露之间"⑥。嵩县农民"治田惰于积粪，故地常薄"⑦。舞阳农民"谷子最少应锄五遍，而舞民则最多三遍，麦地豆地皆宜锄一二遍，而舞民则

---

① 道光《扶沟县志》卷7。
② 道光初王凤生编：《河北采风录》卷3《临漳县水道图说》。
③ 冀朝鼎：《中国历史上的基本经济区与水利事业的发展》，北京：中国社会科学出版社，1981年，第34页。
④ 《世宗宪皇帝朱批谕旨》卷30上，雍正元年九月二十二日。
⑤ 尹会一：《尹少宰奏议》卷2乾隆二年五月十八日"恭奏豫省民俗情形事"，丛书集成本。
⑥ 乾隆《唐河县志》卷9《艺文》。
⑦ 乾隆《嵩县志》卷9《风俗》。

绝不加锄"①。临漳农民"一年田作只在夏麦秋禾，一经翻犁，惟听时雨滋生长养，坐待成熟收获"②，豫东鹿邑农民亦是"播种既毕，旱涝皆听之于天"③。

再次，土壤质量差，作物产量低，农民生活贫困。由于黄河决口泛滥，在背河洼地和其他低洼地带留下了大量盐碱沙地，土壤质量差，改造难度大，多数作物产量低下。"南方种田一亩，所获以石计；北方种地一亩，所获以斗计"④。虽然可能有些夸张，但北方作物亩产远比南方为低却是事实。清初新郑亩产只有一二斗⑤，柞城也只二三斗⑥，乾隆初尹会一说豫北三府正常年成麦收仅在二至五斗之间，即使按一年两熟计，亦不足一石，时人王铎言中州"计亩所出，丰穰沟箦不足一石"⑦。清代后期随着高产作物的引种，亩产可能会有所提高。但个别地区仍然变化不大，如光绪年间南阳府每亩年收入也不足一石，⑧淇县上田年收入也只二石二斗，⑨而同期南方地区康熙时上田四石有零，下田两石八斗，嘉庆时苏州府米麦共计四石两斗之多。⑩全国一般亩产，据黄启宇《中国农史稿》的说法一般在两石左右，⑪由此可以推测，清代河南亩产大多为一石。与同期南方苏杭地区相差3倍以上，比全国平均亩产低50%左右。

二、手工业——繁忙的生产和落后的经营

手工业的发展仅以棉纺织业和采煤业为例即可见一斑。棉纺织业实际上包括纺纱业和织布业，清初河南的棉纺织业较为孱弱，一些州县尚不产棉，产棉州县纺而不织。如杞县、温县等地盛产棉花，但未闻有布出产。林县妇女"能养蚕成茧而不能织帛，能纺棉成线而不能织布，茧线既成，售于行估，得值而已"⑫。雍正年间，各府州虽有布出产但未形成产业气候，以致乾隆初年河南巡抚尹会一向皇帝报告说："河南产木棉，而

---

① 道光《舞阳县志》卷6《风土》。
② 道光初王凤生编：《河北采风录》卷3《临漳县水道图说》。
③ 乾隆《鹿邑县志》卷9《风俗》。稀见中国地方志汇刊本。
④ 尹会一：《尹少宰奏议》卷2乾隆二年九月二十四日，丛书集成本。
⑤ 康熙《新郑县志》卷1《田赋》引顺治16年旧志。
⑥ 顺治《柞城县志》卷上。
⑦ 嘉庆《孟津县志》卷10《艺文·王铎奏请免粮札子》。
⑧ 据光绪《南阳府南阳县田土物产畜牧统计表》计。
⑨ 光绪《淇县舆地图说》。
⑩ 李文治：《明清时代的农业资本主义萌芽问题》，第24页。
⑪ 黄启宇：《中国农史稿》，第799页，另《皇朝经世文编》卷39·章谦之《备荒通论》。
⑫ 康熙《林县志》卷4《土产志》。

商贩贩于江南，民家有机杼者，百不得一。"①乾隆中后期由于地方官的倡导，河南纺织业发展步伐加快，既纺又织，怀庆府孟县生产的"孟布"远销陕、甘以至边外，名气很大。温县、偃师、光山、信阳等县纺织之声日夜不绝。嘉庆时豫西北的温县、孟县及其周边的济源、孟津、汜水、偃师，加上附近的洛阳等地纺织业发展已连成一片，形成了一个著名的棉纺织手工业区，同时专门从事棉纺织业的织户也开始出现。南部汝宁府也不落后，特别是正阳县的陡沟崛起，所产"陡布"畅销颍、亳及山陕二省。据吴承明研究，鸦片战争以前，河北、山东、河南三省输出到外省的棉布达300万匹。②估计河南应在其中占有相当比例。到光绪年间鹿邑吴台庙布声名远播，临颍新产布区迅速勃起。近代机器纺织业开始出现。至宣统末河南有大型棉纱工场四座，凡11.9万锭，占全国总锭数的6.4%，居于先进行列。③

采煤业的发展与清廷的矿业政策息息相关，康熙时以禁为主，禁中有开；雍正时强调禁闭，但豫西丘陵地区的叶县、登封等地有民间零星自行开采。乾隆九年（1744），迫于官民弛禁的呼声，乾隆帝让河南巡抚硕色议决煤业开禁之策。乾隆十年，硕色回报"现在各府州县产煤之处，听民开采，由来已久，安然无事，不费之惠，自应仍循其旧"④。随后禁矿政策逐渐放开，河南采煤业迅速发展。到乾隆末，采煤区域已扩大至豫北三府，豫西河南府、陕州、汝州和中部的禹州、密县等地。煤炭已成为社会生活、生产中不可缺少的燃料。如林县仅东乡产煤，产量不大，只能供当地使用，但"南乡无煤，资于汲县；西乡无煤，资于山西；北乡无煤，资于安阳"⑤。嘉道以后，随着需求的扩大，产煤区煤窑遍布，密如星斗；雇工蜂聚，土杂参半；车马喧腾，产销两旺。专门从事煤炭营销的商人兴起，产品不但满足本地需要，而且远销直、鲁等省。同时煤窑的经营方式逐渐多样化、规范化，无论官营、民营、独营、合营，多有契约约束。当时焦作地区流传着一首歌谣："九峪十八沟，窑洞如星斗，大小千条路，条条车马稠。"形象地说明了当时的繁盛景象。到了清末，随着西方先进技术的传入，禹州三峰煤矿、安阳六合沟煤矿、怀庆凭心煤矿等一批采用现代机器生产的民族资本主义工矿企业先后建立，河南的

---

① 《清史稿》卷308《尹会一传》。在《尹少宰奏议》卷3《敬陈农桑四务疏》中尹会一又云："今棉花产自豫省，而商贩贩自江南。"实际上是指河南出产原料棉花和初级产品纱线，商贩买走初级产品纱线，卖来最终产品棉布。

② 吴承明：《中国资本主义与国内市场》，北京：中国社会科学出版社，1985年，第262页。

③ 刘锦藻：《清朝续文献通考》卷385《工务考》。

④ 《军机处录副奏折》，引自中国人民大学清史研究所、档案系中国政治制度史教研室合编：《清代的矿业》，第14页。

⑤ 乾隆《林县志》卷5《汲爨记》。

采煤业随着历史的潮流进入了一个新的时期。

从棉纺织业和采煤业的发展来看，其局限性也是很明显的。虽门类齐全，但管理落后，技术粗糙，多是家庭作坊式生产，一些精细的商品往往需要从外地输入。"其工皆朴拙，不能为雕华，木石金锡之属无擅长者。"①比如采煤业：①开采季节性较强，往往农隙为之，农忙则止，时断时续，影响效率。②技术落后，资金短缺。生产工具多是锤、钎、镐、锹等，凿井时遇到石头就用锤和钎一下一下地敲打。井下运输则全靠人力，拉筐抬筐均通过人力绞轱辘提升。近代机器引进后，大多数仍是土法开采，用机器抽水周转而已。同时资金短缺，规模狭小又成为主要问题，1907 年，河南最大的煤矿当属怀庆府的凭心煤矿，资本达 84 万元，但当年光英国福公司在焦作的投资就近 1400 万元，相当于 1902—1910 年河南全部近代工矿业投资总额的 7 倍左右。②③事故频发。由于设备简陋，技术落后，缺乏安全意识，事故时常发生。密县煤矿"时而遇水遇火，伤人亦多"③。巩县、渑池等地煤矿伤人事故也接连不断。④观念落后，政策不稳。矿禁虽开，但部分官员观念落后，生怕民众积聚滋事，加之封建迷信的影响，唯恐开矿伤了风水地脉，因此在某些时候又力行禁止，煤矿开采受到极大束缚。在产煤区的诸多县志中均可见到这种记载。

三、商业——繁华的商业集镇和落后的商品经济

清初由于土地荒芜和人口耗减，商业发展极为萧条，在顺治年间纂修的方志中，大量市集下均注明"今废"④。此后随着土地的不断垦殖和人口的日益增长，城乡商业逐渐恢复，集市数量大大增加。到乾隆年间，有文献记载州县的集镇已达 1780 处，全省集镇总数估计近 2600 处，此后升降不一，但总体数量仍在增加，到光绪末年，全省集镇总数估计达 3600 余处。⑤各处集镇开市频繁，会目繁多。在城多为日日集，在乡多为隔日集，与集并存的还有"会"——各种名目的庙会、铺会，都是物资交流的重要场所。粮食、棉纺织品、农具、牲畜、京广杂货、蔬菜瓜果以及药材山货等各类商品，种类繁

---

① 乾隆《嵩县志》卷 9《风俗》。
② 王天奖：《清末河南的民族资本主义》，《中州学刊》1984 年第 1 期。
③ 嘉庆《密县志》卷 11《风土志》。
④ 如顺治十五年修成的《虞城县志》卷 8 记述县境市集 23 处，在 11 处下均注明"今废"。这在全省其他州县不无代表性，只是程度不同而已。
⑤ 邓玉娜：《清代河南集镇的发展特征》，《陕西师范大学学报》（哲学社会科学版），2005 年第 4 期。

多,应有尽有。集贸市场空前活跃。随着商品交易的发展,一些商业城镇逐渐兴起。开封、洛阳、怀庆、安阳、南阳等府城所在已经成为省内外乃至黄淮海平原上的知名城市。在农村初级市场上,朱仙镇、周家口、赊旗店、北舞渡、道口镇、楚旺镇、清化镇、乌龙镇、荆紫关、往流集、会兴集等一批农村集镇店铺林立、商贾辐辏,已经发展成堪与知名城市媲美的中州名镇。与此同时,在一些经济发达地区出现了较大的商人集团,如以经营怀药、棉织品著称的怀商,在省内外实力雄厚,行踪遍及华北、江南诸省,特别是中药材经营,几乎无有望其项背者,在著名的药材集散地禹州,至今还流传着"十三帮一大片,不如怀帮一个殿"的俗语。

但是由于历史的、地理的和社会的原因,河南商业发展的市场属性并不明显,其发展的成果也不为河南人所享有,所以,尽管其发展相对繁荣,也达到了一个新的高度,但其落后性仍比较突出。其一,自然经济属性明显,商品交换的目的是为买而卖,非为卖而买。农民卷入市场并与市场更多地发生联系的主要原因不是为了适应生产发展去进行交换,而是为了满足生活必需品的获得。交换的商品多是粮食、布和食盐等,基本上属于农业小生产者之间的交换。其二,大型集市少,中小集市多,覆盖范围小,市场狭窄。像朱仙镇、周家口一类的大型集镇为数较少,多数集镇均限于数村范围。其三,在区域市场—城镇市场—农村初级市场的层级结构中,中、高端市场主要为山陕商人控制,河南本地商人除经营中药材的怀帮外,基本上都是松散的小摊贩,根本无力与客商抗衡,缺乏市场定价权和话语权。花红只为他人开,自己空闻花余香。山陕商人资本雄厚,实力强大。从现在河南各地留存的众多山陕会馆即可见一斑。另外,大型商业城镇对交通条件特别是水路的过分依赖限制了它们的可持续发展。朱仙镇、周家口、赊旗店、北舞渡、道口镇、楚旺镇、清化镇、乌龙镇、荆紫关、往流集、会兴集等均在河流沿岸,依赖水运的便利而兴起,嘉道以后随着水道的淤塞各集镇很快衰落。

各个领域特别是手工业和商业既繁荣又落后,就这样贯穿于清代河南经济发展的整个过程。它的存在不仅没能让清代河南的经济分享到这种发展的成果,而且剥夺了它以后分享这种成果的机会,加重了农业劳动生产效率低下所带来的发展压力,造成经济的结构性贫困。以至于近代以来,河南经济的保守与落后日益突出,与其他地区的差距也日益拉大。

所以整体而言,清代河南经济的总体特征是:

首先,经济结构单一,基本上是单一的农业经营,手工业、商业比重较小,长期处于典型的、自给自足的自然经济状态。财政收入全依赖于百姓耕种土地的收获。正如乾隆年间的河南巡抚尹会一在巡察河南后所说:"豫省民俗,素称淳朴,非江浙浮奢可比,但不善经营，别无生财之道，其公私用度，皆藉于地之所产。"①而地之所产，有赖天时，豫省灾害频繁，天时无常，收支自然不均，极类于今天一些农业大县的"吃饭"财政，稍有不虞，即极可危，经济基础非常脆弱。

其次是经济观念保守、落后。伴随着单一性农业生产方式而产生的是一种"重农"轻商的区域心理和惰怯疏拙的社会习俗。重农只是习惯以农为主的生活方式，并不是重视发展农业，相反却惰于农事，疏于耕作，不重视农时节候的利用，不重视生产技术的改进，只是一种片面的"重农轻商"。对此，早在明代王士性就指出，中州"地广人稀，真惰农也"②。清初几任皇帝更是对此责切有加，清圣祖说："河南百姓，质朴愚鲁。"③清世宗说"但虑北地民人，性拙言懒，不善制造器具，不乐服役劳瘁"④，同时又称"豫省之民，向称懒惰偷安"⑤。乾隆初清高宗也说："黍高稻下之宜，水耨火耕之异，南人尚多不谙，北人率置不讲……至北五省之民，于耕耘之术，更为疏略。是以一谷不登，即资赈济，斯岂久安长治之道！其应如何劝戒百姓？或延访南人之习农者以教导之。"⑥所以尹会一说"豫省百姓罔知节候，往往有时宜播种而未举耜者，有时宜耘锄而始播种者"⑦，言当不虚，由前述耕作技术的低下也可窥见一斑。轻商的心理遍见各地方志，如鹿邑"务农业，故耻商贾"⑧，卢氏"县民轻商贾而专稼穑"⑨，传统经济向称发达的河内更是"力耕桑而鄙贩鬻"⑩。清代河南商业操于山陕商人之手，84%的州县怕经商、耻经商，近代河南109州县，只有15州县的人间或从事经商活动。⑪由于担心外出的风餐露宿和经商的赔赚无常，怯于外出、畏于经商的小农心理深植其中，灵宝县农民"以片纸不入衙门终年不进城为荣"，"若令其营商作宦，则群视为畏途，盖有视离乡为莫大之苦，视宦商如登天之难，是以中人之家有三五十辈足迹不出村者"⑫，舞阳县"舞民但

---

① 尹会一：《尹少宰奏议》卷2乾隆二年五月十八日《恭奏豫省民俗情形事》，丛书集成本。
② 王士性：《王士性地理书三种·广志绎》卷3，上海：上海古籍出版社，1993年。
③《圣祖仁皇帝圣训》卷32康熙四十二年十二月丁丑，文渊阁四库全书本。
④《世宗宪皇帝朱批谕旨》卷30上雍正元年九月初二日，文渊阁四库全书本。
⑤《世宗宪皇帝朱批谕旨》卷126之1雍正二年五月十七日，文渊阁四库全书本。
⑥ 嵇璜等：《清朝文献通考》卷4《十通本》。
⑦ 尹会一：《尹少宰奏议》卷3。
⑧ 康熙《鹿邑县志》卷2《风俗》。
⑨ 乾隆《卢氏县志》卷2《风俗》。
⑩ 道光《河内县志》卷10《风俗》。
⑪ 邓亦兵：《对近代河南经济问题的一点思考》，《中州学刊》1989年第2期，第124页。
⑫ 民国《灵宝县志》卷2《人民》。

知坐贾不知行善,离家一日便以出家为难,竟不知行商为何"①。这种惰怯的精神状况自然是商业活动之大忌。同时由于很少外出,工匠视野狭窄,拙于制艺。滑县"滑民全无逐末……工匠拙朴"②,嵩县"其工皆拙朴,不能为雕华,木石金锡之属无擅长者,只修治屋舍农器,足备民用而已"③。

这种"重农"轻商的心理和惰怯疏拙习俗,形成了一种安于现状、因循守旧、知足常乐的精神特质,这种特质经过世代的延续和沉淀,反过来固化了脆弱的经济基础,使其形成了一种静态的"沉稳性",显得十分"顽固"。当然清代其他地区也不同程度地存在这种心理,但河南发展早、历史久、包袱重、惯性大,加之地处中原,外部风气影响较小,所以在清末外国资本的冲击下,这种经济状态一直持续,并没有像东南沿海某些省份那样实现家庭手工业和农业的分离。而按照经济史学界的一般认识,没有家庭手工业与农业的分离,就没有自然经济的解体。根据民国初年日本人对河南一些县镇的调查,河南农村的手工棉纺织业到清末时只有二县开始使用洋纱,依赖市场,96%的县仍用土纱织土布,直至1935年,河南仍有48%的农户自纺自织,远低于全国其他省份的分离水平,④所以河南传统的自给性经济并没有在清末实现向半自然经济的历史过渡,而是贯穿于清代发展的全过程。

总之,清代河南的经济前期发展较好,在农业、手工业和商业诸领域均得到了一定的恢复和发展,当然也存在着诸多的缺陷和不足,嘉庆以后受各种因素的影响,发展滞缓。与同时期的东南地区或北方晋陕比较,河南经济逐渐落后,结构单一、技术低下、观念保守、发展不稳等问题一直伴随始终。

第四节 动荡的社会局势与贫困的农民生活

一、社会局势长期动荡

社会形势是社会各项事业发展的风向标,它的稳乱反映了教育的发展,影响着教育

---

① 道光《舞阳县志》卷6《风土》。
② 康熙《滑县志》卷2《风俗》。
③ 乾隆《嵩县志》卷9《风俗》。
④ 严中平:《中国棉纺织史稿》,北京:科学出版社,1955年,第254—256页。

的进程。清代河南社会局势的总体特征是长期动荡,乱大于治。

明末清初,李自成起义军与明军在中原地区的拉锯战给中原地区的社会秩序带来了极度的混乱。旧的秩序不断被打破,新的秩序却没能及时建立,以致战火连绵,时无宁日,全省一片悲哀哭号,人们饱受战乱之苦,时常挣扎在死亡边缘。据《刘楗年谱》记载:"顺治元年明崇祯十七年甲申三十六岁　本年秋,流寇攻破北京,被我朝兵杀败。本县人将其所设贼官(王姓)杀戮,防御将军亦逃去,四处土寇交讧,日无宁时,昼夜惟以守砦为事……乙酉三十七岁　知北京已失与崇祯帝之下落,大清定鼎之一切事,以及流寇之胜负举动,皆茫然不知。各州县皆无官长,真无天无日时也。本地各营头互相争斗杀抢,荒树满地,骸骨遍野……丙戌三十八岁　三月乱愈甚,家家无粮,日不聊生,不惟土贼于麦熟时抢,即良民亦皆安心抢麦糊口度命。四月内,大清皇帝有诏,随即各处安官,乱极思治,人人欢悦,即贼寇亦安分不妄为,即仇敌亦见面相揖逊,而世界改观矣。"①刘楗(1608—1690)是河南新郑人,拔贡出身,官贵州黎平知府,是明清之际社会变革的见证人,他的记述为我们详细勾画了当时河南新郑一带的社会现实。实际上不唯新郑一地,河南其他地方的境况亦是大同小异。虽然人们乱极思治,对清王朝稳定社会秩序的行动表示热烈欢迎,清军进入河南并未经历多少阻碍,但此前经过十数年天灾人祸的蹂躏,中原地区已是元气大伤,土地荒芜,人口逃亡,社会秩序经过数十年才开始渐渐恢复。

康雍乾时期是一个相对稳定的时期,经济逐渐恢复,人民安居乐业,社会稳步发展。但乾隆后期,随着吏治的日益腐败和土地的大量集中,农民所受盘剥逐渐加重,社会矛盾不断激化,新的民变开始酝酿,城乡又复动荡不安。

早在乾隆五年(1740),伏牛山内就有绰号"一枝花"的女教主利用白莲教活动,建立了相当庞大的组织。乾隆三十九年(1774),鹿邑人樊明德创立混元教,作为白莲教的一支,也在归德、陈州、汝宁等地广泛传播。乾隆五十年(1785),柘城人杨凤仪、刘振德等一部分教徒开始起义,杀富济贫,攻打官府。嘉庆元年(1796),震惊全国的白莲教大起义在湖北首先爆发,并迅速在河南、四川、陕西等地蔓延。嘉庆二年,义军主力转入河南,一年多后转入陕西,但河南的反抗斗争并未停止,嘉庆五年,白莲教的一支三元教教首刘之协在河南叶县被捕,嘉庆九年起义主力失败,斗争转入低潮。但起义威胁并未消除,嘉庆末,河南再次爆发了滑县李文成领导的天理教大起义。这些起义虽然先后都被镇压,但清政府为搜捕教徒而实施的血雨腥风的恐怖统治却持续数年。

与此同时,受兵差、衙役、恶霸、地主残酷迫害的农民,为争取自己的生存权利,

---

① 刘楗:《刘楗年谱》,现藏于河南新郑县刘楗后人刘明勋家中。

纷纷"结捻",建立了诸如"红胡子""白撞手""拽刀手""捻子头"等各类农民组织,"捻党"开始在河南出现,并以归德、陈州、南阳、汝宁、光州等地尤为集中。各类捻民贩卖私盐,敛钱互济,纠众为盗,掠财图存,打击官府,扶持民生,似民非民,似匪非匪,给官府的"治安"带来了极大压力。特别是道光初年,河南的各类民间反政府组织更是频频活动。如道光二年(1822)八月,"新蔡县教匪朱麻子作乱,命程祖洛捕诛之";同年十二月,"虞城县教匪卢照常等作乱,捕诛之";到道光十年,已是乱象丛生,几无可复,以致该年二月,道光帝命"缉捕河南枭匪、捻匪"①,但百姓的反抗已如无法扑灭的星星之火,越扑越旺。

1838年,辉县民变,反抗官府无端苛派。

1842年,河内、修武、安阳、汤阴、封丘、浚县农民先后聚闹县署反对勒捐。

1844年,林县人民组织联庄会,抗交河工物料。

1846年,新乡县民贾学彦等聚闹县署,要求减赋,打伤官役。

1847年,武陟农民聚集万人,抗交漕粮。

……

一些地主士绅也加入"作乱"行列。例如,1848年,商城县廪贡生林翠皎聚众造反,攻占宣化。孟县监生张来法借河苛征,聚众抗官。同年,阳武团练首领彭凤池、李昌聚众围城,反抗官府滥征差徭。至于豫东、豫西各地的农民骚动也是此起彼伏,应接不暇。全省各地已蔓延成片,多则一两千,少则数十百,"肆行劫掠""几至围城"。这种风暴前的乌云,终于在太平天国的导引下,爆发了席卷中原的农民大起义。

1853年6月,太平军在林凤祥等人的率领下进入河南,河南民众纷起响应。《豫军纪略》载"自粤逆陷金陵,犯河南,中州土捻乘间窃发,所在蜂起"②,捻军起义开始爆发。太平军在河南境内纵横驰骋4个多月后,出豫境,入直隶。捻军则在河南、山东、安徽、湖北等地一直战斗到1868年以后。其间,太平军又有两支队伍进出河南:一支是由曾立昌等率领的北伐援军,于1854年3月进入河南,旋入江苏。另一支是由陈得才、赖文光等率领的西北远征军,于1862年2月至1864年11月间五进五出河南。这些队伍和全省的捻军、波及豫北20余州县的联庄会起义军以及豫东商丘的白莲教起义军一起,占城池杀官吏,扫荡整个河南近20年。据顾建娣研究,在这次大风暴中,起义军在河南攻占城池50余座,杀死知州、知县十数人,③一些恶霸、小吏、地主、富户更

---

① 赵尔巽:《清史稿》卷17《宣宗本纪一》,北京:中华书局,1977年。
② 尹耕云:《豫军纪略》卷3,中国近代史资料丛刊《捻军》(二),第192页。
③ 顾建娣:《太平天国运动对河南社会的冲击》,《上海师范大学学报》(社会科学版)2001年第6期。

是不计其数,极大地动摇了清廷的统治秩序,同时也给当时人民的生活带来了严重影响。战时清军的抢掠,义军的打粮,官府的摊派,盗贼的勒索,使人民的生活更加困苦。大量人口逃亡,车来马往,哀号遍野,整个社会呈现一种喧嚷的衰象。

而为了镇压这次起义设立的厘局成了压在人民头上的新的负担,虽屡经争议,仍难裁撤,在河南又延续了数十年之久。同时修筑的圩寨也成了社会新的不安定因素。一些寨主仗着清廷对他们的依靠,"抗钱粮、蔑法律、擅生杀、专威福","酿成骄悍之习","遂生跋扈之心"[1],产生了离心割据、称霸一方的倾向,"间则出剽劫,或拒伤官兵,稍益迫胁旁小圩役属之,小者十数圩大者至连圩百十"[2],终致苗沛霖以圩寨为基础,建立了一个地跨豫皖两省的割据政权,清廷反过来不得不对其进行镇压。

延续十数年的捻军起义是河南社会秩序混乱的高峰,进入光绪以后,虽然河南再没有大的起义,但天灾不断,人祸连绵,土匪横行,枪会滋生,民变丛生,教案迭起,吏治日偷,民不聊生。种种乱象,延至清末。以至于历任巡抚都哀叹连连,无可奈何,而清朝政府对他们亦是怒其无能,更换频仍。据《清代职官年表》统计,从1778年到1911年的133年间,河南先后有75任巡抚,最长的杨国桢1827年11月6日至1834年8月23日在位,在位近7年,最短的福宁1794年9月13日至1794年9月23日在位,在位仅10天,同光以后往往一年数任巡抚。这种巡抚变换无常的现象也从一个侧面反映了河南清代中后期的乱极难治。

二、农民生活比较贫困

占整体人口95%以上的农民生活的贫困一直是清代河南发展中的痛中之痛,它直接影响着教育的受众或对象,减弱了教育的社会调节功能,在一定程度上强化了社会不平等关系的再生产,是影响清代河南教育发展的一个重要的社会因素。所以具体分析清代河南农民的贫困程度,有助于更深入地了解清代河南教育事业的发展状况。

在没有其他经济来源的情况下,依赖土地为生的农民,他所耕种的土地的产出与其承担的相应负担之差额的大小,便决定了其收入的多少和生活的富贫。清代河南农民的日常生活大部分时期比较贫困,个别时期甚至极端贫困,正是由于清代河南的土地产出过低而农民负担过高造成的。

---

[1]《皖豫两省颍归陈三府各属联团章程》,《捻军资料别集》,第144页。
[2] 孙衣言:《安徽候补直隶州知州褚君墓志铭》,《捻军资料别集》,第41页。

1. 清代河南农民人均年粮食收获量的估算

清代河南农民每年从土地上所获得的收获物的多少，取决于他所耕种土地的亩数和亩产。清代河南土地的平均亩产如前所述，大致为 1 石。与同期南方苏杭地区相差 3 倍以上，比全国平均亩产低 50% 左右。个别地区个别时期则有所不同，为了更清楚地说明这个问题，依据现有资料可以列表如表 2-5。

表 2-5 清代河南各地粮食年均亩产情况表

年号	地区	亩产情况	资料来源
顺治	柞城	二三斗	顺治《柞城县志》卷上
	新郑	一二斗	康熙《新郑县志》卷1《田赋》引顺治十六年旧志
乾隆	彰德府 卫辉府	洼地收麦四五斗，高地2斗，若加秋粮当在1石以上	《尹少宰奏议》卷2《河南疏一·确查抚恤事宜疏》
	南阳府 汝宁府	1石上下	《尹少宰奏议》卷2《河南疏一·确查抚恤事宜疏》
	新蔡	膏腴田5斗，一般田不到5斗	《李葆醇先生文集》
	嵩县	水浇地亩产谷3石余	乾隆《嵩县志》卷6《星野》
嘉庆	洧川	6斗左右	嘉庆《洧川县志》卷3《籍赋志》
	信阳	三四石	民国《信阳县志》卷8
	孟津	不足1石	嘉庆《孟津县志》卷10《艺文·王铎奏请免粮札子》
光绪	南阳	不足1石	光绪《南阳府南阳县田土物产畜牧统计表》
	淇县	2石2斗	光绪《淇县舆地图说》

从中可以看出豫南和豫北地区稍高些，其他地区均不足 1 石。依据这一推测，结合梁方仲先生对清代田地人均亩数的统计，可以大致看出清代河南农民的年均粮食收获量（表 2-6）。

表 2-6 清代河南农民年均粮食收获量估算表

时 段	乾隆十八年	乾隆三十一年	嘉庆十七年	同治十二年	光绪十三年
人均亩数	10.16	4.42	3.13	2.99	3.24
年均收获量（斤）	1483	645	457	437	473

说明：1. 年均收获量=人均亩数×1石。石为容积单位，清初1石粮食按麦计，约合今146市斤。

2. 人均亩数的资料来源是梁方仲《中国历代户口、田地、田赋统计》甲表85，乙表61、73、74，上海人民出版社，1980年。

3. 人均耕种亩数的多少和亩产之间有着较为复杂的制约关系，今仅作简单处理。

农民辛苦一年，耕种的土地收获了这么多粮食，大部分却并不能归农民所有，因为他还要应付各种各样的负担。

2. 清代河南农民的负担

清代河南农民的负担主要有三大类：田赋、地租和各类苛捐杂派。田赋是清王朝财政收入的主要来源，也是河南农民相对额定的负担之一，主要包括地丁银和漕粮。早期地丁银是随人丁的滋生而增加的，雍正年间推行"摊丁入亩"后，丁银开始相对固定。漕粮前期是征收实物，同治以后逐渐折征银两，称为"漕折"或"折色"。按照定章，当时河南每亩土地负担丁银在0.014～0.227两之间，"有漕州县"另交漕粮2.00升或漕银0.01两。①全省平均每亩纳银和纳粮数由梁方仲《中国历代户口、田地、田赋统计》乙表73、74、75、77、81等处可查核和计得：丁银大致0.046两，漕粮0.17～0.34升。

如果照此征收，田赋负担是相对较轻的，但官吏在实际征收过程中，往往层层加码，处处盘剥。农民卖粮所得的制钱需要按官府规定的银钱比价交纳，但官府规定的银钱比往往远高于市场价，使农民不得不多籴粮食才能完赋。如19世纪20年代，河南白银1两兑钱1400文上下，但官府强令农民按每两2000～2300文交纳，这样农民原先籴粮1.5石就可交纳的额赋，现在却不得不加籴1石，无形中加赋一倍左右。

地租是由农民与地主在耕种土地时的相对关系而定的。乾隆中后期，随着土地集中程度的提高，农民对地主在农业生产中的阶级依附关系逐渐形成。据今人研究，清代前期河南全省土地大约70%把持在地主手中，鸦片战争后，经数十年动乱的冲击，地主连同富农在地权分配中的份额估计降至50%～60%，中、贫农占40%～50%，地主把持的土地仍然较多。②当时地主向农民榨取地租的方式主要有三种：实物定额租、实物分成租和货币地租。定额租是指地主仅提供土地，所有生产资料佃农自负，在租佃关系成立时，议定每年或每季佃农应缴的小麦、秋粮数，不论丰歉，租额不变。这类地租主要存在于各类"公田"中。如乾隆年间，光州普济堂义田97亩，每年收定额租148.5石；育婴堂83亩，每年收定额租173石；学田386亩，每年收定额租656石；其他州县类似事例已屡见不鲜。③分成租是指租佃双方不固定租额总数，只议定租率即双方分取收获物

---

① 河南通志馆编：《河南通志稿》（残本），《经政志》1942年通志馆铅印本。
② 王天奖：《晚清时期河南地权分配蠡测》，《史学月刊》1993年第6期。
③ 乾隆《光州志》卷13《书院志》、卷31《恤政志》。

的比例，届时去地头分取，或由佃农按比例限时送交。其成数一般按地主提供房舍和生产资料的程度而定。如果地主仅提供土地（兼农舍），农民自备生产资料，则收获均分，谓之"大种"或"代耕"；如果地主出种子，则佃得十分之四，再提供牛车草料等，则佃得十分之三；若佃户仅带一条牛鞭，种植耨锄，则仅得十分之二，谓之"拉鞭""小佃"或"把牛"。货币地租租佃条件与实物定额租相同，即业主仅提供土地，其他一切生产资料均出自佃农，而每年按议定的定额货币交租。除此之外，部分佃农还得在租佃关系确定前，向地主交付预租或押租，同时附有一定的劳役。

清代河南的租佃关系大多采用实物分成租，实物定额租较少，货币地租尤为稀少。这是由于：①河南水旱灾害频繁，收入无保障，因而地租无法"定"死。②农村经济落后，贫困农户无力自备耕牛、农具和种子，不得不仰赖地主。而同时期的南方各省，随着封建经济的发展，大多采用定额租，这也是河南经济落后于其他地区的一个侧面表征。清代河南各地方志中关于地租的记载似乎也表明了这一点。见表2-7。

表2-7 清代河南各地分成地租情况表

地区		地租分成情况	资料来源
豫南	南阳	主家供种子，收后扣除余者主佃七三或六四分	光绪县志卷1《风俗》
	唐河	诸费均摊收获均分	乾隆县志卷9《艺文》
	正阳	代种主佃均分	嘉庆县志卷9《风俗》
	上蔡	1. 大种主佃均分；2. 稞地定额租，留3斗；3. 拉鞭主佃七三分	民国县志卷7《雇农》
	西平	主佃均分	民国县志卷36《风俗》
豫东	鹿邑	1. 大种主佃均分；2. 主出种子者主佃六四分；3. 主出种子并备牛车草料者佃得3/10；4. 仅种植耨锄佃得2/10	光绪县志卷9《风俗》
	商水	大种草喂牲口收获均分；把牛佃得3/10	民国县志卷5《风俗》
	鄢陵	把牛佃得夏收2/10秋收3/10	民国县志卷5《风俗》
豫北	汲县	1. 大种主佃均分；2. 代种夏收主佃八二分秋收七三分	乾隆县志卷6《食货》
	临漳	没官地及养济院地租"计岁入均分"	光绪县志卷12《艺文》

田赋和地租无论轻重，好歹定时定数，各类杂派则数目繁多，摊派无期。主要有：①为了防治黄河而令各州县征解的"土防加价""河工帮费"和各种"河工物料"（因运输不便改折银交纳）等，民间称之"小粮"。不唯沿河地区，全省各州县都有。②河南地处南北孔道，往来官员、军队、粮饷、物资较多，迎送运输任务繁重，官吏往往逾章滥派，"用一派十"，强令折价交纳，百姓苦不堪言，差徭甲于全国。③地方一切所谓

"公益""公差",如修城、筑寨、浚河、建庙、迎来送往等,亦随时杂派,向四乡摊征。④其他杂税。各类杂派的严重程度使人发出了"豫民所苦者不在(田)赋,而在差(徭)"①的叹息。

3. 清代河南农民的粮食净收入

如果暂不考虑各类负担在实际征收过程中官府、地主的巧取豪夺,层层盘剥,单单扣除章定的田赋和地租,对于一个辛苦耕作了一年的佃农来说,留到自己手中的粮食也已不多了。数据是最能说明问题的。根据不同年份的田赋数和平均地租率(暂按60%计),清代河南农民每年的人均粮食净收入亦大致可得(表2-8)。

表2-8 清代河南农民每年人均粮食净收入估算表　　粮食单位:升

分 类		乾隆十八年	乾隆三十一年	嘉庆十七年	光绪十三年
亩 产		100	100	100	100
田赋	亩均银数(分)	4.6	4.5	4.5*	5.25**
	亩均粮数	0.34	0.30	0.28	—
田赋总折粮		7.24	7.05	7.03	7.88
地租(60%)		55.66	55.77	55.78	55.27
亩均余粮		37.10	37.18	37.19	36.85
人均亩数		10.16	4.42	3.13	3.24
人均粮食净收入		376.94	164.34	116.40	119.39
约折合重量(斤)		550	240	170	174

说明:1. 亩产均按1石,即100升计。

2. 田赋数、人均亩数来自梁方仲《中国历代户口、田地、田赋统计》乙表73、74、77、81。

3. *为嘉庆二十五年数据,**为光绪十九年数据。

4. 田赋折粮按19世纪20年代粮价1两银子可买1.5石粮食换算。

5. 地租折扣系完赋后的比例。

6. 折合重量按1升约等于1.46斤。

在这样的收入下,广大农民还要应付各种各样的杂役摊派,其生活的贫困是可想而知的。当然,这只是清代河南农民平均生活水平的一个估算,实际上,清代河南农民的成分也很复杂,除了大量完全依赖耕种他人土地为生的佃农外,还有许多拥有一定土地的中、小自耕农和只有少量土地的半佃半自耕

---

① 王诜柱:《王丹君先生文集》卷下,第34页;张之万:《张文达公遗集》卷2,第37页。转引自程有为、王天奖主编:《河南通史》第四卷,郑州:河南人民出版社,2005年12月,第6页。

农。但无论自耕农还是佃农，生活的境遇都是差不多的。中小自耕农挣扎在温饱线上，广大佃农挣扎在死亡线上。正如鸦片战争以后河南农民愤怒的呼喊："吃没有吃，穿没有穿，日子过得难睁眼！不如拼上老命去随捻！"咸同时期持续多年的捻军大起义在很大程度上即是这种贫困的逼迫。

对于这种贫困的状况，时人笼统的描述亦是不绝于书。如乾隆五年，巡抚雅尔图说："豫省民生，贫富不齐。富者多鄙吝刻薄，贫者则别无营生，大约佃种他人田地者居多"，"此辈终岁勤劳，所得粮食除交田主租息外，余存无几，仅堪糊口，最为贫苦"①。道光《河内县志》云："岁多丰稔，而竭其地之所产，不足供土著之食。"②光绪末上蔡一个知县报告辖境"富者日见其贫，贫者不见其富"，"小贸则无以为生，佣力则雇觅极少"③。宣统初，一个豫籍京官在综述河南情况时说"自庚子以后，百物踊贵，谋生日艰，游惰日众，富者率流于贫，贫者率流于盗"④，等等。经过以上分析，我们对于清代河南农民生活的贫困状况就又有了一种理性而又清晰的认识。

第五节　小　结

本章叙述了清代河南教育发展的自然和社会背景。

第一，河南地区特殊的地形和水文条件在气候的作用下，造成了清代河南自然环境的一个显著特征：自然灾害尤其是水旱灾害连年不断。不断发生的灾害导致人口大量死亡，生态环境恶化，社会危机丛生，直接破坏了生产者、生产工具和生产资料，进而打破了生产力与生产关系的平衡，严重影响了社会各项公共事业如文化教育的发展。

第二，清代200多年间，河南的整体地域范围一直较为稳定，特别是雍正三年直隶浚、滑、内黄来属河南，雍正四年河南磁州往属直隶后，河南与周边省区的边界便一直无甚变化。而清代河南内部的行政区划也相对较为稳定，特别是从乾隆六年到光绪三十年的163年内府州总数一直维持在13个，其中府9州4。府州下辖的县级政区从乾隆二十九年到咸丰十年也约有96年稳定在108个。在中央集权的体制下，一个政区就是一个

---

① 雅尔图：《心政录》卷2。
② 道光《河内县志》卷8《疆域》。
③ 徐寿兹：《学治识端》，第97、110页。
④ 陈善同：《陈侍御奏稿》卷1，台北：文海出版社，1968年，第4页。

相对独立的区域，政区的分割直接影响了教育发展的地域范围，规定着教育的区域性和层级性。

第三，科举制度在学校教育和官僚体制之间的独特作用，使得它直接影响了教育发展的方向和目标，规定着教育的内容和方法，对各地各级教育的发展产生了严重而深远的影响，清代任何地区的教育基本上都抹不开科举的影子，河南亦不例外。

第四，清代河南经济前期发展较好，在农业、手工业和商业诸领域均得到了一定的恢复和发展，当然也存在着诸多的缺陷和不足，嘉庆以后受各种因素的影响，发展滞缓。与同时期的东南地区或北方晋陕比较，河南经济逐渐落后，结构单一、技术低下、观念保守、发展不稳等问题一直伴随始终。地区经济的发展状况直接影响了各类学校的经济基础和持续能力。

第五，社会形势是社会各项事业发展的风向标，它的稳乱影响着教育的进程。清代中后期河南社会的长期动荡对各类学校发展的影响也不可低估。而占整体人口绝大部分的农民生活的贫困一直是河南发展中的痛中之痛，它直接影响着教育的受众或对象，减弱了教育的社会调节功能，在一定程度上强化了社会不平等关系的再生产，是影响清代河南教育发展的一个重要社会因素。具体分析清代河南农民的贫困程度，有助于更深入地了解清代河南教育事业的发展状况。

第三章
清代河南学校教育发展的基本过程

第一节　清代以前地方传统教育体系的演变

所谓传统教育体系，是相对于清末资产阶级新教育体系而言的。一般来说，存续于广大封建社会、以儒家经典为主要教育内容的学校教育体系均可称为传统教育体系，只是不同时期或不同朝代的教育体系具有不同的组成形式，但这种不同也是相对而言的，因为从整体来看，每一个时期或朝代的教育体系都不是凭空产生的，都是在前一时期或前代教育体系的基础上继承和发展而来的，清代也不例外。同时，从行政的层级看，每个朝代的教育体系都有中央和地方两个部分，这两个部分虽然有一定的联系，但都自成体系，各有自身的发展历程。

地方传统教育体系包括地方官学和各类私学。地方官学是地方政府自行或按照国家政策兴办的学校，私学是家族或个人自行兴办的学校。河南作为清代的一个政区，其教育体系是清代地方教育体系的有机组成部分。清代河南的传统教育体系包括初等学校性质的社学、义学、私塾，中等学校性质的府、州、县学，以及兼具初、中等性质的书院。这一体系是在清代以前历代地方教育体系的基础上逐步发展演变而来的。在组成清代河南传统教育体系的各类学校——府州县学、社学、义学、私塾、书院等教育机构中，既有程度上的初等、中等甚至高等之别，又有性质上的官学、私学，甚至官私兼具的公学之分。程度上的差异如上所述，性质上的不同是府州县学、社学属于官学，私塾属于私学，而义学和书院兼具官、私性质。正是各类教育机构程度和性质的不同组合，造成了清代及其以前历代地方传统教育体系的纷繁复杂、多姿多彩。

一、汉代地方教育的松散化

汉代的地方官学有郡国学和县学。最早的郡国学是文翁在蜀郡自行兴办的学校,即历史上有名的"文翁兴学"。但文翁兴学是文翁作为地方官的个人行为,并无国家规定。"至武帝时,乃令天下郡国皆立学校官"①,将兴办地方官学的措施推广于天下郡国,才陆续出现了郡国学的修建。县学的设立晚于郡国学,武帝郡国立学的诏令并不及县,至王莽兴学,方涉县下。至此既有郡国学又有县学,按照当时的行政建制,汉代的地方官学似乎比较完善,但实际情况并非如此。因为郡国立学的诏令只是一种号召,县级办学的行为只是一种跟随,无论郡国学、县学,国家都没有制度性的具体规定和指令性的监督措施,地方官学的兴办完全取决于地方长官的意愿,而地方财政的拮据和师资条件的限制往往使地方长官在兴学事务上较为消极,因此汉代的地方官学并不发达,相关的史料也记载较少,只有少数郡国学在开明太守的倡办下较为出色,河南地区的如西汉韩延寿任太守时的颍川郡学②、东汉寇恂任太守时的汝南郡学③等。

除地方官学外,汉代的地方学校还有私学。郡国学和县学都是较高阶段的成人教育机构。而私学的形式则较多样,既有经师、学者创办的从事成人中高等教育的学校,又有一般乡里宿儒、闾里书师创办的从事儿童初等教育的蒙学。汉代私学的发展与官学截然相反,由于官方办学力量和范围的有限性,使得私家教学具有了广阔的发展空间,尤其在东汉时,私学更是达到鼎盛。而办学形式之多样,教学方法之灵活,学研结合之深入,师生关系之亲密,尊师风气之浓厚,更使汉代私学无论从规模、范围上,还是质量、效果上,均大大超过地方官学教育。据俞启定等人研究,在现有记载的100余种东汉各类经学著述中,90%以上都是由非博士的私家经师所编纂④。

整体而言,在汉代地方传统教育体系中,地方官学的创办零散而随意,郡国立学的诏令只是一种地方学官制度,并不是真正的学校制度。同时兴学的目的也并不是为了培养人才,而是推行社会教化。私学虽然较为发达,但办学者和教学者都是同一个人,既没发现有办学者聘请其他人任教的,也没发现两人以上共同执教于一校的,私学的发展

---

① 班固:《汉书》卷89《循吏传·文翁》。
② 班固:《汉书》卷76《韩延寿传》。
③ 范晔:《后汉书》卷16《寇恂传》。
④ 俞启定、施克灿著:《中国教育制度通史》第一卷,济南:山东教育出版社,2000年,第436页。

还比较原始，整体学校教育的发展尚处于一种自发应然的状态，甚至可以说尚没有形成一种自觉有序的体系。但汉代地方学校毕竟在设立宗旨、办学途径等方面形成了固定的准则和模式，在教学和管理方面也有不小建树，为后世地方学校教育体系的形成和发展奠定了最初的基础。

二、魏晋南北朝时期地方教育的初步制度化

魏晋南北朝时期，在民族大融合的背景下，一些少数民族政权急于封建化，人才的培养和选拔问题日益凸现，但发达而不系统的家学、私学满足不了形势的需要，迫切需要地方学校制度化、系统化。北魏献文帝天安元年（466），朝廷采纳李䜣、高允的建议，设学官，立郡学，并依据郡的大小明确了相应的师生名额和取录标准，初步实现了郡级地方官学的制度化，使在此之前地方教育中的学官制度开始向学校制度转化，"郡国立学，自此始也"①。

北魏的地方区划实行的是州、郡、县三级制，史料只说明了郡学的设立，未言州、县学的情况。估计仍以地方长官意愿设立，如韦彧任东豫州刺史，到任之后，"以蛮俗荒梗，不识礼仪，乃表立太学，选诸郡生徒于州总教"②。高祐任西兖州刺史，"以郡国虽有太学，县党宜有黉序，乃县立讲学，党立小学"③。可见北魏的地方官学仍没有完全制度化。

三、唐宋时期地方教育的体系化、制度化

隋朝立国后，地方行政实行郡（州）县二级制，相应地建立了郡学和县学。郡学的设置沿袭北魏，县学的设置仍由官员自行决定，直至唐朝建立后才对县学的设置做出了明确规定。武德元年（618），李渊敕命"上郡学置生六十员，中郡五十员，下郡四十员。上县学生四十员，中县三十员，下县二十员"④。武德七年（624）又诏令"诸州有明一经以上未仕者，咸以名闻；州县及乡皆置学"⑤。开元二十六年（738），唐玄宗又令"天

---

① 魏收：《魏书》卷48《高允传》。
② 魏收：《魏书》卷45《韦阆传附珍子彧传》。
③ 魏收：《魏书》卷57《高祐传》。
④ 刘昫：《旧唐书》卷189《儒学传上》。
⑤ 司马光：《资治通鉴》卷190《高祖武德七年二月》。

下州县，里别置学"①。《唐会要》卷35《学校》目亦云："其天下州县，每乡之内，各里置一学，仍择师资，令其教授。"各级学校除州学有经学、医学、崇玄学三种类型外，均为经学教育学校。至此，从武德初到开元末，经过100多年的发展，唐代的地方教育形成了州、县、乡、里四级完整的学校体系。

与此同时，学校的教学、行政、经费等各项管理制度也逐步建立。特别是各级地方官学的教育经费完全由国家承担，学生食宿免费，极大地鼓舞了士人入学的积极性，诸生无不以入官学为荣。相应地，魏晋以来持续发达的私学教育出现了相对的低迷。中唐以后，由于政治和经济的因素，地方官学逐渐衰落，大量士子流入私学，私学教育又成了国家教育的重心所在，并逐步形成了隐居读书、私人（经师、官员等）讲学、塾学、家学、佛寺儒学等不同类型。特别是在私人讲学的活动中，开始出现了"书院"的名称。书院本是中央政府收藏、校勘、整理图书的机构，晚唐时期，一些士人开始把自己读书治学、授徒讲学的地方也称为书院。然而此时的书院尚不普遍，依据今天江西、福建等地的方志，仅见到四所：皇寮（吉水）、松州（漳州）、义门（德安）、梧桐（奉新）。河南地区尚未发现。同时规模一般也不大，还没有系统化，但它作为中国封建社会的一种新的教育机构名称已正式萌芽了。

综合隋唐时期的地方教育，可以发现：①地方官学教育开始系统化、国家化，地方官学体系逐渐形成，并成为国家官学教育的有机组成部分。②私学教育也得到了极大发展，出现了多样化、高级化的特点。特别是在私学教育中，产生了对后世影响较大的书院。③无论官学、私学，在教育程度上差别不大，都是既有中高阶段的成人教育，又有初级阶段的童蒙教育。

唐朝灭亡后，经过五代十国的长期动乱，地方官学元气大伤，大都惨毁。宋代建立后，因忙于统一和抗辽，对地方学校亦无暇顾及。所以经过宋初80余年的恢复和重建，地方官学才从无到有、由少到多。如位于今天河南地区的濮州学、郑州学、应天府学、河南府学基本都重建于这一时期。规模初备后，又先后经历了庆历、熙宁和崇宁三次大规模的兴学运动，宋代地方学校才逐步完善和定型。地方官学依然依地方区划而置。宋代的地方行政分三级：路—州（府、军、监）—县。其中路仅置学官，不直接设学，府、军、监为特殊地区建置，所以宋代的地方官学仅有州（府、军、监）、县两级且主要是州学和县学。州学、县学的经费主要靠学田维持，实行以学田为主，政府资助、社会献田、捐款集资、刻书创收等多种途径相结合的经费筹集办法。特别是学田制的确立对后

---

① 司马光：《资治通鉴》卷214《玄宗开元二十六年正月》。

世影响极大，为后来的元、明、清各代所沿用。

除地方官学外，宋代的地方学校系统还有书院和各类"乡党之学"。萌芽于唐末的书院在宋初官学长期低迷、科举日益扩大的背景下，经历了一个繁荣发展的兴旺时期。河南作为京城所在地区，书院的发展居全国前列。宋初四大书院，河南即占了两处：嵩阳书院和应天书院。北宋中期以后，随着州、县官学的日益普及和政府对私人讲学活动的严格控制，一部分书院被迫官学化，一部分书院则被迫退出地方教育阵地的主流地位。特别是在三次兴学运动中，全国大部分书院的学田都被迫以合法的形式转入州县官学名下，如熙宁七年（1074）四月，朝廷颁诏："州学已差教授处，管下有书院并县学旧有钱粮者，并拨入本学。"① 书院失去了生存的基本条件，衰落便不可避免。

所谓"乡党之学"即未纳入地方官学体系之内的各类私学。这些学校的类型、分布及课业程度等均无定制，往往随遇而设，因地制宜。或居官宦人家，或寓寺庙道观，或傍州郡都会，或据穷乡僻壤。既有固定讲授，也有四处游学。其组织形式主要有乡学、家塾以及高级研修性质的私学等。乡学即分布于城镇乡村的民间私塾或庙学，家塾指为家族子弟创办的书舍、学堂或书院等私人讲学场所，高级研修性质的私学主要是隐居山林的名儒耆宿的讲学活动。宋代的私学一直较为发达，许多儒学大师如商丘戚同文、伊川二程等都一直从事私人讲学活动，出于门下的知名弟子数以百计，不胜枚举。同时宋代私学也并没有因为官学的弱强而盛衰。宋初官学低迷，私学因科举而兴，宋中官学渐起，私学向思想探究转向，依然有较大发展，在中国古代思想史上占有重要地位的理学便在这一时期发展成型。一些流传后世、经久不衰的蒙学教材如《三字经》《百家姓》等也都编于此时。并且在家塾形式的私学中产生了对后世影响较大的专为贫寒子弟求学的"义学"，这使地方学校体系的大家庭中又多了一个成员。

宋金对峙时期，双方都继承了原来北宋的地方教育制度，只不过对金朝而言，又专门设立了女真府州学，突出了民族特色。

四、元明时期地方教育的普及化、定型化

元代地方区划实行行省制度，行省以下依次是路（府）、州、县，其中行省仅设学官，州、县仅设学，路（府）既设学又设学官，因此元代的地方官学有路学、府学、州学、县学之分。县学以下，又新创了基层官学——社学。至元二十三年（1286），元廷

---

① 《续资治通鉴长编》卷252《熙宁七年四月己巳》。

规定:"诸县所属村疃,五十家为一社,择高年晓农事者为社长。……每社立学校一,择通晓经书者为社师,农隙使子弟入学。如学文有成者,申复官司照验。"①社学主要设立在农村地区,利用农闲对农家子弟进行初等教育,对发展农村教育事业具有明显的积极意义。这种组织形式是元朝地方官学在基层地区的延伸和创新,对后世产生了深远影响,为随后的明清所沿袭。

明代继承和发展了元代的地方教育体系。地方官学有府学、州学、县学及社学之称,私学依然是各类私塾和家学,而宋元以来出现的书院由于科举的渗入,私学性质逐渐弱化。其中府、州、县学改变了元代没有专门学官的状况,设置了相应的教授、学正、教谕以及训导等学官;细化了学生的管理,分学生为廪膳、增广、附学三种类型,并制定了相应的进黜之法;同时,设置数量超过了以往任何一个朝代。河南地区各府、州、县均设置了相应的学校,共设置了116所各级儒学。此外,对于社学制度,明代也有较大的发展。不但大加提倡,广泛设立,而且在招生择师、学习内容、教学活动等方面形成了较为完善的制度。从而形成了社学—府、州、县学—国子监三级相衔接的学制系统。

与此同时,宋元以来广泛出现的书院,因为官学教育的不足,得到再次发展。由于明统治者大力提倡科举,并将科举与学校紧密结合,规定"科举必由学校""学校则储才以应科目者"。而官学教育的规模和程度满足不了这种科举体制下应试教育的需求,因此明中期以后,书院再次得到发展:数量多、形式活、性质杂。

在中高等的学校教育为府、州、县学和书院所占据,初等教育又被社学分承后,私学教育在教育程度上逐渐被压缩至更为初级的各类私塾和相对零星的家族学校。但这类学校由于地方教化的推行和科举的影响,数量上也获得了较大发展,各类私塾、家学基本上星罗棋布,遍布城乡。

进入清代以后,在继承元、明和吸取唐、宋地方教育积极因素的基础上,逐步形成了由初等教育的社学、义学、私塾,中等教育的府、州、县学和混合程度的书院共同组成的地方教育体系。清代河南的传统教育体系即由这三个层次的教育机构组成,并在清代长期的历史过程中,先后经历了建制和发展、衰败和重创、萌芽与确立等不同的发展阶段。以下即分述之。

---

① 柯劭忞:《新元史》卷69《食货志二》。

第二节　传统教育体系的建制与发展（1644—1795）

一、初等教育机构——社学、义学和私塾的重建与发展

社学是设在乡镇地区最基层的一种地方官学，本源于元，明继之。洪武初经官方号召，嘉靖时已遍布河南城乡，迨明末多毁于兵。清定鼎之初，尚无暇顾及，及稍安之后，即因明重置。顺治九年（1652）题准各地设置社学，配备社师，规定"每乡置社学一区，选择文艺通晓、行谊谨厚者，补充社师。免其差役，给饩廪养膳。提学案临日，造姓名册申报查考"①。随后河南各地即奉诏兴办各乡镇社学，招收一般平民子弟，推行初级教育。而由于明末社学存废不一，所以有的地区以恢复和重修为主，如祥符县"旧社学凡十九区，在城者六，在乡者十三……国初沿旧相设"②。有的地区以另行创建为主，如邓州，顺治十六年知州陈良玉即在大东关街北创建社学一区。③社学的官办成分较大，其经费一般由州县长官负责解决，多数从公款内动支，各州县的学官——教谕代表知州、知县对所辖社学进行定期督导。实际上是国家对民间基层教育的一种有限干涉。它规定凡年龄在12岁以上、20岁以下者，皆令入学，以习礼仪、学文化为务。所开课程，一般从认字开始，教学生读《三字经》《百家姓》《千字文》《唐诗三百首》等，进而学习《小学》《论语》《孝经》及史政、诗文、掌故等，还要讲习御制大诰，本朝律令，以及婚、丧、嫁、娶、祭祀等礼节，使贫穷无力上学者"尽萃其中"④。雍正元年（1723），复令各地于大乡巨堡各置社学，并重新审定社学办理规定，加强对社师的督察。规定"（社师）将学生姓名造册申报。学政按临时，如有能文入学者，社师优赏，若怠于教习、钻营充补者，褫革"⑤。同时要求社学学生接受社师的考试及应学校院试。凡成绩优秀

---

① 光绪《钦定大清会典事例》卷396《礼部·学校·各省义学》。成书于乾隆五十二年的《清朝文献通考》卷69《学校七·直省乡党之学一》云康熙九年，光绪《祥符县志》卷11《学校志》和光绪《鹿邑县志》卷7《学校志》均谓顺治九年，此处采顺治说。
② 光绪《祥符县志》卷11《学校志》。
③ 乾隆《邓州志》卷6《学校·社学》。
④《嵩县城乡学记序》，陕西省图书馆藏清代木刻线装本。
⑤《清朝文献通考》卷70《学校八·直省乡党之学二》。

者，可升入府、州、县学为生员；反之，若成绩不佳，则被退回社学。这样社学便在学制上与府、州、县学紧密联系，解决了社学学生的进退之法。

乾隆二年（1737），尹会一抚豫，即任不久即檄文各地兴办社学，以广文教。据雍正《河南通志》、乾隆《续河南通志》及河南各府、州、县志的记载，清代前期鸦片战争以前，河南各地先后建立起来的社学有500余所，基本上已涵盖全省。如祥符县明代有社学19所，在城者6在乡者13，清初沿旧相设，基本承续明代的规模。确山县全县合计约有社学120所。府城、州城、县城也普遍设置社学。睢州"自城市及市镇，为学三十有二"①。新乡县社学在城2所，在乡12所，共14所。②一些山区县社学与明代相比有较大增长，如辉县社学由10余所增至35所，嵩县社学由不足10所增至34所。同时由于一些地方官的认真负责，热心倡导，出现了若干社学发展较有特色的州县，如泌阳、嵩县等。泌阳县社学的发展与康熙年间的教谕窦克勤息息相关。窦克勤（1653—1708），字敏修，号静庵，又号艮斋，清初著名教育家、理学家，河南柘城人。康熙十一年（1672年）考中举人，康熙十五年（1676）授泌阳县教谕。莅任后，兴学教民，大力发展社学。集诸生分置"仁""义""礼""智""信"五社，每社择学行兼优者为师长，教以孔孟正学。五社之外，又设"童子社"，令"少者读《孝经》《小学》，稍长读《五经性理》，人皆兴行"③。并仿效朱熹的《白鹿洞书院学规》，制定了《社学条规》及《社学劝善规过条目》，使泌阳成为当时河南社学教化推行较好的省份。乾隆二年，河南巡抚尹会一将窦克勤的《社学条规》及《社学劝善规过条目》颁行河南各地社学。同治六年（1867），河南提督学政杨庆麟再次要求各地社学参考该条规、条目执行，对全省的社学教化产生了较大影响。

嵩县社学的发展离不开乾隆年间知县康基渊的努力。据乾隆《嵩县志》记载，乾隆三十年（1765），康基渊根据地势高下、距离远近、村落疏密和人口多寡等因素，对全县社学统一规划、精心布局，先后在各乡镇设立社学34所。其中城关1所，西部山区8所（蛮峪、德亭、大章、旧县、汤下、潭头、楼关、小河），南部山区6所（柳林、白河、孙店、东村、汝河、寺庄），各社学彼此相距约15公里。其余19所均集中在县城以下的伊河两岸，彼此相距不过二三公里，特别是县城与田湖之间不到20公里的河段，集中了15家社学④，充分说明了这一地区在嵩县教育发展中的中心地位和主导作用。至于

---

① 光绪《睢州志》卷2《建置志·学校》。
② 乾隆《新乡县志》卷12《学校·社学》。
③ 乾隆《柘城县志》卷9《人物》。
④ 乾隆《嵩县志》卷16《学校》。

社学的经费，主要靠官方规置的学田维持，嵩县各社学均有学田，大致从40亩到300余亩不等，多通过收取定额租的形式为社学提供开支。嵩县社学的分布和经费来源基本上反映了河南各地社学的一般情况。

义学又称义塾，教师称塾师。北宋参知政事范仲淹曾以原籍土地千亩作为义田，用以救济同族贫人，并设立学校免费让同族子弟入学，此为义学之始。可见从义学诞生之日起，就具有明显的宗族性和对豪绅的依赖性，故除豪绅原籍外，多设在京城。入清后国家倡导民间办学，各州县亦纷纷设立，义学因其免费性遂成为一种使孤寒生童接受初级教育的机构。其入学年龄一般不超过12周岁（主要是为了和社学相衔接），性质介于社学和私塾之间，官方色彩没有社学突出，民间色彩没有私塾明显，属官倡民助办学，一般是由地方官员率先捐助，而后号召当地士绅商贾共同捐助而立。各县的知县、教谕或训导在任期间，都有可能出面组织一所义学。河南由于经济落后，寒士众多，义学发展较他省为盛，早在康熙二十七年巡抚阎兴邦即檄文各地创建义学、惠泽诸生①。此时的义学对士绅的依赖性依然很强，但其宗族性已大大减弱，一般已不限于本族子弟，范围扩大至本地子弟。如新郑县义学"一在县治东偏，一在北门城外，康熙二十九年知县朱廷献捐俸建立，延儒训导民间俊秀子弟"②。此时义学的学习内容不等，官方并没有完全把它列入地方的教化系统。雍正即位后，始命各省改生祠书院为义学，延师授徒，以广文教，并颁布义学条例，规定义学的学习内容为《圣谕广训》，俟熟习后再令诵习诗、书，以六年为期，如果教导有成，塾师准作贡生。三年无成，该生发回，别择文行兼优之士。应需经书日用，令该督抚照例办给"③。自此，义学的发展开始明确化，河南义学更是步入一个新的发展时期。各地置义田，立义学，令捐士助，此起彼伏。据不完全统计，清代前期河南共有70余州县设立了数百所义学，以至乾隆《归德府志》卷12《学校志·社学》云："中州义学社塾，较大江南北更盛。"

当然，由于民间捐助薄弱而义学免交学费的特点，随着时间的发展，它的可持续性问题便日益突出。许多义学仅有数量很少的义田，根本无法保证学校的基本开支。所以不久以后这些义学大多相继湮废，直至道光年间重新掀起一次兴建义学的高潮，并大多延至清末，或荒废或改制，结束了这种在封建落后经济条件下苦苦挣扎的民间公益性质的教育机构。

---

① 民国《封丘县续志》卷7《教育志》。
② 康熙《新郑县志》卷1《建置志·学校》。
③ 《清朝文献通考》卷70《学校八·直省乡党之学二》。

除义学外，还有另一种初级教育机构——私塾。由于封建国家轻教重举，初级教育，多赖民力，作为初级教育之基础的启蒙教育更是只能依赖纯粹的民间学校——私塾。清代河南私塾有大有小，大者数十人，小者三五人，星罗棋布，遍布城乡，朗朗书声，里陌相闻。一县多至数百、上千所，是当时城乡基础教育的主要场所，也是初级教育体系的重要组成部分。

就办学形式而言，清代河南的私塾主要有三类，"一夥（伙）食学，凡学行优美无意仕进之儒而乐于诱掖后学者，则青年负笈景从，以问德业，俗亦称厨学。二农商工役之属因子弟幼弱而未可听其嬉戏，乃互相联合公请教师以看管之，俗亦称散学。三专馆凡官家富室值子弟求学之年，专聘师儒随时讲贯，不令外人加入"①。除此之外还有其他几种分类和称谓，如伙房学、蒙馆和家塾、义塾、专馆和散馆等，容后文详述，此处暂略。就教学程度而言，可分为蒙馆和经馆。蒙馆主要诵习《三字经》《百家姓》《千字文》等蒙学读物，为初级的识字教育；经馆除识字之外，还诵习四书五经，研习八股文和作诗对对。个别官僚富贾家庭还教授各种古代典籍和史书，甚至琴棋书画。比较而言，专馆和蒙馆最为常见。其中专馆正如民国《封丘县续志》所言："此等私塾清季颇盛，及民国学制变更改设学校。"②

私塾学生的学习年限不定，蒙馆学生一般三五年，而经馆的学生可能稍长些，有些学生甚至直至考中秀才为止，除了学习内容不同外，这与塾师的教学水平也有很大关系。一般每馆设一名塾师，塾师水平相差悬殊，旨趣亦有不同。他们有的是"不屑仕进""耻事权贵"的正直文人；有的是"不与时俯仰""隐居教授"的孤傲者；有的是当朝士大夫以"传道授业"为己任的儒者；更多的是科举考试中不得志的童生或落魄秀才，为了养家糊口，不得不"教授乡里"。他们一般生活贫困，"馆谷甚微"，但均为当地的基础教育做出了较大贡献。清代河南比较有名的塾师有刘茞侯、魏寅采、刘履泰、孟广涵、詹生堡等。

总的来说，社学、义学和私塾构成了清代前期河南城乡初级教育的办学体系。其发展在全国处于相对领先地位。但由于科举制度的强大渗透力，这些机构也未能幸免，社学、义学教授儒家经典，私塾经馆研习八股技巧，都深深地打上了科举的烙印，严重违背了基础教育的生动活泼、有益性灵，阻碍了文化教育的健康起步，在一定程度上为这种发展打了折扣。

---

①② 民国《封丘县续志》卷7《教育志》。

二、中等教育机构——府、州、县学的继承与发展

府、州、县学统称儒学。顺治元年（1644），"诏各省府、州、县儒学，食廪生员仍准廪给，增、附生员仍准在学肄业，俱照例优免"，并定各学支给廪饩法，"在京者户部支给，在外者州、县官支给"①。顺治二年（1645）三月，清廷平定中原后，便按照这一诏令，在明代的基础上，以每年修复或重建前代儒学6所的速度逐步建立起河南地区的府、州、县学。同时，在军队驻扎的地方建立卫学（有的地方设立所学），以教育"武臣子弟"。先后设立府学8所，州学1所，县学107所，卫学12所。顺治四年（1647），又规定了各学的入学额数：大学40名，中学30名，小学20名。一般府学为大学，直隶州学为中学，县学为小学。以后随着经济的发展，一些县学多升为中学。顺治十五年（1658），又大幅缩减，规定大府20名，大州县15名，中学12名，小学4~5名。各府学基本均为大府，祥符、杞县、太康、陈州、商丘、永城、鹿邑、睢州、安阳、河内、洛阳等11州县为大州县，余则为中小学不等。顺治十六年（1659），又制定《直省各卫学归并各府州学例》，在清代存在十几年的卫学相继并入附近的府学、州学。如宣武卫学并入开封府学，河南卫学并入河南府学，归德卫学并入归德府学，汝州卫学并入汝州学等。同年，由于南召县并入南阳县，原南召县学取消，所以顺治末河南共有府学8所、直隶州学1所、属州学11所、县学95所，各级儒学共115所，其中93所为对前代儒学的修复或重建。此后随着直隶州的析置、撤废和属县的归并、变更，河南儒学的总数也时有变化，但维持在120所左右。

对于这些学校的管理，除了按其所在地区人口多寡、文风高下、赋税多少等因素进行分级外，还设提督学政（初期称提学道），总理全省教育，"掌学校政令，岁、科两试"②。在地方则配备师长，严明职责。各府、州、县学的教官依然采取传统封建教育的做法：官师合一。府学设七品教授一名，州学配八品学正一名，县学配八品教谕一名。其职责是"训迪学校生徒，课艺业勤惰，评品行优劣，以听于学政"③。府、州、县学又各配从八品训导一名。协助教授、学正、教谕教导学生。这些人既是教师，也是教育行政长官，多由进士或举人出身者担任。教谕、训导在县学的设立不同时期不同地区略有差异，

---

① 《清朝文献通考》卷69《学校七·直省乡党之学一》。
② 《清史稿》卷116《职官志三》"外官·学政条"。
③ 《清史稿》卷116《职官志三》"外官·儒学条"。

如孟县顺治十五年（1658）裁训导，仅设教谕1人，不久之后又裁教谕，仅设训导1人，康熙十九年（1680）又复设教谕1人①。伊阳县于乾隆十六年（1751）奉旨裁除训导，其职责由教谕兼任②，商城县康熙二十九年（1690）则设立2名训导：太康人牛龙文和夏邑人彭贞维③。教谕又分经制教谕和复设教谕。经制教谕出身较高，一般由举人担任；复设教谕出身稍低，一般由恩贡、拔贡或乡试副榜担任。复设教谕一则多设在文风相对落后地区，如淅川县学（后称淅川厅学）；二则多设在学校级别稍低地区，特别是有些县裁撤后儒学依然保留的地区，如乾隆二十九年（1764）河阴县并入荥泽县，原河阴县学改称河阴乡学，但仍为县级学校，故设复设教谕1名。咸丰十年（1860）仪封县并入兰仪县后的仪封乡学也是这种情况。整体而言，清代前期，由于行政区划的变更，河南各类教官的设置亦有不同，府学教授8—10人，州学学正10—12人，县学教谕95—99人，训导120人左右。

府、州、县学的学生亦称生员，如明制分为三类：廪膳、增广、附学。廪膳生员食廪饩、免赋役、享礼遇（如见官不跪），增广生员不食廪饩，附学生员仅享礼遇。顺治四年（1647），规定各学各类生员额数，廪生：府学40名，州学30名，县学20名，卫学10名。增生与此相同，附生不定。廪生额数与前述入学额数一致，此后变动亦如前述。只不过，雍正二年（1724）九月，进行了一次大规模的增广学额。前述河南的11个大州县——祥符、杞县、太康、陈州、商丘、永城、鹿邑、睢州、安阳、河内、洛阳等，俱照府学额取为20名；陈留、通许、中牟、西华、临漳、济源、武陟、孟县、温县、偃师、灵宝等11县由中学升为大学，取进学额15名；荥阳、原武、长葛、临颍4县由小学升为中学，取进学额12名。

生员的日常管理：①实行考课制度，《清史稿·选举志》载："新进生员，如国子监坐监例，令在学肄业。依次期新生入学为满。教官考校之法，有月课、季考……除丁忧、患病、游学、有事故外，不应月课三次者，诫饬；无故终年不应者，斥革。试卷申送学政查覆。"④《南阳县志》亦云"月有课，季有考，年终则总其优劣以报于学政"⑤。雍正十二年（1734），朝廷专门颁布了月课季考条例，除对生员参加课考作出种种限制外，还规定："如教官不力行课试，经上司察出揭报咨参，计其月课季考废弛次数，每次罚俸

---

① 民国《孟县志》卷5《教育》。
② 道光《伊阳县志》卷3《学校》。
③ 康熙《商城县志》卷1《续修县志·姓名》。
④《清史稿》卷106《选举志一·学校条一》。
⑤ 光绪《南阳县志》卷6《学校》。

三月，若视为具文，竟不举行者，革职。"①②实行"六等黜陟法"②，将生员岁科两试的成绩分为六等，然后根据等次，对他们的级别或升或降。其基本特点是把生员的等级与学业成绩挂钩，实行动态管理。但由于三等以下处罚较重，甚至可以革去生员资格，所以在实际执行中考官为了求得士子颂扬，便往往只列三等，"六等黜陟法"似乎成了一纸具文，真正实行的是"三等优劣法"而已。虽然如此，"六等黜陟法"对生员心理上的震慑作用和学业上的督促效果还是存在的。

对生员思想道德和行为规范的管理主要通过倡儒术、苛文狱的文教政策和一系列的皇帝训谕实现。清统治者定都不久即通过封荫、悬匾、颁典等一系列措施崇尚儒家经术，提倡程朱理学，在生员学习的地点——儒学内遍设文庙，各类建筑的名称如"明伦堂""敬一亭""崇德斋"等充斥着儒学的字眼，"乡贤祠""名宦祠"等供奉着理学名臣，生员一入学就要在文庙大成殿拜谢师长，初一、十五在教官带领下向孔子行礼，平时则学习儒家经典，据《清朝文献通考·学校考七》记载：顺治九年规定，"嗣后直省学政将'四子书''五经'《性理大全》《资治通鉴纲目》《大学衍义》《历代名臣奏议》《文章正宗》等书，责成提调教官课令生儒诵习讲解。"不单教官讲解，一些热衷教育的知县、知府亦时常临学授课，潜移默化，授业传道，总之整个儒学集教学与祭祀于一身，从各个方面向生员灌输、渗透儒家理念。同时严定学规，苛兴文狱。顺治九年（1652）颁布《训士卧碑文》，康熙三十九年（1700）颁布《圣谕十六条》，雍正二年（1724）颁布《圣谕广训》等一系列规范性条文，对生员的思想、行为、学习、生活等各个方面提出了明确要求。如"军民一切利病，不许生员上书陈言，如有一言建白，以违制论，黜革治罪"。严禁愤世嫉俗的生员和其他知识分子违反规定，滥发议论。乾隆年间，桐柏县教谕程明禋因为寿文与人发生纠纷被告发，在搜查的书籍中有对古诗"文章虽满腹，不如一囊钱"批注"古今同慨"，即被斥为诋毁当朝，不满时政，被杀。③登封县生员李因与另一文人乔廷英因互相揭发有悖逆诗稿二人均被处死。光州生员胡元杰因揭发别人诗文

---

① 《清朝文献通考》卷70《学校八·直省乡党之学二》。
② "六等黜陟法"的具体内容为："考列一等，增、附、青、社俱补廪。无廪缺，附、青、社补增。无增缺，青、社复附，各候廪。原廪、增停降者收复。二等，增补廪，附、青、社补增。无增缺，青、社复附。停廪降增者复廪。增降附者复增，不许补增。三等，停廪者收复候廪。丁忧起复，病痊考复，缘事辨复，增降附者许收复，青衣发社者复附，廪降增者不许复。四等，廪免责停饩，不作缺，限读书六月送考。停降者不许限考。增、附、青、社俱扑责。五等，廪停作缺。原停廪者降增，增降附，附降青衣，青衣发社，原发社者黜为民。六等，廪膳十年以上发社，六年以上与增十年以上者，发本处充吏，余黜为民。入学未及六年者发社。"（见《清史稿》卷106《选举志一》）。
③ 《清稗类钞》第25册"狱讼类"，上海：商务印书馆，1917年。

中有"不赦"之句，被统治者认为他的解释本身就罪不容赦，亦被处斩。生员的思想受到严厉的高压控制，只能小心翼翼，安分守己，俯首听命，埋头学业。①

各学校的经费来源，各级教官教授、学正、教谕、训导等均是国家正式官员，其俸禄由户部统一发放。据民国《安阳县志》记载：康乾年间府学教授俸银45两，训导40两；县学教谕俸银40两，训导40两。②各类生员的日常生活费用则一部分由国家支付，一部分从学田中支出。各儒学均设有多少不等的学田，据康熙二十四年（1685）统计，河南共有学田160顷零62亩，平均每县一顷以上③，维持着学校的春秋祭祀、赡给贫生、花红膏火等日常开支。

三、混合教育机构——书院的兴起与发展

（一）清前期河南书院发展的基本过程

从书院的创办上看，清代前期河南书院的发展经历了一个徘徊—恢复—兴盛的过程。

整个顺治年间是河南书院发展的徘徊阶段。顺治元年（1644），鉴于明末书院特别是东南地区的书院在反清复明斗争中的号召、组织和鼓动作用，清统治者对书院采取了严厉的抑制政策。顺治九年（1652），南北尚未完全统一，清政府即谕告麾下各省："各提学官督率教官、生儒，务将平日所习经书义理，着实讲求，躬行实践，不许别创书院，群聚党徒。"④同年，又仿明《学校禁例十八条》颁行各直省《训士卧碑文》八条，规定"军民一切利病，不许生员上书陈言。如有一言建白，以违制论，黜革治罪；生员不许纠党多人，立盟结社，把持官府，武断乡曲，所作文字，不许妄行刊刻。违者听提调官治罪"⑤。完全剥夺了士人出版、结社、言论等自由，"实际上扼杀了书院发展中最活跃的因素：自由讲学和议论朝政"⑥。可见清统治者对明末士大夫借书院讲学抨击时政而危及统治的"历史教训"仍心有余悸，自然对其利用书院进行抗清复明宣传十分敏感，因而书院的创立受到严重影响。但清统治者毕竟是一个有着丰富统治经验的阶级，在警惕汉族士人反清的同时，又要笼络汉族士人以定人心，因此对于汉族士大夫依恋的书院有

---

① 转引自程有为、王天奖主编：《河南通志》第三卷，郑州：河南人民出版社，2005年，第535页。
② 民国《安阳县志》卷9《建置志下·学宫义学书院》。
③ （康熙）《大清会典》卷23《户部·学田》。
④ 《古今图书集成·经济汇编·选举典》卷17《学校部·汇考十一》。
⑤ 《清朝文献通考》卷69《学校七·直省乡党之学一》。
⑥ 李国钧：《中国书院史》，长沙：湖南教育出版社，1998年，第778页。

时又网开一面，略表赞成。这样，顺治年间的书院政策便表现出极大的摇摆性和一定的地域性，南紧北松现象比较突出。如顺治二年（1645）清初大儒孙奇逢即举家迁至辉县苏门山，讲学于百泉书院。顺治九年（1652）滑县重修欧阳文忠公书院，顺治十一年（1654）息县知县邵光荫又新建正学书院，均未闻干涉，而顺治十四年（1657）湖南缙绅欲修复衡阳石鼓书院，却需偏沅巡抚袁廓宇亲自向皇帝申请。受此影响，河南书院的发展出现了徘徊中前进的局面。终顺治一朝，从顺治元年（1644）到顺治十八年（1661）全省新建书院 5 所，修复前代书院 6 所。

从康熙元年（1662）到雍正十一年（1733），是河南书院发展的恢复阶段。由于这一时期，清政府的政权逐渐巩固，社会逐渐安定，其间虽然发生了三藩之乱，但并未给河南书院的发展带来直接影响，待三藩之乱平定后，河南书院的创办便具备了更加安定、良好的社会环境。而省内由于距统治中心较近，归入较早，各任督抚经过半个世纪的苦心经营，恩威并施，士人反清复明之心早已泯灭，转而心向功名，以科考为业，因此社会较为安定，生产力逐渐得到恢复和发展，自然也具备了稳定发展的省内小环境。而此时社学的破败又为书院的创办提供了一种客观需要。生童无可学，儒师无可教，急需一种新的政策来改变这种状况。与此同时，康熙皇帝在熊赐履、范文程等人的影响下，对汉族的先进文化特别是儒家文化产生了浓厚的兴趣，即位不久即提出要"崇儒重道"，但在社会破败的情况下，根本无法实现他普及儒学、化民成俗的愿望，因此在整顿社学的同时，又对书院采取了从默许到提倡，甚至鼓励创办的态度。在三藩之乱平定前，河南地区先后新建书院 6 所，重修 5 所，未闻申斥。平乱期间，康熙帝即为吉林宁安满洲学房赐名龙城书院，赐匾"龙飞胜地"。平乱后，更是"特命各省并建书院"①。同时为了进一步促进各省书院的发展，自康熙二十五年（1686）始，先后为全国 9 个省份的 19 所书院赐书赐额。其中康熙三十三年（1694）为河南开封游梁书院御书"昌明仁义"匾额，五十八年（1719）又为开封大梁书院御赐"两河文教"匾额，极大地调动了河南地方官创办书院的积极性。如康熙三十五年（1696）由河南布政使升任巡抚的李国亮，"首务教化，修建书院，延名宿以训课士子……时称贤大夫云"。甘国基，康熙四十六年（1707）任河南布政使，"专意爱民造士……延名师教士，置义田以资诸生膏火，一时成就者甚众"②。因此，自康熙二十年（1681）三藩之乱平定后，随着康熙皇帝对书院态度的转变和各任地方官创办书院热情的高涨，河南书院数目的恢复势头强劲。此前仅有 11 所

---

① 乾隆《续河南通志》卷 39《学校志·书院》，新乡县条"赵开元增修廊南书院记"。
② 乾隆《钦定大清一统志》卷 148《名宦》。

书院创办或修复；此后至康熙末河南修复和新建书院达 77 所，占整个康熙朝修复和新建书院总数的 87.5%。这种势头一直持续到雍正十一年。

雍正十一年（1733），清世宗正式谕令各省酌立书院："朕临御以来，时时以教育人才为念，但稔闻书院之设，实有裨益者少，浮慕虚名者多……近见各省大吏渐知崇尚实政，不事沽名邀誉之为，而读书应举者亦颇能屏去浮嚣奔竞之习。则建立书院，择一省文行兼优之士，读书其中，使之朝夕讲诵，整躬励行，有所成就，俾远近士子观感奋发，亦兴贤育才之一道也。督抚驻扎之所，为省会之地，着该督抚商酌奉行，各赐帑金一千两。将来士子群居读书，须预为筹划，资其膏火，以垂永久。其不足者，在于存公银内支用。封疆大臣等并有化导士子之职，各宜殚心奉行，黜浮崇实，以广国家菁莪棫朴之化，则书院之设，于士习文风，有裨益而无实弊，乃朕之所厚望也。"①同时，又谕旨"其余各省府州县书院，或绅士出资创办，或地方官拨公经理，俱申报该管官查核"②。这种重点发展、兼顾其余的提倡政策给了书院一个明确合法的地位，即"亦兴贤育才之一道也"。同时也使各省有一两所书院占据了省内最高学府的位置，获得"赐帑"千金的足额经费。当时省内的大梁书院获此殊荣。此后，在这项政策的带动下，各府州县书院亦发展起来，从此河南书院进入了它发展的兴盛阶段，并由此逐渐形成了几个全省著名的书院分布区，如开封府、怀庆府、河南府、卫辉府等。

既然各地均建立了层级分明、规章完备的相应官学，为什么还要鼓励各省府州县创办书院？难道仅仅是因为书院"亦兴贤育才之一道"吗？其实，发布如此上谕，雍正皇帝也是实属无奈。因为清代的官学与前代并不一样，它并不是真正的学校，起不到培养人才的作用，真正培养人才还需依靠书院。乾隆初年的一个知县揭示了当时的官学实际和书院创办的必然。其云："今者学宫，缘古而丧其真者也；今之书院，变古而不失其正者也。书院之名始于唐，而其作人也，盛于宋，然亦二三大儒各就其所至之地，教育一方，而非天下之通例。观胡瑗以苏湖二州教授入为太学，一时名臣硕士往往出其中，降及南渡，李纲罢相，而太学生欧阳澈、陈东共起而力争之，虽死不避，则宋之人才犹多出于学宫，不徒恃书院也。后世而变矣，郡县学仅以庙祀圣人而并无序舍，学者各散处于言庞事杂之场，以扰乱其耳目心志者实多，释菜之名存而造士之实亡。略无补于人才，故其势不得不尽天下州县别置作人之所，以聚其涣。"③冠冕堂皇的各地官学竟然没

---

① 《清朝文献通考》卷 70《学校八·直省乡党之学二》。
② 昆岗等：《钦定大清会典事例》卷 395，光绪二十五年刻本，台北：新文丰出版股份有限公司，1976 年。
③ 乾隆《续河南通志》卷 39《学校志·书院》，新乡县条"赵开元增修鄘南书院记"。赵乾隆五年任新乡知县，"释菜"：祭祀的礼制。

有自己的学舍,那它还是学校吗？应该说它主要是一种教育管理机构而不是学校,但它也承担了学校的部分功能,如月课、季考、卷文批阅等学科考试工作和部分学生管理工作,像学行奖惩、优劣黜陟、发放补助等。所以清代各级官学并不是现代意义上的培养学生之地,而只是一种考校、管理学生之地,是一种不完全意义上的学校。从一定程度上看,称各级官学为学校是一个假命题。

既然官学无舍教士,士子散处四方,作为一种聚集生童研磨砥砺、共求提高的场所,书院便以一种客观的社会需要而导致各地竞相创办。这种适应了社会需要的学习场所在各地的客观存在,使得清朝的统治者不得不认清现实,主动出击,制定政策,规范引导。

乾隆元年谕曰:"书院之制,所以导进人才,广学校所不及。我世宗宪皇帝命设之省会,发帑金以资膏火,恩意至渥也。古者乡学之秀,始升于国,然其时诸侯之国皆有学。今府州县学并建,而无递升之法,国子监虽设于京师,而道里辽远,四方之士不能胥会,则书院即古侯国之学也。居讲席者固宜老成宿望,而从游之士亦必立品勤学,争相濯磨,俾相观而善,庶人材成就,足备朝廷任使,不负教育之意。"①重申了雍正时期的书院政策,希望借助书院来实现培养人才的目的。令下不久河南巡抚雅尔斯图即"通饬距省三百里以外之府及直隶州各设书院"②。乾隆后期,毕沅督抚河南,亦是留心文教,爱才下士,多次饬修书院。据不完全统计,乾隆一朝,河南先后新建书院94所,修复书院10所。在书院数量增加的同时,清政府又多次颁旨加强对书院的控制和管理,无论院长的遴选、任命、教学、考核、奖励,还是生徒的标准、考课、课程、择优等,均需禀官备案,按规行事。因此书院在基本取得了与官学地位相等的同时,其官学化的程度也达到了登峰造极的地步。书院自由讲学的优良传统丧失殆尽,其生存的活力便不复存在。由于已与官学无异,沦为科举的附庸,其命运便与官学连在了一起,乾隆以后,随着清政府的腐败和官学的衰落,书院的颓变也就不可避免。

(二)清前期河南几所全国知名的书院

在清初书院的徘徊和恢复阶段,由于一些著名学者的热心讲学和地方官的大力支持,河南的一些书院,像百泉书院、大梁书院、嵩阳书院、朱阳书院却发展较好,成为当时河南乃至全国知名的书院,对清初河南教育的发展产生了巨大影响。

---

① 《清高宗实录》卷20,乾隆元年六月甲子,北京:中华书局,1986年。
② 光绪《光州志》卷13,光绪十三年刊本,台北:成文出版社有限公司,1976年。

1. 百泉书院

百泉在河南辉县西北七里苏门山下，泉水叮咚，林木青翠，鸟鸣山幽，景色宜人。宋邵雍即曾在此设帐授徒，后虽有盛衰，但历代硕儒讲学其中，绵延不绝。明成化十七年（1481），提学佥事吴伯通正式建百泉书院于苏门山。顺治二年（1645），孙奇逢（1584—1675）由直隶容城举家迁至河南辉县苏门山下夏峰村，开始致力于百泉书院讲学。顺治九年（1652），工部郎中马光裕（河南辉县人）将自己在苏门山夏峰的田地、庐舍一并赠予他，大大扩充了百泉书院的规模，奇逢遂于此躬耕读书讲学致终，世号"夏峰先生"。

其时，清廷虽对书院发展持抑制政策，然自奇逢入主百泉后，中原及四方学者负笈影从，云集百泉，"有数百里或数千里至者"。对于这批求学者，奇逢一律授田使耕，"各课所宜，反复开学不厌"，由于奇逢之学"始以象山、阳明为宗，晚年更合通朱子之说，其持身务自刻砺，而与人无町畦"①，所以一大批理学名臣、贤达之士均出自他的门下。除颍川刘体仁、大名窦遴奇、定兴杜越、新城王余佑、范阳耿及、四川成都费密、浙江嘉兴李明外，河南地区的如汝州仝轨、新安吕履恒、睢州汤斌、上蔡张沐、登封焦贲亨与耿介、新乡郭遇熙、中牟冉觐祖、商丘刘榛、宋荦、与郑廉、襄城李灼然、柘城窦克勤、李之铉、杜知耕等，皆闻名当世。这些人出院以后，创办书院，振兴教育，为清初河南的文化事业做出了巨大贡献，其生平相继被《清史列传》《清史稿》《清儒学案》等书收录。

2. 大梁书院

大梁书院"旧在省城南熏门内，蔡河北，名丽泽书院……明末河水没。皇清康熙十二年，巡抚佟凤彩改建于城内西北隅"②。学政蒋伊聘请著名学者张沐任院长，理学家耿介、汤斌、窦克勤等先后讲学其中，"两河士子，翕然归之，多所成就"③。雍正十一年（1733），河南督抚遵照雍正皇帝的谕旨，整顿扩建大梁书院，先后扩建藏书楼、讲堂、斋舍数百间，院内园林、绿树相映成趣，庖房、浴室一应俱全。年拨经费银 2973 两，若不敷用，还可以从省存银粮中补给。院长由督抚聘任，任期六年，院生由布政使从中原各地生员中考录。先后延请余集、钱仪吉等出任院长，历任督抚学政如沈昌宁、林枝春、汪廷屿、毕沅、阮元等亦主讲其中，俨然如省立"大学"，使大梁书院成为当时河南名副其实的高等学府，与湖南岳麓书院、顺天台基书院、江苏紫阳书院、浙江敷

---

① 李元度：《国朝先正事略》卷 27《名儒·孙夏峰先生事略》，长沙：岳麓书社，1991 年。
②《古今图书集成·方舆汇编·职方典》卷 374《开封府部·汇考五·开封府学校考》。
③《清史稿》卷 476《张沐传》。

文书院、江西豫章书院、湖北江汉书院、福建鳌峰书院、陕西关中书院、江苏江阴书院并称全国十大著名书院。据今人刘卫东在其主编的《中国成人教育史》中统计，清前期大梁书院共培养院生13000余人，其中进士及第602名，举人及第2010名，不但科考成绩骄人，而且培养出了诸如朱世阶、李海观、王聿修、张远览、周之琦、常茂徕、祝庆蕃等在全国有一定知名度的学者。

3. 嵩阳书院

嵩阳书院原名太乙书院，五代后周时建，宋太宗至道三年（997）赐名太室书院，仁宗景佑二年（1035）诏改嵩阳书院①，为当时全国四大书院之一。此后历经元明屡有兴废，清初仍沿用这一名称，但书院已经破落不堪。康熙十三年（1674）登封知县叶封筑堂围墙，重建书院。同期，邑绅耿介绝意仕途，告老还乡，归里主持书院教学，先后为嵩阳书院建各种楼堂斋舍数十楹，捐地200亩，垦荒130亩。在他的倡导和带动下，巡抚王日藻建藏书楼一座，巡抚阎兴邦建道统祠一座，学政吴子云、林尧英，巡抚鹿佑，知府汪楫，知县张埙、王又旦、张圣诰、杨世达、施奕簪、薛国瑞，附生王鹤等共捐田1570亩②。使嵩阳书院经费充裕，办学条件大大改善，学术活动也日益增多，像汤斌、张仲诚、窦克勤、李来章、张度正等都曾在耿介的邀请下来院讲学，四方学者亦纷至沓来，书院一时名声大振，人称耿介为"嵩阳先生"，称书院为"中州之白鹿也"。乾隆以后，登封历任知县都对书院极为重视，乾隆四年（1739）知县施奕簪专门拨入土地123亩作为岁修之费，乾隆皇帝还颁赐给书院"五经"《康熙字典》《朱子全书》《性理精义》等典籍。总之嵩阳书院培养了一大批学者和官员，为清初中州学术和教育的发展做出了贡献。

4. 朱阳书院

朱阳书院创建于康熙二十八年（1689），是年，窦克勤因母丧守制归里，见故乡文风不振，深以为憾，遂与父兄共图兴学大业，择地于柘城东门外，创建书院，聚徒讲学。书院坐北朝南，四进三层，局势对称，结构严谨，环境清幽，设施齐全，面积宽敞，宏伟壮观。克勤亲自讲授，严定学规，与诸生析疑解惑，互阐学旨，"虽盛暑祁寒无倦容"。在他的努力下，"门下士济济雍雍"，"远方来学者鳞集，登堂问业娓娓不倦，理学之盛，继美嵩阳"③。一时声教大振，成为全省的一个理学教育中心。许多学者集于书院或研

---

① 雍正《河南通志》卷43《学校下》。
② 乾隆《登封县志》卷17《学校志》。
③ 光绪《柘城县志》卷3《学校志》。

究或讲学，使"中州自夏峰、嵩阳外，朱阳学者称盛矣"①。如数学家李之铉、杜知耕长期讲学于朱阳书院，并潜心研究数学，李之铉先后写出了《算法通议》《几何简易集》《历法》等著作，杜知耕则着有《数学钥》《几何论约》及《杜端甫诗集》等书，他们的著述均在朱阳书院刊刻出版。在中国书院史和古代科技史上留下了重重一笔。朱阳书院也因为这些学者而声名显赫，清人金国祥写诗赞曰："霁月光风安乐窝，中州道学旧来多。朱阳雅与嵩阳峙，印谛笃峰指上螺。"②朱阳书院兴盛数十载，窦氏一家四代讲学研习其中，不但极大地振兴了清初豫东的地方教育，而且深深影响了河南全省的教育。

（三）清前期河南书院发展的特点

与封建官学体系的系统性、规范性不同，书院的特点较为复杂。其产生之初只是一种为应举士子传授科举所需的诗赋文学知识而设立的教育组织形式，但到清代以后，书院已经演变成一系列不同性质、不同层次、不同种类的教育机构的总称，可以满足不同地区、不同时期、不同人群对教育的不同需求，堪称一种与官学体系并存的独立教育体系。③

具体到河南地区亦是如此，并不是像传统研究者认为的那样：只是一种成人教育组织。④因为从办学形式看，有官办、民办、官办民助或民办官助等多种形式。如雍正十一年（1733）遵照世宗谕旨，经河南督抚大力整顿扩建后的大梁书院，就是较为典型的官办书院。河内邑侯李公书院因"知县李楘好集士讲书，终岁不倦，邑人士感其德教，康熙三十五年卜地东郭修建书院，署曰邑侯李公书院"⑤。应是纯粹的民办书院。至于官办民助或民办官助的书院则不胜枚举，清代河南创建的书院大部分都属于这两种形式。

从所属层次看，有省属、道属、府属、州属、县属等多种层级，基本上由各书院所在地的行政级别决定。如省属书院有督抚直辖下的大梁书院和学政直辖下的明道书院（后期光绪年间创办），道属书院在中后期开始出现，如河北道刘梅坪道光十五年（1835）

---

① 《清史稿》卷480《儒林传一·李来章传附窦克勤传》。
② 赵所生、薛正兴主编：《中国历代书院志》，南京：江苏教育出版社，1995年。
③ 邓洪波：《论中国书院教育的层次性》，《南京晓庄学院学报》2005年第4期。
④ 刘卫东、高尚刚编著：《河南书院教育史》，郑州：中州古籍出版社，1991年；王日新、蒋笃运主编：《河南教育通史》，郑州：大象出版社，2004年；刘卫东、邱建章主编：《河南高等教育史》，北京：中国文史出版社，2004年；刘卫东、焦峰主编：《中国成人教育史》，北京：中国文史出版社，2005年；程有为、王天奖主编：《河南通史》第三卷，郑州：河南人民出版社，2005年。
⑤ 雍正《河南通志》卷43《学校下》。

创办的河朔书院和南汝光道朱寿镛光绪十七年（1891）创办的豫南书院，府属书院有南阳府属诸葛书院、南阳书院、宛南书院，彰德府属昼锦书院，陈州府属弦歌书院等，其余大部分书院一般在州城者为州属书院，在县城者为县属书院。

从教学内容看，有以讲授儒家基础文化知识为主的普通型书院、以学术研究为主的研究型书院，以及以传授特殊知识和技能为主的实用型书院等。普通型书院最多，主要以研八股、应举业为旨。研究型书院如清初大儒孙奇逢主讲的百泉书院，康熙年间奇逢弟子耿介主讲的嵩阳书院，李来章主讲的南阳书院、紫云书院等。孙奇逢之学宗法陆王、合通朱子，他的学生耿介和李来章在授课时亦是开列多种理学著作，让学生仔细研磨。不过，这类以高深学问为教学内容的书院不是很多，但它们以培养学术种子为己任，具有学术原创性，上接万古学统而开其新绪，使儒学常新，下启普通书院而导其流变，影响一代学风，于教育于文化的发展都具有重要的意义。孙奇逢的诸多弟子分讲河南各地书院后，对清初河南书院学风的深刻影响就证明了这一点。实用型书院清前期较为少见，朱阳书院聘请数学家李之铉、杜知耕讲学，可能会讲授数理历法，清后期西风渐染，此类书院开始出现，如致用精舍、经正书院等。

从招生对象看，有专招童生、只招生员（含举贡监）、生童合招等。如新乡县墉南书院、西华县衍畴书院均为生、童两级同院肄业①，通许县进学书院创建于康熙二十四年（1685），乾隆二十一年（1756）知县吴昌国另建书院，遂改为义学②。禹州蓝阳书院、方山书院、养蒙书院名为书院，实为义学③，肄业学生均仅为童生。一些高等级书院如大梁书院在全省范围内招优秀的举人、贡生、生员、监生入学肄业，不录童生。大多数道属、府属书院也是在属府或属县范围内选择优秀生员入学肄业，对于童生则仅许旁听而已。

如此种类繁多、层次多样的教育机构不能简单以中等学校而界之，正像我们不能说"学校"是何等教育机构一样，书院是一种总称，它具有丰富的内涵和独立的体系，只能说是一种混合教育机构。

---

① 乾隆《新乡县志》卷 12《学校下》，乾隆《西华县志》卷 3《建置志》。
② 乾隆《通许县志》卷 2《建置志·学校》。
③ 民国《禹县志》卷 8《学校志》。

第三节 传统教育体系的衰败与重创（1796—1899）

一、传统教育体系的衰败

进入嘉道以后，由于国家承平日久，积弊渐深，政治腐败，民不聊生，社会矛盾日益尖锐，受此影响，文化教育事业也渐趋衰败。特别是随着科举的渗透和影响，以及捐官鬻爵的出现，各类生员中唯利是图者渐多，各级儒学已演变成为一种单为科举应试做准备的附属机构。平时的月课、季考已基本废弛，不再按时举行，学员往往空挂学籍，偶遇考试，便云集学校，突击补习，一旦试罢，又各自散归。生员无心就学，教官无心应教，"嗣是教官多阘茸不称职，有师生之名，无训诲之实"。生员整日在家研习八股制艺，背诵中式范文，科举的功利性已完全覆盖了学校教育的知识性和教化性。虽然嘉庆皇帝接受"御史辛从益以为言，诏令整顿"①，但积重难返，大势所趋，已很难奏效。学校有名无实，形同虚设，官学教育趋于空疏腐败。

清初开一代学风的书院，此时由于孙奇逢及其弟子耿介、张沐、窦克勤等一大批理学教育名家都早已谢世多年，后继者的造诣和影响大不如前，而科举之风却愈演愈烈，在官方的控制和约束下，书院的官学化倾向得到加强，办学体制僵化，教育内容陈旧，教育方法落后，院生中唯利是图者多，教官中滥竽充数者多。"今州县书院率多废圮，或以无品无学之人滥充山长，或因循苟且视为具文。"②科举考什么，书院就学什么，科举怎么考，书院就怎么考。特别是道光十七年（1837）河北道刘梅坪联合豫北三府官绅共捐银24700两，建成了规模宏大的河朔书院，常住院生100余人，号称豫北最大的书院，但该院专习八股文，引导学生肄举业、事仕进。历任院长袁素珊、李棠阶、金瀛仙都是思想极端保守的腐儒陈士。尤其是李棠阶受朝廷派遣于1849—1861年主掌书院13年，明确规定河朔书院的教育宗旨是求进阶、做高官、治正业。此时书院与官学相比的两大重要优势——自由讲学和体制灵活，已丧失殆尽，书院失去了学术研究的空气和氛围，

---

① 《清史稿》卷106《选举志一·学校条一》。
② 《清朝续文献通考》卷100《学校七·书院》。

便失去了生存的活力和灵魂。清初的几大书院,百泉、嵩阳、朱阳在各自创办人逝世后的几十年内便寂寥无声,不但教学不再有特色,而且地位也沦为一般县属书院,唯有大梁书院在1840—1845年阮元弟子钱仪吉主掌书院的短短六年期间,锐意改革,推崇朴学,培养出了吴其濬、蒋湘南、宋继郊、苏源生等一批学生,但不久因遭到官方反对,钱先生被迫辞去院长职务后,河南学政陆续起用旧派儒士执掌各级书院,大梁书院亦随之衰落。因此,尽管嘉庆以后的各朝皇帝屡屡下旨整饬,但由于书院对科举的依附性和与府州县学的相关性无法割断,往往难见成效,书院日趋颓废,正如道光皇帝所言:"近来各省书院,日就废弛,均系有名无实,朕所深知。"①

社学这时也大多荒废。在嘉道年间的地方志中多处可以看到清初建立的社学"今废"或"久废"字样,一些残存的学校也"不过择一老缝掖督肆市十数童稚于黉宫廊宇殿角之间,句读《千文》《百姓》而已"②。官学体系的基层触角——社学教育已基本残荡无存。在社学破败的情况下,民间的义学和私塾反而较盛。据本书统计,各地的大部分义学均建于嘉道时期,特别是道光初年(1821)。而有关学者也统计,嘉道以后,河南各地的私塾多达32000多所。③当然大部分也是为科举做准备的基础学校。

在儒学空疏化、书院科举化、社学残破化的情况下,虽然义学和私塾取得了一定发展,但已无法改变整体学校体系的衰落和腐败。

二、传统教育体系的重创

1853年,太平军北伐队伍从豫东归德府所属的宋家集进入河南,豫皖两省的捻民乘机起事,掀起了轰轰烈烈的捻军大起义。在太平军的领导和改编下,捻军在豫东、豫北各地攻城掠地,左冲右杀,作战无数。1862年,太平军另一支队伍——西北远征军从豫南新蔡进入河南,战火迅速波及全省。此后直至1868年8月西捻军在山东茌平徒骇河边被清军打败,封建统治阶级和农民起义军在河南大地上厮杀了15年之久。这次起义,沉重地打击了地主阶级的统治,加速了清王朝的覆灭,对传统河南的文化教育事业也带来了极大创伤。在这场大搏斗中,一方面起义军每到一地,便焚毁孔孟牌位,入住府、州、县学和各地书院,众多儒学成了军舍、马厩或屠宰场,在交战过程中这些儒学首当其冲

---

① 《清朝续文献通考》卷100《学校七·书院》。
② 光绪《畿辅通志》卷114。
③ 申志诚等:《河南近现代教育史稿》,郑州:河南大学出版社,1990年,第64页。

地成了双方的牺牲品，方志中对于此时的学校留下了大量"毁于兵燹"的记载。据统计，在这次起义中，被起义军直接扫除或被交战双方破坏的府学有归德、汝宁、南阳3所，州学有睢州、汝州、陕州、信阳州、邓州、裕州6所，县学有商丘、宁陵、夏邑、鹿邑、禹州、杞县、兰仪、中牟、新郑、汜水、长葛、临颍、郾城、密县、巩县、温县、孟县、武陟、济源、西平、遂平、确山、新蔡、镇平、南阳、内乡、新野、桐柏、唐县、卢氏、宜阳、永宁、阌乡等30余所，府、州、县各级书院49所，乡镇社学190余所，极大地动摇了河南封建传统教育的基础。咸丰五年（1855）和咸丰十一年（1861）的河南乡试也由于全省广大地区的失陷而被迫停止。另一方面各级封建统治者为了镇压反抗的农民，集中全部的人力、物力和财力办团练，筑圩寨，对文化教育事业自然无暇顾及。而且为了军需还公然占用、挪移教育公产，特别是各级书院均未能幸免，大量书院房产、田产被强行征用，如禹州丹山书院"往来恒充军帅馆舍，弦诵遂废"①，睢州洛学书院"咸丰九年，州署灾借为治所"②。以致同治二年朝廷议曰："近来军务省分各府州县竟将书院公项藉端挪移，以致肄业无人，月课废弛。"③灵宝、阌乡等地在同治中亦是"城内不闻书声，乡间迄少学塾"④。全省其他州县亦大同小异。传统文化教育陷入清初以来少有的低谷，与其他省份的教育差距开始扩大。

如果说起义对有形建筑的毁坏只是暂时的，那么它对无形的思想的冲击却是深远的。战争期间，起义军烧孔庙，拆宗祠，杀官吏，惩豪绅，出现了"敢将孔孟横称妖，经史文章尽日烧"⑤的反孔热潮。在狠批孔孟的同时，太平军向人民群众大力宣传《天朝田亩制度》《天命诏旨书》《幼学诗》《三字经》等新编教材。可惜由于太平军是流动作战，没有稳固的根据地，所以在打碎了旧的传统社会教育和教化体系后，却始终未能建立起他们理想的新的教育和教化制度。封建的思想文化和伦理道德对人民的精神束缚松弛了，新的约束却没出现。于是一些社会风气开始趋向混乱，"由是党庠舍业文士登陴逡巡十余年而弦诵寂然矣。少诗书之气，即易起凌竞之心，浸假而礼让衰，讼狱繁，醇者日漓，朴者日佻"⑥。上失其教，民不兴行，风俗淫靡，趋利好讼，甚至父子、兄弟不相顾，世

---

① 民国《禹县志》卷8《学校》。
② 光绪《续修睢州志》卷2《建置·学校》。
③《清朝续文献通考》卷100《学校七·书院》。
④ 光绪《灵宝县志》卷首《周淦序》。
⑤ 山曲寄人：《题壁·禁孔孟书》，《太平天国史料丛编简辑》第六册，北京：中华书局，1963年，第388页。
⑥ 同治《叶县志》卷1《舆地·风俗》。

风大变,致使诸多士人忐忑不安。太平军反孔孟、反儒学的政策正是农民阶级与地主阶级的矛盾斗争在思想、教育领域的尖锐表现,它极大地冲击了封建传统教育的权威,带来了民间对孔孟礼教的蔑视,引起了清朝统治者的极大恐慌。因此战时和战后他们极力推行的便是恢复教化,重振儒学。

三、传统教育体系的恢复与苟延

统治阶级恢复儒学教育的措施主要是增加学额和修复儒学。增加学额主要在战时进行,修复儒学主要在战后进行。增加学额分一次性增加和永久性增加。一次性增加称增广学额,永久性增加称永广学额。增广学额如咸丰二年四月,"以恭奉宣宗成皇帝配天礼成,颁诏天下:各省童生入学额数,大学著增七名,中学增五名,小学增三名。诏到举行一次,不著为例"①。另一次是咸丰十一年(1861)九月,以同治帝登极"恩诏各省入学额数,大学加七名,中学加五名,小学加三名"②。根据光绪《大清会典事例》《钦定学政全书》以及历朝《实录》,咸同年间的一次性广额只此两例,咸丰以前历任皇帝,曾先后对全国或部分省区一次性广额30次。一般只是当年增加一次,很少永广学额。但咸同年间却大规模地永广学额,并且是针对某些军务省份,如江苏、安徽、河南等。永广学额的直接目的是为镇压农民起义筹措经费,间接目的是为了振兴儒学,恢复纲常。正如同治皇帝所说:"军兴以来,各省捐输团练经费,均准加广学额,原于鼓励人心之中,寓嘉惠士林之意。"③对河南而言,除了大量通过捐输军费获得的广额外,也有不少是因为守城出力、力保危城受到清廷嘉奖而获得的。如咸丰三年(1853),太平军在进攻开封、怀庆和许州等地时遇到激烈抵抗,清廷当即下令扩充这几处学额以示嘉奖。开封府、怀庆府、许州、祥符县、河内县分别扩充学额2至3名,咸丰七年(1857),又下令扩充祥符县学额9名。祥符县学原本即为大学,经过两次扩充后,生员达32名,增幅达60%,足见清廷强化儒学心情之切。据统计,整个战争期间全省先后有72个府、州、县学因各种原因获得永广学额235名,具体情况见下表(表3-1):

---

① 《清文宗实录》卷58《咸丰二年四月癸未》。
② 光绪《大清会典事例》卷381《礼部·学校·增广学额》。
③ 《清穆宗实录》卷239《同治七年七月壬寅》。

表 3-1 咸同时期河南永广学额统计表

永广学额	涉 及 学 校	总计	获广途径
12	开封府学 祥符县学	24	捐输军饷 197（36，120，41）（括号内三数字分别为咸丰三年至七年、咸丰八年至同治七年、同治八年以后三个不同时期数字）捐输团练 3 捐修城工 12 捐垫勇粮 3 守城出力 16 情况不明 4
10	固始县学	10	
8	河内 温县 邓州 淮宁 光山等 5 学	40	
6	修武 汝阳 光州 商城等 4 学	24	
5	尉氏 怀庆 太康 许州 息县等 5 学	25	
4	鄢陵 商丘 武陟 登封 内乡 汝州 郏县等 7 学	28	
3	中牟 滑县 孟县 宜阳 新安 叶县 新蔡 沈丘 扶沟 襄城等 10 学	30	
2	杞县 郑州 氾水 禹州 密县 睢州 阳武 洛阳 巩县 正阳 信阳 罗山 西华 商水 项城 宝丰等 16 学	32	
1	通许 兰仪 宁陵 鹿邑 汲县 新乡 辉县 延津 封丘 济源 偃师 永宁 嵩县 南阳 桐柏 舞阳 上蔡 遂平 郾城 鲁山 陕州 卢氏等 22 学	22	
总计	72 所府、州、县学	235	

资料来源：光绪《大清会典事例》卷 374《礼部·学校·河南永广学额》。

如果说增加学额主要是为了筹措军费，那么战后修复各级儒学和书院则纯粹是为了恢复儒学教育的正常化。早在同治二年战争还没平息，针对各地借机侵占书院公产的情况，清廷即要求"由各督抚严饬各属于事平之后，将书院膏火一项，凡从前置有公项田亩者，作速清理其有原存经费，无存者，亦当设法办理，使士子聚处观摩，庶举业不致久荒，而人心可以底定"①。嗣后修复各级书院和儒学，就成了各级地方官吏的一项主要任务，也是统治阶级所谓的"同治中兴"的表现之一。兹就一些典型例证列表如下（表 3-2）：

表 3-2 咸同时期河南各地修复儒学、书院统计表

被毁学校	被毁时间	修复时间	修复人	资料来源
睢州学	咸丰九年	同治四年		光绪《续修睢州志》卷 2《建置》
扶沟县学	咸丰年间	同治六年	署知县冯金甲	光绪《扶沟县志》卷 8《学校志》
考城县学		同治七年	知县李璋	民国《考城县志》卷 8《学校志》
中牟县学	咸丰年间	同治八年	署知县吴若烺	同治《中牟县志》卷 2《建置志》

---

① 《清朝续文献通考》卷 100《学校七·书院》。

续表

被毁学校	被毁时间	修复时间	修复人	资料来源
夏邑县学	咸丰年间	同治九年	知县蒋士潢	民国《夏邑县志》卷2《建置》
鹿邑县学	咸丰年间	同治九年	邑人	光绪《鹿邑县志》卷7《学校》
信阳州学	同治初	同治十一年	刑部主事李根固妻孙氏	民国《重修信阳县志》卷5《建设一·学校》
滑县学		同治年间	知县唐咸仰	民国《重修滑县志》卷9《教育》
昆阳书院	咸丰年间	咸丰六年	知县王联陛	同治《叶县志》卷2《建置上》
春风书院	咸丰六年	咸丰八年	知州刘庆恩	民国《重修邓县志》卷13《教育》
希贤书院		咸丰十年	知县李德坊	光绪《续浚县志》卷4《建置》
丹山书院	咸丰年间	同治五年	知州宫国勋	民国《禹县志》卷8《学校》
江花书院		同治七年	知县李璋	民国《考城县志》卷8《学校志》
莲溪书院		同治八年	知县李慰乔	宣统《项城县志》卷9《学校》
古廊书院		同治八年		民国《新乡县续志》卷1《学校志》
景恭书院	咸丰七年	同治八年	署知县吴若烺	同治《中牟县志》卷2《建置志》
安昌书院		同治八年	知县张保谦	民国《续武陟县志》卷8《建置志》
河朔书院	咸丰末年	同治十三年	河北道吴大澂	民国《续武陟县志》卷8《建置志》
崇正书院	咸丰年间	光绪十一年*	知县陆纲	民国《夏邑县志》卷2《建置》

*夏邑崇正书院系明嘉靖二十五年（1546）知县郑相创建，后废。清道光十二年（1832）知县邹光曾买牛姓宅改建，咸丰中毁于兵燹，直至光绪十一年（1885）知县陆纲才和邑绅彭麟昌重修之，因亦因兵毁，姑列之。

除了修复相对成人化的儒学、书院，各地还修复了大量初级教育的义学、社学。如咸丰七年（1857）新乡县知县祝垲捐添书院膏火并于城内设立义学三处，咸丰九年（1859）首事杜继瑗又劝捐义学钱九百千文，发当生息，设立义学11处。①同年，郏县知县姜簸勘查地亩恢复义学10余处。②同治元年滑县知县姚诗雅整顿教育，重设义学15处。③同治六年（1867）河南提督学政杨庆麟要求各地社学参考康熙年间泌阳教谕窦克勤制定的《社学条规》和《社学劝善规过条目》，自查督励，整顿清理④。同治八年（1869）叶县

① 民国《新乡县续志》卷1《学校》。
② 民国《郏县志》卷7《学校志》。
③ 民国《重修滑县志》卷9《教育》。
④ 转引自王日新等：《河南教育通史》上卷，郑州：大象出版社，2004年，第622页。

知县欧阳霖修复问津、问政、悦来义学33所，新建崇古、湛滨、养育等义学7所。①一时间城乡各地大量学校得以恢复，传统教育好像又走上了正途。但由于教育内容的落后和腐朽，虽然重修了大批学校，教育的活力却再也无法重现，并渐遭世人诟病，面对新知识新教育的呼声，清廷依然抱残守缺，竭力维护腐朽落后的儒学教育。光绪时期曾连发数道上谕整顿儒学，并且把企求的重点转向书院。甚至光绪二十六年（1900）在书院行将就木时还谕曰："书院、学校相辅而行，常年脩脯膏奖地方皆储。有的款足为经久之计，尤宜责成地方官认真整顿慎选名师，严定教士之法，勤求有用之学……各省督抚学政务宜将学校、书院加以整顿，责成教官山长痛除积习，勤思教育……用副朝廷维持士习，培植根本至意。"②河南是执行"政策"比较彻底的地区，光绪十一年（1885），应河南学政邵松年之请，光绪皇帝御书匾额悬于嵩阳书院，希望再次提高这个曾经辉煌的书院的影响。光绪十七年（1891）邵松年又新建学政直属下的省级书院——明道书院，南汝光道朱寿镛新建道台直属下的道级书院——豫南书院，这两所书院可以说是清末河南传统教育极力挣扎、苟延的代表。其规模宏敞，耗资巨大，但教学完全为科举服务，对教育近代化的浪潮置若罔闻，与东南省份追求新学的迫切心情形成鲜明对比，充分暴露了河南封建势力的腐朽与顽固。

所以光绪年间河南又新建书院20所，修复数十所，是道光以来书院设置的一个"高潮"，不妨备列于后（表3-3）。

表3-3 光绪年间河南新建书院一览表

所属地区	书院名称	设置时间	设置人	资料来源
祥符县	信陵书院	光绪年间		民国《开封县志未成稿》卷4《学校》
	瓣香书院	光绪年间		
	培文书院	光绪年间	外国教会	
禹州	颍滨经舍	光绪二十八年	知州曹广权	民国《禹县志》卷8《学校志》
汜水县	龙山书院	光绪年间	知县冯尔炽	民国《汜水县志》卷2《建置》
荥阳县	须右书院	光绪年间	教谕李舒锦	民国《续荥阳县志》卷5《学校志》

---

① 同治《叶县志》卷2《建置上·学校》。
②《清朝续文献通考》卷100《学校七·书院》。

续表

所属地区	书院名称	设置时间	设置人	资料来源
河内县	瞻韩书院	光绪十年	河北观察使许振祎	民国《沁阳县志稿》卷10《教育》
济源县	邵亭书院	光绪十五年	巡检杨克谐	李国均《中国书院史》①
济源县	廓城书院	光绪年间	知府李芳	
武陟县	致用精舍	光绪七年	河北道陈宝箴	民国《续武陟县志》卷8《建置志》
商水县	静远书院	光绪初年	邑人胡万善	民国《商水县志》卷9《学校志》
商水县	文富书院	光绪十年	贡生王璨典	
商水县	乐善书院	光绪二十四年	保甲局委鄢世仁	
陕州	砥柱书院	光绪年间		民国《陕县志》卷9《教育》
陕州	棠荫书院	光绪二十八年		
灵宝县	红亭书院	光绪年间	举人袁孝纯	光绪《陕州直隶州续志》卷3《学校》
浚县	黎南书院	光绪八年		光绪《续浚县志》卷4《建置》
考城县	葵丘书院	光绪十八年	知县郭藻	民国《考城县志》卷8《学校志》
安阳县	西山书院	光绪年间	马吉森	民国《续安阳县志》卷16《人物》
信阳州	豫南书院	光绪十七年	南汝光道朱寿镛	民国《重修信阳县志》卷13《教育》

第四节 新教育的萌芽与确立（1900—1911）

一、传统教育的改良和新教育的萌芽

所谓新教育是相对封建传统教育而言的，它是指按照近代西方资产阶级的教育模式所实行的教育，它的教育内容应以近代西方的自然和人文科学为主，有明确的学制系统和完善的教育门类。中国的新教育在19世纪60年代开始出现。第二次鸦片战争以后，以奕䜣、李鸿章为首的一批洋务派官僚，在"自强""求富"思想的支配下，办工厂、造

---

① 李国均：《中国书院史》，长沙：湖南教育出版社，1998年。刘卫东《河南书院教育史》亦载有，但迄今未能查其首出，今姑列于此，以备续勘。

军舰、修铁路、办邮电、练新军、兴学堂、资留学、译西书，掀起了一场轰轰烈烈的洋务运动，而其中颇具特色的兴办新式学堂、派遣留学生等举措，更是奠定了中国现代教育的基础，在中国教育史上被称为"洋务教育"。自此至中日甲午战争为止的35年间，洋务派官僚在全国诸多地区兴办以学习"西艺"（外国的军事技术和自然科学）或"西文"（外国语言文字）的新式学堂30余所，派遣留学生数百人。但是，这一切似乎与河南都无干系，散布全国的30多所洋务学堂河南竟没有一所，19世纪七八十年代前仆后继的留学运动河南竟无一人。当其他省份的新式教育已经走出国门、走向世界，正如火如荼地推行的时候，河南的地方政权却正在中外反动势力的支持下，对人民群众实行疯狂的反攻倒算，许多同情或参加过起义、焚烧过各级官学的群众惨遭杀害，他们的妻女被官府掠卖，房屋田产被抄没，致使无数群众流离失所，家破人亡。河南与其他省份的教育差距在这一时期彻底拉开。与沿海省份相比，清代河南的新教育出现较晚，确立较迟，效果较微，但它毕竟奠定了随后民国教育系统确立和完善的基础，也是新旧教育交替时期一个必不可少的过渡阶段。特别是以经正书院的成立为标志，自光绪二十六年（1900）至宣统三年（1911），短短十余年间，河南的教育至少在形式上完成了由封建传统教育向资产阶级新教育的初步过渡。

这一过程由新教育的萌芽而开始，随传统教育的改良而出现。早在经正书院创立之前，眼界开阔、倾向维新的河北道陈宝箴就于光绪七年（1881）在武陟县创设了清末河南的第一所新型书院——致用精舍，开始尝试从学习内容上对传统书院进行改良。"习经史外，诗文、地舆、水利、农田、兵法，凡关经世各书无不讲究，先后延邓保之、王少白两先生主讲，历七八年，耆儒高教，多士翕然向风"[①]，突破了传统书院在教学内容上纯粹儒家经典的束缚，兼设了农田、水利等经世致用之学，成为与当时以专事举业而著名的河朔书院形成鲜明对比的另一所特色书院，受到了士人一定程度的欢迎，"是时有河朔以考时艺，有精舍以励实学，河北士习人才于斯为盛"[②]。然而河南毕竟是一个传统观念浓厚的地区，士人看不到出路，自然无心向学；所设的农田水利之学并不是真正的现代自然科学，依然是传统经验的笼统描述，对其教材士人并不感到新奇；加之不久陈宝箴即升任浙江按察使，所以在多方的压力下，"嗣后改课时文试帖，与他书院等矣"。改革遭到了失败。

虽然致用精舍的改革失败了，但它所体现出来的维新向学、改良图存的观念却对河北士人的思想产生了一定冲击。面对府、州、县学的形同虚设，书院教育的日益没落和

---

①②民国《续武陟县志》卷9《学校志》。

私塾、社学的穷途末路，普通士绅中的一些有识之士也决心另辟蹊径，寻找正确的治学方法。1883 年，河南卫辉府城 17 岁的生员李时灿（1866—1943）和同窗好友王锡彤、高幼霞在家乡共同发起了新的教育和讲学机构——汲县读书学社，并每人捐银 4 两购置时务新书，面向社会流通。学社成立后很快吸引了卫辉府汲县、新乡、辉县、延津、获嘉、滑县的一批读书人。因没有固定场所，三人轮流做东，定期在家中与社员一起学习时文，讨论时事，互阅日记，答疑解惑，互相启发，砥砺学行。这使当时陈腐沉闷的学风焕然一新，李时灿、王锡彤、高幼霞三人也成为清末河南改革封建旧教育的先行者。①

1892 年，李时灿进士及第，进京做官，学社在王锡彤的领导下继续运转。1896 年，汪康年、梁启超等人发起创办改良主义者的宣传阵地——《时务报》，该报时常刊登维新派的论文奏折、欧美政法、世界大事等内容，李时灿与学社成员争相订阅，共同研习，于是更加坚定了改革封建教育的决心。1898 年，戊戌变法的失败使李时灿对清王朝充满绝望，他立即弃官归里，重兴新学。联合先前熟友耆旧，捐银数百两，派王锡彤赴京购书。据王锡彤的记述，1898 年，他带着李、高与李瑞灿（李时灿弟）等十余人的捐款和李时灿在汲县车马局的薪水，在北京琉璃厂书肆购得《十三经注疏》《钦定七经十七史》《弘简录》《天下郡国利病书》《读史方舆纪要》《正谊堂丛书》《二十二子》《白芙堂算学》等名人文集及一些西洋书译本，共计近百种。②虽然当时市场上西方和时务书籍相对较少，大部分仍以中国传统经史子集为主，但毕竟购回了一些算学和西洋书译本，为经正书院的创立打下了基础。

1900 年，在李时灿的努力下，反对八股教条、倡导学以致用的新型书院——经正书院终于成立。李时灿为院长，王亦琴副之。同时设立董事会，王锡彤、王静波、史小舟、李是恭为董事会董事。书院邀集卫辉府、开封府等各地有名望的学者来院教学，顿时吸引了周边数府的士子前来就学。书院废除括帖制义，设经史、时务、算学、格致等课程，院生分斋设堂，各习一业。"研究经义，以穷其理；博综史事，以观其变；参考时务，兼习算学"，凡天文、地理、农田、水利、经济、兵事等一切有用之学统归"格致"课。对院生的思想，书院戒以"利诱名驱"，倡以"躬行实践"，以"明义理，识时务"为宗旨，培养"学通中外，体用兼赅"的有用人才。从此，河北地区风气渐开，"河朔人士知科举外有学问自此始"③。经正书院也由于其成就和影响被誉为"卫辉文明之权舆，河南

---

① 李季和：《先父李敏修事略》，《中州今古》1983 年第 2 期。
② 王锡彤著，郑永福、吕美颐校注：《抑斋自述》卷 2，郑州：河南大学出版社，2001 年。
③ 李季和：《先父李敏修事略》，《中州今古》1985 年第 3 期。

学堂之嚆矢"①。

李时灿思想上倾向康有为、梁启超的维新教育主张，实践上却取法张之洞的"中学为体，西学为用"宗旨。用"书院"的名义办学而不用"学堂"，重开月课季考制度等做法，都说明了经正书院的局限和不足，但李时灿能够在维新变法失败，各地新学被严令禁止的逆境中，以教育家的胆略和学识，折冲樽俎，巧妙转圜，不仅说服卫辉知府曾与九支持办学，而且获赠银400两。虽然这一创举看来还很不完善，但它毕竟顺应了时代的潮流，反映了资产阶级旧民主主义者改革教育的强烈愿望，开启了资产阶级新学运动的先声。李时灿为国为民、热心兴学的热情和精神也值得后人学习和尊重。

二、科举制度的废除和新教育的确立

戊戌变法失败后，又接着爆发了义和团运动和八国联军侵华战争，中国完全陷入了殖民地半殖民地的深渊。由于局势日艰，强邻环伺，兴学救亡犹如救焚拯溺，时不我待。在这多事之秋，有关新教育的大量工作都要求在短时间内能够确立，所以奏折一本接着一本，诏令一道接着一道。一系列的政令条文都在这一来一往中商讨、发布。袁世凯、张之洞、刘坤一、盛宣怀等兴学较早，新学发达地区的督抚大员带动着朝廷，实施着对落后地区的敦促、发达地区的整顿和全国教育的统筹。河南属于士俗保守、风气闭塞的落后之地，所以它基本上是在清廷诏令的推动、催促下，拖拖拉拉、跟跟跄跄地步入新教育的时代大潮中的。

（一）兴学诏书与书院改制（1901年9月14日—1904年1月12日）

1898年11月13日（日期为公历，下除注明外，同此），百日维新失败不久，慈禧太后下达懿旨，认为"书院之设，原以讲求实学，并非专尚训诂词章，凡天文、舆地、兵法、算学等经世之务，皆儒生分内之事，学堂所学亦不外乎此，是书院之与学堂，名异实同，本不必定须更改，现在时势艰难，尤应切实讲求，不得谓一切有用之学非书院所当有事也"②。对各地撇开书院，另立学堂的做法给予了批评，要求停罢学堂，书院照旧。当即有两江总督刘坤一等上书辩驳，认为书院与学堂并非"名异实同"。直到辛丑变后，面对全国日益高涨的兴学呼声，慈禧才被迫同意改书院为学堂，光绪二十七年

---

① 王日新、蒋笃运：《河南教育通史》卷中，郑州：河南人民出版社，2004年，第48页。
② 朱寿朋编，张静庐等校：《光绪朝东华录》（四），北京：中华书局，1958年，总第4255页。

八月初二（1901年9月14日），光绪皇帝颁布兴学诏书："著各省所有书院，于省城均改设大学堂，各府及直隶州均改设中学堂，各州县均改设小学堂，并多设蒙养学堂。"①令下不久，河南巡抚松寿即札饬属下遵诏办理。但政令尚未通达，1902年2月26日，松寿去职，3月3日锡良改授。锡氏，原为东河总督，与袁世凯等善，崇尚洋务，热心兴学。上任伊始即再次督饬属下切实整顿书院，认真办理学堂，但全省绝大多数州县官吏对此采取延宕和抵制态度，只有少数几个开明之士热心在本地兴学。如怀庆知府刘莲青，1902年改覃怀书院为怀庆府中学堂；南阳知县任学椿，1902年改崇正书院为南阳县官立高等小学堂；荥阳知县张绍旭，1902年改汴源书院为荥阳县养蚕传习所。截至1902年底，除省城大梁书院由巡抚锡良改为河南大学堂，河朔书院改为河朔中学外，各地方书院仅有以上少数几所进行了改制，其余大部分书院迟至三五年之后才渐始改制。在这几个开明之士中，荥阳知县张绍旭的事迹尤其值得称道。光绪二十八年（1902）张绍旭赴荥任职，下车伊始即首重学务，他不单满足于书院改制，还积极创办实业学堂，当年即派遣本县拥护废科举的名士张润苍东渡日本，认真考察日本地方政府注重职业教育的具体做法，还派遣县训导姚鉴生和车马局局长张炘到湖北省参观学习该省"废科举、兴学堂"的经验。与此同时，他下令将县城内最大的书院——汴源书院（有学田30亩），以及县义仓、善后局、城工局的所有房屋田地一并划归县教育款产，并亲自创建了河南省第一所初等实业学堂——荥阳县养蚕传习所。张润苍、姚鉴生、张炘从外地取经归来后，张绍旭便大刀阔斧，废除县学、书院，又创办了荥阳县官立高等小学堂、简易师范学堂、中等蚕桑实业学堂、公立工艺学堂和女子学堂等5所新学。随后，他又拨款资送本县学生到北京、天津、开封、保定等地深造，要求他们学成后务必返归故里，服务乡梓。这些措施有力地促进了荥阳县教育事业的发展，并为全省各州、县创办新学树立了榜样。

在札饬属下兴学的同时，巡抚锡良于1902年3月7日，即上任的第4天便与学政林开謩一起奏请创办河南大学堂。随后向盛宣怀、刘坤一、张之洞、袁世凯等大员咨询办学章程及教材等事宜。4月底，河南大学堂即告成立。聘请五品衔前刑部主事孙葆田为总教习，候补道胡燏棻之子胡翔麟为总办，徐仁铸之了徐仁禄为监督。首期招收学生200人，内附客籍50人。年支经费银3万两。其教学内容及筹备之具体情况，据黄炎培所记，"光绪二十八年壬寅，清廷命各省等设大学，豫抚锡良筹办甚力。就旧参将衙门改建，名为河南大学堂。工程未竣即于五月中旬招考，于六月一日开学，不放暑假。……课程共三门，一曰中学，二算学，三西文。皆间日授课一次。……学生精力多苦不给，年长者皆渐

---

① 朱寿朋编，张静庐等校：《光绪朝东华录》（四），北京：中华书局，1958年，总第4719页。

退学"①。5 月 28 日，锡良去职，河南大学堂改由继任巡抚张人骏经理。河南大学堂的建立，为河南有现代高等教育之始，是清末河南兴学活动中的一件大事，在河南近代教育史上具有重要的意义。

（二）学制颁布与新学系统的初步建立（1904 年 1 月 13 日—1905 年 9 月 1 日）

建立新的具有近代特征的学制是清末新教育的一个主要特征。从 19 世纪 70 年代起，一些欧美传教士，如花之安、林乐知、李提摩太等就不断向清政府建议仿行西方的教育制度。维新运动前后，一些士绅名流，如郑观应、康有为、梁启超、李端棻、张之洞等也提出了建立近代学制的要求和构想。在此期间，全国各地已先后建立了一批新式学堂。1901 年兴学诏书发布后，一些首开风气之地更是纷纷设立起新学堂。这一切客观上需要一个统一的学制来协调管理。于是经过几十年理论和实践的酝酿，1902 年 8 月 15 日，清政府公布了由管学大臣张百熙拟定的一系列"学堂章程"，即《钦定学堂章程》。因该年为壬寅年，又称"壬寅学制"。壬寅学制虽经公布，但未实施。实际上处于"建议稿"或"试行草案"阶段。此后经过张百熙、荣庆、张之洞、瞿鸿禨等一年多的磋商，1904 年 1 月 13 日，清政府重新公布了由张百熙、张之洞、荣庆拟定的一系列学堂章程，即《奏定学堂章程》，因是年为癸卯年②，故又称"癸卯学制"。这是我国第一个比较完整的、经政府颁布并在全国实施的学制。

该学制的特点是纵分三段七级，横有师、实并行。从纵的方面看，第一阶段为初等教育，分三级：蒙养院、初等小学堂和高等小学堂；第二阶段为中等教育，设一级即中学堂；第三阶段为高等教育，分三级：高等学堂或大学预科、分科大学和通儒院。从横的方面看，与高等小学堂平行的有实业补习学堂、初等农工商实业学堂和艺徒学堂；与中学堂平行的有初级师范学堂、中等农工商实业学堂；与高等学堂平行的有优级师范学堂、实业教员讲习所和高等农工商学堂。七级年限分别为 4、5、4、5、3、3 或 4、5，整体长达 29 到 30 年。

此外在地方设立的属于高等教育性质的机构还有为新进士学习新学的进士馆和为已仕官员学习新学的仕学馆等，类似于今天的干部培训学校。这类机构不是由中学递升而入，故不列入学制系统。

---

① 朱有瓛主编：《中国近代学制史料》第 1 辑下册《黄炎培记河南大学堂》，上海：华东师范大学出版社，1983 年，第 814 页。
② 该章程于 1904 年 1 月 13 日公布，农历为光绪二十九年十一月二十六日，光绪二十九年即癸卯年。

新学制同时规定除京师大学堂、北洋大学堂和山西大学堂外，各省省会所设置大学堂一律改称高等学堂。遵照章程，光绪二十九年（1903）年底，河南巡抚陈夔龙（1903年4月18日—1906年2月18日在任）被迫将河南大学堂改为河南高等学堂，废除总教习和总办，仅设监督一人，聘翰林院编修王安澜为之。王安澜即前述与李时灿一起创办经正书院之王静波，新乡人，进士，亦是开明士绅。学堂同时聘教员14人，职员8人，设置课目13门：人伦道德、经学大义、中国文学、体操四门为公共课，英语、法语、历史、地理四门为主课，日语、算学、理化、博物、图画五门为补习课。共有学生200人，年支经费24000两。办学层次基本上降了一级。后因堂内客籍、豫籍学生时有冲突，光绪三十一年（1905）正月，在开封老府门另建河南客籍高等学堂一所，翰林院编修曹福元为总办，张坚任监督，教职员17名（内有进士1名、留日毕业生1名），招收学生三班，岁支银9170两。与高等学堂平行的优级师范学堂也开始创办，同年（1905）三月，在省城开封设立河南第一所优级师范学堂，名曰河南第一师范学堂。李时灿任监督，张仲友（巩县留日毕业生）任教务长，共有教职员32名（内有进士3名、留美毕业生1名、留日毕业生4名、日籍教师1名），学生150人，岁支银34354两。①

高等教育的学堂主要由巡抚监督办理，中等及其以下教育则主要由各州县官吏督办。所以《奏定学堂章程》颁布后，陈夔龙即照例晓谕属下照章办理。河南各州县地方官此时还算积极，对照新学制开始创立相应的学堂，掀起了第一次兴学高潮。截至1905年底，各地方官绅共创办中学堂17所，分别是河朔中学堂（1902年3月，括号内数字为公历创办时间，下同）、怀庆府中学堂（1902年9月9日）、许州中学堂（1904年3月）、开封府中学堂（1904年5月9日）、陕州中学堂（1904年7月13日）、陈州府中学堂（1904年7月14日）、永城县中学堂（1904年8月11日）、彰德府中学堂（1904年8月25日）、河南府中学堂（1904年11月21日）、光州中学堂（1905年1月2日）、汝州中学堂（1905年2月）、南阳府（宛南）中学堂（1905年3月）、汝宁府中学堂（1905年4月18日）、归德府中学堂（1905年6月12日）、淅川厅中学堂（1905年10月）。②此

---

① 《河南教育官报》第4期（1907年），陕西省图书馆近现代报刊阅览室藏。
② 资料记载的农历时间为河朔中学堂（光绪二十八年二月）、怀庆府中学堂（光绪二十八年八月初八）、许州中学堂（光绪三十年二月）、开封府中学堂（光绪三十年三月二十四）、陕州中学堂（光绪三十年六月初一）、陈州府中学堂（光绪三十年六月初二）、永城县中学堂（光绪三十年七月初一）、彰德府中学堂（光绪三十年七月十五）、河南府中学堂（光绪三十年十月十五）、光州中学堂（光绪三十年十一月二十七）、汝州中学堂（光绪三十一年正月）、南阳府（宛南）中学堂（光绪三十一年二月）、汝宁府中学堂（光绪三十一年三月十四）、归德府中学堂（光绪三十一年五月初十）、淅川厅中学堂（光绪三十一年九月）。

外还有开封府绅士创办的开封知新中学堂（1903年秋）、正谊中学堂（1904）等，基本上各府州均有设置。高等小学堂89所，基本上覆盖全省各县。初等小学堂34所，因正改良私塾，尚未普及。两等小学堂9所，不很多见。师范传习所4所，分别是确山（1903）、南召（1904）、浚县（1904）、登封（1905），师范学堂1所，即1903年由原南汝光道朱寿镛设于信阳州的道立豫南书院改制而来的豫南师范学堂。实业学堂3所，除光绪二十八年荥阳知县张绍旭创办的荥阳养蚕传习所外，还有2所，分别为1905年由丹山书院改建的禹州官立中等蚕桑学堂和同年设于怀庆府清化镇的河北中等养蚕实业学堂①。

总之，参照《奏定学堂章程》，河南各地无论从教育程度上的初等教育、中等教育、高等教育，还是教育门类的普通教育、实业教育、师范教育，均有了各自对应的学校，初步建立起了清末河南的新学系统。

（三）科举革废与新学系统的进一步完善（1905年9月2日—1912年1月1日）

新学系统虽然初步建立了，但新的问题又出现了。因为科举制度仍然存在，这个强大的名利场仍然吸引着众多士子投身其中，不可避免地对学校的发展形成阻碍。校外的士子不愿入学，校内的学生亦为功名而学，每到科举来临，学生纷纷前往应考，新学校也成了科举的附庸。对于河南这样的风气未开之地表现更甚。1902年，河南大学堂成立之初，无人应考，后被迫在落榜士子中选录若干名强令入学，不至则由各县令催促就道。并且给予优厚待遇，依然有许多学生退学应考②。所以科举制度的存在成了学校发展不折不扣的障碍。兴学较早的省份早期为了吸引士子入学，曾采取消极的应对策略——奖励出身，即根据学校档次和毕业成绩授予相应的名分：秀才、贡生、举人、进士等，这一措施不但没有将学生从科举的束缚下挣脱出来，反而加重了名利心的驱使。面对学堂被异化的危险，光绪三十一年（1905）九月二日，袁世凯、赵尔巽、周馥、岑春煊、端方等封疆大吏从维护清朝统治的基点出发，上折奏请停止科举，兴办学校。他们认为，科举一日不停，学堂绝无大兴之望，而大兴学校是"广学育才，化民成俗，内定国势，外服强邻，转危为安"的关键。迫于形势，当天清政府即发布上谕："著即自丙午科为

---

① 学部《河南全省中学一览表》，朱有瓛主编：《中国近代学制史料》第2辑上册，上海：华东师范大学出版社，1987年，第528—530页。河南省教育志编辑室编：《河南教育资料汇编·清代部分》，河南省教育志编辑室1983.10，第12—75页（内部稿）。
② 张邃青：《记河南初开办的学堂——河南高等学堂》；朱有瓛主编：《中国近代学制史料》第2辑上册，上海：华东师范大学出版社，1987年，第638页。

始,所有乡会试一律停止,各省岁科考试亦即停止。"①至此科举制度完全废除,河南新教育的发展进入了一个新的阶段,各方面发生了巨大变化。

这些变化的主要表现:①不单各地方官热心兴学,一些士绅名流也积极投身兴学运动;②各级各类学校有了较大发展,不单普通教育有了初、中、高各等,一些性质特别的师范教育、实业教育也有了初等、中等和高等的层次之别,学校和学生数量均有较大增加,新学体系进一步完善;③教育行政机构逐渐确立,教育宗旨得以厘定,新教育得以确立;④出现了女子教育;⑤对私塾的改良取得一定成效;⑥介乎私塾与官学之间的教会学校也有发展;⑦留学教育渐渐兴起。以下分述之。

科举革废以后,除私塾还广泛存在外,传统封建教育体系已基本上被完全打破,各级儒学被迫废除,各级书院被改为学堂,社学、义学早已荒废。士子无校可学,又断了晋身之途,只得归向新学。新学的生源有了保证,自然也鼓舞了各级地方官和士绅名流兴办新学的热情。在这股兴学浪潮中,除诸多地方官因为职责所在,不得不对新学有所关注外,一些开明士绅在这场运动中,奔走呼号、劝民受教、呕心沥血、创办学堂,为国为民、殚精竭虑,为近代新教育制度在河南的确立做出了突出贡献。除前述李时灿、张绍旭外,还有张嘉谋、王敬芳、刘青霞、王锡彤、韩殿英、林伯襄、高镇五、李建勋、谢台臣、杨勉斋等不一而足。张嘉谋(1874—1941)先后单独创办了南都小学堂、敬业小学堂和端阃女学堂,和李时灿、刘青霞共同创办了河南第一所女子中等学堂——中州女学堂。1907年出任河南学务公所议绅,协助议长李时灿执掌河南教育行政。为清末河南的小学教育和女子教育做出了贡献。和李时灿一起被称为河南兴学运动中的"北李南张"。王敬芳(1876—1933),字抟沙,巩县人。1906—1907年和刘树青一起先后创办了巩县师范传习所附属高等小学堂、女子小学堂、黑石关蚕桑学堂及回郭镇工艺学堂,在实业教育方面成效卓著。此后巩县工业向称发达,即与清末王敬芳积极举办实业教育关系甚大。②刘青霞(1877—1922)原名马青霞,安阳人,清末广西巡抚马丕瑶之女,1894年嫁于尉氏富户刘煦德为妻,改名刘青霞。1901年夫亡,继承了大批遗产。此后刘青霞便以孀居女性的身份公开参与了大量社会公益活动,其中在教育方面主要有:1905年科举废后,捐银30000两协助兄长马吉樟在京师创办豫学堂,为在京豫人子弟求学提供便利;1907年为中州女学堂捐银3000两,1908年为中州公学捐银1000两;同年在尉氏县

---

① 朱寿朋编,张静庐等校:《光绪朝东华录》(五),北京:中华书局,1958年,总第5392页。
② 徐玉坤主编:《河南教育名人传》,郑州:河南教育出版社,1989年。

创办该县第一所女子初等小学堂——华英女校，该女校规制严整、经费充裕，为各地女学之榜样。此外刘青霞还出资创办《河南》杂志，资助《中国新女界杂志》，为宣传女性解放、推行女子教育，身体力行，影响非凡，被孙中山赐匾"巾帼英雄第"。① 王锡彤（1866—1938）字筱汀，汲县人，是清末有名的实业家。1909年以前主要在河南从事教育，对实业教育贡献突出。1905年参与创立卫辉府商立初等小学堂，为卫辉府新式实业学堂之始。1906年主持创办禹州中等蚕桑学堂，与时俱进，求真务实，短短四年，即为河南的实业教育做出了诸多开创性贡献。除这几名之外，其他士绅或亲自创办学堂，或主持学堂教务，都以学校为基地，提倡新知、宣传革命，开启民智、唤醒民意，为新教育在河南的发展和革命思想在河南的传播做出了突出贡献，不愧为那个时代的代表人物和河南近代教育的开拓者。②

在这些进步教育家的带动下，河南的各级各类学校有了迅速发展。普通高等教育除了原有的2所高等学堂外（豫籍和客籍），1907年，第一师范学堂庶务官赵嘉煦和教员唐霁、程亘在开封黄家胡同创办了河南高等教育的第一家专门学堂——河南体育专科学堂。1908年杨源懋又分别在开封、偃师创办了2所专门学堂：法政学堂和警务学堂。至此，河南的高等教育界有高等学堂2所、专门学堂3所，学生1116人。普通中学堂又增设了7所：1906年增卫辉府、西华县、舞阳县、郑州等4所中学堂，1907年增新野县、旅汴2所中学堂，1908年增南阳中学堂1所。加上前设的17所，截至1908年，河南共有中学堂24所（《河南教育官报》64期统计为23所，无西华中学堂，可能已改为初级师范），不单各府州城都有设立，一些人口大县如新野、西华、舞阳也有设置。高等小学堂以各州县设立1所为原则，较大的乡镇也有设立。初等小学堂以各乡镇设立1所为原则，私人也可设立。从1906年到1909年，各地共增设高等小学堂77所，初等小学堂2914所，两等小学堂173所，是增幅最大的新式学堂。师范学堂和实业学堂也有零星设置。如1907年3月由直隶总督张镇芳捐资设立的项城县柏庄铺师范学堂③。从光绪三十三年（1907）开始，每年各省都要向清廷掌管教育的最高机构——学部通报本省教育办理情况，根据学部的统计，可以清晰地看出清末河南各级各类教育的发展概况（见表3-4、3-5、3-6、3-7）。

---

① 《尉氏文史资料》第2辑，尉氏县政协文史资料委员会编印，1987年。
② 王锡彤著，郑永福、吕美颐点校：《抑斋自述》卷2，郑州：河南大学出版社，2001年。
③ 该学堂一年后改为项城县柏庄铺中学堂，另柏庄铺当地名百家铺。见《周口文史资料选辑》第3辑《我所知道的张镇芳》。

表 3-4　1907—1909 年河南专门学堂学生统计表

类别	高等学堂		理科		法科		艺术		教员资格				总计		
事项	学堂	学生	学堂	学生	学堂	学生	学堂	学生	本国毕业	外国毕业	未毕业未入学堂者	外国人	学堂	学生	教员
1907	2	357			1	186			19	6	5	1	3	543	31
1908	2	313	1	58	2	776			28	15	6		5	1147	49
1909	2	298	1	52	2	766	1	257	40	14	24	2	6	1373	80

表 3-5　1907—1909 年河南师范学堂学生统计表

类别	优级师范学堂						初级师范学堂				传习所讲习科等		总计		
	完全科		选科		专修科		完全科		简易科						
事项	学堂	学生	学堂	学生	学堂	学生	学堂	学生	学堂	学生	处所	学生	学堂处所	学生	教员
1907			1	266			3	355	10	479	77	2466	91	3566	203
1908			2	267			3	376	8	422	103	4598	116	5663	292
1909	1	273					6	614	12	728	43	2203	62	3818	198

表 3-6　1907—1909 年河南实业学堂学生统计表

类别	中等		初等		实业预科		教员资格				总计		
事项	学堂	学生	学堂	学生	学堂	学生	本国毕业	外国毕业	未毕业未入学堂者	外国人	学堂	学生	教员
1907	6	410	5	89			23	1	5		11	499	29
1908	7	611	8	425	9	512	72	9	17		24	1548	98
1909	7	557	16	846	8	391	77	18	26		31	1794	121

表 3-7　1907—1909 年河南普通学堂学生统计表

类别 事项	中学堂		小学堂						蒙养院		半日学堂等		总计		
			高等		两等		初等								
	学堂	学生	学堂	学生	学堂	学生	学堂	学生	学堂	学生	学堂	学生	学堂	学生	教员
1907	22	1331	152	5585	68	2755	1270	23309	53	903	15	313	1580	34196	2113
1908	23	2036	150	7334	103	4570	1946	39985	53	903	50	1184	2343	56012	3209
1909	22	2551	166	8847	182	6488	2948	63770	57	959	52	1240	3427	83855	4773

说明：本组表格系据学部总务司编《光绪三十三年分第一次教育统计图表》《光绪三十四年分第二次教育统计图表》《宣统元年分第三次教育统计图表》改制而成。三次统计图表见陈学恂主编《中国近代教育史教学参考资料》，人民教育出版社 1987 年，第 293—343 页。

学部的统计主要依据各省上报的材料，而各省的上报材料由于统计口径的差异，与实际教育的发展不尽一致。比如学堂的创建时间，有的以开工日期为准，有的以竣工为准，有的以招生为准，有的以开学为准，所以统计的数值就略有出入。像中学堂的数目，就漏掉了 5 所：中州公学、项城县柏庄铺中学堂、新野县中学堂、旅汴中学堂和南阳中学堂。特别是南阳府的中学堂，1905 年 2 月在府城东关就宛南书院改建的为南阳府官立中学堂，又名宛南中学堂；1908 年 3 月在府城内试院旧址设立的为南阳府公立中学堂，又名南阳中学堂。官立公立一字之差，极易混淆。此外，1909 年 3 月 1 日，河南省第一所实业教育的高等学堂——焦作路矿学堂正式创办，宣统元年的统计并未计入，可能考虑是英国福公司所办，实际是河南地方政府对外资的巧妙利用，如果不是统计的时间问题，应该计入。同样，1909 年以前省境内创办的 7 所女子学堂亦未计入，这可以说是一个绝妙的讽刺，本来女子学堂的出现是最能体现新教育之"新"的，可是数次统计均视而不见（有此栏目，因河南没有内容，故没列出），可见，在当时新教育具体管理者的头脑中，依然有着落后保守的观念，不认可女子教育。虽然这些统计有这样那样的不足，但毕竟较为接近事实，透过它我们可以明确地看出，清末河南的新教育体系已基本完善。

面对教育的剧烈变革，急需设立专门的教育行政机构来规范和统筹各级各类学校的发展。1905 年 12 月 6 日，清政府颁布上谕："著即成立学部，荣庆著即调补学部尚书，学部左侍郎著荣瑛补授，翰林院编修严修，著以三品京堂候补，署理学部右侍郎。"[①]中

---

① 朱寿朋编，张静庐等校：《光绪朝东华录》（五），北京：中华书局，1958 年，总第 5445 页。

国历史上第一个专职统管全国教育事务的中央行政机构宣告诞生。

学部成立之后即着手改造地方教育行政。河南的省级教育行政，1902 年河南大学堂成立后由其兼办。1905 年，提督学政撤销，代以学务公所。1906 年，又成立提学使司，孔祥霖为提学使。学务公所变为其下属机构，具体负责全省教育。李时灿为首任议长，并选议绅 4 人辅之。王安澜、史小周、杨源懋、林伯襄等都曾担任议绅。学务公所下辖 6 课：总务、专门、普通、实业、会计、图书。另设省视学 6 人，代表提学使巡视各府、厅、州、县的学务。1909 年，学部颁布《视学官章程》，河南据此制定《河南视学简章》，将全省分为 6 路，由 6 位视学分别考察。地方教育行政机构由省学务公所在各府、厅、州、县设立的劝学所充当。每所设总董 1 人，由当地视学兼任。所内设书记、司事各 1 人，由总董委派。各府、厅、州、县内部又划分为若干学区，每学区设劝学员 1 人。同时为了研究教育的理论与实践，促进教育发展，又成立了各级教育会，主要任务是调查学务、编辑报刊、组织演讲、协助地方自治。各类机构的工作宗旨秉承学部的规定，"以学部奏定之忠君、尊孔、尚公、尚实、尚武各条为宗旨，以普及教育，养成国民之道德、智识、技能为成绩"①。至此，在新学系统逐步完善的同时和教育行政机构成立之后，教育宗旨又得以厘定。新教育在河南终于基本确立。

按照《奏定学堂章程》确立的学制，最初是将广大女子排斥在教育系统之外的，该章程的《奏定蒙养院章程和家庭教育法章程》明确指出："少年女子断不宜令其结队入学，游行街市，且不宜多读西书，误学外国习俗，致开自行择配之渐，长蔑视父母夫婿之风。"②文辞中流露出对女子教育的轻视和畏惧。经过《女报》《女子世界》《东方杂志》等传媒的呼吁和宣传，一些朝中官吏如工部主事刘拸也开始认为"女学断不可不设，流弊亦断不可不防"③。女子教育的必要性逐渐深入人心，各地相继建立了一批女学。河南的第一所女子学校也于此时开始出现。1906 年春，在留日学生岳秀华、傅铭和兰仪县令沈福源的努力下，兰仪官立女子小学堂在兰仪县北街观音堂成立，立刻引起了巨大反响，《豫报》杂志第一、二号上曾专门报道了此事④。此后，当时的开明士绅张嘉谋于 1908 年在南阳县白庄设立端阃女学堂，刘青霞于 1909 年在尉氏县设立华英女学堂，李时灿于 1911 年在开封协助成立新民初等女子小学堂。三人合作于 1907 年设立中州女学

---

① 《河南学务公所章程》，《河南教育官报》1907 年第 1 期。
②③ 朱有瓛主编：《中国近代学制史料》第 2 辑下册，上海：华东师范大学出版社，1987 年，第 573、588 页。
④ 《豫报》1906 年第一、二号，东京豫报杂志社编，浙江省图书馆藏。

堂，并于 1910 年改为河南第一女子师范学校，附设小学堂。与此同时，1907 年荥阳县和汝阳县亦分别成立了女子师范传习所。另外，据《河南教育官报》1907—1911 年相关各期的记载，杞县、郑州、安阳、沁阳、卫辉、洛阳、陕县、许州、汝州、荥阳、睢州、淅川、光州等地亦先后各设女子初等小学堂 1 所，全省共 18 所女子初等学堂，3 所女子中等师范学堂，21 所女子学堂共有学生 600 余人，教职员近 60 人。初步奠定了河南近代女子教育的基础。虽然与国内倡办女学较早的地区如上海等地相比，依然非常落后，但毕竟已开始起步并逐渐为社会所接受。

面对风起云涌的新教育浪潮，依然遍布广大城乡的私塾却日益显得陈旧落后。许多有识之士和私塾教师产生了改良私塾的强烈愿望。1909 年，仿照京师劝学所的《私塾改良办法》，河南抚院具体拟定了河南的私塾改良章程，决定从培训塾师和增加新教育课目入手对私塾进行改良，并详细制定了改良的步骤和期限。第一步，劝导塾师入师范传习所受训，学习国文、算术、体操。第二步，增加算术、体操课，劝导塾师再入师范传习所学习历史、地理、格致课。第三步增加历史、地理、格致课，实行初等小学堂章程。五个月内完成第一步，一年内完成第二步，两年内完成第三步。①据《河南教育官报》统计，截至 1911 年 9 月，全省改良私塾达 3247 所，约占全部私塾的 10%。②与此同时，为了让广大贫户子弟接受新式教育和向广大国民普及基础文化，省内各府、厅、州、县兴办了大量半日学堂或半夜学堂与简易识字学塾，这类学习机构并非严格意义上的学校，但它无论从规模上还是教学内容上都比传统社学先进一些，有利于新教育的普及和新思想的传播。

在清末河南存在的各类学校中，除新学系统外，还有一类学校与新学系统并存但不受清廷管辖，那就是由外国传教士创办的教会学校。河南最早的教会学校为加拿大长老会传教士于 1869 年在开封创办的圣玛利亚女子小学。最初招收学生 5 人，学习英语、圣经、中国经书、家政、数学等课程。此后不断扩大规模，1874 年，在校生达 90 人。1903 年，升格为中学，由加拿大传教士怀履光担任总办，平玉洁担任校长。1906 年，该校增设高中部，在校生扩为 360 人。至 1911 年，该校共毕业小学生 400 余人，中学生 500 余人。除此之外，省内教会学校建于开封的还有意大利传教士设置的培文书院、圣公会加拿大传教士设置的圣安德烈学校、浸礼会美国传教士设置的普育学校。建于其他地区的有信阳鸡公山美文学校、罗山信义小学、修武天主教小学、洛阳习真学校、汝州领洗小

---

① 《抚院酌拟私塾改良章程请咨部立案文》，《河南教育官报》1909 年，第 46 期。
② 《河南教育官报》1911 年，第 84—104 期相关学务统计资料。

学、周口修德女校和求实小学等 11 所教会学校。①基本上都是初等性质的教育机构，课程与圣玛利亚女校相同。这些教会学校虽然规模不大，影响有限，但它们仍然强烈地冲击了封建传统教育，开了河南民众学习外国语言文字和西方自然科学知识的先河。

除以上各类学校外，"又有学在四夷，而可以济吾国教育之穷且资以进展者，则为国外留学"②。留学教育是新教育创办之初的一项重要内容。中国官费选派出国留学生始于同治十年（1871），河南官费选派出国留学生始于光绪二十七年（1901），河南人留学国外始于光绪十六年（1890），是年，济源人李树谦和李全中公费留学日本，开河南人留学国外之先例。1901 年前，以清廷名义派出的河南留学生共有 6 人。1901 年后，河南籍留学生主要由河南省抚院选派。1901—1904 年，四年总计选派留日学生 31 名，仅占全国同期留日总人数的 1.8%。③ 1905 年科举革废当年，省抚院选派留日学生人数突增至 142 人，此后由于河南督抚对选派工作态度消极，选派人数有所减少，但自费人数有所增加。出国留学已成为优秀士子和开明士绅的首选与共识。1912 年，河南创办留学欧美预备学校，该学校成为当时除北京清华学堂和上海南洋公学外，全国仅有的三所留学学校之一，就是这种观念的反映和实践。

总之，1905 年科举废除后，河南的新教育发生了日新月异的变化，这些变化完善了新教育的内容，开启了河南近代教育的序幕，为河南教育的现代化奠定了可依的基础。

三、清末河南新教育发展的总结与反思

庚子变后，清廷已处在覆亡的前夕，一切都在剧烈变革之中，教育首当其冲。河南作为封建势力比较顽固的地区，也未能回避这股变革的浪潮。回顾清末河南新教育的发展历程，从 1900 年到 1911 年，短短 12 年间，走过了改造书院、兴办学堂、改良私塾、建立教育行政、确立教育宗旨等一系列步骤，以诏令兴学、学制颁布和科举革废为标志，呈现出明显的阶段性和层次性。逐步完成了书院的改造，废除了传统的儒学，改良了一定的私塾，兴办了大量的新学，完善了教育的管理，厘定了教育的宗旨，最终使新教育在河南得以确立。但在这些发展的背后，也呈现出明显的局限和不足，特别是它的封建性、保守性和滞后性几乎伴随始终。

---

① 王日新、蒋笃运主编：《河南教育通史》（中），郑州：大象出版社，2004 年，第 17 页。
② 刘景向：《河南新志》卷 7《教育·学校民国十八年本》。
③ 李春祥、侯福禄主编：《河南考试史》，郑州：中州古籍出版社，1993 年。

1. 封建性

突出表现在三个方面：①教学内容以经义为主，自然科学知识比重较低。无论大学堂、中学堂还是小学堂，都鲜明地体现了这一特点。河南大学堂成立之初，开课三门：中学、算学、西文。每周48课时，中学占12课时，比例尚不算太高。1904年改为高等学堂后，教学内容便"以四书五经为主，以历代史鉴及中外政治学艺为辅"，"虽然有一些西学课程，只用以补中学之不足，仅仅是资本主义教育之萌芽而已"①，基本上还是维持封建主义教育。中学堂开课12门，每周36课时，修身和讲经即占12课时。初等小学堂开课8门，每周30课时，修身和读经占14课时。学校程度越高，封建性越强。②实行奖励出身，根据学生的毕业成绩分别授予相应的科举功名。使新学堂异化为科举的新附庸。③教育对象的阶级性比较突出。光绪三十二年（1906），河南学务公所议长李时灿在给上司的呈文指出："各省设立学堂，肄业多系富家子弟，急待谋生者，大半限于境地不得入学。"②广大贫苦群众被排斥在新教育之外。

2. 保守性

河南新教育的保守性在留学教育上表现得最为明显。1901年，清廷谕令各省选派学生出国留学，规定大省30名，中省25名，小省20名。河南为中省，应选派25名，但由于风气未开，无人应召。河南巡抚锡良、学政林开謩只能从乡试落榜士子中选取愿意留学者8人面试，录取其中4名咨送日本留学，每人奖给川资、学费250两，开河南抚院派遣留学生之先例。此后每年咨送人数均不超过10人，至光绪三十年（1904），四年总计选派留日学生31名，如前所述，仅占全国同期留日总人数的1.8%。1905年选派留日名额虽然突增到142人，但该年全国总计录取留日学生8000人，河南仅占全国总数的1.7%。1906年录送17人，1907年录送60人，均不到全国总数的1%。③与东南沿海和直隶、两湖、四川等省相比，远远落后。造成这种局面的原因是：①普通民众对出洋留学反应消极，不愿远涉万里，接受新知，宁愿待在家里，抱残守缺。②河南历任督抚张人骏、陈夔龙、林绍年、吴重熹等对选派出国留学生一事长期持消极态度。特别是看到河南早期留学生出国后大多参加了孙中山领导的同盟会，如曾昭文担任同盟会总会书记、河南分会会长，刘基炎任总会秘书和河南分会副会长，回国后又不愿为督抚所用，反而积

---

① 张邃青：《记河南初开办的学堂——河南高等学堂》；朱有瓛主编：《中国近代学制史料》第2辑上册，上海：华东师范大学出版社，第638页。
② 《河南学务处设立半日学堂详文》，《河南官报》1906年第21期。
③ 李春祥、侯福禄主编：《河南考试史》，郑州：中州古籍出版社，1993年，第386页。

极参加资产阶级革命活动,所以由沮丧而抵制。正如《河南新志》记曰:"清季河南巡抚某谓'中国多一出洋留学生即多一革命党',是以决不派遣学生出洋。嗣后时势驱迫,始有考送学生出洋之举,皆限令学习农、工、水利、建筑等实科,概当局皆狃于中学为体西学为用之说,不愿新思潮之输入也。宣统间学生颇有自费赴日本留学者,而赴西洋者甚罕。"①留学教育的落后,无疑阻遏了新教育发展的步伐和革命力量的培养,也成了辛亥革命后河南迟迟未能宣布独立的原因之一。

3. 滞后性

从河南整个新教育的发展历程可以看出,每一步推进无不是在清廷谕令之后,督抚才札饬下属,督抚札饬之后,下属因时势所迫才不得不有所行动。各级地方官这种消极、被动的态度极大地影响了新教育发展的速度和质量。比如书院的改制,1901年清廷即下诏改造,但由于地方官的抵制和延宕,拖至1908年年底,全省依然有诸多书院未予改造。而光绪末年创办的20余所中学堂,按照章程大多数都不全备。1897—1909年,全国各地新学堂共聘请日本教习454人,河南只有3人,其中1人民家谦曹还是兼职。②另一人三宅喜代太乃日本冈山县寻常师范毕业,却担任河南高等学堂的教学,"到堂二年余,所授仅日本俚语"③。由于观念的陈旧,不敢为天下先,在新教育的发展上只能消极地亦步亦趋,而不是积极跟进,自然造成了新教育发展的严重滞后性。在教育近代化的道路上,与沿海省份的差距,只能是越拉越大。

总之,在中国教育近代化的大潮中,河南作为一个封建势力浓厚的地区,被这股大潮裹挟着前进,虽然在短短的10余年内,初步完成了新教育建设的步伐,但同时在各种因缘际会的影响下,也不可避免地烙上了这样那样的不足,拉大了与其他地区的差距。

第五节 小 结

清代河南教育的发展大致经历了三个阶段:传统教育体系的建制与发展(1644—1795)、传统教育体系的衰败与重创(1796—1899)和新教育的萌芽与确立(1900—1911)。

---

① 刘景向、王荣楷纂修:《河南新志》卷7教育。
②③ 朱有瓛主编:《中国近代学制史料》第2辑上册,上海:华东师范大学出版社,1987年,第46,637页。

传统教育体系包括初等学校性质的社学、义学、私塾，中等学校性质的府、州、县学，以及兼具初、中等性质的书院。新教育体系包括普通、师范、实业等各类新式学堂。

社学是设在乡镇地区最基层的一种地方官学，从顺治九年（1652）诏建社学、康熙二十五年（1686）饬查社学、雍正元年（1723）再次诏建社学到乾隆初年行社会法，河南地区的社学体系逐渐建立。至鸦片战争以前，河南各地先后建立起来的社学有500余所，基本上已涵盖全省。义学是一种免费性的初级教育机构。从康熙二十七年（1688）巡抚阎兴邦檄文兴义到雍正初年命改生祠书院为义学，义学的发展逐渐明确。据不完全统计，清代前期河南共有70余州县设立了数百所义学。较其他省为盛。除义学外，还有另一种初级教育机构——私塾。清代河南的私塾主要有三类：一夥（伙）食学，二散学，三专馆。各私塾规模有大有小，大者数十人，小者三五人，星罗棋布，遍布城乡。一县多至数百、上千所，朗朗书声，里陌相闻。私塾是当时城乡基础教育的主要场所，也是初级教育体系的重要组成部分。

清初儒学包括府、州、县、卫诸学。顺治十六年（1659），卫学归并后便只剩府、州、县学。至顺治末河南共有府学8所、直隶州学1所、属州学11所、县学95所，各级儒学共115所，儒学体系已基本建立。此后随着直隶州的析置、撤废和属县的归并、变更，河南儒学的总数也时有变化，但维持在120所左右。各学校设官师合一的教谕或训导进行管理，学生则分为不同种类依次递进。

清前期河南书院的发展经历了一个徘徊—恢复—兴盛—衰败—改制的过程。顺治年间是河南书院发展的徘徊阶段。从康熙元年（1662）到雍正十一年（1733）是河南书院发展的恢复阶段。此时有几所书院像百泉书院、大梁书院、嵩阳书院、朱阳书院等发展较好，全国知名。雍正十一年（1733），清世宗正式谕令各省酌立书院。大梁书院获赐千金。乾隆元年（1736）重申了雍正时期的书院政策。在此带动下，各府、州、县书院亦发展起来，河南书院进入了它发展的兴盛阶段，并由此逐渐形成了几个全省著名的书院分布区，如开封府、怀庆府、河南府、卫辉府等。据不完全统计，乾隆一朝，河南先后新建书院94所，修复书院10所。当然，与此同时，政府对书院的控制加强，书院官学化的程度也达到了登峰造极的地步。

嘉道以后，文教事业渐趋衰败。各级儒学仅为科举的附属机构，有名无实，形同虚设，官学教育趋于空疏。社学、义学大多荒废。开一代学风的书院，在官方的控制和约束下，办学体制僵化，教育内容陈旧，教育方法落后，逐渐落伍。1853—1862年的捻军大起义，极大地动摇了河南封建传统教育的基础，引起了清朝统治者的无比恐慌。因此战时和战后他们极力推行的便是恢复教化，重振儒学。统治阶级恢复儒学教育的措施主要是增加学额和修复儒学。除了修复相对成人化的儒学、书院，各地还修复了大量初级教育的义学、社学。封建传统教育得以苟延残喘。但其僵而不死的状况引起了开明人士的改良倾向。光绪七年（1881），致用精舍的创建标志着对传统教育的改良正式开始。虽然不久之后即告失败，但其精神开始流传。1900年，经正书院的建立标志着这一改良思想进一步深化。在此过程中，新教育开始萌芽。1901年书院改制诏书的颁布宣告新教育的确立工作正式铺开。但全省绝大多数州县官吏对此采取延宕和抵制态度，只有荥阳知县张绍旭等人较为热心。

  1902年河南大学堂的成立为河南有现代高等教育之始，是清末河南兴学活动中的一件大事，在河南近代教育史上具有重要的意义。1904年《奏定学堂章程》颁布后，至1908年年底，在一些进步教育家的推动下，河南各地无论从教育程度上的初等教育、中等教育、高等教育，还是教育门类的普通教育、实业教育、师范教育，基本均有了各自对应的学校，初步建立起了清末河南的新学系统。反思清末河南新教育发展的过程，发现与沿海省份相比，清代河南的新教育出现较晚，确立较迟，效果较微，特别是它的封建性、保守性和滞后性几乎伴随始终。但它毕竟奠定了随后民国教育系统的基础，也是新旧教育交替时期一个必不可少的过渡阶段。特别是以经正书院的成立为标志，自光绪二十六年（1900）至宣统三年（1911），短短十余年间，河南的教育至少在形式上完成了由封建传统教育向资产阶级新教育的初步过渡。

第四章
清代河南学校教育发展的时空差异

如前所述，清代河南教育在长期的发展过程中，经历了传统教育体系的建制与发展、传统教育体系的衰败与重创和新教育的萌芽与确立三个阶段。应该说不同阶段的表现特征便是清代河南教育的发展特征。但实际上远不止此，因为一方面对于清代这一长达几百年的历史时期来说，还可依朝段划分为康雍乾等不同阶段；另一方面，对于河南这一广袤的行政区域来说，还可依建置划分为府州县等不同亚区。清代河南教育在这些不同的阶段和亚区内，同样表现出了各自的发展特征。只有进一步研究这些特征，才能深入理解清代河南教育发展的全貌。

研究这些特征便是研究清代河南教育发展的时空差异。但教育是一个复杂的综合系统，要想分析这一差异，必须选择一个关键要素。那么教育的关键要素是什么？是学校。虽说作为一种培养人的活动，教育的构成要素有很多，如教育者、受教育者、教育内容、教育场所、教育设备、教育手段等，但唯有学校可以承载这诸多要素。因为在这些要素中，有些要素是教育活动的必要成分，缺少这种成分就不能成其为教育，如教育者、受教育者和教育内容；另一些要素属于教育活动的充分条件，如教育场所、教育设备、教育手段等。条件越充分，教育活动越复杂。对于一项单一的教育活动——教学来说，只要有教育者、受教育者和教育内容就足够了，但对于一系列单项教育活动来说，教育场所等就成为必需的了。[①]一系列单项教育活动构成了一种有组织的教育活动，各种有组

[①] 目前教育学界对教育要素的描述主要是三要素说。三要素中，教育者和受教育者各种提法均无异议，对于二者之间的联系，其描述却相差较大，有教育内容、教育材料、教育影响、教育媒介等提法。（可

织的教育活动构成了一个独立的教育实体——学校，为数众多的教育实体构成了一个教育子系统，若干个子系统（例如各级各类学校系统）便构成了一个国家或地区总的教育系统。所以学校的发展完全可以代表教育的发展。

清代河南教育发展的时空差异体现在学校上，便是各级各类学校发展的时空差异。这一差异主要包括数量和质量两个方面。数量的差异即学校的时空分布差异，质量的差异即学校的发展程度差异。而学校是一个综合的教育系统，现代的一些教育统计年鉴在统计或比较一些地区的教育状况时，有学校数目、在校生数量、教师数量、设备资产、入学率、在校生占适龄人口的比例等诸多指标。而历史时期一个地区的教育状况及其差异限于资料，一般只能统计其学校数目、大致经费如学田等事项（新教育阶段例外）。而这些统计只能表达教育发展的"量"的指标，类似现代教育统计年鉴的一些"质"的指标则无法表征。所以本章在分析各类学校的时空差异时，数量方面主要用各类学校单位数目的时空分布表达，质量方面主要用各类学校所能提供的教育总量表达，而对于发展程度的时间差异，由于不易细化，略而不虑。①清代河南教育发展的时空差异便主要建立在各类学校的时空分布和所供教育总量这两个指标的描述上。

以参见陈桂生：《教育原理》（第二版），上海：华东师范大学出版社，2000年。叶澜：《教育概论》（第二版），北京：人民教育出版社，1999年。南京师大《教育学》编写组编：《教育学》，北京：人民教育出版社，1984年。）这些提法有的仅仅是对简单教育活动必要成分的分析，可称为"简单要素"，有的是把教育作为一种复杂活动进行概括，可称为"概括要素"，其差异即在于对不同复杂程度教育活动的理解和概括不同。现实生活中，人们对一个国家或地区教育的印象并不存在于这种单项教育活动中。因为教育作为一种社会事业性活动与其作为一种单项活动其构成要素是不同的，有些要素如场所和设备，在单项教育活动中是充分条件，在社会事业性活动中可能会成为必要条件。1928年《中国教育辞典》"教育之要素"条目云："教育为导人由自然状态以入于理想状态之活动。以人员、物品、场所三者为其要素。"（《中国教育辞典》，上海：中华书局，1928年印行本，第668—669页。）实际上是把教育作为一种社会事业性活动看待的，因为它提出场所即学校为教育的要素之一。一个地区教育的发展状况离不开对学校的描述，明清时期的诸多方志往往有《学校志》而无《教育志》，除古今教育含义不同外，实以为学校即教育事业之所系也。

① 至于大多研究者通过各地科举人才的数目来表达各地教育发展程度的高低的做法，本文不拟采用，因为：其一，一个人要想科举中式，除了他能够获得的教育经历，个人的天资、毅力、人脉、机遇等都不可少。教育只是提供了一种前提，况且科举时代诸生应试频繁，教育发达程度的高低与科举人才多寡的关系不似现代密切。其二，科举人才的多寡只在一定程度上代表了一个地区中高等教育的发达与否，对初等教育则无法表达。

第一节 传统学校的时空分布特征和地域发展差异

整个清代河南的学校可以分为两大类：传统学校和新式学堂。传统学校包括中等教育性质的各府、州、县学，初等教育性质的社学、义学、私塾和混合初、中、高等教育性质的各级书院等。新式学堂较为复杂，以性质分，有普通（直系）教育、师范教育、实业教育、女子教育和社会教育等。以层次分，有初等、中等、高等等。其中直系教育的三级学堂为高等学堂、中学堂、小学堂（分高等小学堂和初等小学堂），师范教育的三级学堂为优级师范学堂、初级师范学堂和师范传习所等，其余依次有差。各类学校中的"教育者"——教师的配备为："儒学，府：教授，正七品。训导，从八品。州：学正，正八品。训导。县：教谕，正八品。训导。俱各一人。教授、学正、教谕，掌训迪学校生徒，课艺业勤惰，评品行优劣，以听于学政。训导佐之。"[①]社学称社师，义学、私塾称塾师，书院称讲席，新式学堂一般称教习。"受教育者"——学生的称呼亦略有不同，不同的称呼也体现了一定的时代特色。具体差异见表4-1。

表4-1 清代河南各类学校、教师、学生名称对照表

分类	学校	教师	学生
传统学校	府学	教授、训导	生员、庠生、诸生、秀才
	州学	学正、训导	
	县学	教谕、训导	
	社学	社师	童生
	义学	塾师	
	私塾		
	书院	山长、主讲、讲席	院生、生徒
新学校	学堂	教习	学生

---

① 《清史稿》卷116《职官志三·外官·儒学》。

一、儒学

明末清初十数年的战乱给当时的社会秩序带来了极大混乱，各项社会事业无不遭受重创。作为这场战乱的主战场之———河南，遭受的破坏更为严重。对于各地儒学来说，几乎堪称灭顶之灾。据《大清一统志》和嘉庆《重修一统志》河南统部及雍正《河南通志》、乾隆《续河南通志》和各地地方志统计，明清交替之际，全省儒学毁于兵燹者近60所，占当时全省儒学的一半以上，其余儒学也因为种种原因大半荒废。所以清廷平定河南之后，一项首要任务便是恢复和重建各地儒学。同样据上书统计，整个顺治年间，各地方官陆续重建或重修儒学98所，占当时应设儒学总数的84.5%，其余未闻修建记载的估计多承明制，康熙初这部分儒学亦陆续增修。此后，随着府县的裁置，全省儒学的数目略有变化，但基本上维持在117所左右。同时随着学风的变化和局势的动荡，其命运亦有起伏。嘉道以后，学风渐颓，各地儒学多有荒废。咸同年间，社会动荡，各地儒学多有破坏，但乱后不久即相继恢复，因没有过多的区划变革动作，故总数依旧变化不大。1905年，科举废除，各地儒学随之荒废。

（一）各地儒学的修建与学额差异

据相关资料，以嘉庆二十五年（1820）为例，河南共有府学9所、州学10所、县学97所、厅学1所、乡学1所，共计儒学118所。其中由于淮宁县学附设在陈州府学内，二者共为一处，所以实际共有儒学117所。具体情况如表4-2所示：

表4-2 清代河南儒学一览表

儒学		类别			
		地 址	初创时间及创办人	重修时间及修建人	学额
开封府	开封府	府治东南	元初由宋国子监改	顺治九年知府朱之瑶	20
	郑州	州治东	东汉永平年间	顺治六年知州王联登	15
	禹州	州治西南	金贞元年间太守颜守信	顺治十六年巡道沈荃知州孟希舜	15
	仪封厅	厅治东南	明洪武二十二年以前	顺治三年知县安国珍	12
	祥符县	县治东南	明洪武五年知县胡聂	顺治十一年知县孙如林	20
	陈留县	县治西北	元以前	顺治七年守道辛炳翰知县杨士烜	15
	通许县	县治东北	宋咸平年间	顺治十年知县贾待旌	15
	尉氏县	县治东南	元天历初县尹张荣祖	顺治四年知县卫绍芳	12

续表

儒学		类别			
		地 址	初创时间及创办人	重修时间及修建人	学额
开封府	洧川县	县治东南	金正大年间	顺治六年知县王秉彝	12
	鄢陵县	县治东南	元宣武将军焦成	顺治六年知县孙丕承	15
	中牟县	县治东南	元以前	顺治十二年知县李敷治	15
	杞县	县治西	元以前	顺治十六年知县吴守寀	20
	密县	县治东	元至正中主簿马元良	顺治三年知县崔养重	12
	新郑县	县治东南	宋绍定前	顺治十年知县杨奇烈	12
	兰阳县	县治东	明洪武三年知县胡忠	顺治二年知县张仁声	12
	荥阳县	县治东北	金承安年间	顺治十四年知县孟登云	12
	荥泽县	县治东南	隋大业三年	康熙二十八年知县王畹	12
	河阴乡	旧县治南	元至正前	顺治十年知县范为宪	8
	汜水县	县治西	元至大前	康熙四十一年知县张国辅	8
归德府	归德府	府治东	明洪武六年知州段嗣辉	顺治三年知府徐淳	20
	睢州	州治西	明洪武三年知州梅时敏	顺治二年	20
	商丘县	县治北	明万历元年知县何希周	顺治六年知县胡杨俊	20
	宁陵县	县治后	明洪武三年	顺治六年知县侯国泰	12
	鹿邑县	县治东	元至正年间归德守观志能	顺治六年知县闵三元	20
	夏邑县	县治东南	金大定年间县令王德彰	顺治三年知县胡守杰	15
	永城县	县治西南	金以前	顺治十五年知县陈攀龙	20
	虞城县	县治西	元至元十三年主簿裴琮	顺治七年湖西道杨春育	12
	柘城县	县治东南	明洪武三年知县王智	顺治二年知县王衷惺	12
彰德府	彰德府	府治西北	宋至和年间韩琦	顺治十三年知府瞿文凤	20
	安阳县	县治西	元至元年间	康熙二十八年知县武烈	20
	汤阴县	县治东南	宋大观元年	顺治十五年知县康荫叔	12
	临漳县	县治西	明洪武十八年前	顺治八年知县王象天	15
	林县	县治东南	元至元三年	不详	12
	武安县	县治东南	金天会十一年	顺治十八年知县陈之辰教谕孟珀	12
	涉县	县北门内	元以前	康熙二十六年知县王光培	8
	内黄县	县治东北	元至正以前	康熙二十年知县沈十禄	15

续表

儒学		类别			
		地址	初创时间及创办人	重修时间及修建人	学额
卫辉府	卫辉府	府治东南	元至元年间知州王昌龄	顺治十一年知府沈奕琛	20
	汲县	县治西北	元至元初	康熙二十三年知县佟国瑞	15
	新乡县	县治东南	宋元祐五年县尹李允	顺治十二年知县王克俭	15
	获嘉县	县治西南	宋初	顺治八年知县冯云朝	12
	淇县	县治东南	元至元九年	顺治六年知县柴望	8
	辉县	县治西	元至元十三年知州司仁	顺治八年御史王亮教	12
	延津县	县治西南	元泰定四年	顺治三年大梁道李呈祥	15
	浚县	县治东	明洪武三年知县项如英	康熙年间	18
	滑县	县治东南	金	顺治四年知县郭心印	23
	封丘县	县治东南	唐武德年间	顺治十五年知县余缙	12
	考城县	县治东南	元以前	顺治六年知县刘应兆	12
怀庆府	怀庆府	府治东南	元至元八年判官杨果	顺治十六年知府彭清典	20
	河内县	县治西	明洪武十四年知县陶晟	顺治十四年知县孙灏教谕冯天培	20
	济源县	县治东南	元至元十年县尹刘源	顺治十四年知县夏霖	15
	修武县	县治西南	金天会年间县尹翟中舍	康熙六年知县仇凤狲	12
	武陟县	县治东南	元至元十年县尹于诚	顺治十二年知县赵奠丽	15
	孟县	县治东南	金大定年间	康熙十四年知县胡希铨	15
	温县	县治东南	元至元十二年县尹耶律惟谦	顺治十五年知县郭仰	15
	原武县	县治东	元至元年间	顺治六年知县萧鑑	12
	阳武县	县治西南	元至正以前	顺治九年知县姜光荫	15
陈州府	陈州府	府治东南	宋熙宁八年知州陈相	顺治十五年巡道于鹏举知州王宏仁	20
	淮宁县	附府学内	雍正十二年	雍正十二年	15
	商水县	县治东	宋大观二年	顺治二年知县吴道观	20
	西华县	县治东南	元大德中主簿杨恭	顺治七年知县武超凡	15
	项城县	县治东南	明洪武三年以前	顺治十七年知县黄陛	12
	扶沟县	县治东南	元延祐三年县尹赵琼	顺治七年知县杨在升	12
	太康县	县治东北	汉	顺治五年知县田六善	20
	沈丘县	县治西南	明弘治十一年知县李琳	康熙三年知县赵之璿	12

续表

儒学		类别			
		地 址	初创时间及创办人	重修时间及修建人	学额
开封府	河南府	府治东南	金正隆初知府孔彦舟	顺治八年分守道于时跃	20
	洛阳县	县治东	明洪武五年知县胡宏道	顺治六年知县武攀龙	20
	偃师县	县治东	元延祐四年县尹贾渊	顺治初年知县宋中鸿	15
	孟津县	县治东南		顺治十四年知县孟常裕	12
	宜阳县	县治西	元初	顺治十年知县金继望	12
	登封县	县治西南	宋宣和前	顺治九年御史王亮教	12
	永宁县	县治西	宋咸平年间	顺治九年知县程万善	12
	新安县	县治东南	宋	康熙四年知县范諟	12
	渑池县	县治南	宋	顺治三年知县潘沂至	8
	嵩县	县治西	金明昌五年	顺治三年署县同知郑倬	12
	巩县	县治南	元大德十一年	顺治十三年知县张如琦	8
南阳府	南阳府	府东门外	元至元八年	顺治十年守道戴明说	20
	邓州	州治西南	宋	顺治十四年知州冯九万	15
	裕州	州治西	明洪武三年知州缪承先	顺治十五年知州陆求可	15
	南阳县	县治东	元至元九年	顺治九年知县李廷松	15
	镇平县	县治东	元至元初县尹李炳	顺治八年教谕张尔雅训导杨遗白	12
	唐县	县治东南	明洪武三年知县程飞	顺治六年知县李芝英	15
	泌阳县	县治西	宋熙宁年间	顺治十三年知县温如玉	12
	新野县	县治东	元以前	顺治六年知县汪永瑞	15
	淅川县	县治东南	明成化八年知县吴文	顺治十三年知县卢敏我	8
	桐柏县	县治南	明成化十二年府经历徐行	顺治十一年署县通判欧阳世逢	8
	内乡县	县治东南	元大德八年	顺治十五年知县王襄明	15
	舞阳县	县治东南	宋	顺治四年知县赵耀	15
	叶县	县治东南	金正大三年	顺治十三年知县许鸿翔	15
	南召县	县治西北子城内	明成化十二年知县张琪	雍正四年	12
汝宁府	汝宁府	府治西南	金皇统中	顺治四年知府黄登孝	16
	信阳州	州治东	元以前	顺治六年观察副使陈联璧	15
	汝阳县	县治西	元	顺治三年知县杨义	15

续表

儒学		类别			
		地址	初创时间及创办人	重修时间及修建人	学额
汝宁府	上蔡县	县治南	元	康熙二十五年知县杨廷望	15
	新蔡县	城外东隅	元大德八年县尹李演	顺治五年知县钟锷	12
	西平县	县治东南	明洪武三年以前	乾隆二十八年	12
	遂平县	县治东	元大德中	顺治七年署县吴大壮	12
	确山县	县治东	元至元二十二年县尹赵福锡	顺治七年知县吴大壮	8
	罗山县	县治东北	元延祐四年县尹孙恭	顺治四年知县薛耳	12
	正阳县	县治东南	明正德二年知县齐渊	顺治八年知县迟惇	8
许州	许州	州治东南	宋	顺治十三年知州汪潜	20
	临颍县	县治东南	宋	顺治十二年知县尹国宾	12
	襄城县	县治西北	唐贞观二年	顺治二年知县公家珍	15
	郾城县	县治东	明洪武三年以前	顺治十三年知县荆其惇	15
	长葛县	县治东北	元泰定五年	顺治十一年知县徐升	12
陕州	陕州	州治东	唐开元年间	顺治五年知州刘世杰	15
	灵宝县	县治南	宋天圣元年	顺治十一年知县郭显功	15
	阌乡县	县治东南		顺治十年知县张三省	12
	卢氏县	县治东南	元元统二年县尹焦滋重	顺治四年知县刘渊	11
光州	光州	州治西	元泰定年间知州王家奴	康熙十年知州朱允治	15
	光山县	县治东南	宋嘉祐五年	康熙九年知县朱鼎振	15
	固始县	县治东南	元天历年间	康熙二十七年知县杨汝楫	15
	息县	县治西南	元大德十年	顺治六年知县刘养明	15
	商城县	县治东	明成化十二年知县张俊	顺治七年知县卫贞元	15
汝州	汝州	州治西北	元以前	康熙三十九年知州徐琳	15
	宝丰县	县治东	明成化十二年知县朱铨	顺治十六年知县刘维新	8
	伊阳县	县治西	明成化十二年判官汪楫	康熙三十九年署县陈王绶	8
	郏县	县治东南	金泰和六年知县张志行	顺治五年知县张笃行	12
	鲁山县	县治东南	元至元二十年县尹王义	顺治十六年知县吕士龙	12

资料来源：《大清一统志》卷148—176，嘉庆《重修一统志》卷185—225《河南统部各府州学校》，雍正《河南通志》卷42—43《学校志》，乾隆《续河南通志》卷39《学校志》，各地方志。

说明：1. 本表行政区划依嘉庆二十五年（1820）为准。

2. 初创时间有的为据史料推断而得，重修时间为史料记载的清代首次重修时间，空白处为史料缺乏记载。

3. 若史料不一致，时间信息以时间早者为准，其他信息依史料晚出者为准。

由于清代的地方官学主要依各行政区设立，河南也不例外，所以其设置情况与行政区划的变迁密切相关。如顺治十六年（1659），南召县并入南阳县，其儒学随之撤废，士子归南阳县学。雍正十二年（1734），复置南召县，其儒学亦随之复设。同年，以陈州府治所置淮宁县，县学附设于府学内。另雍正五年（1727），胙城县并入延津县，其儒学亦随之撤废。当然也有少量县学在县撤并后依然保留的。如乾隆二十九年（1764），河阴县并入荥阳县，原河阴县学仍然保留，改称河阴乡学。咸丰十年（1860），仪封厅并入兰仪县，原仪封厅学仍然保留，改称仪封乡学。所以从时间上看，清代河南儒学的设置依行政区的置裁而盈缩，其数量从前述第二章中清代河南府州县数目的变化情况即可看出（表2-4）。从空间上看，宏观和微观互有不同。宏观上，由于各府州县均有1所儒学设置，有的在行政区裁撤后继续保留的还设有2所，完全覆盖了当时的所有县域，所以儒学设置在空间分布上没有地域差异的比较意义。微观上，有近50所儒学分布于县治东南，其余则位于各方位不等，倒是反映了古人一定的风水思想。①

（二）各地儒学发展差异的考察

儒学教育的地域差异通过各地儒学的等级、学额、学田等要素也可得以体现。等级即大学、中学、小学之分，等级与学额密切相关，一般大学16—20名，中学12—15名，小学8—11名，各府州的学额往往依其文风高下、人口多寡、财赋多少而定，所以学额即是各地儒学差异的重要指标。学田的资料则比较复杂，这是因为：①学田用途不限儒学。"学田之设，原以供春秋享祀及赡给贫困"，其来源"有旧置者，有劝给者，历年多

---

① 风水学上讲，天上有文曲星，地上有文昌位，在风水实践中，古人发现学子在文昌位容易静下心读书，从而提高学习成绩。特别是古书记载文曲星的作用是主宰科名，占据文昌位便可得文曲星之助，有利于科榜高中，所以在以科取士的时代，文昌位深受时人追捧。文昌位有相对方位和固定方位之分，相对方位依宅第入口方位而定，入口方位不同，文昌位也不同。其对应关系是：东→东北、西→东南、南→东南、北→西北、东北→东、西南→南、西北→北、东南→西。宅第如此，城池亦然。古代城池一般四边均开有门，但主门多为南向，东南方位便是文昌位，为儒学首选地。固定方位即文昌位在地盘中对应巽位，巽在东南角。东南方位亦是首选。若地势不允许再相机而移。所以大多数儒学或置于县治东南，或依主门和地势差异略有不同。当然这只是一种推测，真正的原因还有待进一步教于方家。（洪丕谟：《中国风水研究》，武汉：湖北科技出版社，1993年）。

寡不一"。①一个地区记载的学田数不一定全是儒学田，也有书院田、义学田或社学田。学田的地租收入不单为儒学所用，赡济生员，也可用于赈济书院或义学童生。如光绪《柘城县志》卷7《艺文志·学田碑记》载：学田619亩，亩收租银1钱1分，约得租银136两，完课46两，余89两余拨三关义学8两，余分三项：一备茸庙倾圮，一资贫生不能自给，一为终岁月课生儒供备。②②秾租不等。各地学田地分高下，租有多寡，单凭亩数无法反映经费丰拙。如据《古今图书集成》记载：汲县有学田160亩，岁收租银8两；而武安县有学田136亩，岁收租银却达12两余。③③时段不一。各地资料记载时间不尽一致，有早有晚，且同一时期方志记载的资料可能是不同时期的学田，不同时期方志记载的资料却可能是同一时期的学田。不建立在统一时段基础上的比较是不可靠的。④数字不详，地区不全。许多县域或缺乏记载或难以搜求。地方性志书如雍正《河南通志》、乾隆《续河南通志》、民国《河南新志》、民国《河南通志》，以及全国性志书如乾隆《大清一统志》和嘉庆《重修一统志》的河南统部等古籍均失载学田，其他史书如五朝《清会典》《皇朝文献通考》等或失载，或仅有全省学田总数，缺载府县数字，记载府县学田资料比较翔实的府县方志却并不完整，在一个时段内往往有一半左右的县域没有方志。⑤受侵严重。额定数字与实际利用情况出入较大。康熙末年，各地已经不同程度地出现了侵占学田的现象。特别是除僧民侵占外，出现了教官侵占。如林县县学"有学田675亩，在临淇车辐村，乾隆志云系吴建业绝产，康熙十九年拨入儒学，所以养诸生之单寒者，后亦为教官所据，由教训两署平分其岁入"④。泌阳县学有学田一顷"教谕署60亩，训导署40亩"⑤。这种情况迫使朝廷严格规定不许豪强隐占和督饬官员大力整治。如河内县学有学田"四顷零，与府学同置，乾隆25年知府丁荣昌饬勘清理还学"⑥。嵩县县学有"培文地91亩3分，夏秋租19石零，以周恤贫士。乾隆二十九年巡道欧阳永祺檄饬知县康基渊查详定为培文户名勒石学宫"⑦，其余各地也有不同时期地方官清理查勘学田的记载。⑥置废无常，人去政亡。大多随地方官的调动而时置时废。

由于以上几个原因，学田的资料无法在统一口径下做全省的比较分析。只能从学额

---

① 康熙《大清会典》卷23《户部·学田》。
② 此处每亩租银1钱1分当为下地岁入，因若以之乘以619亩仅得银68两余，若以136两除以619亩，则亩均租银约2钱2分，碑文前有述及田分上中下之语，各田岁租不等，故有此数。
③《古今图书集成·职方典》卷409《卫辉府学校考》和卷402《彰德府学校考》。
④ 民国《林县志》卷7《教育》。
⑤ 道光《泌阳县志》卷5《学校志》。
⑥ 道光《河内县志》卷15《学校志》。
⑦ 乾隆《嵩县志》卷16《学校》。

这一要素大致考察各地儒学入学机会的差异情况。不妨仍以嘉庆二十五年（1820）为例略作说明（表4-3）。

表4-3 嘉庆二十五年河南各地儒学等级、学额一览表

地 区	儒学			学额总数	人口数	每万人所摊学额数	名次
	大	中	小				
开封府	3	14	2	262	3 427 660	0.76	7
陈州府	3	5		126	2 209 535	0.57	10
归德府	5	4		151	3 287 886	0.46	13
彰德府	2	5	1	114	1 367 793	0.83	4
卫辉府	3	7	1	162	1 519 765	1.07	1
怀庆府	2	7		139	1 802 761	0.77	6
河南府	2	7	2	143	1 711 415	0.84	3
南阳府	1	11	2	192	2 316 877	0.83	5
汝宁府	1	7	2	125	1 934 957	0.65	9
许州	1	4		74	1 298 515	0.57	11
陕州		3	1	53	537 403	0.99	2
光州		5		75	1 352 321	0.55	12
汝州		3	2	55	831 197	0.66	8
总 计	23	82	13	1671	23 598 085	0.71	—

资料来源：《嘉庆重修一统志》各府州学校条和户口条，其中学额在15以上为大学，12~15为中学，12以下为小学。人口数为滋生人数。

由上表看，在儒学等级上，归德府大学最多，在其儒学总数中所占比重也最大，陕、光、汝三州没有大学。中学开封府最多，南阳府所占比重最大。小学各府差相仿佛。总体学校档次归德府最高，汝州最低。在由学额反映的各府州入学机会上，大小依次为：卫辉府—陕州—河南府—彰德府—南阳府—怀庆府—开封府—汝州—汝宁府—陈州府—许州—光州—归德府。与各府州书院发展程度的高低出入较大①，一些传统的教育发达地区如开封、归德、怀庆等府的入学机会并不大。入学机会大，同等条件下获得生员资

---

① 王洪瑞：《河南书院地理初探》，陕西师范大学硕士学位论文，2000年6月，第43页。

格的人数便多，受教育人口在总人口中的比例便高。当然，史籍记载的学额一般仅指廪生名额，而一所儒学内除了廪生外，还有大量数量不等的增生和附生，这部分生员和廪生一样接受教育、参加科考，只不过一些额外的优惠如食廪饩、免差徭等不能享受，受教育的过程并没什么区别，所以由学额所得的入学机会的大小并不能全面反映一个地区受教育的人口比例和儒学教育的真实水准，只能反映一个侧面，即"国家助学制度"的普及程度和惠及面。况且清代后期如《河南新志》所言："各州县生员入学谒圣以后，或闭门修举业，或入书院应月课，或设塾为童子师，未尝闻所谓教官者集诸生而教育之。"①民国《续武陟县志》亦云："观清顺治卧碑及雍正训饬士子文，犹见条教严密，乃久而颓废，空馆不存，教于何有？学官除送考奉祀外，一无所事，坐糜廪粟者二百年，而儒学遂为世所诟病矣。"②生员在儒学挂名后，通过在家自修或在书院内接受继续教育。并未在儒学内听从教官训诲，而教官也只是科举帮办而已，儒学设置与儒学教育的发展基本背离。儒学教育的职能实际上由书院承担了。

二、社学、义学、私塾

社学、义学、私塾都是清代的初级学校，其发展过程已大致如前所述。其中社学由官府办理，依社立学，其特点为官方性、区域性；义学由官办民助或民办官助，其特点为官民合一性及免费性；私塾形式灵活，遍布城乡，其特点为纯粹民间性。由于义学在办学形式上处于社学和私塾之间，所以又出现了"义塾"这一名词和义学社学名称互用的现象。如果义学按一定的区域设立，就又可以称为社学。反之，如果社学不收学费，亦可以称为义学。同理，如果私塾免收学费，亦可以称为义塾。义学、社学、义塾混用混记的情况在方志资料中表现得尤为突出。有社学条下记义学的，如同治《叶县志》卷2《建置上》"社学问津义学……问政义学……悦来义学……"一直详列了40所义学。有义学条下记社学的，如光绪《辉县志》卷8《学校志》"义学城内社学……东关社学……南关社学……"一直详列了20所社学。更多的是将义学、社学、义塾混记于义学或社学单个条下，如乾隆《兰阳县续志》卷7《教养志》、道光《淮宁县志》卷7《学校志》、道光《宝丰县志》卷4《建置志上》、光绪《鹿邑县志》卷7《学校》、民国《鄢陵县志》卷12《教育志》、民国《商丘县志》卷3《学校》、民国《林县志》卷7《教育》、民国

---

① 民国《河南新志》卷7《教育》。
② 民国《续武陟县志》卷9《学校志》。

《重修邓县志》卷 13《教育》、民国《淮阳县志》卷 5《民政下教育志》、民国《郾城县记》卷 8《学校篇下》、民国《西华县续志》卷 8《教育志》、民国《封丘县续志》卷 7《教育志》、民国《太康县志》卷 4《教育志》……

如果说上述情况大多出现在民国时期的方志上的话，那么考察民国《禹县志》的记载，情况可能会变得更加微妙。该志卷 8《学校志》云："乾隆邵志载：嘉靖九年诏府州县劝导僧徒还俗受业……知州刘魁奉诏毁境内佛寺 300 余所，建社学 95 处，义学始盛。"建了这么多社学，义学怎么随之兴盛了呢？结合光绪朝《钦定大清会典事例》卷 396《礼部·学校·各省义学》项下对社学、义学政策的综合记载，不妨推测：在时人的心目中，社学、义学差别不大，义学的涵义可能更广些。现代学者在涉及这一问题时，基本上也是含糊其辞，随意放笔。① 因此对于二者不宜作严格区分，只能依其名称简单界定，如果名称无法界定，则载在社学条下，归为社学，义学条下归为义学。根据这一原则和相关资料统计，清代河南社学、义学和义塾的设置情况大致如下：

（一）社学的数量统计与时空差异

表 4-4 清代河南社学置废情况原始数据表　　单位：所

地　区		数目	设置时间	荒废时间	资料来源
开封府 43	开封府	2	乾隆三年（1738）	不详	乾隆《续河南通志》卷 39《学校志》
	祥符县	19	约顺治九年（1652）	顺治九年—雍正六年②	光绪《祥符县志》卷 11《学校志》
		1	康熙四十年—雍正六年	雍正六年—光绪二十四年	雍正《河南通志》卷 43《学校下》
	郑　州	1	雍正六年—乾隆十三年③	不详	乾隆《郑州志》卷 3《建置志》
	禹　州	1	顺治元年（1644）	光绪二十八年（1902）	民国《禹县志》卷 8《学校志》

---

① 张文彬：《简明河南史》，郑州：中州古籍出版社 1996 年，第 321 页。程有为、王天奖等：《河南通史》第三卷，郑州：河南人民出版社，2005 年，第 651 页。

② 光绪《祥符县志》卷 11《学校志》载："清顺治九年令每乡各置社学一区。雍正元年令州县于大乡巨堡置社学一区，本县旧社学凡 19 区，在城者 6……在乡者 13……国初沿旧相设，失考建置之人及建置之年，后渐废。""国初"未言何时，依政令定为顺治九年似较合适。到雍正时，《河南通志》对祥符县社学只载有一处"在城南岸集（即？）孔子回车处"，估计这 19 所社学已废于此间矣。

③ 乾隆十三年本的《郑州志》卷 3《建置志》载："社学旧州前 1 所（今废括号内为小号字，下同），暂借关帝庙后殿，乾隆八年知州张钺拨入永兴镇王家堤等处迯户滩地共 34 段计地 1 顷 33 亩 8 分……共银 26 两，作馆师修火之资，如有不敷，知州捐俸以继之。"雍正六年始编的《河南通志》未见有郑州社学的记载，故定为此段。

续表

地　区		数目	设置时间	荒废时间	资料来源
开封府43	仪封厅	1	康熙四十年—雍正六年①	雍正六年—乾隆二十九年②	雍正《河南通志》卷43《学校下》
	通许县	8	约顺治九年（1652）	顺治九年—乾隆三十五年③	乾隆《通许县志》卷2《建置志》
	新郑县	1	约顺治九年（1652）	顺治九年—康熙三十年	康熙《新郑县志》卷1《建置志》
	兰阳县	1	顺治元年（1644）	顺治五年（1648）	康熙《兰阳县志》卷3《建置志》
		3	顺治五年—康熙三十四年	康熙三十四年—乾隆九年④	康熙《兰阳县志》卷3《建置志》
		4	乾隆元年（1736）	不详	乾隆《兰阳县续志》卷7《教养志》
	荥泽县	1	顺治六年（1649）⑤	不详	民国《河阴县志》卷9《学校考》
归德府68	睢州	32	约顺治九年（1652）	顺治九年—康熙四十年	《古今图书集成·职方典》卷392
	宁陵县	1	顺治十三年（1656）	1911	民国《宁陵县志》卷5《学校志》
		1	顺治十三年—康熙四十年	1911	《古今图书集成·职方典》卷392
		11	康熙四十年—雍正六年	1911	雍正《河南通志》卷43《学校下》
	鹿邑县	1	康熙四十年—雍正六年	雍正六年—光绪二十二年	雍正《河南通志》卷43《学校下》光绪《鹿邑县志》卷7《学校》
	虞城县	1	顺治九年—康熙四十年	康熙四十年—雍正六年	《古今图书集成·职方典》卷392
		1	康熙四十年—雍正六年	不详	雍正《河南通志》卷43《学校下》
	柘城县	8	约顺治九年（1652）	顺治九年—康熙四十年	《古今图书集成·职方典》卷392
		1	康熙四十年—雍正六年	雍正六年—光绪二十二年	雍正《河南通志》卷43《学校下》光绪《柘城县志》卷3《学校志》
	永城县	11	顺治九年—康熙四十年	不详	《古今图书集成·职方典》卷392

① 康熙四十年始编的《古今图书集成》未见载有，而雍正六年始编的《河南通志》卷43在"仪封厅社学"条下有"在城内城隍庙前"之说，应该在此期间于城隍庙前设置了1所社学，以下类似时间段者解释与此同。

② 雍正《河南通志》卷43所载的社学到乾隆二十九年刊本的《仪封县志》中已寂寥无闻，当废于此间。

③ 此年代为资料来源——乾隆《通许县志》的刻本年代，下同。

④ 康熙三十四年本《兰阳县志》还载有3处社学，至乾隆九年本的《兰阳县续志》中已不见，代之的是另外4处。

⑤ 该社学为河阴乡社学，民国《河阴县志》卷9《学校考》载"社学在县西关知县范为宪建今废"，查该志卷12《职官表》知范顺治六年在任。

续表

地 区		数目	设置时间	荒废时间	资料来源
彰德府19	彰德府	2	康熙二十六年（1687）	不详	《古今图书集成·职方典》卷402
	安阳县	1	康熙二十五年（1686）	不详	《古今图书集成·职方典》卷402
	临漳县	1	顺治九年—康熙四十年	康熙四十年前	《古今图书集成·职方典》卷402
	林县	1	约顺治九年	康熙三十三年—乾隆十七年	民国《林县志》卷7《教育》
		12	约顺治九年	顺治九年—康熙三十三年	民国《林县志》卷7《教育》
	武安县	1	康熙四十年—雍正六年	不详	雍正《河南通志》卷43《学校下》
	涉县	1	康熙二十七年（1688）	不详	《古今图书集成·职方典》卷402
卫辉府73	汲县	5	康熙二十三年（1684）	不详	《古今图书集成·职方典》卷409
	新乡县	2	顺治九年—康熙四十年	不详	《古今图书集成·职方典》卷409
	获嘉县	27	顺治八年（1651）	不详	《古今图书集成·职方典》卷409 民国和乾隆《获嘉县志》卷3《学校》
	淇县	1	顺治九年—康熙四十年	不详	《古今图书集成·职方典》卷409
	辉县	1	嘉庆二十四年（1819）	1911	光绪《辉县志》卷8《学校志》
		14	道光七年（1827）	1911	
		1	道光十三年（1833）	1911	
		1	道光十四年（1834）	1911	
		3	光绪七年（1881）	1911	
	浚县	9	顺治九年—康熙十八年	嘉庆七年后	嘉庆《浚县志》卷7《学校考》
	封丘县	9	约顺治九年（1652）	不详	民国《封丘县续志》卷7《教育志》
怀庆府	济源县	1	康熙四十年—雍正六年	不详	雍正《河南通志》卷43《学校下》
	孟县	2	康熙四十年—雍正六年	不详	雍正《河南通志》卷43《学校下》
	温县	1	康熙四十年—雍正六年	不详	雍正《河南通志》卷43《学校下》
陈州府9	淮宁县	1	顺治八年（1651）	乾隆五年（1740）	道光淮宁县志卷7《学校志》
		5	道光五年（1825）	不详	道光淮宁县志卷7《学校志》
	商水县	1	康熙四十年—雍正六年	不详	雍正《河南通志》卷43《学校下》
	西华县	1	雍正六年—乾隆十九年	不详	乾隆《西华县志》卷3《建置志》
	沈丘县	1	康熙四十年—雍正六年	不详	雍正《河南通志》卷43《学校下》

续表

地　区		数目	设置时间	荒废时间	资料来源
河南府 66	洛阳县	14	雍正六年—乾隆十年	不详	乾隆《洛阳县志》卷 5《学校》
	偃师县	1	康熙十九年（1680）	不详	《古今图书集成·职方典》卷 431
	永宁县	7	顺治九年—康熙四十年	不详	《古今图书集成·职方典》卷 431
	新安县	1	康熙四十年—雍正六年	不详	雍正《河南通志》卷 43《学校下》
	渑池县	1	康熙四十年—雍正六年	不详	雍正《河南通志》卷 43《学校下》
	嵩县	4	康熙元年（1662）	1663—1683	乾隆《嵩县志》卷 16《学校》 光绪《嵩县志》卷 16《学校》
		2	康熙二十二年（1683）	1684—1706	
		1	康熙四十五年（1706）	1745	
		33	乾隆三十年（1765）	1911	
		1	乾隆三十年（1765）	1906	
	巩县	1	顺治九年—康熙四十年	不详	《古今图书集成·职方典》卷 431 雍正《河南通志》卷 43《学校下》
南阳府 26	邓州	1	顺治十六年（1659）	乾隆五年（1740）	乾隆《邓州志》卷 6《学校》
	裕州	1	康熙二十八年（1689）	约康熙五十五年（1716）	《古今图书集成·职方典》卷 452 乾隆《裕州志》卷 2《建置志》
	泌阳县	1	顺治九年—康熙四十年	不详	《古今图书集成·职方典》卷 452
	新野县	3	顺治九年—康熙四十年	康熙四十年前	《古今图书集成·职方典》卷 452
	淅川县	2	顺治九年—康熙四十年	康熙四十年前	《古今图书集成·职方典》卷 452
	桐柏县	1	顺治九年—康熙四十年	不详	《古今图书集成·职方典》卷 452
	内乡县	16	顺治九年—康熙四十年	不详	《古今图书集成·职方典》卷 452
	南召县	1	康熙三十年（1691）	不详	《古今图书集成·职方典》卷 452
汝宁府 140	信阳州	2	乾隆四年（1739）	1911	民国《重修信阳县志》卷 13《教育》
	汝阳县	14	顺治十四年（1657）①	不详	康熙《汝阳县志》卷 5《典礼志》
		1	康熙十八年（1679）	不详	康熙《汝阳县志》卷 5《典礼志》

---

① 康熙《汝阳县志》卷 5《典礼志》："社学 明一在县学门西，一在郡厉坛西，外十二所散寄各寺院，久废……清推官王道新置捐俸给各社师葺茅其家，扁曰陶珠馆废。知县纪国珍重置。社学在城隍庙西知县邱天英置。"查该志卷 7《职官志》知纪国珍顺治十四年莅任，查民国《汝南县志》卷 5《职官考》知邱天英康熙十八年来任。

续表

地　区		数目	设置时间	荒废时间	资料来源
汝宁府 140	新蔡县	1	康熙二十七年（1688）	不详	乾隆《新蔡县志》卷2《行署》
	遂平县	1	顺治九年—康熙四十年	康熙四十年前	《古今图书集成·职方典》卷471
	正阳县	1	顺治九年—康熙四十年	康熙四十年前	《古今图书集成·职方典》卷471
	确山县	120	光绪元年（1875）	1911	民国《确山县志》卷14《教育》
许州 81	许州	24	乾隆七年（1742）①	乾隆七年—道光十一年	乾隆《续河南通志》卷39《学校》
		43	道光十一年（1831）	1911	道光《许州志》卷2《建置志》
	临颍县	1	康熙四十年—雍正六年	雍正六年—乾隆三十一年	雍正《河南通志》卷43《学校下》乾隆《续河南通志》卷39《学校》道光《许州志》卷2《建置志》
		3	雍正六年—乾隆三十一年	乾隆三十一年—道光十八年	
		4	雍正六年—乾隆三十一年	1859②	
	襄城县	3	约顺治九年（1652）	不详	民国《重修襄城县志》卷20上
		1	嘉庆二十四年（1819）	1911	民国《重修襄城县志》卷20上
	郾城县	1	康熙四十八年（1709）	乾隆三十一年③	民国《郾城县记》卷8《学校篇下》
		1	雍正七年—乾隆十九年	乾隆三十一年	
陕州 10	灵宝县	6	康熙三十年（1691）④	不详	《古今图书集成·职方典》卷431
	阌乡县	1	约光绪初年	光绪十七年前	民国《新修阌乡县志》卷12《教育》
		1	光绪十七年（1891）	1911	
	卢氏县	2	顺治九年—康熙四十年	光绪十八年前	《古今图书集成·职方典》卷431 光绪《卢氏县志》卷5《学校志》

---

① 乾隆《续河南通志》卷39载："许州社学在东关知州甄汝舟设城东乡4西乡6南乡4北乡9。"查道光《许州志》卷4《职官志》知甄汝舟乾隆七年至十年在任。
② 民国《重修临颍县志》卷4《教典·学校》载："社学自咸丰九年皖匪乱后皆废"。
③ 民国《郾城县记》卷8《学校篇下》"义学"条载"王孟寺社学康熙四十八年知县温德裕立，名正始书院。北关义学雍正七年知县方廷辉置，田8亩坐落孝义保袁家庄北儒学田内。小商桥社学。以上三处皆据傅志"。傅志即傅豫纂修乾隆十九年刻版的乾隆《郾城县志》。依文意王孟寺社学曾名书院，小商桥社学当建于雍正七年之后，故雍正六年始修的《河南通志》不载，傅志载有说明小商桥社学在雍正七年之后乾隆十九年之前建立，到乾隆十九年时两社学依然存在，而乾隆三十一年始修的《续河南通志》上却仍未见载，估计此时已废。
④《古今图书集成·职方典》卷431载："灵宝县　社学六：一在县治内，一在南关，一在曲沃镇，一在稠桑镇，一在虢略镇，一在川口镇，俱邑令霍浚远设立。延邑名士教民子弟束修俱捐俸以给之。"查光绪《重修灵宝县志》卷3《职官志》知霍浚远康熙三十年左右在任。

续表

地区		数目	设置时间	荒废时间	资料来源
光州 11	光州	3	顺治九年—康熙四十年	康熙四十年前	《古今图书集成·职方典》卷471
	光山县	1	康熙三十四年（1695）	不详	民国《光山县志约稿》卷2《教育志》
		1	乾隆四十八年（1783）	不详	
	息县	1	顺治九年—康熙四十年	嘉庆四年前	《古今图书集成·职方典》卷471
		4	乾隆三十一年—嘉庆四年	1799	嘉庆《息县志》卷3《典礼上》
		1	乾隆三十一年—嘉庆四年	不详	嘉庆《息县志》卷3《典礼上》
汝州 9	汝州	1	顺治九年—康熙四十年	不详	《古今图书集成·职方典》卷482
	宝丰县	2	康熙十年（1671）	1742	道光《宝丰县志》卷4《建置志》
	伊阳县	1	顺治九年—康熙四十年	不详	《古今图书集成·职方典》卷482
	郏县	5	康熙二十年（1681）①	不详	《古今图书集成·职方典》卷482
备注			共559所社学，97个时间点，70个设置单位		

说明：1. 依据现有资料，嘉道以后社学的设置较少，那么究竟是资料的前多后少造成的，还是实际情况如此，目前尚无法回答，因为任何资料都存在口径是否完全统一的问题，在无法"补全"历史的前提下，只能依现有资料进行分析。资料的误差目前还无法消除，正是由于这一误差的存在才使我们尽量追求历史的最大真实，而不是绝对真实。

2. 资料缺载的州县和名为书院的社学暂不计入。

3. 表中"设置"为该年段新建社学数，不完全等于该年段"设有"社学数。

4. 判断一所社学是否是新建社学主要以其地理位置的是否变更为依据。

5. 本表的行政区划以嘉庆二十五年（1820）为准。

由表4-4可知，清代河南全省约设置社学559所②，覆盖70个州县，涉及97个时间点，有确切设置时间的社学共360所，约占全部社学的64.4%，涉及27个州县和42个时间点；有确切荒废时间的社学共248所，约占全部社学的44.4%，涉及11个州县和15个时间点；置废时间均确切者共64所，仅占全部社学的11.4%，仅涉及7个州县和9个时间点。大量模糊的时间给分析社学的时空分布特征造成了极大困难，更给探索各地社学发展程度的高低带来了很大麻烦。因为分析社学的时空分布特征要求各社学必须

---

① 同治《郏县志》卷2《职官表》：知县张维震，康熙二十年任，立社学。

② 可能由于资料、区划或标准的原因，比现有统计成果略低，如张文彬《简明河南史》（中州古籍出版社1996年）统计为700所，《河南教育资料汇编清代部分》（河南省教育志编辑室编辑1983年）统计为629所。

有一个相对精确的设置时间，至少应该有大致的设置朝段，而各地社学的置废无常和存续悬殊要求探索其发展程度的高低必须结合各社学存续时间的长短，克服仅仅由数量反映的状况，这一切都对其置废时间提出了很高的要求。为了解决这一问题，不妨采取统一的原则对其不很确切的置废时间进行某些相对模糊的定位，从而在一定程度上获得其存续时间的基本真实。

记载清代河南社学的资料主要是四种：《古今图书集成》、雍正《河南通志》、乾隆《续河南通志》和各地方志。《集成》始编于康熙四十年（1701），康熙四十四年（1705）完稿。雍正《河南通志》始修于雍正六年（1728），雍正九年（1731）完稿。乾隆《续河南通志》始修于乾隆三十一年（1766），乾隆三十二年（1767）完稿。又顺治九年（1652）始诏令天下设社学，所以对于没有记载确切建立年代的社学：①最早见于《集成》者定为顺治九年（1652）与康熙四十年之中间年份——康熙十六年（1677）；②最早见于雍正志者定为康熙四十年与雍正六年之中间年份——康熙五十四年（1715）；③最早见于乾隆志者定为雍正六年与乾隆三十一年之中间年份——乾隆十二年（1747）；④最早见于方志者以其版本年代前溯与顺治元年、顺治九年、康熙四十年、雍正六年、乾隆三十一年任一年代中最近者之中间年代为准，若版本为道光及其以后，则以其与前一方志版本之中间年代为准，若前面没有其他版本，则以该方志版本为准。对于荒废年代：①以最早记载荒废之古籍的始修或版本年代为准，民国时期的方志则定为清末——1911年；②没记载废否，但后一种古籍只记另一社学，以前后古籍的版本年代之中间值为准；③没有其他古籍可断者一律假定为清末——1911年。依据以上原则，清代河南各社学的置废年代可大致划定，见表4-5。

表4-5　清代河南社学置废年代修正数据表

地区		设置数目	设置时间	荒废时间	存续时间	数目*存期	合计
开封府43	开封府	2	乾隆三年（1738）	清末（1911）	173	346	3249
	郑州	1	乾隆三年（1738）	清末（1911）	173	173	
	禹州	1	顺治元年（1644）	光绪二十八年（1902）	258	258	
	仪封厅	1	康熙五十四年（1715）	乾隆十一年（1746）	31	31	
	祥符县	19	顺治九年（1652）	康熙二十九年（1690）	38	722	
		1	康熙五十四年（1715）	嘉庆十八年（1813）	98	98	
	通许县	8	顺治九年（1652）	康熙五十年（1711）	59	472	
	新郑县	1	顺治九年（1652）	康熙三十年（1691）	39	39	

续表

地区		设置数目	设置时间	荒废时间	存续时间	数目*存期	合计
	兰阳县	1	顺治元年（1644）	顺治五年（1648）	4	4	
		3	顺治五年（1648）	康熙三十五年（1696）	48	144	
		4	乾隆元年（1736）	清末（1911）	175	700	
	河阴乡	1	顺治六年（1649）	清末（1911）	262	262	
归德府 68	睢州	32	顺治九年（1652）	康熙四十年（1701）	49	1568	7405
	宁陵县	1	顺治十三年（1656）	清末（1911）	255	255	
		1	康熙十八年（1679）	清末（1911）	232	232	
		11	康熙五十四年（1715）	清末（1911）	196	2156	
	鹿邑县	1	康熙五十四年（1715）	嘉庆十七年（1812）	97	97	
	虞城县	1	康熙十六年（1677）	康熙五十四年（1715）	38	38	
		1	康熙五十四年（1715）	清末（1911）	196	196	
	柘城县	8	康熙十六年（1677）	康熙四十年（1701）	24	192	
		1	康熙五十四年（1715）	嘉庆十七年（1812）	97	97	
	永城县	11	康熙十六年（1677）	清末（1911）	234	2574	
彰德府 19	彰德府	2	康熙二六年（1687）	清末（1911）	224	448	1439
	安阳县	1	康熙二十五年（1686）	清末（1911）	225	225	
	临漳县	1	康熙十六年（1677）	康熙四十年（1701）	24	24	
	林县	1	顺治九年（1652）	雍正元年（1723）	71	71	
		12	顺治九年（1652）	康熙十二年（1673）	21	252	
	武安县	1	康熙五十四年（1715）	清末（1911）	196	196	
	涉县	1	康熙二十七年（1688）	清末（1911）	223	223	
卫辉府 73	汲县	5	康熙二十三年（1684）	清末（1911）	227	1135	14906
	新乡县	2	康熙十六年（1677）	清末（1911）	234	468	
	获嘉县	27	顺治八年（1651）	清末（1911）	260	7020	
	淇县	1	康熙十六年（1677）	清末（1911）	234	234	
	辉县	1	嘉庆二十四年（1819）	清末（1911）	92	92	
		14	道光七年（1827）	清末（1911）	84	1176	
		1	道光十三年（1833）	清末（1911）	78	78	

续表

地区		设置数目	设置时间	荒废时间	存续时间	数目*存期	合计
	浚县	9	康熙五年（1666）	清末（1911）	245	2205	
	封丘县	9	顺治九年（1652）	清末（1911）	259	2331	
怀庆府4	济源县	1	康熙五十四年（1715）	清末（1911）	196	196	784
	孟县	2	康熙五十四年（1715）	清末（1911）	196	392	
	温县	1	康熙五十四年（1715）	清末（1911）	196	196	
陈州府9	淮宁县	1	顺治八年（1651）	乾隆五年（1740）	89	89	1081
		5	道光五年（1825）	清末（1911）	86	430	
	商水县	1	康熙五十四年（1715）	清末（1911）	196	196	
	西华县	1	乾隆六年（1741）	清末（1911）	170	170	
	沈丘县	1	康熙五十四年（1715）	清末（1911）	196	196	
河南府66	洛阳县	14	乾隆二年（1737）	清末（1911）	174	2436	9997
	偃师县	1	康熙十九年（1680）	清末（1911）	231	231	
	永宁县	7	康熙十六年（1677）	清末（1911）	234	1638	
	新安县	1	康熙五十四年（1715）	清末（1911）	196	196	
	渑池县	1	康熙五十四年（1715）	清末（1911）	196	196	
	嵩县	4	康熙元年（1662）	康熙十二年（1673）	11	44	
		2	康熙二十二年（1683）	康熙三十四年（1695）	12	24	
		1	康熙四十五年（1706）	乾隆十年（1745）	39	39	
		33	乾隆三十年（1765）	清末（1911）	146	4818	
		1	乾隆三十年（1765）	光绪三十二年（1906）	141	141	
	巩县	1	康熙十六年（1677）	清末（1911）	234	234	
南阳府26	邓州	1	顺治十六年（1659）	乾隆五年（1740）	81	81	4660
	裕州	1	康熙二十八年（1689）	康熙五十五年（1716）	27	27	
	泌阳县	1	康熙十六年（1677）	清末（1911）	234	234	
	新野县	3	康熙十六年（1677）	康熙四十年（1701）	24	72	
	淅川县	2	康熙十六年（1677）	康熙四十年（1701）	48	48	
	桐柏县	1	康熙十六年（1677）	清末（1911）	234	234	
	内乡县	16	康熙十六年（1677）	清末（1911）	234	3744	

续表

地区		设置数目	设置时间	荒废时间	存续时间	数目*存期	合计
汝宁府 140	南召县	1	康熙三十年（1691）	清末（1911）	220	220	
	信阳州	2	乾隆四年（1739）	清末（1911）	172	344	
	汝阳县	14	顺治十四年（1657）	清末（1911）	254	3556	
		1	康熙二十九年（1679）	清末（1911）	232	232	8723
	新蔡县	1	康熙二十七年（1688）	清末（1911）	223	223	
	遂平县	1	康熙十六年（1677）	康熙四十年（1701）	24	24	
	正阳县	1	康熙十六年（1677）	康熙四十年（1701）	24	24	
	确山县	120	光绪元年（1875）	清末（1911）	36	4320	
许州 81	许州	24	乾隆七年（1742）	乾隆五十二年（1787）	45	840	
		43	道光十一年（1831）	清末（1911）	80	3440	
	临颍县	1	康熙五十四年（1715）	乾隆十二年（1747）	32	32	
		3	乾隆十二年（1747）	乾隆五十八年（1793）	46	138	5848
		4	乾隆十二年（1747）	咸丰九年（1859）	112	448	
	襄城县	3	顺治九年（1652）	清末（1911）	259	777	
		1	嘉庆二十四年（1819）	清末（1911）	92	92	
	郾城县	1	康熙四十八年（1709）	乾隆三十一年（1766）	57	57	
		1	乾隆七年（1742）	乾隆三十一年（1766）	24	24	
陕州 10	灵宝县	6	康熙三十年（1691）	清末（1911）	220	1320	
	阌乡县	1	光绪元年（1875）	光绪九年（1883）	8	8	1744
		1	光绪十七年（1891）	清末（1911）	20	20	
	卢氏县	2	康熙十六年（1677）	光绪元年（1875）	198	396	
光州 11	光州	3	康熙十六年（1677）	康熙四十年（1701）	24	72	
	光山县	1	康熙三十四年（1695）	清末（1911）	216	216	
		1	乾隆四十八年（1783）	清末（1911）	128	128	730
	息县	1	康熙十六年（1677）	嘉庆四年（1799）	122	122	
		4	乾隆四十八年（1783）	嘉庆四年（1799）	16	64	
		1	乾隆四十八年（1783）	清末（1911）	128	128	
	汝州	1	康熙十六年（1677）	清末（1911）	234	234	

续表

地区		设置数目	设置时间	荒废时间	存续时间	数目*存期	合计
汝州 9	宝丰县	2	康熙十年（1671）	乾隆七年（1742）	71	142	1760
	伊阳县	1	康熙十六年（1677）	清末（1911）	234	234	
	郏县	5	康熙二十年（1681）	清末（1911）	230	1150	
合计		559			13171	62315	

说明：本表从准确度来说可能误差较大，好在只需了解社学的设置时段即可分析其时空特征，具体定位的目的只是为了克服由于存续时间悬殊而导致的由数量所反映的发展程度高低的巨大误差，虽然为了克服一种误差而带来了另一种误差，但作为一种尝试，似可存之。

为了更明确地看出清代河南社学设置的时空分布情况，可将此修正表格转换为如下表格（表4-6）：

表4-6 清代河南各府州历朝社学设置一览表　　单位：所

时段	顺治		康熙		雍正		乾隆		嘉庆		道光		咸丰		光绪		合计	
地区	置	废	置	废	置	废	置	废	置	废	置	废	置	废	置	废	置	废
开封府	34	1	2	31			7	1		1						1	43	35
归德府	33		35	41						2							68	43
彰德府	13		6	13		1											19	14
卫辉府	36		17						1		16				3		73	
怀庆府			4														4	
陈州府	1		2				1	1			5						9	1
河南府			18	6			48	1							1		66	8
南阳府	1		25	6			1										26	7
汝宁府	14		4	2			2								120		140	2
许州	3		2				32	30	1		43				4		81	34
陕州			8												2	3	10	3
光州			5	3			6		5								11	8
汝州			9					2									9	2
合计	135	1	137	102	0	1	96	36	2	8	64	0	0	4	125	5	559	157

说明：1. 依据现有资料，同治年间河南社学置废均无，受表格所限，暂予阙如。

2. 光绪朝的革废数仅指在本朝前中期荒废的数目，一些延至清末革废的社学暂不列出。

依据修正数据的变形表格可知，清代河南大约设置的559所社学就分布在不同府州、不同县域的不同时期，在时间和空间上呈现出不同的特征。

就各朝新置社学而言，顺治、康熙、乾隆是非常明显的三个高峰期，这三个时段无论从设置总量还是年均设置数上都领先于其他时期。雍正、咸丰、同治是比较突出的三个低谷期。三朝的设置数均为零。光绪朝虽然设置数目较多，但由于集中于确山一地，只是个别地区的特例，所以并不能作为全省的设置高峰期。这种时间上的趋势应该与清朝中央政府的社学政策和河南地方政府对政策的执行程度以及河南的地方形势密切相关。

根据《钦定大清会典事例》的记载，清朝中央政府对社学的政策集中在前期，主要有三次谕令："顺治九年题准每乡置社学一区……康熙二十五年议准社学近多冒滥，令提学严行查革……雍正元年，谕各直省现任官员，自立生祠书院，令改为义学，延师授徒以广文教，有议准州县设学，多在城市，乡民居住辽远，不能到学，照顺治九年例州县于大乡巨堡各置社学，择生员学优行端者补充社师……"①与此相应，每次谕令之后，河南各地均有所反应。如光绪《祥符县志》卷11《学校志》先交代明末有社学19所，接着在申明顺治九年（1652）和雍正元年的谕令之后便言"国初沿旧相设"②，估计当设于谕令之后。康熙二十五年（1686）饬查社学之后，河南各地或新建或重修社学多所。如康熙二十五年，安阳知县武烈捐修鼓楼后香巷口社学一区。③二十六年，彰德知府董延祚捐修明遗存社学2所。④二十七年，陈州学官苗作梅、邓湛申详立社学于乡贤祠。⑤特别是偃师县社学，康熙十九年知县崔明鹭建设，二十五年知县张胡寀复设⑥，等等。康熙年间设置的137所社学大部分即设于整顿社学的饬令之后。同样，雍正元年令各州县于大乡巨堡置社学一区后，河南各地也应该有所反应，只是由于数据修正的误差我们在表中看不出雍正时期的设置量，但是一些最早见于雍正《河南通志》的社学如柘城县的霸冈集、孟县的沇河镇、商水县的莫家口等很可能即设于此次谕令之后。

河南地方政府对社学发展的主动劝导主要发生在乾隆初年。乾隆二年，巡抚尹会一莅任不久即将泌阳教谕窦克勤的《社学条规》和《社学劝善规过条目》颁行河南各地社

---

① 光绪《钦定大清会典事例》卷396《礼部·学校·各省义学》。
② 光绪《祥符县志》卷11《学校志》。
③④《古今图书集成·职方典》卷402《彰德府学校考》。
⑤ 道光《淮宁县志》卷7《学校志》，淮宁县为雍正二年始置，苗、邓为当时陈州亲辖地之教谕、训导。
⑥《古今图书集成·职方典》卷431《河南府学校考》。

学,四年又檄行各府州县行社会法。①所以乾隆年间又新建了90余所社学,达到了清前期河南社学设置的另一个高潮,且此次设置的社学大多置有学田,并没有像顺治年间设立的社学那样到了康熙年间便大量毁废。以后各地社学的设置便基本上维持在这一规模之上。

嘉庆时期,社会矛盾日趋尖锐,各地民变不断。道光年间虽经巡抚程祖洛倡导整顿,各地社学有一定程度的恢复,但只是表面现象,一些深层次的社会矛盾仍然威胁着各地教育事业的发展。随后咸同时期,中原便爆发了由太平军带动下而兴起的轰轰烈烈的捻军大起义。延续十多年的大起义对各地教育事业产生了毁灭性的打击,社学作为初级学校也不例外。正如同治《叶县志》所言:"先年社学统名书院,各有地百余亩或数十亩,学师自行课种以作馆谷,官不与焉。嗣经历任增设又二十余所,当天下无事时虽穷乡僻壤亦闻诵读声,可不谓一时之盛乎?已而中原兵兴,乡氓流徙,或有学而无师,或有师而无教,此事遂废。"②估计大多数社学即废于这一时期,咸同年间各地社学缺乏记载的事实实际上反证了各地社学的衰败。

各府州社学的设置时段与全省的情况基本一致,除许州外,大部分也集中于顺、康、乾三朝,许州则集中于乾隆和道光时期,且以道光时期为主。乾隆年间新置32所。占其整个清代设置总数81所的39.5%,其中许州驻地设有社学24处,在城1处、在乡23处。属县临颍新置社学7处,在城3处、在乡4处,分别是瓦店集、葛冈、三家店、永清镇。郾城县新置1所在小商桥。需要注意的是长葛县,"乾隆初年教谕胡本立倡立学社六:曰培元、曰敦本、曰崇实、曰迪德、曰值品、曰还淳,择生童学行兼优者分隶之"③,这些学社设于县学内,目的是增强学行兼优者应对科考的能力,类似今天的"重点班",并非初级教育范畴的社学,故名学社而非社学。道光年间新置43所,占总数的53%,全部集中于许州驻地,据道光《许州志》卷2《建置志》载:"社学城内二处,在乡四十一处,俱道光十一年知州萧元吉劝捐新设。"

各县的设置时期则有所不同,多数单一集置,少数分散续置。有58个县区只在一个时期集中设置了社学,占全部有社学分布县区68处的绝对比例,集中的时期或顺治,或康熙,或雍正,乾隆朝设置的则大多前朝已经置有。少数县区则在不同时期陆续有所设置。各县区不同时期的集中设置造成了各府州不同时期的分散设置,各府州不同时期的

---

① 尹会一:《尹少宰奏议》卷3《请设社学疏》,乾隆《新乡县志》卷12《学校志下》。
② 同治《叶县志》卷2《建置上》。
③ 民国《长葛县志》卷2《教育志》。

分散设置又造成了全省不同时期的陆续设置。亦即清代河南社学设置的时间分布特征是：全省和各府分期续置，各县单期集置。

从空间分布上看，包括府级社学和县级社学，除河阴乡外，全省应该有 117 个设置单位，包含 108 块县级政区，但据现有资料统计仅有 70 个单位设有社学，2 个府级，68 个县级。尚有 47 个单位未见设置，一片空白。虽然未设单位未到一半，但已占有相当比例。在 47 个空白单位中，府级 7 个，县级 40 个①，也就是说尚有 40 个县域未被社学覆盖，占全省 108 个县域的 37%强，应该是很大一片面积。在 68 个设置县域中，20 所以上的县域有睢州、获嘉、辉县、嵩县、确山、许州等。10~20 所的县域有祥符、宁陵、林县、洛阳、内乡、汝阳等，其余大部分县域均在 10 所以下。综合起来看，少数县域稠密，多数县域稀少，前期均匀分散，后期失衡集中。前期各单位均有分布，后期则集中于少数县域如辉县、确山和许州等地。各时期新置社学最多的县分别是顺治睢州、康熙内乡、乾隆嵩县、道光许州和光绪确山。

从各府州看，汝宁府、许州和卫辉府是社学设置较多的三个地区，三地合计设置社学 294 所，占总数 559 所的 52.6%，怀庆府、陈州府和汝州是设置较少的三个地区，三地合计设置社学 22 所，占总数 3.9%。不同时期各府州的分布与全省情况一致，前期各府州均有设置，后期相应集中于卫辉府、汝宁府和许州。

从各府州内部社学设置的分布看，除大量未见社学分布的地区外，各府州的不均衡程度均较为突出，有 10 个以上的府州分别都有一个县域集中了一半以上数量，其他数个县域总计尚不足一半。开封府、归德府和卫辉府三地相对均衡，各府最集中县域的设置数占总数的比例在 50%以下，开封府祥符县集中全府的 46.5%，归德府睢州集中全府的 47.0%，卫辉府获嘉县集中全府的 37%。其余各府州除怀庆、陈州、陕、光、汝等地因总数设置较少，不能完全说明问题外，南阳府、河南府、彰德府、许州、汝宁府等地的不均衡程度都比较明显，比如南阳府内乡县集中全府设置数的 61.5%，河南府嵩县集中全府设置数的 62.1%，彰德府林县集中全府设置数的 68.4%，许州驻地集中全州的 82.7%，最严重的是汝宁府确山县竟集中了全府 85.7%的设置量，可见某些地区像许州和汝宁府的集中程度是非常高的。这些集中了所在府州大量社学的县域实际上是该府州社学的分布发展中心。当然各中心形成和存在的时间各不相同。顺治年间的睢州、林县分别成为归德府和彰德府的分布中心，但由于大量社学的先后荒废，它们的中心地位都

---

① 由于各直隶州都有自己独立的驻地，依据第二章政区单位的划分，我们假定设于直隶州驻地者为县级社学。

只延续到康熙年间便不复存在。此后康熙年间的内乡县、乾隆年间的嵩县、许州分别成为所在府州的分布中心，许州到道光年间进一步巩固了自己的中心地位，这几个中心存续的时间稍长，大多延至清末。道光年间的淮宁县和光绪年间的确山县也相应分别成为所在府州的分布中心，它们设置的社学也基本延至清末。一些分布相对均衡的府州实际也有各自的中心，如顺治年间开封府的祥符和卫辉府的获嘉社学的设置数目就均为全府之冠。当然，各府州的中心不一定是这一中心形成时全省的分布中心，如顺治年间先后有祥符、睢州、林县、获嘉四个县确立了自己在所在府州的中心地位，但该年段全省社学设置最多的县域只有一个即睢州。具体差异见表4-7。

表4-7 清代河南各府州社学设置集中程度表

地区	设置总数	分布地区	最集中县域	集中县域设置数	占总数比例%	集中程度序列
开封府	43	9	祥符	20	46.5	12
归德府	68	6	睢州	32	47.0	11
彰德府	19	6	林县	13	68.4	3
卫辉府	73	7	获嘉	27	37	13
怀庆府	4	3	孟县	2	50	10
陈州府	9	4	淮宁	6	66.7	4
河南府	66	7	嵩县	41	62.1	5
南阳府	26	8	内乡	16	61.5	6
汝宁府	140	6	确山	120	85.7	1
许州	81	4	许州	67	82.7	2
陕州	10	3	灵宝	6	60	7
光州	11	3	息县	6	54.5	9
汝州	9	4	郏县	5	55.6	8
合计	559	70	—	361	64.6	—

说明：1. 设置总数含府级社学，分布地区含府州驻地。

2. 集中程度序列按占总数比例大小而定。

以上分析是针对各地区各时期新建社学的数目而言的，并不是一个地区社学的总体设置量，因为一个地区一定时段内社学的保有量即开办总量除了该时段新建的社学外，还应该包括前一时段内设置的社学延续到这一时段的数目，这就需要各社学的置废或重修时间有一个相对精确的年代，但由于许多社学和学田一样，置废无常，人去政亡，废止的时间远没有设置的时间记载明确，往往需要推理判断，且有一些社学的废止时间因不能确定而无法注明，所以表 4-6 中各时段社学的废止数目有一定误差，因此各时期河南社学的总体保有量不能简单地用置废冲减的办法进行累加，除非忽略这种误差，假定它们都延至了下一时段。比如顺治年间全省设置社学 135 所，废止 1 所，如果忽略这种废止数目的误差，就可以说有 134 所延续至康熙年间，加上康熙年间新设置的 137 所，康熙年间共有社学 271 所，减去废止的 102 所，共有 169 所延续到了康熙末年。以此类推，雍正年间有 169+0=169 所，乾隆年间有 169-1+96=264 所，嘉庆年间有 264-36+2=230 所，道光年间有 230-8+64=286 所，咸丰年间有 286-0+0=286 所，光绪年间有 286-4+125=407 所，光绪末年有 407-5=402 所，与总体设置数和废止数的差 559-157=402 相符。各朝段数目如此，整个清代的设置数目却不能依次相加，因为一所社学并不因为其存续了两个朝段就变为两所。同样这一组数字给人一种递增的感觉，实际上嘉庆以后，时势动荡，学风败坏，各地社学早已名存实亡，不能由此得出后期社学反而比前期发达的结论。

当然，各府州社学设置在空间分布上的地域差异，并不代表其社学发展程度的高低，要分析一个地区社学发展程度的高低，除了比较其社学的设置数目外，还必须考虑其生徒规模、学田数量、存续年代以及该地的人口多寡等因素，比如顺治年间睢州共设置了 32 所社学，但到康熙四十年便寂废无闻，宁陵县共设置了 13 所社学却一直延续到清末，很明显宁陵县社学的发展程度要高于睢州。再如开封府先后设置了 43 所社学，陕州先后设置了 10 所社学，比例为 4.3∶1，但开封府的人口却是陕州的六七倍，若按人均考虑，开封府还是落后了。所以如上所述，这种由单一数量带来的误差是非常明显的，为了克服这种误差，在生徒规模和学田数量资料严重缺乏的情况下，不妨对每所社学的置废年代进行修正，并将各地社学的数目与存续时间相乘，然后以其积与相应人口规模的比值作为考查其发展程度的一个重要指标。按照这一指标，如果两地人口数目相等，一地设置了 100 所社学但都只存续了 10 年，与一地设置了 10 所社学但都存续了 100 年，两者的发展程度是一样的。

根据表 4-5 的修正和统计，参照各地嘉庆二十五年的人口数，清代河南各府州社学发展程度的差异对照见表 4-8。

表 4-8 清代河南各府州社学发展程度差异对照表

地区	教育供给总量（年·所）	人口数	每万人的平均教育供给量	序列
开封府	3249	3 427 660	9.48	10
归德府	7405	3 287 886	22.52	6
彰德府	1439	1 367 793	10.52	9
卫辉府	14906	1 519 765	98.08	1
怀庆府	784	1 802 761	4.35	13
陈州府	1081	2 209 535	4.89	12
河南府	9997	1 711 415	58.41	2
南阳府	4660	2 316 877	20.11	8
汝宁府	8723	1 934 957	45.08	3
许州	5848	1 298 515	45.04	4
陕州	1744	537 403	32.45	5
光州	730	1 352 321	5.40	11
汝州	1760	831 197	21.17	7
合计	62315	23 598 085	26.41	—

说明：教育供给总量为社学设置数目与存期的积数和，单位为年·所。

依据各府州每万人的教育供给量与全省平均值的大小关系，可将各数值分为三个档次：< 10、10~26.41、> 26.41。由此可知清代河南各府州社学发展状况的地域差异是：

发达区：卫辉府、河南府、汝宁府、许州、陕州。

一般区：归德府、汝州、南阳府、彰德府。

落后区：开封府、光州、陈州府、怀庆府。

总之，依据一定的原则和相关资料，统计可得清代河南大约设置了559所社学。这些社学分布在不同府州、不同县域的不同时期，在时间和空间上呈现出不同的特征。就时间分布而言，顺治、康熙、乾隆是非常明显的三个高峰期，这三个时段无论从设置总量还是年均设置数上都领先于其他时期。雍正、咸丰、同治是比较突出的三个低谷期，三朝的设置数均为零。各府州社学的设置时段与全省的情况基本一致，除许州外，大部分也集中于顺、康、乾三朝，许州则集中于乾隆和道光时期，且以道光时期为主。各县的设置时期则有所不同，多数单一集置，少数分散续置。这种时间上的趋势应该与清朝中央政府的社学政策和河南地方政府对政策的执行程度以及河南的地方形势密切相关。就空间分布而言，包括府级社学和县级社学，除河阴乡外，全省应该有117个设置单位，这117个设置单位共有108块县级政区，但据现有资料统计仅有70个单位设有社学，2个府级、68个县级。尚有47个单位未见设置。虽然未设单位未到一半，但已占有相当比例。从各府州看，汝宁府、许州和卫辉府是社学设置较多的三个地区，从各府州内部社学设置的分布看，除大量未见社学分布的地区外，各府州的不均衡程度均较为突出。各府州社学设置在空间分布上的地域差异，并不代表其社学发展程度的高低，据各府州每万人的教育供给量与全省平均值的大小关系，可大致划出清代河南社学发展状况的地域差异。卫辉、河南等地是社学发展较为发达的地区，归德、汝州、南阳等地是社学发展相对一般的地区，开封、光州、陈州等地是社学发展较为落后的地区。

（二）义学的时空分布和发展差异

从顺治九年诏建社学、康熙二十五年饬查社学、雍正元年再次诏建社学到乾隆初年行社会法，中央和地方政府对社学的修建不可谓不积极，但由于地方官重视程度的差异和地方财政的脆弱，各地发展不一，差异较大。许多地区大多一哄而起，名不副实。学校旋葺旋颓，社师昏聩无能。士子多集于私塾而社学遂废。如顺治九年以后河南各地奉诏兴建的大量社学，到康熙四十五年成书的《古今图书集成》内《方舆汇编·职方典》各府州学校考中，已有大多地区标明"今废"。雍正和乾隆年间的《河南通志》所载各地社学亦有许多地区标明"今废"或"久废"。而乾隆和嘉庆年间的两部一统志在"各府州学校"条内止载儒学、书院，不言社学、义学，可见在官府所办理的教育体系内，作为初级教育机构的社学并没有真正受到重视。除康熙年间的泌阳县社学、乾隆年间的嵩县社学和道光年间的辉县社学很有特色外，大部分地区乏善可陈。实际承担初级教育重任的是靠民间力量支撑的义学、私塾。

义学是一种官员或士绅个人捐助兴办的免费学校。主要为资助贫寒子弟就读而设，突出特点即为一"义"字，合乎正义，包含公益。义学的最大功能是将初级教育向社会下层延伸，尽量缩小社会各阶层在初级教育机会上的差异，使下层子弟充满进入科举之途的希望，增加他们对现行官僚体系的认同，从而缩小他们对社会秩序抵触和反抗的威胁。对于捐助者而言，捐设义学有利于获取声望、增加社缘，所以义学的设立富者不嫉，贫者欣喜。历任官员和地方士绅多有衷于此举者。

从清廷的两次诏令即可看出义学和社学设立初衷的差异。"康熙五十二年议准各省府州县以多立义学，延请名师，聚集孤寒生童励志读书……雍正元年，谕各直省现任官员，自立生祠书院，令改为义学，延师授徒以广文教，有议准州县设学，多在城市，乡民居住辽远，不能到学，照顺治九年例州县于大乡巨堡各置社学，择生员学优行端者补充社师……"①可见义学是为激励孤寒生童励志读书而设，社学是为补充州县儒学不足而设。清代中央政府对义学的政策亦集中体现在这两次诏令上。河南地方政府对义学问题则较为积极，先后三次发布檄文，颁布规定。早在清廷诏令发布之前，康熙二十七年，巡抚阎兴邦即檄饬全省各地设立义学，以广文教。②雍正年间田文镜抚豫，莅任之初即行文各地饬查书院，以崇义学。重申凡各府州县生祠，查明如实名臣名宦去任之后百姓追思建造者，准其存留，余俱着地方官改为义学，延师授徒以广文教。③道光六年，巡抚程祖洛再次札饬各州县增设义学，广资教育。④据相关资料统计，整个清代河南各地共设立义学928所，具体情况如表4-9：

表4-9 清代河南义学置废情况原始数据表

地区		数目	设置时间	革废时间	资料来源
开封府 96	开封府	1	康熙二十八年（1689）	光绪二十九年（1903）⑤	光绪《祥符县志》卷11《学校志》
	禹州	3	康熙五十五年（1716）	康熙六十一年（1722）⑥	民国《禹县志》卷8《学校志》
		3	康熙五十五年（1716）	康熙五十五年—道光三年⑦	民国《禹县志》卷8《学校志》

① 光绪《钦定大清会典事例》卷396《礼部·学校·各省义学》。
② 《古今图书集成·职方典》卷402《彰德府学校考》，民国《封丘县续志》卷7《教育志》。
③ 田文镜《抚豫宣化录》卷三上《饬查书院以崇义学以广风教事》，民国重修邓县志卷13《教育》。
④ 道光十五年刊本《禹州志》卷12《学校志》云："（道光）六年，前府宪今升藩宪栗札饬增设义学，广资教育"。民国《太康县志》卷4《教育志》载："（道光）七年春奉大宪檄中州州县各立义学。"知府应晚于巡抚，取六年。
⑤ 开封府的1所义学即游梁祠义学，附设于游梁书院内，1903年秋，祥符绅士郑思贺就游梁书院改设省内第一所私立中学——知新中学堂，义学乃废。见开封市博物馆文史资料及《河南教育资料汇编·清代部分》第13页。
⑥ 民国《禹县志》卷8《学校志》载："康熙五十五年知州李朝柱既修白沙、丹山、东峰三书院，复借寺观蠲俸设义学，朝柱去官义学旋废，载在乾隆邵志仅存三处：曰神垕义学，曰涌泉里义学，曰王家村义学。"道光《禹州志》卷4《职官志》记李朝柱康熙六十一年离任。结合上下文推测，康熙五十五年李朝柱可能设置了6所义学。
⑦ 道光《禹州志》卷12《学校志》："义学36处旧志载义学3处社学59处今俱废，道光三年知州朱炜编查义社故址一无存者，乃于四年创建考棚书院之余，遂于十里分设义学10处。"乾隆志所载的三所义学到道光三年已一无所存。

续表

地区		数目	设置时间	革废时间	资料来源
开封府 96	禹州	10	道光四年（1824）	道光十五年（1835）①	民国《禹县志》卷8《学校志》
		22	道光六年（1826）	道光十五年（1835）	民国《禹县志》卷8《学校志》
		2	道光十年（1830）	道光十五年（1835）	民国《禹县志》卷8《学校志》
		2	道光十三年（1833）	道光十五年（1835）	民国《禹县志》卷8《学校志》
		17	光绪三年（1877）	光绪二十八年（1902）②	民国《禹县志》卷8《学校志》
	仪封厅	1	顺治元年—雍正六年③	雍正六年—乾隆二十九年	雍正《河南通志》卷43《学校下》
		2	乾隆年间	咸丰五年（1855）	民国《续仪封县志稿》卷3《建置志》
		1	道咸年间	光绪元年（1875）④	民国《续仪封县志稿》卷3《建置志》
开封府 96	陈留县	1	顺治元年—雍正六年	不详	雍正《河南通志》卷43《学校下》
	通许县	1	顺治元年—雍正六年	雍正六年—乾隆三十九年⑤	雍正《河南通志》卷43《学校下》
		1	乾隆二十一年（1756）	光绪二十九年（1903）⑥	乾隆《通许县志》卷2《建置志》
	尉氏县	1	顺治元年—雍正六年	雍正六年—道光十一年	雍正《河南通志》卷43《学校下》
		1	嘉庆二十四年（1819）	光绪三十年（1904）⑦	道光《尉氏县志》卷5《学校志》
		1	道光十年（1830）	光绪三十年（1904）	道光《尉氏县志》卷5《学校志》
	洧川县	1	顺治元年—雍正六年	不详	雍正《河南通志》卷43《学校下》

① 民国《禹县志》卷8《学校志》在记载道光年间朱炜创建的36所义学后云"故朱炜去义学又废"，该志《职官志》记曰朱炜道光三年莅任，道光十五年离任，故这些义学的荒废年代当在道光十五年之后不久。

② 民国《禹县志》卷8《学校志》："光绪三年岁大饥知州宫国勋捐俸置田690亩有奇，城乡分设义学17处……二十八年曹广权为州悉括其田，归颍滨经舍，义学乃废。"

③ 雍正《河南通志》卷43记曰："义学（仪封县）在西南门外。"此前无材料证实其建于何时，雍正《河南通志》始编于雍正六年，故肯定在顺治元年与雍正六年之间，以下地区有类似情况者均定为此时间段。另该义学的荒废年代系据乾隆二十九年刻本的《仪封县志》缺载而推测所得。

④ 民国《续仪封县志稿》卷3《建置志·学校义学》云："南岸设立西关海潮菴内，县令延师课读；北岸设立小宋集，县令延师课读。书院社学在当日已废，黄河改道后，义学亦废，惟道咸间黄河北岸设有曹考厅，时十堡铁牛寺中设一义学，邑孝廉张友亭先生掌其教者十有余年，当时人文亦盛，及河复北徙，厅官裁而义学亦废。"1855年黄河改道，1875年河复北徙，故将其革废时间定于此时。

⑤ 雍正《河南通志》卷43载："通许县义学在邑城北关"，乾隆三十九年本的《通许县志》卷2《建置志》只记载了乾隆二十一年由进学书院改名的义学一所，故该义学当废于雍正六年至乾隆三十九年之间。

⑥ 民国《通许县新志》卷2《建置志》：光绪二十九年知县张心泰就遗址改设县立初级小学堂。

⑦《河南教育官报》1909年10月己西56期。

续表

地区		数目	设置时间	革废时间	资料来源
开封府 96	鄢陵县	5	康熙五十二年（1713）	康熙五十二年—雍正六年	民国《鄢陵县志》卷9《学校志》
		1	康熙五十二年—雍正六年	雍正六年—道光十三年	雍正《河南通志》卷43《学校下》
		2	嘉庆十八年（1813）①	清末（1908）	民国《鄢陵县志》卷9《学校志》
		3	道光初	清末（1908）	民国《鄢陵县志》卷9《学校志》
		4	光绪年间	清末（1908）	民国《鄢陵县志》卷12《教育志》
	中牟县	1	顺治元年—雍正六年	不详	雍正《河南通志》卷43《学校下》
	杞县	1	顺治元年—雍正六年	不详	雍正《河南通志》卷43《学校下》
	新郑县	2	康熙二十九年（1690）	不详	康熙《新郑县志》卷1《建置志》
	兰阳县	1	乾隆八年（1743）	不详	乾隆《兰阳县续志》卷7《教养志》
	荥阳县	5	光绪年间	光绪三十一年（1905）	民国《续荥阳县志》卷5《学校志》
归德府 31	归德府	1	康熙十三年（1674）	清末（1908）	民国《商丘县志》卷3《学校》
	睢州	1	顺治元年—雍正六年	不详	雍正《河南通志》卷43《学校下》
	商丘县	1	康熙十九年（1680）	清末（1908）	民国《商丘县志》卷3《学校》
	鹿邑县	1	顺治元年—雍正六年	不详	雍正《河南通志》卷43《学校下》
	永城县	1	顺治元年—雍正六年	不详	雍正《河南通志》卷43《学校下》
		8	光绪年间	清末（1908）	光绪《永城县志》卷6《义学》
	虞城县	1	顺治元年—雍正六年	不详	雍正《河南通志》卷43《学校下》
	柘城县	3	顺治元年—雍正六年	乾隆年间	雍正《河南通志》卷43《学校下》
		8	康熙二十七年（1688）②	康熙二十七年—雍正六年	光绪《柘城县志》卷3《学校志》

① 道光《鄢陵县志》卷9《学校志》："崇冈义学在城西北隅乾明寺，云衢义学在城东南隅天宁寺，两义学皆为邑岁贡生爨得桂劝输钱630贯建。"查该志《选举表》知爨得桂为嘉庆十八年岁贡，故暂定两义学建于此年。这两所义学和随后建立的7所义学其革废年代据民国《鄢陵县志》卷12《教育志》载："民国更学制，义学均改为小学堂。"光绪二十八年，清政府颁布改制上谕，至光绪末大部分地区都已完成原有学校的改制，今统一定为光绪三十四年（1908）。以下县域有类似情况者同。
② 光绪《柘城县志》卷3《学校志》："义学凡八，城内一西南关各一胡襄集、仵家集、慈圣集、蠱姑庙、黑里寺各一，知县史鉴建，旧志。"乾隆《柘城县志》卷4《职官志》载史鉴康熙二十七年来任。故暂定康熙二十七年。

续表

地区		数目	设置时间	革废时间	资料来源
归德府 31	柘城县	1	乾隆末年①	清末（1908）	光绪《柘城县志》卷3《学校志》
		1	乾隆年间	光绪二十二年（1896）	光绪《柘城县志》卷3《学校志》
		1	同治九年（1870）	清末（1908）	光绪《柘城县志》卷3《学校志》
		2	光绪八年（1882）	清末（1908）	光绪《柘城县志》卷3《学校志》
		1	光绪十二年（1886）	清末（1908）	光绪《柘城县志》卷3《学校志》
彰德府 41	彰德府	1	康熙二十七年（1688）	乾隆三十一年后	《古今图书集成·职方典》卷402
		1	康熙四十年—雍正六年	雍正六年—乾隆三十一年	雍正《河南通志》卷43《学校下》
	安阳县	2	康熙三十二年（1693）	康熙三十二年—雍正六年	《古今图书集成·职方典》卷402
		5	康熙三十二年（1693）	清末（1908）	民国《安阳县志》卷9《建置志》
		2	不详	清末（1908）	民国《安阳县志》卷9《建置志》
	汤阴县	2	康熙二十七年（1688）	康熙四十一年（1702）	乾隆《汤阴县志》卷2《建置志》
		1	康熙四十一年（1702）	乾隆三年后	乾隆《汤阴县志》卷2《建置志》
	临漳县	2	康熙二十八年（1689）	乾隆三十一年后	《古今图书集成·职方典》卷402
	林县	1	雍正四年（1726）	雍正四年—乾隆十九年	民国《林县志》卷7《教育》
		1	乾隆十九年（1754）	不详	乾隆《续河南通志》卷39《学校志》
	武安县	2	康熙三十年（1691）	乾隆四年后	《古今图书集成·职方典》卷402
		8	雍正八年（1730）	乾隆四年后	乾隆《武安县志》卷7《学校》
	涉县	1	康熙四十五年—雍正六年②	不详	雍正《河南通志》卷43学校下
	内黄县	10	康熙元年（1662）	不详	光绪《内黄县志》卷6《学校》
		1	康熙四十五年—雍正六年	不详	雍正《河南通志》卷43《学校下》
		1	乾隆三年（1738）	不详	光绪《内黄县志》卷6《学校》

①光绪《柘城县志》卷3《学校志》："大仵集义学，乡耆王恕斋创立，置地42亩，为膏火资。岁延老宿为师，使贫子弟肄业其中，恕斋卒，其后人武生王铣、庠生王得祥踵而行之，邑令富成额其门曰有功文教。"富成为嘉庆元年知县，故此义学当建于乾隆末年。

②彰德府各县除涉县和内黄外，《集成》都有对其义学设置情况的记载，唯此两县仅有雍正《河南通志》的记载，说明《集成》成书时两县尚无设置，而雍正《河南通志》载有一所，说明它设于《集成》成书之后，雍正《河南通志》成书之前。

续表

地区		数目	设置时间	革废时间	资料来源
卫辉府 87	卫辉府	5	康熙二十九年（1690）①	不详	《古今图书集成·职方典》卷409
	汲县	1	康熙四十五年—雍正六年	不详	雍正《河南通志》卷43《学校下》
	新乡县	2	康熙二十七年（1688）	康熙三十四年（1695）	乾隆《新乡县志》卷12《学校志下》
		2	康熙三十四年（1695）	清末（1908）	民国《新乡县续志》卷1《学校》
		1	雍正元年（1723）	乾隆十二年（1747）	乾隆《新乡县志》卷12《学校志下》
		3	咸丰七年（1857）	清末（1908）	民国《新乡县续志》卷1《学校》
		11	咸丰九年（1859）	清末（1908）	民国《新乡县续志》卷1《学校》
	获嘉县	3	康熙二十三年（1684）	清末（1908）	乾隆《获嘉县志》卷3《学校》
		2	康熙四十五年—雍正六年	不详	雍正《河南通志》卷43《学校下》
	淇县	1	康熙四十五年—雍正六年	不详	雍正《河南通志》卷43《学校下》
	辉县	2	康熙四十五年—雍正六年	不详	雍正《河南通志》卷43《学校下》
	延津县	1	康熙四十五年—雍正六年	不详	雍正《河南通志》卷43《学校下》
	浚县	1	康熙年间	康熙十八年—雍正六年②	康熙《浚县志》卷2庙学
		3	康熙十八年—雍正六年	嘉庆七年—光绪十二年	雍正《河南通志》卷43《学校下》
		2	康熙十八年—雍正六年	乾隆年间③	雍正《河南通志》卷43《学校下》
		2	乾隆年间	嘉庆七年—光绪七年	嘉庆《浚县志》卷7《学校考》
		2	乾隆二十四年（1759）	嘉庆七年—光绪七年	嘉庆《浚县志》卷7《学校考》
		1	道光十一年（1831）	清末（1908）	光绪《续浚县志》卷4《学校》
		1	光绪七年（1881）	清末（1908）	光绪《续浚县志》卷4《学校》
		2	光绪八年（1882）	清末（1908）	光绪《续浚县志》卷4《学校》

① 《古今图书集成·职方典》卷409《卫辉府学校考》："共五处，一在府城，一在新城里，一在德胜关北，一在德胜关南，一在南关。郡守胡蔚先捐俸延师教授民间子弟。"康熙《卫辉府志》卷9《官师下》载胡蔚先康熙二十九年来任。

② 刘德新修康熙十八年刊本《浚县志》卷2载义学1处在孟家庄，到雍正六年的《河南通志》卷43中已不见。

③ 雍正《河南通志》卷43关于浚县义学记载了5处："一在城内东街，一在宜沟镇，一在新镇，一在屯子镇，一在道口镇"，嘉庆《浚县志》卷7学校考又云"曾志稿一在新镇东大街路北，一在新镇东大街路南，一在道口，一在屯子镇，一在南关"，说明在曾志稿的编修年代浚县又新增2所义学：新镇义学和南关义学。原有的5所义学废掉2所：城内东街义学和宜沟镇义学。那么曾志稿的编修年代究竟为何年？嘉志未言，文献难寻，结合康熙志、雍正通志和嘉庆志的记载，推断曾志稿当编于乾隆年间。

续表

地区		数目	设置时间	革废时间	资料来源
卫辉府 87	浚县	2	光绪九年（1883）	清末（1908）	光绪《续浚县志》卷4《学校》
		3	光绪十一年（1885）	清末（1908）	光绪《续浚县志》卷4《学校》
		1	光绪十二年（1886）	清末（1908）	光绪《续浚县志》卷4《学校》
		1	光绪十三年（1887）	清末（1908）	光绪《续浚县志》卷4《学校》
	滑县	4	顺治三年（1645）	不详	民国《重修滑县志》卷9《教育》
		1	康熙四十五—雍正六年①	不详	雍正《河南通志》卷43《学校下》
		1	道光二十四年（1844）	不详	民国《重修滑县志》卷9《教育》
		15	同治元年（1862）	清末（1908）	民国《重修滑县志》卷9《教育》
	封丘县	1	康熙二十七年（1688）	同治元年（1862）	民国《封丘县续志》卷7《教育志》
		1	道光十三年（1833）	同治元年（1862）	民国《封丘县续志》卷7《教育志》
		5	光绪五年（1879）	光绪三十一年（1905）	民国《封丘县续志》卷7《教育志》
		1	光绪二十二年（1896）	光绪三十一年（1905）	民国《封丘县续志》卷7《教育志》
	考城县	1	康熙二十四年（1685）	不详	民国《考城县志》卷8《学校志》
		1	康熙二十九年（1690）	不详	民国《考城县志》卷8《学校志》
		1	光绪年间	清末（1908）	民国《考城县志》卷8《学校志》
怀庆府 66	怀庆府	1	顺治元年—雍正六年	不详	雍正《河南通志》卷43《学校下》
	河内县	9	顺治元年—雍正六年	不详	雍正《河南通志》卷43《学校下》
	济源县	1	乾隆六年②（1741）	不详	乾隆《济源县志》卷3《建置》
		1	乾隆年间	不详	乾隆《济源县志》卷3《建置》
	修武县	1	乾隆四十五年（1780）	道光年间	民国《修武县志》卷10《教育》
		3	道光十六年（1836）	不详	道光《修武县志》卷5《学校志》
		10	道光十七年（1837）	不详	道光《修武县志》卷5《学校志》
		1	道光年间	不详	道光《修武县志》卷5《学校志》

① 民国《重修滑县志》卷9《教育》云："义学县城四门义塾顺治3年知县郭心印创建。"在雍正《河南通志》卷43中除了四门义学外，又多一陈公祠义学，而该义学《集成》未载，故当建于康熙四十五年之后雍正六年之前。

② 乾隆《济源县志》卷3《建置·学校·义学》载："一在宣化街东，邑令陈恺题联：欲从云路春开径，还是香台夜读书。一在梨林村。"该志卷8《职官志》云陈恺乾隆六年莅任。

续表

地区		数目	设置时间	革废时间	资料来源
怀庆府 66	武陟县	4	顺治元年—雍正六年	道光九年前	雍正《河南通志》卷43《学校下》
		3	道光十六年（1836）	光绪三十一年（1905）	民国《续武陟县志》卷8《建置志》
		5	光绪年间	光绪三十一年（1905）	民国《续武陟县志》卷8《建置志》
		5	光绪年间	光绪三十一年（1905）	民国《续武陟县志》卷8《建置志》
	孟县	1	顺治元年—雍正六年	不详	雍正《河南通志》卷43《学校下》
		1	康熙二十三年（1684）	不详	雍正《河南通志》卷43《学校下》
		1	康熙三十二年（1693）	不详	雍正《河南通志》卷43《学校下》
		11	光绪年间	光绪三十一年（1905）	民国《孟县志》卷5《教育志》
	温县	4	顺治元年—雍正六年	不详	雍正《河南通志》卷43《学校下》
	原武县	1	顺治元年—雍正六年	不详	雍正《河南通志》卷43《学校下》
	阳武县	2	顺治元年—雍正六年	不详	雍正《河南通志》卷43《学校下》
		1	光绪二十七年（1901）	光绪二十八年（1902）	民国《阳武县志》卷2《教育》
陈州府 69	陈州府	2	顺治元年—雍正六年	不详	雍正《河南通志》卷43《学校下》
	淮宁县	1	顺治十年（1653）	康熙20年（1681）	民国《淮阳县志》卷5《民政下》
		1	光绪十年（1884）	宣统元年（1909）	民国《淮阳县志》卷5《民政下》
	商水县	1	雍正八年（1730）	光绪三十年（1904）	民国《商水县志》卷9《学校志》
	西华县	1	顺治元年—雍正六年	不详	雍正《河南通志》卷43《学校下》
		20	道光七年（1827）	光绪十五年（1889）	民国《西华县续志》卷8《教育志》
	项城县	1	康熙二十七年（1688）	不详	宣统《项城县志》卷9《学校志》
	扶沟县	1	康熙二十九年（1690）	乾隆十二年（1747）	光绪《扶沟县志》卷8《学校志》
		18	道光七年（1827）	咸同中	光绪《扶沟县志》卷8《学校志》
	太康县	1	康熙三十年（1691）	不详	民国《太康县志》卷4《教育志》
		4	道光五年（1825）	清末（1908）	民国《太康县志》卷4《教育志》
		17	道光七年（1827）	清末（1908）	民国《太康县志》卷4《教育志》
	沈丘县	1	顺治元年—雍正六年	不详	雍正《河南通志》卷43《学校下》
	河南府	1	康熙二十八年（1689）①	光绪三十一年（1905）	《古今图书集成·职方典》卷431

①《古今图书集成·职方典》卷431《河南府学校考》载："（河南府义学）东义学即瀍东书院，知府孙居湜延师训生徒其中。西义学即狄梁公书院，知府孙居湜延师训生徒其中。"乾隆《洛阳县志》卷5《学

续表

地区		数目	设置时间	革废时间	资料来源
河南府 101	河南府	1	康熙三十七年（1698）	不详	《古今图书集成·职方典》卷431
	洛阳县	1	顺治十一年（1654）①	康熙四十年—雍正六年	《古今图书集成·职方典》卷431
		1	顺治二年（1645）②	不详	雍正《河南通志》卷43《学校下》
	偃师县	1	康熙四十五年—雍正六年	不详	雍正《河南通志》卷43《学校下》
	孟津县	1	康熙二十五年（1686）	康熙四十年—雍正六年	《古今图书集成·职方典》卷431
		2	康熙三十年（1691）	康熙四十年—雍正六年	《古今图书集成·职方典》卷431
		1	康熙四十五年—雍正六年	不详	雍正《河南通志》卷43《学校下》
		8	康熙四十五年—雍正六年	乾隆年间③	雍正《河南通志》卷43《学校下》
	宜阳县	1	康熙十四年④（1675）	乾隆四十八年（1783）⑤	光绪《宜阳县志》卷5《学校》
		2	康熙三十年（1691）	道光八年后	光绪《宜阳县志》卷5《学校》
		3	康熙三十年（1691）	道光八年前	光绪《宜阳县志》卷5《学校》
		5	乾隆八年（1743）	道光八年前	光绪《宜阳县志》卷5《学校》
		1	乾隆四十八年（1783）	道光八年后	光绪《宜阳县志》卷5《学校》
		1	乾隆年间	道光八年后	光绪《宜阳县志》卷5《学校》
		36	道光八年（1828）	约清末（1908）	民国《宜阳县志》卷3《学校》

校》云瀍东书院崇祯中贡士郭永固独力捐修，康熙二十八年知府汪楫重修，康熙三十七年知县钱肇修整为义学。狄梁书院，康熙二十八年知府汪楫建。乾隆《河南府志》卷18《职官志》二记孙居湜康熙三十二年至三十四年在任，时间符合。

① 《古今图书集成·职方典》卷431《河南府学校考》载："（洛阳县义学）在福藩废墓西偏，皇清守道崔源建，康熙二十五年邑令佟学翰重修。"乾隆《河南府志》卷17《职官志一》记崔源顺治十一年至十二年在任。

② 雍正《河南通志》卷43记："洛阳县义学，一在十字街西即天中书院，一在县东关即瀍东书院。"据前述《集成》瀍东书院为郡义学，天中书院为巡道赵文蔚创建，乾隆《河南府志》卷17《职官志》一记赵文蔚顺治二年在任。

③ 施诚纂修乾隆四十四年刊本的《河南府志》卷29《学校志》在记载孟津县义学时云孟津县书院无，义学一处。

④ 《古今图书集成·职方典》卷431《河南府学校考》载："（宜阳县）义学六处，一在城内北街康熙四十年知县黄继祚建立……"光绪《宜阳县志》卷7《职官志》记黄继祚康熙十一年至十四年在任。民国《宜阳县志》卷4《职官表》与此同，乾隆《河南府志》卷29《学校志》记为康熙十四年黄继祚立，故四十当为十四之误。

⑤ 光绪《宜阳县志》卷5《学校·义学》载："城北街义学一处，康熙十四年知县黄继祚立，知县韩庚寅捐俸置地20亩，坐落孙顺里沙坡头村。后此义学废，地入东关义学……东关义学，乾隆四十八年知县刘肇崇就社仓地基加修葺焉。"假定东关义学建立之时并入原城北街义学田亩，则将乾隆四十八年定为城北街义学荒废年代较为合适。

续表

地区		数目	设置时间	革废时间	资料来源
河南府 101	宜阳县	1	道光二十二年（1842）	约清末（1908）	民国《宜阳县志》卷3《学校》
	登封县	1	康熙四十五年—雍正六年	乾隆初	雍正《河南通志》卷43《学校下》
		6	乾隆初①	不详	乾隆《续河南通志》卷39《学校志》
	永宁县	3	康熙四十五年—雍正六年	不详	雍正《河南通志》卷43《学校下》
	新安县	4	顺治十五年（1658）②	顺治十五年—雍正六年	民国《新安县志》卷8《教育》
		1	康熙三十五年（1696）	康熙三十五年—雍正六年	民国《新安县志》卷8《教育》
		1	康熙四十五年—雍正六年	不详	雍正《河南通志》卷43《学校下》
		2	乾隆年间	不详	民国《新安县志》卷8《教育》
		1	乾隆年间	清末（1908）	民国《新安县志》卷8《教育》
		1	不详	清末（1908）	民国《新安县志》卷8《教育》
	渑池县	1	康熙四十五年—雍正六年	雍正六年—乾隆十年	雍正《河南通志》卷43《学校下》
		1	乾隆十年（1745）	不详	民国《渑池县志》卷7《教育志》
		3	道光六年（1826）	清末（1908）	民国《渑池县志》卷7《教育志》
		1	咸丰中	清末（1908）	民国《渑池县志》卷7《教育志》
		1	光绪中	清末（1908）	民国《渑池县志》卷7《教育志》
		4	光绪中	清末（1908）	民国《渑池县志》卷7《教育志》
	嵩县	1	顺治元年（1644）③	清末（1908）	光绪《嵩县志》卷16《学校》
	巩县	1	康熙二十年（1681）④	不详	《古今图书集成·职方典》卷431

---

① 乾隆《续河南通志》卷39载："（登封县）义学一在大金店，邑绅李杰倡捐；一在吕店，义民赵廷璧捐修；一在石道屯，生员洪清一捐建；一在东关，一在西关，知县施奕簪立；一在江左河，居民设立。"乾隆《登封县志》卷14《职官表》载施奕簪雍正十三年至乾隆四年在任。

② 民国《新安县志》卷8《教育》："清顺治间知县佟希圣立有东乡（慈涧）西乡（铁门）南乡（李村）北乡（北冶）四学暨文行忠信社，至康熙间知县张琦立在城义学……"乾隆《新安县志》卷3《职官志》：佟希圣顺治十五年任，张琦康熙三十五年任。

③ 乾隆《嵩县志》卷16《学校》和光绪《嵩县志》卷16《学校》均载："程氏义学，两程祠内博士程宗孟置地六十余亩，为后裔延师读书之资。"据乾隆五十七年四箴堂木刻本《河南程氏正宗谱系》记程宗孟为明嘉靖隆庆间人，程颐二十代孙，袭翰林院五经博士。从两本方志看该义学在清代应该一直存在。

④ 《古今图书集成·职方典》卷431《河南府学校考》载："（巩县）义学在县东街知县蒋征猷立。乾隆《巩县志》卷2《职官志》蒋征猷康熙二十年莅任。

续表

地区		数目	设置时间	革废时间	资料来源
南阳府 124	巩县	1	康熙四十七年（1708）①	不详	民国《巩县志》卷9《民政·学校》
	南阳府	1	顺治元年—雍正六年	不详	雍正《河南通志》卷43《学校下》
	邓州	8	道光二年（1822）	不详	民国《重修邓县志》卷13《教育》
	裕州	1	康熙五十年（1711）	清末（1908）	民国《方城县志》卷5《教育》
		1	康熙五十四年（1715）	清末（1908）	民国《方城县志》卷5《教育》
		4	光绪年间	清末（1908）	民国《方城县志》卷5《教育》
	南阳县	1	同光年间②	光绪三十年（1904）	光绪《南阳县志》卷6《学校》
		8	同光年间	光绪三十年（1904）	光绪《南阳县志》卷6《学校》
		2	光绪初	光绪三十年（1904）	光绪《南阳县志》卷6《学校》
		1	康熙二十九年（1690）	光绪三十年（1904）	光绪《南阳县志》卷6《学校》
		1	咸丰七年（1857）	光绪三十年（1904）	光绪《南阳县志》卷6《学校》
		1	光绪八年（1882）	光绪三十年（1904）	光绪《南阳县志》卷6《学校》
		2	光绪二十三年（1897）	光绪三十年（1904）	光绪《南阳县志》卷6《学校》
	镇平县	2	光绪年间	光绪三十年（1904）	光绪《南阳县志》卷6《学校》
		2	同治四年（1865）	清末（1908）	光绪《镇平县志》卷2《建置》
		6	光绪年间	清末（1908）	光绪《镇平县志》卷2《建置》
	唐县	1	顺治元年—雍正六年	雍正六年—乾隆二十二年	雍正《河南通志》卷43《学校下》
		1	乾隆二十二年（1757）	不详	乾隆《唐县志》卷2《建置志》
	泌阳县	1	嘉庆二十二年（1817）	不详	道光《泌阳县志》卷5《学校志》
		1	道光四年（1824）	不详	道光《泌阳县志》卷5《学校志》
		12	道光八年（1828）	不详	道光《泌阳县志》卷5《学校志》

① 民国《巩县志》卷9《民政·学校》："石窟寺义学，知县多时琦立，久废。现改德华高小学校。"乾隆《巩县志》卷2《职官志》蒋征猷康熙四十七年莅任。

② 光绪《南阳县志》卷6《学校》载："义学旧有二，一在林水（明隆庆六年置）一在博望。国朝设者十余所，总兵杨玉书设者一，知府刘拱宸设者八，任恺、濮文暹设者二；知县张光祖、胡庆骝、陈履忠设者各一，潘守廉增者二，又有元妙观所设者二，惟知府任恺所设在节孝祠者有经费，林水博望颇备学制，今均改蒙养学堂云。"杨玉书、刘拱宸同光年间在任，任恺光绪初在任，濮文暹光绪九年任，张光祖康熙二十九年至三十一年在任、胡庆骝咸丰七年至十年在任，陈履忠光绪八年至十三年在任，潘守廉光绪二十三年至二十六年在任。

续表

地区		数目	设置时间	革废时间	资料来源
南阳府 124	新野县	1	康熙五十年（1711）	雍正九年—乾隆十八年①	乾隆《新野县志》卷2《建置志》
		2	光绪年间	光绪三十四年（1908）	民国《新野县志》卷7《教育志》
	淅川县	1	康熙二十七年（1688）	不详	《古今图书集成·职方典》卷452
		1	康熙四十年—雍正六年	不详	雍正《河南通志》卷43《学校下》
	桐柏县	1	顺治元年—雍正六年	不详	雍正《河南通志》卷43《学校下》
		1	乾隆三年（1738）	不详	乾隆《续河南通志》卷39《学校志》
	内乡县	7	咸丰元年（1851）	不详	同治《内乡通考》卷4《学校考》
		1	同治十年（1871）	不详	民国《内乡县志》卷6《教育》
		4	光绪中	不详	民国《内乡县志》卷6《教育》
	舞阳县	1	康熙二十四年（1685）	不详	《古今图书集成·职方典》卷452
	叶县	5	顺治元年—雍正六年②	同治八年前	雍正《河南通志》卷43《学校下》
		1	康熙五十八年（1719）	同治八年前	同治《叶县志》卷2《建置上》
		2	康熙五十八年（1719）	咸丰三年（1853）	同治《叶县志》卷2《建置上》
		5	康熙五十八年（1719）	同治八年后	同治《叶县志》卷2《建置上》
		1	康熙二十九年（1690）	同治八年后	同治《叶县志》卷2《建置上》
		1	嘉庆二年（1797）	同治八年后	同治《叶县志》卷2《建置上》
		10	道光九年（1829）	同治八年后	同治《叶县志》卷2《建置上》
		1	道光十五年（1835）	同治八年后	同治《叶县志》卷2《建置上》
		1	道光二十八年（1848）	同治八年后	同治《叶县志》卷2《建置上》
		1	咸丰十年（1860）	同治八年后	同治《叶县志》卷2《建置上》
		19	同治八年（1869）	不详	同治《叶县志》卷2《建置上》

① 乾隆《新野县志》卷2《建置志》记载新野县义学："在南关街东，康熙五十年知县武国枢创建，今废。"但雍正《河南通志》卷43《学校下》仍载有："（新野县义学）在城南关外。"乾隆县志完成于乾隆十八年，雍正通志完成于雍正九年，所以该义学当废于此间。
② 《古今图书集成·职方典》卷452《南阳府学校考》载："（叶县）义学 一在城内关帝庙，一在三星阁，一在遵化店，一在城内万安寺，一在城东南坟台店，一在城南旧县，一在城南关帝庙。"同治《叶县志》卷2《建置上》载同治七、八年间知县欧阳霖整顿设立了40所义学，其中涵盖了遵化店和旧县两所。其余5所估计同治八年前早已荒废。

续表

地区		数目	设置时间	革废时间	资料来源
汝宁府 100	汝宁府	1	顺治元年—雍正六年	不详	雍正《河南通志》卷43《学校下》
	信阳州	1	顺治元年—雍正六年	雍正六年—乾隆三十一年	雍正《河南通志》卷43《学校下》
		2	雍正六年—乾隆三十一年	同治十三年前	乾隆《续河南通志》卷39《学校志》
		23	同治十三年（1874）	清末（1908）	民国《重修信阳县志》卷13《教育》
	汝阳县	5	顺治元年—雍正六年	清末（1908）	雍正《河南通志》卷43《学校下》
		2	雍正—光绪年间	清末（1908）	民国《重修汝南县志》卷9《教育上》
		3	光绪年间	清末（1908）	民国《重修汝南县志》卷9《教育上》
	上蔡县	1	顺治元年—雍正六年	不详	雍正《河南通志》卷43《学校下》
	新蔡县	1	顺治元年—雍正六年	不详	雍正《河南通志》卷43《学校下》
	西平县	1	顺治元年（1644）	光绪三十一年（1905）	民国《西平县志》卷12《学校篇》
		1	顺治元年—雍正六年	雍正六年—乾隆三十一年	雍正《河南通志》卷43《学校下》
		1	康熙二十七年（1688）	光绪二十八年（1902）	民国《西平县志》卷12《学校篇》
		1	康熙二十八年（1689）①	不详	民国《西平县志》卷6《古籍篇》
		1	乾隆三十年（1765）	光绪三十一年（1905）	民国《西平县志》卷12《学校篇》
		2	嘉庆年间	光绪三十一年（1905）	民国《西平县志》卷12《学校篇》
		1	道光六年（1826）	光绪三十一年（1905）	民国《西平县志》卷12《学校篇》
		27	道光七年（1827）	光绪三十一年（1905）	民国《西平县志》卷12《学校篇》
		4	道光八年（1828）	光绪三十一年（1905）	民国《西平县志》卷12《学校篇》
		1	道光九年（1829）	光绪三十一年（1905）	民国《西平县志》卷12《学校篇》
		1	道光十年（1830）	光绪三十一年（1905）	民国《西平县志》卷12《学校篇》
	遂平县	1	顺治元年—雍正六年	不详	雍正《河南通志》卷43《学校下》
	确山县	3	康熙三十三年（1694）	乾隆十一年（1746）	民国《确山县志》卷14《教育》
		1	道光七年（1827）	清末（1908）	民国《确山县志》卷14《教育》
		1	道光八年（1828）	清末（1908）	民国《确山县志》卷14《教育》
		1	咸丰七年（1857）	清末（1908）	民国《确山县志》卷14《教育》

① 民国《西平县志》卷6《古籍篇·校序》："文城义学在治北门外沈公祠内，清康熙间知县李弘植建。"康熙《西平县志》卷5《职官志》李弘植康熙二十八年至三十二年在任。

第四章 清代河南学校教育发展的时空差异 | 141

续表

地区		数目	设置时间	革废时间	资料来源
汝宁府 100	确山县	1	同治元年（1862）	清末（1908）	民国《确山县志》卷14《教育》
		1	同治八年（1869）	清末（1908）	民国《确山县志》卷14《教育》
		1	光绪十年（1884）	清末（1908）	民国《确山县志》卷14《教育》
		1	光绪十三年（1887）	清末（1908）	民国《确山县志》卷14《教育》
		1	光绪十九年（1893）	清末（1908）	民国《确山县志》卷14《教育》
		2	光绪二十年（1894）	光绪三十一年（1905）	民国《确山县志》卷14《教育》
		1	光绪三十年（1904）	清末（1908）	民国《确山县志》卷14《教育》
		1	不详	清末（1908）	民国《确山县志》卷14《教育》
	罗山县	1	顺治元年—雍正六年	不详	雍正《河南通志》卷43《学校下》
	正阳县	2	同治四年（1865）	光绪三十三年（1907）	民国《正阳县志》卷3《教育》
		1	光绪二十一年（1895）	清末（1908）	民国《正阳县志》卷3《教育》
许州 77	许州	1	顺治元年—雍正六年	不详	雍正《河南通志》卷43《学校下》
	临颍县	1	顺治元年—雍正六年	不详	雍正《河南通志》卷43《学校下》
	襄城县	2	顺治元年—雍正六年	道光十八年（1838）	雍正《河南通志》卷43《学校下》
		2	顺治元年—雍正六年	清末（1908）	民国《重修襄城县志》卷20《教育》
		3	光绪二十五年（1899）	清末（1908）	民国《重修襄城县志》卷20《教育》
		3	光绪中	清末（1908）	民国《重修襄城县志》卷20《教育》
	郾城县	1	雍正七年（1729）	乾隆年间	民国《郾城县记》卷8《学校篇下》
		9	嘉庆二十四年（1819）	道光十八年（1838）	民国《郾城县记》卷8《学校篇下》
		24	嘉庆二十四年（1819）	清末（1908）	民国《郾城县记》卷8《学校篇下》
		1	同治年间	清末（1908）	民国《郾城县记》卷8《学校篇下》
		1	光绪六年（1880）	清末（1908）	民国《郾城县记》卷8《学校篇下》
		1	光绪二十二年（1896）	清末（1908）	民国《郾城县记》卷8《学校篇下》
	长葛县	3	康熙二十六年（1687）	康熙三十年（1691）	民国《长葛县志》卷4《教育志》
		5	康熙五十三年（1714）	乾隆十二年（1747）	民国《长葛县志》卷4《教育志》
		1	雍正十年（1732）	乾隆十二年（1747）	乾隆《长葛县志》卷2《建置志》
		19	道光年间	清末（1908）	道光《许州志》卷2《建置志》
	陕州	1	康熙十八年（1679）	同治元年（1862）	《古今图书集成·职方典》卷431

续表

地区		数目	设置时间	革废时间	资料来源
陕州 48	陕州	5	不详	同治元年（1862）	民国《陕县志》卷9《教育》
		6	同治六年（1867）	清末（1908）	民国《陕县志》卷9《教育》
		1	同治十一年（1872）	清末（1908）	民国《陕县志》卷9《教育》
	灵宝县	1	雍正九年—乾隆三十一年	光绪二年（1876）前	乾隆《续河南通志》卷39《学校志》
		22	同治年间	清末（1908）	光绪《灵宝县志》卷2《学校志》
	阌乡县	2	雍正八年（1729）	光绪二年（1876）前	乾隆《续河南通志》卷39《学校志》
		5	光绪二年（1876）	清末（1908）	光绪《阌乡县志》卷5《学校》
		1	同治十年（1871）	清末（1908）	民国《新修阌乡县志》卷12《教育》
	卢氏县	4	顺治元年—雍正六年	不详	雍正《河南通志》卷43《学校下》
光州 15	光州	2	同治十一年（1872）	清末（1908）	光绪《光州志》卷1《建置志》
	固始县	1	康熙二十年（1681）	不详	乾隆《重修固始县志》卷6《学校》
		1	康熙二十九年（1690）	不详	乾隆《重修固始县志》卷6《学校》
		1	康熙三十三年（1694）	不详	乾隆《重修固始县志》卷6《学校》
		5	康熙三十四年（1695）	康熙三十四年—乾隆五十一年	《古今图书集成·职方典》卷471
		2	康熙三十四年（1695）	不详	乾隆《重修固始县志》卷6《学校》
		2	康熙三十五年（1696）	不详	乾隆《重修固始县志》卷6《学校》
	息县	1	雍正六年—乾隆三十一年	不详	雍正《河南通志》卷43《学校下》
汝州 77	汝州	1	顺治元年—雍正六年	雍正六年—道光二十年	雍正《河南通志》卷43《学校下》
		8	道光二十年（1840）	不详	道光《汝州全志》卷5《学校志》
	宝丰县	1	康熙四十五年（1706）	乾隆七年（1742）	道光《宝丰县志》卷4《建置志》
		2	道光六年（1826）	不详	道光《宝丰县志》卷4《建置志》
		13	道光十二年（1832）	不详	道光《宝丰县志》卷4《建置志》
		2	道光十五年（1835）	不详	道光《宝丰县志》卷4《建置志》
	伊阳县	1	顺治元年—雍正六年	雍正六年—雍正十三年	雍正《河南通志》卷43《学校下》
		1	雍正十三年（1735）	乾隆间	道光《伊阳县志》卷3《学校》
		28	道光七年（1827）	约清末（1908）	道光《伊阳县志》卷3《学校》
	郏县	2	顺治元年—雍正六年	咸丰前	雍正《河南通志》卷43《学校下》
		1	咸丰六年（1856）	约清末（1908）	民国《郏县志》卷7《学校志》

续表

地区		数目	设置时间	革废时间	资料来源
汝州 77	郏县	2	咸丰九年（1859）	约清末（1908）	民国《郏县志》卷7《学校志》
		13	咸丰年间	约清末（1908）	民国《郏县志》卷7《学校志》
	鲁山县	1	康熙四十八年（1709）	嘉庆后	嘉庆《鲁山县志》卷8《建置志》
		1	乾隆六年（1741）	嘉庆后	嘉庆《鲁山县志》卷8《建置志》
备注		共932所义学　287个时间点　107个设置单位			

说明：1. 本表的行政区划依嘉庆二十五年为准。

2. 义学的设置数目为新置数目，不含重修数目。

3. 判断新旧的标准是地理位置的是否转移和前后联系的是否传承。

4. 建置年代资料记载较详，故后列资料来源主要是就建置年代而言。

5. 革废年代主要依民国时期的方志，对于大多数方志的未言明确时间仅云"今为初（高）级小学校"之载，统一断定为光绪三十四年（1908），因依据《河南教育官报》的统计，清末大多数义学改为初级或高级小学校的时间基本上都在光绪三十年至三十四年之间。

6. 资料缺载的州县和名为书院的义学暂不计入。如邓州韩文公书院。

7. 名为义塾的义学一并计入。计有尉氏县2所，修武县1所，武陟县13所，孟县11所，信阳州23所，郾城县33所，郏县16所。

依据上述统计，清代河南共设置义学约932所，涉及287个时间点，107个设置单位。与社学相比，设置数目更多，设置时间更详，覆盖面积更广。充分体现了义学不同于社学的特点。由于其明显的免费性和慈善性，有利于创办者悦取民望、获取政声，所以民间乐于传扬，史官乐于记载，官绅乐于创办，其资料自然远较社学为详。在107个设置单位中，义学的设置数目多寡不一，时间早晚不同，范围已遍及全省。如果说除去河阴乡全省有117个设置单位的话，107个已占91.5%，几乎没什空白。剩余的10个地区是郑州、祥符、密县、荥泽、汜水、宁陵、夏邑、南召、商城、光山。这几个地区应该也有义学设置，只是现有资料无法验证。在应有的287个设置时间中，有确切年份的178个，设置义学649所；有确切朝段的38个，设置义学160所；有大致时段的67个，设置义学114所；完全不详的4个，设置义学9所。前两项合计设置义学809所，已占全部设置数的绝大部分。且分布比较全面，具有很强的代表性，因此，为了减少误差，我们就依据这809所义学分析清代河南义学的时空分布特征和地域发展差异。依据其设立的年代和所属地域将这809所义学按府州和朝段列表可以更清楚地看出其时空分布的差异和特征（表4-10）。

表 4-10 清代河南各府州历朝义学设置一览表　　单位：所

地区	顺治	康熙	雍正	乾隆	嘉庆	道光	咸丰	同治	光绪	不详	合计	比例%	位次
开封府		14		4	3	41			26	8	96	10.30	4
归德府		10		2				1	11	7	31	3.33	11
彰德府		25	9	2						5	41	4.40	10
卫辉府	4	16	1	4		3	14	15	17	13	87	9.33	5
怀庆府		2		3		17			22	22	66	7.08	8
陈州府	1	3	1			59		1		4	69	7.40	7
河南府	7	14		17		40	1		5	17	101	10.84	2
南阳府		15		2	2	33	9	31	23	9	124	13.30	1
汝宁府	1	5		1	2	36	1	27	10	17	100	10.73	3
许州		8	2		33	19		1	8	6	77	8.26	6
陕州		1	2					30	5	10	48	5.15	9
光州		12					2			1	15	1.61	12
汝州		2	1	1		53	16			4	77	8.26	6
合计	13	127	16	36	40	301	43	105	128	123	932	100	—
比例%	1.39	13.63	1.72	3.86	4.29	32.3	4.61	11.27	13.73	13.20	100	—	—
位次	9	3	8	7	6	1	5	4	2	—	—	—	—

说明：1. 依据现有资料，宣统年间河南无义学设置，受表格所限，暂予阙如。

2. 设置时间仅有大致时段和完全不详的 123 所义学归入不详类。

由于各朝段的时间长短不一，单单依据各府州每一时段的总体设置数目，并不能确定某一朝段设置频率的高低。必须结合各朝段的年均设置数，才能看出这种时间上的差异（表 4-11）。

表 4-11 清代河南历朝义、社学年均设置数

时段	年限	义学设置数	年均设置数	位次	社学设置数	年均设置数	位次
顺治	18	13	0.72	8	135	7.5	1
康熙	61	127	2.08	5	137	2.25	3
雍正	13	16	1.23	7	0	0	7

续表

时段	年限	义学设置数	年均设置数	位次	社学设置数	年均设置数	位次
乾隆	60	36	0.6	9	96	1.6	5
嘉庆	25	40	1.6	6	2	0.08	6
道光	30	301	10.03	1	64	2.13	4
咸丰	11	43	3.91	3	0	0	7
同治	13	105	8.08	2	0	0	7
光绪	34	128	3.76	4	125	3.68	2
总计	265	809	3.05	—	559	2.11	—

由此可知，道光、咸丰、同治是义学设置的三个高峰期，顺治、雍正、乾隆则是明显的三个低谷期。与社学的设置不同，义学的设置在时间上几乎与社学相间而行。社学设置的高峰期顺治和乾隆变为了义学设置的低谷期，社学设置的低谷期同治变为义学设置的高峰期，特别是同治时期，社学的设置为零，但义学的设置总数和设置频率均名列前茅。顺治时期，社学作为国家对基础教育的支持，基本上沿旧相设，清政府急于确立传统教化，恢复意识形态，重建上层建筑，所以对社学在顺治年间的设立多有督饬之举。地方政府为了稳定社会秩序也大多闻风而动。此时作为官方补充的民间办学在初级教育领域便基本没有施展的空间。康熙时期这种状况似乎仍在持续。康熙时期全省设置了127所义学，与此同时却设置了137所社学。雍正年间，随着大多数社学的荒废和国家对初级教育的罔顾，民间办学有所崛起，特别是田文镜督豫，对义学的设置较为重视，曾专门发布饬令要求查改宦祠，改立义学。所以雍正时期很可能创办了大量义学，仅记载在雍正《河南通志》里的100余所义学由于没有明确的设置时间和其他资料佐证，所以归入了不详一类，但估计应该有一批义学建于此时。乾隆初年，尹会一在全省推行社会法，大力整顿社学教育，社学有所振兴，义学又显低落。嘉、道、咸、同时期是清代社会由盛转衰的转折时期，也是东西文明的交替碰撞时期，内忧外患的交织终于使这段持续近80年的时间成了中国历史上让人刻骨铭心的社会巨变期和脱胎换骨的社会阵痛期。各种新旧势力和利益集团相互厮杀，此起彼伏，作为这场风暴的中心之一，河南大地经历了太多的苦难和动荡。社会文化教育事业的摧残和破坏自然是目不忍睹，一队队军帅相驻于学，一座座学校继焚于火，一批批流民相亡于道，一座座村塾不闻书声。纲纪败坏，盗匪横行，社会堕落，人心不古，有识之士，忧心忡忡。待局势稍定，便极力倡复。政府已无力顾及，只有向民间借力，道光六年，巡抚程祖洛檄饬中州各县，设立

义学，广资教育。令下不久，宜阳、禹州设立义学36所，西华设立义学20所，扶沟设立义学18所，太康增立义学17所……民间力量显示了巨大威力，各地劝捐设立的义学大大超过前代。直至咸同时期，在地方官绅的热心倡导下，各地劝捐义学的风潮持续不减，甚至在"剿匪"最为猛烈的咸丰五年至同治四年的10年间，各地依然创建了40余所义学，虽然有许多义学有名无实，但即使虚假的关注也标示着在当时官绅的头脑中依然没忘记这块阵地。嘉、道、咸、同共设置义学489所，占有时段可考总数的60.44%，作为社学和儒学发展的低迷期，却能有如此众多的义学设立，是否昭示了"官强民弱，官弱民强"，官民互补的现象呢？

光绪时期，虽然义学和社学的设置数目差相仿佛，但光绪时的125所社学有120所即集中于确山一地，且其性质似近私塾，据民国《确山县志》卷14《教育》云："社学即今日之私塾改良学校也，其组织之法系由各社人每年冬季春初临时商酌合众公请教师聚徒授课，历年兴废无定，变革靡常，合计全县约有一百二十余处。"而义学的设置却基本上遍布各府，覆盖全省。直至清末大多被革为初级或高级小学堂。

综合清代而言，如果以乾隆六十年作为前后期的分界线，除去设立年代不详者，则清代前期共设置义学192所，后期共设置义学617所，前后期的差距是非常明显的。

结合前述对社学设置时段的考察，可以看出，道光时期是两类学校共有的高峰期。如果根据不同时期两类学校的年均设置位次，假定一定的权重或分值，将清晰地看到这种现象和特点。比如将年均设置数最多的第1名定为9分，第2名8分，第3名7分……以此类推，第9名1分，则不同时期两类学校在年均设置问题上的分值总和分别是：顺治11、康熙12、雍正6、乾隆6、嘉庆8、道光15、咸丰10、同治11、光绪14。呈现明显的波浪形分布，顺康时期开国之初，遍地开花；雍乾时期日久难替，渐见倾圮；嘉道时期老树新芽，徐繁忽茂；咸丰时期突遭打击，跌入冰谷；同光时期昨日黄花，回光返绽。可见在初级教育的发展上，道光、光绪、同治可以说是三个相对明显的高峰时段。雍正、乾隆、咸丰则是三个相对突出的低谷时段。

各府州的义学设置时期虽参差不一、互有差异，但除彰德府和光州集中于康熙时期外，大多集中分布于嘉、道、同中的一至两个时期。与全省的情况相比基本相仿。各府州内部义学设置的时间分布基本上也集中于这三者之中的某一时期，如就20所以上的县域而言：

    禹州59所，道光年间占36所，集中率为61.0%

    宜阳50所，道光年间占37所，集中率为74.0%

    叶县47所，同治年间占19所，集中率为40.4%

西平 41 所，道光年间占 34 所，集中率为 82.9%

郾城 37 所，嘉庆年间占 33 所，集中率为 89.2%

伊阳 29 所，道光年间占 28 所，集中率为 96.6%

长葛 28 所，道光年间占 19 所，集中率为 67.9%

灵宝 23 所，同治年间占 22 所，集中率为 95.7%

太康 22 所，道光年间占 21 所，集中率为 95.5%

西华 21 所，道光年间占 20 所，集中率为 95.2%

信阳 26 所，同治年间占 23 所，集中率为 88.5%

除叶县的集中程度稍低外，大部分义学设置较多的县域嘉、道、同时期的集中程度都非常之高，特别是伊阳县共设置 29 所义学，单道光年间即设置了 28 所，一个时期的集中率竟达到了 96.6%。在这些县域中，禹州、宜阳、叶县、西平、郾城、太康、滑县、伊阳、灵宝也分别是它们所属府州中义学设置最多的县，所以它们中心地位的确立基本上都是在嘉、道、同年间。

从空间分布看，107 个设置单位整体上已覆盖全省所有 13 个府州的 98 个县域，占全省县级政区总数 108 个的 90.7%，暂且未见义学设置的县域如前所述，主要集中在开封府、归德府、南阳府和光州。在义学的设置等级中，府级普遍少于县级，而在县级设置中，20 所以上的县域即如上所述，共有禹州、宜阳、叶县、西平、郾城、太康、滑县、伊阳、灵宝、长葛、信阳州、西华等 12 州县。这 12 州县共设置义学 404 所，即约 13% 的县设置了 44% 的义学。集中的程度也是比较高的。这种集中性与设置的高峰性具有某种程度的一致关系，即全省设置的高峰期一般都是集中于少数县域和府州，反之，低谷期则分散设于多数县域和府州。各府州内部义学的设置也证明了这种现象，前期的几个低谷期设置数量少且分散，后期高峰期设置数量多且集中。

各府州中南阳府最多，光州最少，其余各府州多少不等。南阳府、河南府和汝宁府是义学设置较多的三个地区，三地合计设置义学 325 所，占总数 932 所的 34.87%，光州、归德府、和彰德府是设置较少的三个地区，三地合计设置义学 87 所，占总数的 9.33%。整体上豫东开归陈许四府州共设置义学 273 所，豫南南汝光三府州共设置义学 239 所，豫北彰卫怀三府州共设置义学 194 所，豫西河陕汝三府州共设置义学 226 所。豫东＞豫南＞豫西＞豫北，数目上呈东南西北顺时针顺序递减。豫东和豫北之和为 467 所，豫南和豫北之和为 461 所，两者基本相等。也就是说在西北—东南轴线上两边基本是对称的。但结合各府州的人口，每万人的义学设置数来看，情况又有变化，仍以嘉庆二十五年各地的人口数为例，便可大致看出这种变化（表 4-12）：

表 4-12　清代河南各地人均义学设置表

地区		人口数		义学数		每万人平均义学数	
豫东	开封府	3 427 660	10 223 596	96	273	0.28	0.27
	归德府	3 287 886		31		0.09	
	陈州府	2 209 535		69		0.31	
	许州	1 298 515		77		0.59	
豫北	彰德府	1 367 793	4 691 319	41	194	0.30	0.41
	卫辉府	1 519 765		87		0.57	
	怀庆府	1 802 761		66		0.37	
豫西	河南府	1 711 415	3 080 016	101	226	0.59	0.73
	陕州	537 403		48		0.89	
	汝州	831 197		77		0.93	
豫南	南阳府	2 316 877	5 604 155	124	239	0.54	0.43
	汝宁府	1 934 957		100		0.52	
	光州	1 352 321		15		0.11	
总计		23 598 085		932		0.39	

豫西地区每万人的义学设置数明显高于其他地区，几乎是豫东的 3 倍。豫南、豫北差不多，与全省平均数 0.39 也比较接近。豫西远高于全省平均数，豫东远低于全省平均数，所以在义学分布的人口密度上，豫西＞豫南≈豫北＞豫东。豫西豫南的万人整体平均数要高于豫东豫北。各府州中处于平均线以上的有汝州、陕州、许州、河南府、卫辉府、南阳府、汝宁府等七府州，其余均在平均线以下。依据其具体数据，大致可分为三个层次：0.50 以下、0.50~0.80、0.80 以上。由此可知各府州义学的人口分布密度差异为：

稠密区：汝州、陕州。

一般区：许州、河南府、卫辉府、南阳府、汝宁府。

稀疏区：怀庆府、陈州府、彰德府、开封府、光州、归德府。

从表 4-10 中还可以看出各府州义学占全省总数的比例差异较大，高的如南阳府达

13.3%，低的如光州仅1.61%，但各府州之间义学分布均衡程度的考察，不能简单地以比例的差异断定，也不能以各府州的设置数量与全省平均数的差幅表达，因为各府州之间存在着政区和人口数量的巨大差异。比如开封府有10个县，共设了100所义学，归德府有2个县，共设了20所义学，如果从开封府所占的比例看100/120=83.3%，归德府仅占16.7%，好像非常不均。如果从各府距离平均数的差额看100-（100+20）/2=40，好像差额也比较大，但实际上综合这两府的分布是非常均衡的，即每个县级政区都有10所。所以各府州之间的巨大差异使我们不能仅仅从表面的数量关系简单断定，必须结合其面积、政区、人口等因素做深入分析，才能最大限度地揭示其空间均衡程度的真实状况。对河南这样的平原省份来说，由于县级政区数目的多少在很大程度上可以代表面积的差异，所以此处仅结合政区和人口对清代河南义学设置的均衡程度做一考察。

考察办法是先以各府州的县级政区数或人口数在全省总数中所占的比例乘以全省义学设置总数的值作为各自的理论设置数，然后用实际设置数除以理论设置数，若比值都为1，则表示最均衡；若多数接近1，在0.5—1.5之间，则表示基本均衡；若多数小于0.5或大于1.5，则表示不均衡。其基本前提是如果一个府州的政区或人口数在全省总数占有一定的比例，那么它的义学设置数在全省总数中也应该占有同样的比例。（见表4-13）

表4-13 清代河南义学设置均衡程度表

地区	类目							
	政区均度				人口均度			
	政区总数	理论设置数	实际设置数	实际数/理论数	人口总数	理论设置数	实际设置数	实际数/理论数
开封府	17	144	95	0.66	3 427 660	135	96	0.71
归德府	8	68	30	0.44	3 287 886	129	31	0.24
彰德府	7	59	39	0.66	1 367 793	54	41	0.76
卫辉府	10	84	82	0.98	1 519 765	60	87	1.45
怀庆府	8	68	65	0.96	1 802 761	71	66	0.93
陈州府	7	59	67	1.14	2 209 535	87	69	0.79
河南府	10	84	99	1.18	1 711 415	67	101	1.51
南阳府	13	110	123	1.12	2 316 877	91	124	1.36
汝宁府	9	76	99	1.30	1 934 957	76	100	1.32
许州	5	42	77	1.83	1 298 515	51	77	1.51

续表

地区	类目							
	政区均度				人口均度			
	政区总数	理论设置数	实际设置数	实际数/理论数	人口总数	理论设置数	实际设置数	实际数/理论数
陕州	4	34	48	1.41	537 403	21	48	2.29
光州	5	42	15	0.36	1 352 321	53	15	0.28
汝州	5	42	77	1.83	831 197	33	77	2.33
总计	108	916	916	1.00	23 598 085	932	932	1.00

说明：1. 政区总数为各府州下辖县级政区数，所以实际设置总数去除了各府级义学数。

2. 人口总数仍以嘉庆二十五年（1820）为例。

通过考察可知，在政区均度方面，除归德府、光州、许州、汝州外，各府州的比值都在0.5～1.5之间，比值小于0.5或大于1.5的以上四府州政区总数为23个，仅占全省总数108个的很小比例，所以全省的总体情况是基本均衡。在人口均度方面，有归德、河南、许、陕、光、汝等六府州的比值不在0.5～1.5之间，六府州的人口总数占全省总数的比例为38%，未过半数，所以全省的总体情况也可以说是基本均衡。只不过比政区的均衡度差一些。

各府州内部义学分布的均衡情况能不能采用同样的方法考察呢？答案是否定的。因为：①缺乏口径统一的各府州内部县域的人口资料。②有些府州内部个别县域未见义学设置，实际设置数与理论设置数的比值为零，缺乏比较的实际意义。③就各府内进行政区考察必须获取府内各县域县以下的区划资料，但这方面资料口径也不一致，有的记为保甲，有的记为里甲。所以，对各府州内部义学分布均衡程度的考察不能采用上述方法，只能简单地以该府州内最集中县域的设置数占该府州设置总数的比例加以考察，这个比例越大，说明均衡程度越差。比例越小，均衡越好。见表4-14：

表4-14 清代河南各府州义学设置均衡程度表

地区	政区总数	分布政区	设置总数	最集中县域	集中县域设置数	占总数比例%	均衡程度序列
开封府	17	12	95	禹州	59	62.1	12
归德府	8	6	30	柘城	17	56.7	11
彰德府	7	7	39	内黄	12	30.8	3
卫辉府	10	10	82	浚县	21	25.6	1

续表

地 区	政区总数	分布政区	设置总数	最集中县域	集中县域设置数	占总数比例%	均衡程度序列
怀庆府	8	8	65	武陟	17	26.2	2
陈州府	7	7	67	太康	22	32.8	4
河南府	10	10	99	宜阳	50	50.5	10
南阳府	13	12	123	叶县	47	38.2	6
汝宁府	9	9	99	西平	41	41	7
许州	5	5	77	郾城	37	48.1	9
陕州	4	4	48	灵宝	23	47.9	8
光州	5	3	15	固始	12	80	13
汝州	5	5	77	伊阳	29	37.7	5
总 计	108	98	916	—	387	42.2	—

说明：1. 政区划分以嘉庆二十五年（1820）为准，政区总数为县级政区总数。

2. 因府驻地无自己独立的编里和辖区，故设置总数不含府级义学。

3. 卫辉府浚县滑县设置数目同，今列一处。

4. 占总数比例的42.2%一数为13处最集中县域所设义学总数占全省县级政区所设义学总数的比例。

通过考察可知，光州、开封府、归德府和河南府义学分布的均衡程度是比较差的。光州5个县域，仅有3个有义学设置，单固始一地即设了12所，占总数的80%。开封府17个县域，12个有设置，禹州一地即设了59所，占总数的62.1%。归德府8个县域，6个有设置，柘城一地即设了17所，占总数的56.7%。河南府10个县域，县县有设置，共99所，宜阳一地即设了50所，占总数的50.5%。这四个县域的设置数占各自府州设置总数的比例都在50%以上。豫北三府彰、卫、怀的均衡程度相对较好，卫辉府10个县域均有分布，设置最多的浚、滑二县所占比例均仅在25%稍强，怀庆府、彰德府同样县县都有设置，怀庆府最集中县域武陟县设置义学17所，占该府总数65所的26.2%。彰德府最集中县域内黄县设置义学12所，占该府总数39所的30.8%。其余各府州介乎这六者之间。总体而言，各府州内最集中县域的义学设置数都大大超过该地区县域的平均设置数，实际上形成了三个层次，但与社学的分布相比，除光州、开封府、归德府和河南府外，基本上还是相对均衡的。

均衡程度较好区：卫辉府、怀庆府、彰德府。

均衡程度一般区：陈州府、汝州、南阳府、汝宁府、陕州、许州。

均衡程度较差区：河南府、归德府、开封府、光州。

开封府的最集中县域同时也是整个清代全省最集中县域，虽然不同时期义学设置的集中地与整个清代的情况有所不同，但禹州的中心地位在道光年间便初露端倪：

由此可见，整个清代河南义学设置的集中县域是禹州，这一地位的奠定在道光年间，与时任知府朱炜关系密切，道光时期禹州设立的 36 所义学基本都在朱之任内。集中府州是南阳府，这一地位的奠定在同治年间，与叶县知县欧阳霖在叶县大力整顿义学的功绩密不可分，正是由于叶县在这一时期的大力设置才使南阳府为同期各府之冠。此外，河南府和汝州占据四个时段，从一个侧面证明了豫西地区的义学不仅人均设置数较高，而且设置总数在清代的大部分时段都领先于省内其他府州。

全省义学分布的时空差异即如上所述。下面探讨各府州义学发展程度的差异。

和社学的发展一样，仅靠设置数量是说明不了府州之间发展程度的差异的，必须结合每所义学的存续时间。而要断定存续时间必须有确切的置废年代。但在所有 287 对置废时间中，置废均明确者仅有 99 个，涉及 408 所义学。其余 188 对相对不明的置废时间中，置明废不明者 79 个，涉及 241 所义学；置不明废明者 39 个，涉及 163 所义学；置废均不明者 70 个，涉及 120 所义学；也就是说有 524 所义学存在断定存续时间困难。但不明又分三种情况：有具体朝段、有大致区间、完全不详。在这 524 所义学中，设置时间不详者 9 所，革废时间不详者 206 所。也就是说有大致 215 所义学基本不能断定存续时间。其余 309 所有朝段或区间可考者通过一定的原则大致可以统一划定。

由于这 215 所义学大多仅载于雍正《河南通志》，缺乏其他史籍资以佐证，为了避免误差太大，对其暂且舍弃，而对 309 所有朝段或区间可考者统一以朝段或区间的中间年代为准，便大致可以在一定程度上解决其存续时间的困难，果如此，则各府州的教育供给总量及人均教育供给量通过对表 4-9 的修正便得以体现（表 4-15）。

表 4-15　清代河南各府州的义学教育供给差异对照表

地 区	人口数	教育供给总量（年·所）	每万人的平均教育供给量	序列
开封府	3 427 660	2 559	7.47	10

续表

地区	人口数	教育供给总量（年·所）	每万人的平均教育供给量	序列
归德府	3 287 886	1 350	4.11	12
彰德府	1 367 793	3 728	27.26	6
卫辉府	1 519 765	4 098	26.96	7
怀庆府	1 802 761	1 129	6.26	11
陈州府	2 209 535	3 863	17.48	9
河南府	1 711 415	6 266	36.61	3
南阳府	2 316 877	4 646	20.05	8
汝宁府	1 934 957	6 408	33.12	5
许州	1 298 515	4 827	37.17	2
陕州	537 403	1 941	36.12	4
光州	1 352 321	527	3.90	13
汝州	831 197	3 864	46.49	1
合计	23 598 085	45 206	19.16	

说明：1. 教育供给总量为各府州内所设义学数目与其存续时间的积的总和。

2. 人口仍以嘉庆二十五年（1820）为参照。

3. 序列按每万人的平均教育供给量的大小而定，数值越大，名次越靠前。

同样，依据各府州每万人的教育供给量与全省平均值的大小关系，可将各数值分为三个档次：＜10、10～30、＞30。并由此可得出清代河南各府州义学发展状况的地域差异。

发达区：汝州、许州、河南府、陕州、汝宁府。

一般区：彰德府、卫辉府、南阳府、陈州府。

落后区：开封府、怀庆府、归德府、光州。

在这样的划分中，南阳府和怀庆府的等级可能有些偏低，因为南阳府有60所义学荒废年代不详，怀庆府有36所义学荒废年代不详，分别占各自设置总数的相当比例，大量荒废年代不详义学的舍弃直接影响了该府教育供给总量，进而造成了每万人平均教育供给量的偏低，其他府州中舍弃的年代不详义学数相对较少，在其设置总数中所占比例不大，所以该划分中南阳府和怀庆府的误差可能较其他府州大些。但是误差是无处不在的，资料的翔实、数目的取舍、年代的断定等都会影响其发展的真实状况，在一些无法克服的误差因素面前,采取误差机会均等原则,同样可以最大限度地减小误差,追求彼此间相比较的真实状况。

(三)私塾的类型与发展状况

清代河南的初级学校除社学、义学外,还有私塾。私塾是初级教育的中坚力量。它与义学、社学、书院、儒学一起共同构成了清代河南的学校教育体系。如果说义学是一种官员或士绅个人捐助兴办的免费学校,私塾顾名思义就是具有私人性质的学塾。义学含有集体成分,私塾偏重私人色彩。清末省府调查私塾的状况,依据组织形式的不同,将其分为四类:各种善会课贫寒子弟者、数家延师作东课其子弟者、专东延师课其子弟者、塾师自行设馆收附近子弟课之者。①其中"善会"即各类公私团体和慈善组织,这些组织或为笼络宗族人心,或从慈善主义出发,出资延师设塾以课贫寒子弟,这类私塾一般免收学费,称为义塾。一家或数家富户作东出资,延师设塾,以教授其自家子弟,外人一般不得加入,这类私塾称为专馆,又称家塾。塾师自行设塾招收附近人家子弟就读,称为散馆。义塾、专馆、散馆是清代河南私塾的三种主要形式。如果按教学程度划分,又可分为蒙馆和经馆两种。蒙馆学生年龄多10岁上下,教授内容主要是一些简单的基础知识和浅显的处世礼仪。经馆学生年龄多在成童以上,教授内容为儒家经典、理学著作、古文时文和制策试艺,主要为科举做准备。理论上讲,每一种形式的私塾都应该有蒙、经两个层次,或蒙或经或蒙经均具,但受经费和创办目的所限,大多数义塾一般只有"蒙"这一层次。专馆则多为蒙、经合一,这类私塾延请的塾师一般对程朱理学相当精通,来到东家后,先教东家子弟初级知识,接着讲四书五经、时务策论,学生不多,学制较长。由于这类私塾科举应试的目的非常突出,所以又被称为"经馆"。散馆有以经馆性质为主者,有以蒙馆性质为主者,也有蒙经合一者。以经馆为主者又称为伙食学或厨学,以蒙馆为主者又称为蒙馆或蒙学。除以上三种形式之外,还有一类纯粹蒙学性质的私塾,即"农商工役之属因子弟幼弱而未可听其嬉戏,乃互相联合,公请教师以看管之,俗亦称散学"。又称为蒙馆。它与散馆的主要区别是教师自行设馆还是应请设馆。当然,由于散学和散馆中的蒙馆区别不大,所以有时二者又可混称。

义塾、专馆、散馆、散学构成了清代河南私塾丰富的组成体系。这一体系的发展是在清代长期的历史过程中形成的。清前期的志书记有义学,未称私塾。当时的私塾主要是专馆、散馆和散学等几种形式,清后期义学逐渐称为义塾,归为私塾的一种。实际是

---

① 《抚院酌拟私塾改良章程,请咨部立案文》,《河南教育官报》第46期,1909年5月。

把私塾的含义广义化了。所以私塾的含义有广义与狭义之分，广义的私塾包括义学，狭义的则不包括。这两种观念在志书中都有反映。如民国《林县志》将私塾分为伙房学、蒙馆、家塾，①民国《封丘县志》仅将私塾分为伙食学、散学、专馆三种，②民国《河南新志》却明确将私塾分为义塾、专馆、散馆三种。③这三种分类标准不一，名称各异，民国《林县志》中的伙房学同于民国《封丘县志》中的伙食学，相当于民国《河南新志》中的散馆，其次蒙馆同于散学，家塾同于专馆。三种分类都未能概括清代河南私塾的全部。

各类私塾在省内的分布情况是：义塾和散馆相对较少，专馆和散学（蒙馆）最为常见，义塾载于方志者仅有近百所，分别是尉氏县2所，修武县1所，武陟县13所，孟县11所，信阳州23所，郾城县33所，郏县16所。在上文义学的统计中已一并计入。散馆虽名为"凡学行优美，无意仕进之儒，而乐于诱掖后学者，则青年负笈景从，以问德业"④，实际上多是屡试不第的落魄秀才为养家糊口而不得不设帐授徒。稍有一定学问的人都被专馆请去，比如清代后期比较有名望的塾师孟广瀛、孟广沣、李锡彤、詹生堡等都是专馆塾师。蒙馆则对塾师没有多大要求，看好孩子而已。所以民国《封丘县志》卷7《教育》云专馆"此等私塾清季颇盛"。民国《林县志》卷7《教育》云蒙馆"蒙馆无村无之，其学生多10岁上下"。总计全省各类私塾约32000余所，平均每个县域近300所，以嘉庆年间的人口总数计，大约每730人1所私塾，这样的人口覆盖面以当时的人口增长率计，基本上可以维持每所私塾每年10～20个的生源选择范围，可以说是实实在在的遍布城乡，无村无之。

私塾的广泛分布已使其空间差异的比较无足轻重，而不同类型私塾的时空分布则因资料记载的缺乏失去探讨前提，至于各地区私塾发展程度的差异，只能依据文献的记载获得一些相对感性的认识。比如归德府的私塾教育就比较发达。光绪年间，商丘进士刘履泰（咸丰六年丙辰科）和他的胞弟刘履安（同治七年戊辰科）因不满清廷腐败，相继辞官归里，热心设塾授徒，亲自讲学多年，四方负笈影从，一时成就甚众。刘家遂成为商丘的文化教育中心。而他们的学生孟广瀚、孟广函、李锡彤、孟广瀛等中举后亦同样不屑仕进，以塾师为业，孟氏兄弟在及其胞叔孟纪维、朋辈孟广治、孟广沣、孟昭榘等

---

① 民国《林县志》卷7《教育》。
② 民国《封丘县志》卷7《教育志》。
③ 民国《河南新志》卷7《教育》。
④ 民国《封丘县志》卷7《教育志》。

都先后成为归德府较有名望的塾师。其中举人李锡彤先在府城穆杏樵、翼焕舞的专馆教书多年，闻名遐迩，后被柘城牛家重金聘请，牛家不仅供应膳食，还准其带一差役，李锡彤年银200两，差役年银48两。均由牛家悉数付给。此外，举人吴广祺、宋慎舆、王少楫，拔贡马堂堂、汤原鉴、贡生宋恪彩、姚行尧等，都先后在府内各地私塾任教并相继成为较有名望的塾师。①正是在一大批塾师的带动下，商丘成长为归德府的私塾教育中心，归德府也相应成为省内私塾教育较为发达的地区。

1908年针对新学制的颁布和有识之士的呼吁，清廷"京师劝学所"颁发了《私塾改良办法》，次年2月，河南省抚院据此拟定了河南的私塾改良章程，意欲对全省私塾进行调查改良，但由于财力所限和社会需要，仍不得不对私塾有所曲全。宣统二年十月十五日，河南省咨议局称："查本局会议抚部院交议各案内，有私塾改良咨询一件。据公同讨论称：查原案内开，穷乡僻壤，势无财力能遍设学堂，全赖多设私塾，以启牖知识，实为扼要之谈。又言须听其家自为教，款项不准勒捐，学生不必如额，教员由其自延，修金由其自定，惟课程课本均应遵照部章办理，不得自为……"②所以直至清亡，全省改良的私塾仅约占总数的10%左右，正如《河南新志》所说："科举时代儒学、书院外，普通之教育机关惟私塾耳，有已入学为生员而仍从塾师习举业者。科举既废，而私塾以社会需要迄今仍存。大率私塾有专馆、散馆、义塾三种。……清光绪、宣统间，各地方义塾多改为学校，散馆参授科学而称改良私塾者亦不少。惟专馆功课科目悉以出资人目的酌定，行政机关未遑干涉也。"③即使如此，在私塾减少而新学未普及的情况下，反而出现了教育受众收缩的局面。比如民国《林县志》卷7《教育》记载"当时县试文童多至1000余人，蒙学亦复林立，逮至今日，日言普及教育而学校既少私塾亦稀，入学校者非有力之家不可，求学乃愈难亦"，私塾减少以后教育普及率急剧下降，这种状况一直贯穿整个民国，对民国时期甚至20世纪的中国社会都产生了深远影响。

总之，私塾是清代河南城乡教育的主要场所，在清代河南的教育体系中占有重要地位，它使国家在有限的财力下，借助民间的力量实现了初级教育的最大普及，满足了城乡广大群众的教育需要，具有其他学校类型所不具备的恒久的生命力，贯穿着清朝历史的始终。

---

① 申志诚等编：《河南近现代教育史稿》，郑州：河南大学出版社，1990年，第20页。
②《通行各属遵照院札私塾改良议案文》，《河南教育官报》1910年10月第82期。
③ 民国《河南新志》卷7《教育》。

三、书院

书院是中国古代教育史上一种独特的教育机构，也是清代河南教育的重要场所，它既不同于儒学，也不同于义学、社学，它的出现在一定程度上弥补了二者的不足。与儒学相比，除教育对象年龄层次的相似性外，书院在生源身份上具有更加复杂的多样性、组织形式上具有更加明显的灵活性、教学内容上具有更加丰富的层次性、发展程度上具有更加突出的地域性。首先，儒学学生和书院学生的年龄层次基本都在15～30岁，但儒学学生的身份是单一的生员，而书院学生的身份则比较复杂，除一般生员外，还有童生、举人、贡生、监生等。其次，儒学由国家设立，是官办性质的管理与教学合一的机构，其教职人员的配备、薪资和任期有严格规定，书院则要灵活得多，其组织形式不但有官办民助、官倡民捐，而且有民办官助、官民合办等多种形式，其教职人员的配备、薪资和任期等都可依才情而定，没有统一的标准。再次，由于书院学生的成分比较复杂，程度高低不等，相应地其教学内容自然也次第有差。最后，由于儒学典型的官学性，有一整套统一的标准，比如各府、州、县一个行政单位只设一所儒学，各地基本均按这一标准执行，所以在各地儒学的发展程度上，其地域性明显没有书院突出。而书院由于办学形式灵活多样，不受诸多制度约束，完全依各地区官、绅、民对书院的倡办热情和重视程度及各地的社会条件而定，所以在其发展过程中，各地区表现出了明显的地域差异，这正是形成各地教育发展程度差异的基础，而书院的教职学问相对笃厚、教学内容切合实际、教学方法丰富多变等特征更是与儒学的教职无以教士、内容枯燥乏味、方法以考代教等缺点形成了鲜明对比，对广大士子产生了明显的吸引力，使其成为清代河南中、高年龄段士子接受教育的主要场所，因此可以说书院的发展程度基本代表了各地教育的发展程度。

与义学、社学相比，除组织形式的灵活性和发展程度的地域性外，书院具有教育对象的高龄性、教育内容的高等性和生员身份的复杂性。其一，由于义学、社学的初级教育性质，其学生大多年龄较低。按照雍正元年（1723）的谕令，清代社学学生的年龄为"年十二以上二十以内"，明代更规定社学学生的年龄在8岁以上、15岁以下，与书院大多数学生的15～30岁相比明显较低。清代义学、私塾较为普及，8～12岁的适龄少年便基本归入义学、私塾。所以义学、社学学生的年龄段大多在8～20岁，与书院学生相比具有明显的低龄性。其二，义学和社学的教育目的是使学生知晓人生礼仪和基本经义，具有启蒙性质，其教学内容相对较浅；而大多数书院则是为科举服务，以使生徒考取功名为旨，其对经义的讲解和分析自然要高于义学、社学。其三，书院生徒的身份比较复杂，而义学社学基本是单一的没有什么功名的刚刚进入"读书人"队伍的尚未完全成人的童生。

书院不同于儒学、义学、社学的特点，使其成为官学教育的有力补充。所谓"各省书院之设，辅学校所不及，初于省会设之，世祖颁给帑金，风励天下。厥后府州县次第建立，延聘经明行修之士为之长，秀异多出其中……儒学浸衰，教官不举其职，所赖以造士者独在书院，其裨益育才，非浅鲜也"①，正是对书院作用的中肯评价。

清代河南书院的发展，从顺治二年（1645）分巡河南道赵文蔚创建洛阳天中书院，到宣统三年（1911）郑州知名人士张梧阁将当地汴溪书院更名为汴溪小学，时间跨度达267年，基本上贯穿了清代历史的全过程。比清朝中央政府顺治九年（1652）"不许别创书院"的禁令提前，比光绪二十八年（1902）着令各书院改为学堂的谕令滞后。在这一长期的历史进程中，伴随着中央和地方书院政策的倡禁起伏，各地先后建立了数以百计、特色各异的书院，为探讨和分析各地书院发展的时空差异奠定了基础。

（一）清代河南书院数量的统计

要精确分析清代河南书院发展的时空差异，首先必须对各地书院的设置及存废有一个相对准确的统计。统计是分析的基础，没有准确的统计便没有正确的分析。清代河南书院发展的特征其一是官学化程度突出，其二便是数量上远远超出前代，对此学界已基本取得共识，但具体超出到何种程度，却没有一个相对明确的数字。以前学者已对此做过不少工作，但由于依据的政区范围、搜集的史料多寡和采用的取舍标准不同，统计结果差异较大。如顾明远统计为116所②，白新良统计为211所③，李国钧统计为276所④，高低相差一倍有余。全省书院总数不一，一定时期内某一地区在全省书院发展中的比重和地位便很难确定，进而各地书院发展的时空差异便无从谈起。

为此，本书对这三个问题进行了重新梳理和厘定。

首先，政区问题。如果研究"河南清代"或"河南历代"的书院，为便于比较。当然依当前的区划为好。如果研究"清代河南"的书院，还是依清代的区划为好，但清代河南的行政建置也在不断变化，虽然总体范围除东北地区外变化不大，但内部府州县之间的调整却时有进行。为此，本书采用在清代持续时间最长、相对而言最为稳定的一种

---

① 《清史稿》卷106《选举志·学校》。
② 顾明远主编：《教育大辞典》，上海：上海教育出版社，1991年，第444—449页。
③ 白新良著：《中国古代书院发展史》，天津：天津大学出版社，1995年，第107页。
④ 李国钧主编：《中国书院史》，长沙：湖南教育出版社，1998年，第1130—1138页。

区划，即从乾隆二十九年（1764）到咸丰十年（1860）的建置，一般而言与史学界常用的嘉庆二十四年（1819）的行政区划基本相同。对于该区划以外的书院，如开州明道书院、长垣寡过书院、清丰广阳书院、南乐繁阳书院等，均不予著录。对于在该区划以内而有所撤并县域下的书院，则依其变动情况重新系定。如河阴县文明书院，因该县乾隆二十九年并入荥泽县，该书院自然系于荥泽县下。而对于在该区划以内当时没有变动而以后有所调整的县域下的书院则依然维持原貌。如浚县黎南书院"在道口镇三官庙街路北，光绪八年知县黄璟创建"①。道口镇今属滑县，清时属浚县，黎南书院依然系于浚县条下不变。

其次，史料问题。前人的统计工作多建立在对古籍中学校教育内容的搜集整理之上，而实际上有关书院的内容在其他条目上也有体现，像方志中的人物志和艺文志。比如安阳县西山书院，为该县著名邑绅、清末两广总督马丕瑶之子马吉森建，但该书院名称并未出现在有关安阳县志的教育或学校志中，而是出现在民国《续安阳县志》卷16的人物志中。所以对史料问题，一是强调搜集，尽量涵盖史料种类；二是强调利用，充分挖掘史料内容。

再次，标准问题。标准问题是一个最为复杂的问题，因为河南地域广阔，清代历时较长，各地书院在长期的历史发展中废修、易名、移建等情况比较常见。一所书院在清代时段内往往有多个名称，而一个名称在不同地区内又往往有多所书院。如果按一个名称一所书院来统计，则一些本来是同一所，只是在某次重修后改了个名字的书院，便会被统计为两所或多所，而另一些本来是不同地区的书院便有可能被统计为一所，如此便明显与史实不符。比如淮宁县弦歌书院明时名知德书院，康熙二十九年知州王清彦重修后改为思鲁书院，乾隆五年知府金山又改为弦歌书院。②再如太康县兴贤书院明时名连城书院"康熙三十年间知县朴怀宝改建于文庙东，曰兴贤书院，后废。乾隆九年知县宋士壮改建于西门内，曰二贤书院，中废。乾隆二十五知县武昌国率绅士修建，仍名兴贤书院"③。从连城到兴贤，从兴贤到二贤，从二贤再到兴贤，名称几度更迭。如果仅按名称统计，这两所书院就都会出现重复统计，实际上前人的统计中已犯有此类错误。但如果原有书院移地易名改建，而原有书院并未完全毁废，再统计为一所则似乎又有些不妥。如通许县咸平书院，"在县治东，本裁丞废署，乾隆二十一年知县武昌国（乾隆《续

---

① 光绪《续浚县志》卷4《建置·书院》。
② 道光《淮宁县志》卷7《学校志》，《钦定大清一统志》卷191《陈州府学校条》。
③ 民国《太康县志》卷4《教育志》。

河南通志》卷 39 言吴昌国）建为书院。按通邑旧有育英书院建于凤形冈西，既废。万历二十五年知县潘文改为咸平书院，毁于明季。国朝康熙三十四年知县陈治策以明邑令余尚春废祠建为进学书院，仍祀余令。雍正二年知县王应佩重修，乾隆二十一年（1756）知县武昌国另建书院，遂改为义学"①。依据这一记载，通许县原有育英书院在凤形冈西，万历间由知县潘文改为咸平书院，明末毁。康熙三十四年（1695）知县陈治策在明邑令余尚春废祠建进学书院，乾隆二十一年知县武昌国又在县治东裁丞废署另建咸平书院，原进学书院改为义学。显然，乾隆咸平书院恢复了明时咸平书院的名称，我们可以说乾隆咸平书院延续了通许县的书院教学，而不可说它延续了进学书院的发展，所以咸平书院和进学书院虽然有关联，但因为没有发展上的传承关系，似以统计为两所为宜。同理，中牟县清代先后建有 3 所书院：广学、育才、景恭。每一所书院都是在前朝书院荒废的前提下新建的。康熙十四年知县韩荩光建广学书院，五十四年知县桂芳以广学书院毁弃另建育才书院，道光七年知县董敏以育才书院废弃又建景恭书院②。似乎也以统计为 3 所为宜。再如开封府大梁书院，本明丽泽书院，原在省城南薰门内蔡河北岸，明末没于水。康熙二十年（1681）巡抚佟凤彩于城内西北隅天波府旧址重建，二十八年（1689）巡抚阎兴邦重修。但康熙二十六年（1687）在其原址上分守道张思明又建二程书院③，光绪二十二年（1896）改名明道书院④。二程书院当为一新建书院，因其建时大梁书院仍然存在，只是位置有变，但明道书院则是承袭二程书院而来，故二程、明道著录为一所书院，大梁书院著录为另一所书院。总之，书院的易名改建情况较为复杂，有的名易地移，有的名易地不移，有的地移名不易。后两种情况均可视为一所，唯独前一种情况不可轻易断定，必须依据其前后发展的传承关系而定。本书对每所书院在本朝时段内的改建、重修、更名等情况不再额外著录，只予以注明。

最后，对于少量名为书院实为义学的书院也一并计入。如浚县韫山书院"在城内浮邱山，道光十一年知县朱凤森改尼寺为义学，绅士勒碑记其事。光绪十年知县黄璟重修"⑤。该书院很可能在光绪十年的重修中改为了真正的书院，但由于没有明文记载，仍以道光十一年为其建立年代。还有禹州蓝阳书院"道光三年知州许鸿磐改建"，方山书院"道光四年生员彭锡三等创立"⑥，这几所书院都是名为书院，实为义学。而对于由

---

① 乾隆《通许县旧志》卷 2《建置志・学校》。
② 同治《中牟县志》卷 2《建置志・书院》。
③ 雍正《河南通志》卷 43《学校下》。
④ 赵所生、薛正兴主编：《中国历代书院志》（第六册），南京：江苏教育出版社，1995。
⑤ 光绪《浚县志》卷 4《建置・书院》。
⑥ 民国《禹县志》卷 8《学校志》。

义学改建而来的书院，如果有详细的改建时间，则以该时间为其建立年代。如浚县希贤书院"县城东门内，初为义学，康熙五十一年知县梁通洛建，乾隆三十二年知县赵而谦增修两厢斋房，改为希贤书院"①。

依据上述原则，在参考前人统计成果的基础上，本文对清代河南的书院设置情况进行了详细统计。结果如下（表4-16）：

表4-16 清代河南书院设置一览表

地区		书院名称	建修年代	革废年代	存续时间	建筑间数	教职数	院生数	年支经费额数
开封府 60	祥符县	游梁书院	1655	1903	248		4	100	
		大梁书院	1673	1902	229	200余	12	200	28400两
		二程（明道）书院	1687	1904	165②	200余	8	200	20470两
		彝山书院	1828	1904	76		9	70	7000两
		信陵书院	1887	1903	16		17	200	9170两
		瓣香书院	1888	1903	15				
		培文书院	1901	1911	10		3	50	外国教会支付
	郑州	天中书院	1745	不详③		29			
		东里书院	1754	1906	152	36	7	70	4800余千文
		汴溪书院	1897	1911	14	7	1	20	

---

① 嘉庆《浚县志》卷7《学校考·书院》。
② 二程书院康熙二十六年分守道张思明建，道光二十二年毁于水，光绪二十年学政邵松年重建，改名明道书院（雍正《河南通志》卷43、河南省图书馆藏《明道书院志》）。
③ 乾隆《郑州志》卷3《建置志·书院》条云："中天书院，在南城下，明崇祯间知州鲁世任建，正堂七楹，拜厦五楹，内塑先师像，殿宇历久，半皆倾圮。乾隆十年春月知州张钺重修。后庭三楹，内塑鲁公像，今为儒学借居其内。寝房一间，今废待修，厨房一间，东西斋房各三楹，大门三楹，二门一间，左右角门各一间……"而民国《郑县志》卷3《建置志》云："天中书院，在南城下，明崇祯间知州鲁世任建，乾隆十年知州张钺重修，嗣因门墙倒塌，屋宇倾颓，所遗后庭三间改为鲁公祠，儒学寄居其内……"乾隆志的"中天书院"可能是天中书院之误，也可能二者通用，名称上问题不大，应该是同一所书院。问题是二志均言后庭三间为鲁公祠，儒学借居其内，但民国志所言似乎是门墙倒塌屋宇倾颓之后，儒学才寄居于所遗后庭内的。而乾隆志言及儒学寄居时并未指明其他房屋是否倒塌，乾隆十年知州张钺重修，乾隆十三年成书的州志即言儒学已借居其内，可见儒学借居时其他主要建筑应该没有倒塌，民国《郑县志》的用语略有瑕疵。

续表

地区		书院名称	建修年代	革废年代	存续时间	建筑间数	教职数	院生数	年支经费额数
开封府60	禹州	丹山书院	1690	1902	199①	70	7	64	1500两
		甘棠书院	1690	1765②	约75				
		白沙书院	1716	1824③	108				
		东峰书院	1716	1824	108				
		颍川书院	1725	1797	72				
		养蒙书院	1726	1824④	98				
		育贤书院	1740	1824	84				
		望峰书院	1741	1822	81				
		环颍书院	1771	1875	104				
		颍南书院	1787	1824	37				
		蓝阳书院	1823	清末	约85				
		方山书院	1824	清末	约84				
		颍滨经舍	1902	1905	3	77	5	50	1540千文

① 据民国《禹县志》卷8《学校志》的记载推知，自咸丰三年至同治五年，有13年丹山书院弦诵废辍。下述数字不一致者情况与此类似，均为中间有相对确切的荒废档期。

② 甘棠书院，康熙二十九年知州刘国儒修葺，后废。《集成》和雍正《河南通志》均有记载，乾隆《续河南通志》已不见载。推测甘棠书院当废于乾隆三十年——乾隆《续河南通志》成书之前。

③ 道光《禹州志》卷12《学校志》载："按旧志丹山书院外又载有九处，曰东峰、曰凤台、曰颍滨、曰儒林、曰輖山、曰甘棠、曰颍川、曰育贤、曰白沙，考其遗址率皆颓废，今之存者唯东峰在镇峰里三甲，颍滨改称颍南在颍川里四甲，育贤在礼临里十甲，白沙在钧阳里八甲。道光四年，知州朱炜重加修葺改为义学，其余五处询之故老，其地其名并不复识矣。"考诸该志和民国《禹县志》，凤台书院即丹山书院前身，康熙二十九年知州刘国儒建，康熙五十五年知州李朝柱改建并易名凤山。儒林、輖山书院为明时书院，入清时已久废。甘棠书院即如前所述。颍川书院，雍正三年知州屠用谦建，乾隆四十年和嘉庆二年曾两次重修，道光四年时不复识其地名，估计嘉庆二年重修后不久即废，今姑定为嘉庆二年（1797）。

④ 民国《禹县志》卷8《学校志》："养蒙书院，本知州屠用谦生祠，设童蒙书院，旧有地20亩，道光四年改修义学。"官员生祠一般为去任之后百姓追思建造，查道光州志卷4职官表知屠用谦雍正元年至三年（1723—1725）在任，故暂定该生祠建于雍正四年（1726），养蒙书院附设于生祠内，建立年代同此。

续表

地区		书院名称	建修年代	革废年代	存续时间	建筑间数	教职数	院生数	年支经费额数
开封府60	仪封厅	饮泉书院	1659	1682①	23				
		请见书院	1697	1764	67				
	陈留县	志伊书院	1750	1853	103				
		鲲化书院	1753	1853	100				
		莘野书院	1850	1904	54				
	通许县	进学书院	1685	1756	71				
		咸平书院	1756	1903	147		6	113	1135两
	尉氏县	莲池书院	1826	1904	78	41	4	60	510两/2489千文
	洧川县	洧阳书院	1685	1904	219		6	56	937两
		培风书院	1694	嘉庆初	约102				
		奎文书院	1735	乾隆末	约60			40	
	鄢陵县	宏仁书院	1647	1728	81				
		文清（龙冈）书院	1745	1904②	159		7	106	760两

---

① 乾隆《仪封县志》卷3《建置志》:"书院旧在县治西关圣井旁,名曰饮泉书院,康熙年间邑令毁之,邑人张清恪公伯行重建于请见亭侧,名曰请见书院,今废",未言饮泉书院毁于何人具体何时? 从该志卷12《艺文志》张清恪公所撰《请见书院记》可知:其一,请见书院建于张伯行甲戌回乡丁忧期间,1697年完工。其二,饮泉书院毁于康熙甲戌即康熙三十四年前。其三,毁饮泉书院的邑令在毁坏书院后不久即卒。结合卷7《官师志》和卷8《循吏传》同时可知,康熙三十四年前仪封先后有10任知县,唯康熙二十一年至二十五年在任的屈福基嫌疑最大,此公为辽东镶白旗人,例监,卒于官。其余诸公功名较高,多由教职升任,崇礼重教,不应有此荒唐行为,且最后多为调离或罢官,未言生卒,故定饮泉书院的毁废时间为康熙二十一年(1682)。至于请见书院的荒废年代,史无详载,估计当废于乾隆时期,因为一般来说,在张在世时不会听任自己亲手创办的书院荒废,张卒于雍正三年,今姑以该志的成书年代——乾隆二十九年为准。

② 民国《鄢陵县志》卷12《教育志》:"文清书院,在县东关外,旧名龙岗,乾隆十年建。二十七年知县陈子桧增修,改今名……道光八年知县何鄂联购民房于城东偏云衢街,移文清书院于此院。……科考停后,院课废止,光绪三十年改书院设立高等小学堂。"文清书院道光八年移建云衢街后,又称云衢书院,刘卫东《河南书院教育史》(中州古籍出版社1991)第219页将其视为另一新建书院,误。另据同治《鄢陵文献志》卷13和民国《鄢陵县志》卷12知,鄢陵还有另一书院——尊文书院,为邑人陈棐为纪念其先祖汉宗贤太丘长陈文范和明寓贤礼部尚书薛文清而建,名为书院,实为瞻谒之所,且如文献志所载"久废,今不详在何所矣",故不录入。

续表

地区		书院名称	建修年代	革废年代	存续时间	建筑间数	教职数	院生数	年支经费额数
开封府60	中牟县	广学书院	1685	1715	30				
		育才书院	1715	1827	112				
		景恭书院	1827	1904	65①				
	杞县	玉泉书院	1659	1737	78	9			250亩
		东娄（志学）书院	1753	1904②	151		6	41	1302两
	密县	桧阳（瑞春）书院	1684	1904	220		7	38	698两/1200千文
		兴学书院	1686	乾隆初	约50				
	新郑县	茨山（兴学）书院	1673	1904③	231		5	40	1570余千文
	兰阳县	云山书院	1744	不详					
		近梁书院	1744	不详					
		豹陵书院	1746	不详					
		蔚文书院	咸丰年间	1904	约50		3	60	1883千文
	荥阳县	汴源书院	1676	1902	226		6	45	学田30亩地租
		传经书院	1687	乾隆初	约50				
		洞阳书院	1856	1905	49				
		须右书院	1898	1907④	9				
	荥泽县	人龙书院	1690	1904	214		4	29	850两
		兴文书院	1688	1741	53				

① 同治《中牟县志》卷2《建置志》载：景恭书院咸丰七年被毁，同治八年署知县吴若烺重修，中间有12年弦诵废辍。

② 志学书院，乾隆十八年知县潘思光建，乾隆五十二年改名东娄书院，光绪三十年改为杞县管理高等小学堂（嘉庆《重修一统志》卷186、乾隆《杞县志》卷5《建置志》、《河南教育官报》己酉55期）。刘卫东、申志诚、王日新等人的著作均作东安书院，误。

③ 康熙《新郑县志》卷1《建置志》："兴学书院，在城北门外里许，康熙十二年知县李永庚及士民为前抚院佟凤彩建。"雍正《河南通志》卷43《学校下》载："兴贤书院，在北门外，皇清康熙二十年士民为巡抚佟凤彩建。"地点一样，目的相同，名称接近，时间稍异，当为同一所书院，近人许多著作均将兴贤作另一书院，不妥。另嘉庆《重修一统志》卷186载："茨山书院，在新郑县北门外，旧名兴学，本朝乾隆十一年重修改今名。"

④ 转引自《郑州日报》2006年4月11日第16版"天王寺"篇。

续表

地区		书院名称	建修年代	革废年代	存续时间	建筑间数	教职数	院生数	年支经费额数
开封府60	荥泽县	文明书院	1749	1764	15				
		东渠书院	1821	1904	83		4	45	1050两
	汜水县	成皋书院	1673	乾隆中	约92	9			80亩
		振雅（广宁）书院	1702	清末①	约206				138亩
		三山书院	1742	1908	166		5	39	389千文
		龙山书院	1881②	1904	23		7	94	885两
归德府15	商丘县	文正书院	1674	1905	229		7	44	4000两
	睢州	锦襄书院	1670	不详					
		洺川书院	1675	不详					
		道存书院	1693	不详		13			
		洛学书院	1737	1904	76③		4	55	1600余千文
	宁陵县	宁城书院	1742	1859	107④				
		文修书院	1889	1906	17	42	3	24	1680余千文
	鹿邑县	鸣鹿书院	1689	1904	215		4	30	2300余千文
	夏邑县	崇正书院	1832	1905	43⑤	11	6	27	2100余千文
	永城县	太邱书院	1766	1905	139	26	2	26	640余千文
		芒山书院	1767	1908	141				
		浍滨书院	1840	1853	13				

① 民国《汜水县志》卷2《建置志》载："广宁书院，康熙邑令张国辅建……乾隆初，知县许勉燉增建塾舍于两庑，改额曰振雅书院。"该志卷3职官表载张国辅康熙四十一年（1702）在任。

② 民国《汜水县志》卷2《建置志》载："龙山书院，光绪年知县冯尔炽购当铺旧址创建。"该志卷3职官表载冯尔炽光绪六年至九年（1880—1883）在任，今定为光绪七年（1881）。

③ 据光绪《续修睢州志》卷2《学校志》和《河南教育官报》戊申第12期，洛学书院，乾隆二年建，嘉庆三年没于水，光绪十五年知县王枚重建，光绪三十年改建高等小学堂，共计存续76年。

④ 宣统《宁陵县志》卷11《艺文志·文修书院碑记》：知县钱绳祖光绪十三年（1887）知宁陵，十五年（1889）延访当地绅士知，宁陵书院为乾隆七年知县梁景程建，嘉庆十八年河决冲毁，道光元年知县徐坦重建，咸丰三年、九年两次城陷后，化为乌有。遂于十五年秋，新建文修书院。

⑤ 民国《夏邑县志》卷2《建置》载：崇正书院系明嘉靖二十五年（1546）知县郑相创建，后废。清道光十二年（1832）知县邹光曾买牛姓宅改建，咸丰中毁于兵燹，直至光绪十一年知县陆纲才和邑绅彭麟昌重修之，约停废30年。

续表

地区		书院名称	建修年代	革废年代	存续时间	建筑间数	教职数	院生数	年支经费额数
归德府15	虞城县	古虞书院	嘉庆年间	1904	约100		3	20	1800余千文
	柘城县	朱阳书院①	1691	乾隆年间	约100	20	3	150	
		襄山（文起）书院	1838	1904②	66		4	20	1400余千文
彰德府11	安阳县	昼锦书院	1740	1904	164		11	94	5930两
		后渠书院	1896	1904	8		6	81	1000两
		酉山书院	光绪年间	清末③	约17				
	汤阴县	演易书院	1758	1904	146		3	24	1524千文
	临漳县	古邺书院	1730	1903	173	82		40	
	林县	黄华书院	1688	1905	217	30	5	59	2739千文
	武安县	紫金书院	1760	1904	144				
	涉县	韩山书院	1799	1904	105				
	内黄县	杨公书院	1674	1892	218	18			
		求慊书院	1734	1892	158	17			
		繁阳书院	1876	1903	27		5	44	2364千文
卫辉府30	汲县	崇本（淇泉）书院	1754	1906	152	18	11	145	3650两/240千文
		经正书院	1901	1906	5		12	350	1800两/地租
	新乡县	省身书院	1695	不详					
		德化书院	1696	不详					
		廊南（古廊）书院	1723	1901	178	28	7	61	1546两
		东湖书院	1851	1902	51				

① 据雍正《河南通志》卷39《学校志》柘城县条，朱阳书院又称紫阳书院，王洪瑞《河南书院地理初探》（陕西师范大学硕士论文2000.4）第18页作另一书院，误。朱阳书院为清初理学名儒窦克勤创办，至窦氏孙辈窦甡、窦绸时，由于大多常年在外做官，书院主要靠一般族人打理，学术声望和讲学活动渐趋无闻。
② 光绪《柘城县志》卷3《学校志》："襄山书院，在城内西南隅，道光八年邑令富成创建，原额文起书院。"刘卫东《河南书院教育史》（中州古籍出版社1991）第231页误为另一书院。
③ 民国《续安阳县志》卷16《人物》：光绪间邑绅马吉森建酉山书院。

续表

地区		书院名称	建修年代	革废年代	存续时间	建筑间数	教职数	院生数	年支经费额数
卫辉府30	获嘉县	同山书院	道光间①	1903	约70		4	36	1700余千文
	淇县	乐莫书院	1744	乾隆中②	约20				
		淇澳书院	1744	乾隆中	约20				
		有斐书院	1744	乾隆中	约20				
		学修书院	1744	乾隆中	约20				
		作新书院	1744	乾隆中	约20				
		淇县书院	1754	不详					
		绿筠书院	1782	1906	124	20	3	30	1200串
	辉县	百泉书院	1659	1904	245	250余	5	46	2000两
		李公书院	约1696	不详③					
		喻公书院	约1696	道光初	约125				
		近圣书院	1733④	不详					
		泉西书院	1774	道光初	约60				
	延津县	廪延书院	不详	1905			5	30	1300余两
	浚县	性道书院	1668	嘉庆年间	约140	31			
		希贤书院	1767	1908	141				学田1677亩

① 民国《获嘉县志》卷3《建置中·学校》："同山书院，清道光间知县卢圻建，在城内三民街，民国三年改为高等小学校……县立第一小学校，在城内三民街，系同山书院，光绪三十三年增建校舍，开办高等学堂，民国三年改名高等小学校。"而据《河南教育官报》1907年丁未11期载：获嘉县高等小学堂，光绪二十九年五月在县城南街就同山书院改建。《河南教育官报》距改建时间较近，今依光绪二十九年（1903）为准。至于同山书院的建立年代，据民国《获嘉县志》卷10《职官志》知，卢圻在夏琳、熊士弘之后，罗傅林之前，罗道光二十五年至二十七年在任，夏道光四年（1824）在任，熊未言，故卢肯定在道光四年至二十四年在任，今姑取其中值，则其存续约70年，即1834—1903。

② 据乾隆《淇县志》卷2《建置志》，乾隆九年知县劳经武建乐莫、淇澳、有斐、学修、作新书院5所，约乾隆中废。

③ 道光《辉县志》卷8《学校志》载："李公书院，在辉县百泉阁南，知县喻良臣为巡抚李国亮建，邑人孟发祥有记，后为李公祠，碑记移置城内书院。喻公书院，在百泉水浃，知县喻良臣捐立，邑人孟发祥有记，今废。"查该志卷2《职官表》知喻良臣康熙三十年至四十年在任，今取约值康熙三十五年（1696）。

④ 道光《辉县志》卷8《学校志》载："近圣书院，在训导宅南，教谕张止慎创置，以致仕未能观成。"查该志卷2《职官表》知张止慎雍正九年至十三年在任，今取约值雍正十一年（1733）。

续表

地区		书院名称	建修年代	革废年代	存续时间	建筑间数	教职数	院生数	年支经费额数
卫辉府30	浚县	黎阳书院	1741	不详		22			
		韫山书院	1831	1908	77		5	40	学田230亩
		黎南书院	1882	1908	26		4	42	
	滑县	欧阳文忠公书院	1652	1904	252				
	封丘县	正义书院	1862	1905	43				
	考城县	近梁书院	乾隆年间	不详					
		江花（梦笔）书院	1868	1905	37①		3	15	1000余串
		葵丘书院	1892	1908	16				
怀庆府28	河内县	怀仁书院	1656	1778	122				
		中丞王公书院	1686	不详					
		刘公书院	1694	1789	95				
		邑侯李公书院	1696	不详					
		昌黎书院	1745	不详					
		覃怀书院	1778	1902	124		7	100	3369两
		沁阳书院	1865	1904	39				
		瞻韩书院	1884	1904	20				
	济源县	尤公书院	1688	不详					
		甘公书院	1699	不详					
		启运书院	1705	1905	200		4	55	326两/1346千文
		俞公书院	1708	不详					
		敷文书院	1813	1903	90				
		邵亭书院	1889	1906	17				
		廓城书院	光绪年间	1907	约18				

① 民国《考城县志》卷8《学校志》："梦笔书院，相传与县治同时创建，惜无可考。同治七年知县事李璋重修，改名生花书院，光绪十八年知县事郭藻改名江花书院，三十一年知县事史廷瑞改为县立高小校，今改名为第一小校。"今按同治七年计建修年代。该卷同时记葵丘书院曰："葵丘书院，在旧城西北隅，光绪十八年知县事郭藻创建，民国十三年县长张之清改为第二小学校。"清末书院已开始改制，光绪三十一年前后达到高潮，故葵丘书院的革废断不至于直至民国十三年，今依大致情形定为光绪三十四年（1908）。

续表

地区		书院名称	建修年代	革废年代	存续时间	建筑间数	教职数	院生数	年支经费额数
怀庆府28	修武县	宁城书院	1778	1903	125				
	武陟县	覃怀（安昌）书院	1770	1904	134①	28	6	46	1150两
		河朔书院	1837	1902	52②	88	8	87	4000余两
		致用精舍	1881	1905	24	41			
	孟县	河阳书院	1684	1904	220				
		学山书院	1693	1903	110		2	15	40千文
		花封书院	1789	光绪年间	约100				
		桃潭（溴西）书院	1853	1905③	52		2	20	
	温县	王公书院	1690	乾隆初	约50				
		卜里书院	1755	1902	147	32			
	原武县	原陵书院	1752	清末	约156				
		卷城书院	乾隆初	不详					
	阳武县	正谊书院	1735	1904	169		4	30	
陈州府15	淮宁县	弦歌（思鲁）书院	1713	1906④	193	35	3	60	2400千文
		柳湖书院	1873	1904	31		9	77	4008两/3655千文
	商水县	凤台书院	1744	1904	160				
		静远书院	1877	1905	28				
		文富书院	1884	1907	23				
		乐善书院	1898	1908	10				

① 据道光《武陟县志》卷16《学校志》，武陟覃怀书院于乾隆三十五年由河北道台朱岐、武陟知县刘德遵率邑绅宋光临等创立，嘉庆间毁于积水，道光四年知县王荣陛，移建于木栾店后更名安昌书院。

② 民国《续武陟县志》卷8《建置志》载：河朔书院咸丰末年被毁，同治十三年河北道吴大澂重修，约停废13年。

③ 据民国《孟县志》卷5《教育志》和《河南教育官报》1909年第52期所载可知，桃潭书院，咸丰三年知县汪曜奎创建，同治十三年知县姚诗雅改为溴西精舍，光绪三十一年改为官立马桥庄初级小学堂，宣统二年改为蚕校。

④ 民国《淮阳县志》卷5《民政下·教育志·书院》：弦歌书院，初名思鲁书院，康熙五十二年都御史揆叙建，乾隆五年知府金山增建并易名，光绪三十二年知县左辅奉文改设两等小学堂，宣统二年改名第二高等小学堂。

续表

地区		书院名称	建修年代	革废年代	存续时间	建筑间数	教职数	院生数	年支经费额数
陈州府15	商水县	崇正书院	1885	1908	23		1	15	2300余千文
	西华县	衍畤书院	1747	1906	159				
	项城县	莲溪（虹阳）书院	1688	1904①	216	12		200	
		芳远书院	1794	不详					
	扶沟县	大程（明道）书院	1748	1906	158②	110			学田623亩
	太康县	兴贤（二贤）书院	1691	1903	212③	38	4	30	1500两
	沈丘县	求诚书院	1685	不详					
		清渠书院	1825	不详					
		平奥书院	1827	1904	77	60	4	30	1642串
河南府52	洛阳县	天中书院	1645④	1706	61				
		瀍东书院	1689	1774⑤	85	7			
		周南（狄梁）书院	1689	1905	216⑥	15	7	40	1300余千文
		阎公书院	1692	1774	82				

① 乾隆《项城县志》卷2《建置志》和宣统《项城县志》卷9《学校志·书院》：莲溪书院，旧名虹阳，康熙二十七年知县顾芳宗建立，岁久倾圮，乾隆二十五年知县梁作文重建后，改名莲溪书院，光绪三十年改为高等小学堂。

② 乾隆《续河南通志》卷39载："大程书院，旧名明道，乾隆十二年署令吴溶重修。知县杨烛改今名。"嘉庆《重修一统志》卷191载："大程书院，在县内，旧名明道，乾隆十三年改今名。"

③ 民国《太康县志》卷4《教育志》："连城书院，明时有连城书院，在西关外，寇毁。康熙三十年间知县朴怀宝改建于文庙东，曰兴贤书院，后废，乾隆九年知县宋士壮改建于西门内，曰二贤书院，中废。乾隆二十五年知县武昌国率绅士修建仍名兴贤书院。"

④ 雍正《河南通志》卷43《学校下》洛阳县条载："天中书院，顺治初巡道赵文蔚创建。"查乾隆《河南府志》卷17《职官志》知赵文蔚仅顺治二年一年在任，故天中书院当为顺治二年即1645年创建。

⑤ 乾隆《河南府志》卷29《学校志》载："（洛阳县）雪香书院，在府奎楼街，乾隆三十九年知县蒋果捐建头门三间，门房一间……共捐廉银500两有奇，旧所立书院十所，仅有其名，唯瀍东书院存有房舍七间，不足以容生徒，蒋果俟再筹备每年院长修俸生徒膏火之费，可垂久远，将详情归并焉。"据此可知，乾隆三十九年前由知县龚松林等续设的诸多书院，至乾隆三十九年时已大多荒废，唯余瀍东书院尚存，但不久后即可能并入雪香书院矣。

⑥ 乾隆《洛阳县志》卷5《学校》："周南书院，旧在县西南隅，康熙二十八年知府汪楫建，中祀唐相狄公仁杰，因名狄梁书院。四十五年知府赵于京知县吴征移东北隅府署左，改名天中书院……雍正四年知府张汉重修，易为周南书院。"

续表

地区		书院名称	建修年代	革废年代	存续时间	建筑间数	教职数	院生数	年支经费额数
河南府52	洛阳县	涧西书院	1742	1774	32				
		玉虚书院	1742	1774	32				
		望嵩书院	1742	1774	32				
		丽泽书院	1742	1774	32				
		敬业书院	1742	1774	32				
		棫朴书院	1742	1774	32				
		奎光书院	1742	1774	32				
		中山书院	1743	不详					
		黄钟书院	1743	不详					
		洛浦书院	1743	不详					
		龙门书院	1743	不详					
		伊川书院	1743	不详					
		雪香书院	1774	不详		31			
	偃师县	两程书院	1681	1904	223		5	40	1300两
		西亳书院	1743	清末	约165				
		首阳书院	1743	约1789	46				
	孟津县	平津书院	1685	乾嘉年间	约110				
		四知书院	1718	乾嘉年间	约80				
		河清书院	1792	1815	23				
		新书院	1805	1904	99				
	宜阳县	甘棠书院	1740	不详		10			
		锦屏书院	1757	1905	147	28	5	63	1660千文
		屏山书院	乾隆年间	不详①					

---

① 乾隆《河南府志》卷29《学校志》载："(宜阳县)屏山书院,在城内,旧有膏火地33亩,每年县令捐束脩12两。"与锦屏书院不是同一书院,因光绪《宜阳县志》卷5《学校志》载锦屏书院在城外东南隅锦屏山奎壁峰下,地点不一,未闻有移。该书院未言建于何时,今仅依所载方志之版本年代(乾隆四十四年),姑断为乾隆年间。

续表

地区		书院名称	建修年代	革废年代	存续时间	建筑间数	教职数	院生数	年支经费额数
河南府52	登封县	嵩阳书院	1674	1905	231		4	39	1037两
		颍谷书院	1743	1905	162				
	永宁县	洛西书院	1747	1905	158				
	新安县	东垣书院	1761	不详					
		芝泉书院	1829	1903	74				
		明新书院	1771	清末	约137				
		青阳书院	1899	1905	6				
		云阳书院	光绪末	1908	约10				
	渑池县	邓公书院	康熙年间	不详					
		颍溪书院	1724	不详					
		文中书院	1726	不详					
		韶山书院	1757	1904	147				
		义昌书院	1761	1905	144				
		广韶书院	1895	1904	9				
	嵩县	伊川（乐道）书院	1745	1905	160		4	42	748两/1698千文
		和乐书院	1767	光绪末	约141				
		伊川（鸣皋）书院	1688	1766①	78				
	巩县	敬业书院	1685	不详					
		白鹿书院	1734	不详					
		莲山书院	1735	1907	172		3	42	
		见山书院	1735	不详					
		石河书院	1735	不详					
		仙舟书院	1735	不详					
		东周书院	1752	1902	150		4	26	800余串

① 据乾隆《嵩县志》卷16，嵩县在乾隆初有两所书院：一为乐道书院在县城西北隅，乾隆十年知县徐玒建。二为伊川书院，在鸣皋镇，又称鸣皋书院，元时建，屡经毁废，康熙二十八年复建。乾隆三十一年知县康基渊将伊川书院移入城内与乐道书院合并，仍称为伊川书院。

续表

地区		书院名称	建修年代	革废年代	存续时间	建筑间数	教职数	院生数	年支经费额数
	巩县	东山书院	光绪年间	不详					
南阳府30	南阳县	诸葛书院	1691	康熙末	约30				
		南阳书院	1691	康熙末	约30				
		紫山书院	雍正年间	乾隆初	约20				
		宛南书院	1751	1905	154	300	10	120	4920两
		崇正书院	同治初	1902	约40		8	60	1400两
	邓州	春风（花洲）书院	1743	1905	160①	48	8	44	360两/1440千文
		临湍书院	1682	1905	223②	12			
		金山书院	1740	1755	15				
	裕州	方城书院	乾隆年间	1911	约150	47			
	镇平县	老书院	乾隆年间	不详					
		涅阳书院	1828	1905	77		2	27	727两
	唐县	敷文书院	雍正年间	不详					
		南轩（崇实）书院	1758	1905	116③	30余			
	泌阳县	铜峰书院	1816	1907	91	26	4	20	
	新野县	白水书院	1691	1905	214	15	6	41	1400串
	淅川县	文兴书院	1739	不详					
		昆阳书院	1756	不详					
		崇文书院	1813	1902	89	63			
	桐柏县	藜野书院	1742	1907	165	16	1	20	280亩
	内乡县	味经书院	1740	光绪年间	约150				

---

① 据民国《重修邓县志》卷13《教育》：春风书院，在内城丁字街口西，清乾隆八年知州马趣创建，共讲堂斋厅30余间。道光二年知州马应宿移院于范文正公祠侧，名曰花洲，改此为官廨。咸丰六年被毁，八年知州刘庆恩重修。清末改为县立高等小学堂。

② 民国《重修邓县志》卷13《教育》：临湍书院亦称韩文公书院。

③ 据乾隆《唐县志》卷2《建置志》书院条和《南阳教育文化》（刘霄等编著，河南大学出版社2003）第41页，崇实书院，乾隆二十三年知县宋梅建立，五十年知县李振声重修，改名南轩书院，咸丰十一年毁于战火，光绪十八年知县王庆贻重修，光绪三十一年废，中间至少有三十一年无讲学活动。

续表

地区		书院名称	建修年代	革废年代	存续时间	建筑间数	教职数	院生数	年支经费额数
南阳府30	内乡县	菊潭书院	1827	1906	79		3	44	2100余千文
	舞阳县	晒书台书院	1690	不详					
		问政书院	1690	1869	179				
		鸿文书院	1731	不详		98			
		舞泉书院	1709	1903	194	18	10	20	700串
	叶县	昆阳（问津）书院	1811	1907	96①	29	4	40	1640两
		保安书院	1789	1869	80				
		坟台书院	1789	1869	80				
		河山书院	1789	1869	80				
		悦来书院	1789	1869	80				
汝宁府21	汝阳县	天中书院	1661	不详					
		新建书院	1661	不详					
		南湖书院	1723	1905	182		9	78	5300两
		寒溪书院	1836	清末	约72				
		南陵书院	1851	清末	约57				
		淮西书院	咸丰年间	清末	约50				
	信阳州	申阳（瑚琏）书院	1697②	1905	208		5	40	2100千文
		豫南书院	1891	1904	13	131			
	上蔡县	上蔡（显道）书院	1686	1907	221③	63	3	40	1300余千文

① 同治《叶县志》卷2《建置上》："昆阳书院，旧名问津原在城南昆水之澳，明嘉靖十三年分守参政刘漳知县贾枢建，后废于兵燹。移置城内东北隅。年久倾圮。嘉庆十六年知县李宾于城内十字街之西以南，购民宅一区改建，易今名。"
② 民国《重修信阳县志》卷13《教育》：瑚琏书院，在州城外西北隅，明正德间签事阎钦创修，后万历中知州朱家法、邑人何洛文重修后，巡按陈登云改题曰瑚琏书院。广选诸生读书其中，明末遭兵燹废。但基址仍存。入清后未闻有讲学活动。康熙三十六年南汝光道罗文观将城内义阳山麓之义阳书院移入瑚琏书院旧址，改称瑚琏书院。嘉庆二十一年又改称申阳书院。至于义阳书院的建立年代，想必肯定在康熙三十六年之前，因史无所载，故以之移建之年代康熙三十六年（1697）为建立年代。
③ 雍正《河南通志》卷43《学校下》蔡县条："显道书院，即上蔡书院，在南关谢显道读书之所，宋末建。明金事刘咸修。康熙二十七年知县杨廷望改建。"

续表

地区		书院名称	建修年代	革废年代	存续时间	建筑间数	教职数	院生数	年支经费额数
汝宁府21	新蔡县	大吕书院	1691	1904	213	21	6	30	900两/1120千文
	西平县	阎公（定颍）书院	1688	1906	218		4	60	1000余串
		文城书院	1800	1904	104		4	45	2500千文
	遂平县	吴房书院	1757	1904	147		4	70	1390千文
	确山县	铜川书院	1667	1905	238		6	50	3000串
	罗山县	罗山书院	1734	不详					
		龙池书院	不详	1904					
		石塘书院	不详	不详					
		周家庵书院	不详	光绪年间					
	正阳县	慎独书院	1700	咸同年间	约160				
		正阳书院	1741	咸同年间	约120				40缗
		奎林书院	1869	1905	36		5	36	1100串
许州15	许州	聚星书院	1739	1904	165		4	60	3700余千文
	临颍县	颍川书院	1725	1904	179		6	52	2000串
		紫阳书院	1710	1776①	66				
	襄城县	希贤书院	1695	1904	209		4	42	1600串
		颍滨书院	1697②	1908	约211	21			
		龙兴书院	1730	乾隆年间	约35				
		汝南书院	不详	乾隆年间					
		凤阳书院	1801	1911	110				
		诵芬书院	1819	1911	92				
		紫云书院	康熙初	清末	约200				
	郾城县	瀙阳书院	1682	不详					192亩
		景文书院	1752	1906	154	20			

---

① 民国《重修临颍县志》卷4《教典·学校》：乾隆四十一年知县王慎游移紫阳书院于颍川书院中院，与颍川合。

② 民国《重修襄城县志》卷20上载，颍滨书院为康熙时知县陈治安捐置，查乾隆《襄城县志》卷4《职官志》知陈康熙三十六年到任，何时离任不详，今即依康熙三十六年为准。

续表

地区		书院名称	建修年代	革废年代	存续时间	建筑间数	教职数	院生数	年支经费额数
许州 15	长葛县	嘉惠书院	1673	不详①					
		新建书院	1683	不详②					
		陉山书院	1747	1903	156	23			1650余缗
陕州 10	陕 州	召南书院	1721	1904	183		7	64	1000两/800千文
		棠荫书院	1902	1908	6				
		砥柱书院	光绪末	1906	约5				
	灵宝县	桃林书院	康熙年间	不详					
		弘农书院	1872	1906	34	34	5	58	970两
		红亭书院	光绪末	清末	约10				
	阌乡县	菁莪书院	1724	不详					
		荆山（湖城）书院	1749	1904	150③		3	31	1000两
	卢氏县	龙山书院	1746	1904	158	15			
		经正（莘原）书院	嘉庆年间	清末④	约100				
光州 12	光 州	龙门书院	1713	1761	48⑤	17		20	
		南城书院	1741	1904	163		4	40	2400两
		弋阳书院	1760	1898	128	46		18	

① 《大清一统志》卷172《学校》载："长葛县西紫云山，明成化间建，郾城康熙十二年县令米汉文建。"未出现嘉惠书院字样，其中"西紫云山，明成化间建，郾城"几字与上文"襄城县紫云书院，在县西紫云山，明成化间建，郾城县有灉阳书院……"误串，白新良在此误为紫云山书院（《中国古代书院发展史》，天津：天津大学出版社，1995年，第62页）。今据嘉庆《重修一统志》卷218、雍正《河南通志》卷43、《古今图书集成·方舆汇编·职方典》卷374等书的记载确定嘉惠书院康熙十二年建立，至于该书院的荒废时间，民国《长葛县志》卷4《教育志》仅云久废，未详何年。

② 民国《长葛县志》卷4《教育志》：新建书院又称大中丞书院，康熙二十二年大中丞王日藻题请改折漕粮，万民戴德，知县李元让就布政分司东院建书院以志之，名大中丞书院，后倾圮。康熙二十五年秋长葛遭灾，大中丞阎公兴邦题暂免征解漕米，士民咸悦，知县何鼎重建大中丞书院，改名新建书院。

③ 光绪《阌乡县志》卷5《学校》："荆山书院，乾隆十四年知县侯锡乐建，名湖城书院，十六年知县马荣祖修。"

④ 据光绪《卢氏县志》卷5《学校》，莘原书院为嘉庆时邑令卢建河建，光绪十六年知县韩炬重修后改名经正。

⑤ 据光绪《光州志》卷1《建置志·学校》、民国《潢川县志》及《河南教育官报》的记载，龙门书院，康熙五十二年知州刘学礼创建于北城东郊外五龙宫左，乾隆二十六年知州吴一嵩将其归并入南城书院。南城书院，乾隆六年护州印息县知县梁观我建，光绪三十年改为光州官立高等小学堂。弋阳书院，乾隆二十五年知州吴一嵩建，1898年停办。

续表

地区		书院名称	建修年代	革废年代	存续时间	建筑间数	教职数	院生数	年支经费额数
光州 12	光山县	涞水书院	1654	1905	251				
	固始县	古蓼书院	1690	不详					
		临淮书院	1754	1909	155				
		诂经精舍	1895	1909	14				2000 串
	息县	正学书院	1654	乾隆年间	约 110				
		新息书院	乾隆年间	1905	约 140		4	66	500 两/1070 串
		龙门书院	同治年间	清末	约 40				
	商城县	文峰书院	1768	1906	138	43	4	60	482 两/240 串
		温泉书院	1802	清末	约 100				
汝州 16	汝州	汝阳书院	1658①	1904	246		6	61	1600 两
		同人书院	1808	清末	约 100				
	宝丰县	应滨书院	1683	不详					
		春风（明道）书院	1708	1905	197	32			43 两/2000 串
		养正书院	1826	清末	约 82				
		心兰书院	1826	清末	约 82				
		巾车书院	1832	1906	74		3	30	
		雅集书院	1832	1905	73		3	38	1170 千文
		临应书院	1832	清末	约 76		2	25	
		培文书院	光绪初	1910	约 35				
	伊阳县	紫罗（汝坟）书院	1748	1905	157②	21	3	42	1100 余千文
		新建书院	嘉庆年间	1904	约 100		4	40	1000 余串

---

① 道光《汝州全志》卷 5《学校志》载："汝阳书院，在西大街，旧借作州判署，后裁，复为书院，国初巡道张沜建。"雍正《河南通志》卷 43《学校下》汝州条、《钦定大清一统志》卷 174 和嘉庆《重修一统志》卷 224《汝州·学校》的记载均与此相同，查乾隆《河南府志》卷 17《职官志》知，张沜顺治十年至十六年分巡河南道，今按顺治十五年即 1658 年计。
② 道光《伊阳县志》卷 3《学校》载："紫罗书院，在北街东隅，旧名汝坟书院，已废。乾隆十三年知县邓国藩重建，易今名。"

续表

地区		书院名称	建修年代	革废年代	存续时间	建筑间数	教职数	院生数	年支经费额数
汝州 16	郏县	崇正书院	1680①	1906	226		1	25	
		龙山书院	1750	1904	154		1	60	17 保公捐
	鲁山县	鲁阳书院	1709	不详					
		琴台书院	1742	1905	163		4	30	1890 千文

资料来源：1. 通志类：《古今图书集成·方舆汇编·职方典》卷 374—488 河南总部中各府学校条、雍正《河南通志》卷 43《学校下》、乾隆《续河南通志》卷 39《学校志》。

2. 方志类：各地清及民国方志和少量新中国成立后方志中的《教育志》《学校志》《职官志》《人物志》《艺文志》等条目（具体目录见《中国地方志联合目录》，北京：中华书局 1985 年，第 555—605 页）。

3. 资料汇编类：《河南教育官报》第 1—89 期、《河南教育资料汇编·清代部分》。

4. 网络类：湖南大学书院文化数据库（http: //acd.hnu.cn: 82/was40/sywh）、郑州大学图书馆河南文献网（http: //www2.zzu.edu.cn/habook/）。

5. 今人统计类：如刘卫东、高尚刚《河南书院教育史》（中州古籍出版社 1991 年）、白新良《中国古代书院发展史》（天津大学出版社 1995 年）、季啸风《中国书院辞典》（浙江教育出版社 1996 年）李国钧《中国书院史》（湖南教育出版社 1998 年）等。

说明：1. 书院有省级、道级、府级和县级之分，今不分等级仅按其所处地域系于各县名下。

2. 含少量实为义学的书院，如禹州方山书院、蓝阳书院、浚县韫山书院、邓州韩文公书院。

3. 受表格所限，各书院的建修和革废年代仅列公元纪年，不再注出年号纪年。

4. 建修年代为各书院在清代始建或重修的最初年代。建筑间数为全盛或初创时期数据。由于书院的建立从开工到建成需要一个过程，有时甚至是一个长时间的过程，因此对一所书院的建立年代，文献记载中有时会有相错一两年的情况，这应属正常，本表不再讨论。在实际采用时一般以稍后的时间为准。

5. 教职数、院生数和年均经费一般为改制前一年的数据，主要出自《河南教育官报》的统计，其中经费单位不尽一致，因原文如此，不宜改动。各单位之间的换算大致为：1 缗 = 1 串 = 1 千文，19 世纪 20 年代 1 两白银大约可兑换 1400 文，光绪年间约 1250 文（参见程有为主编《河南通史》第 4 卷第 7 页及叶世昌《光绪年间的钱贵银贱和江南制造局铸钱》，《中国钱币》2006 年第 4 期）。

6. 本表采用的行政区划为嘉庆二十五年的建置。各籍所载其他朝段书院所系之州县，一律依嘉庆二十五年的建置重新系定。

7. 本表资料出处较多，无法一一列出，详细目录，请见文后参考文献。

---

① 民国《郏县志》卷 7《学校志》：崇正书院，弘治中知县曹豹改高阳寺为之，康熙中知县陆次云重修。龙山书院，乾隆初知县黄禄建。查同治《郏县志》卷 2《职官表》：知县陆次云，康熙十九年任（按康熙二十年即去官），重修崇正书院。……知县黄禄，乾隆十一年任（按黄乾隆十一年至二十年在任，今取中十五年）。

依据该统计可知，清代河南有稽可考的书院共约315所。与今人白新良的统计结果相比，差异较大。白氏在其专著《中国古代书院发展史》中统计清代全国共有书院4365所，其中河南211所，约占全国的4.8%。本统计比白氏的统计整整多出了104所，如果按清代河南有书院315所计算，则河南占全国的比例为7.2%，提高了2.4个百分点，与原有比例相比误差已达50%，可见统计的误差严重影响了对清代河南书院自身发展程度及其在全国地位的判断。现在看来白氏的统计有些偏低，其主要原因无外乎前述三个方面：政区、资料、取舍。同时该统计与笔者硕士论文中的统计相比，明显更为全面。笔者硕士论文中的统计因为是探讨河南地区历代书院的时空分布规律，所以依据的政区范围主要是当今政区，面积上与嘉庆时期的省区范围相差无几，统计结果仅为292所，与本次统计相差23所。其主要原因是资料搜集范围的扩大，特别是许多以前不易见到的方志如乾隆《河南府志》、乾隆《淇县志》和民国《重修襄城县志》等，此次经过种种努力都得以阅览，从而无形中扩大了统计的数量。如原统计淇县仅有书院2所：淇县书院和绿筠书院，现通过查阅乾隆《淇县志》可知，乾隆九年（1744）知县劳经武曾连续创建乐莫、淇澳、有斐、学修、作新等5所书院。又如原统计襄城县仅有书院1所：希贤书院，现通过查阅民国《重修襄城县志》知，除希贤书院外，尚有颍滨、龙兴、汝南、凤阳、诵芬、紫云等6所书院，其中颍滨、凤阳、诵芬等书院还"迄清末未坠"。其余多出的书院基本也是通过资料的扩展而增加的，当然本次统计同时也订正了原统计中明显的几处错误，如柘城县朱阳、紫阳本为一所书院，原统计误为两所，其他还有一些错误因均已在注文中注出，此处便不再赘述。总之，本次统计最大限度地满足了复原历史发展、接近历史真实的研究要求，为分析和探讨清代河南书院分布的时空规律和发展程度奠定了一个相对坚实、全面而准确的基础。

（二）清代河南书院的时空分布特征

依据表中各书院的建修年代，结合各自所属地域，分别以朝段和府州为单位，可以将各书院的设置情况制成更为明晰的时空分布表（表4-17）：

表 4-17 清代河南各府州历朝书院设置一览表

地区		时段										总计		比例(%)	
		清前期				清后期					不详				
		顺治	康熙	雍正	乾隆	嘉庆	道光	咸丰	同治	光绪					
豫东	开封府	4	21	3	16		7	2		7		60	105	19.05	33
	归德府		6		4	1	3			1		15		4.76	
	陈州府		4		4		2		1	4		15		4.76	
	许州		7	2	3	2					1	15		4.76	
豫北	彰德府		2	2	3	1				3		11	69	3.49	22
	卫辉府	2	5	2	12		2	1	2	3	1	30		9.52	
	怀庆府	1	10	1	8	1	1	1	1	4		28		8.89	
豫西	河南府	1	10	7	28	1	1			4		52	78	16.51	25
	陕州		2	1	2	1			1	3		10		3.17	
	汝州	1	4		3	2	5			1		16		5.08	
豫南	南阳府		7	3	14	3	2		1			30	63	9.52	20
	汝宁府	2	6	2	2	1	1	2	1	1	3	21		6.67	
	光州	2	2		5	1				1		12		3.81	
总计		13	86	23	104	14	24	6	8	32	5	315		100	
		226				84					5				
比例(%)		4.13	27.30	7.30	33.02	4.44	7.62	1.90	2.54	10.16	1.59	100		—	—
		71.75				26.66					1.59			—	—
年均数		0.72	1.41	1.77	1.73	0.56	0.8	0.55	0.62	0.94	—	1.18			
		1.49				0.72					—				

说明：1. 清前期所设书院占总数的比例为 **71.75%**，后期所设书院占总数的比例为 **26.66%**。

2. 年均设置数总计为清代整体 267 年的年均设置数，其设置总数包含了设置时段不详的 5 所书院。

3. 清后期的年数不含宣统朝 3 年。

4. 受表格所限，各地区所占比例保留整数。

由上表可以看出，清代河南有朝段可考的书院共计 310 所，占全部书院总数 315 所的绝对多数，其分布状况完全可以代表总体书院的分布状况，由这 310 所书院反映出来的清代河南书院的时空分布特征至少有以下几点：

1. 时间分布特征

（1）从设置总数上看，乾隆、康熙和光绪是设置书院数目较多的三个时期，尤以乾隆朝为最。咸丰、同治、顺治是设置书院数目较少的三个时期，尤以咸丰朝为最。乾隆、康熙、光绪三朝共置书院104+86+32＝222所，占有朝段可考总数310所的71.6%。咸丰、同治、顺治三朝共置书院6+8+13＝27所，仅占有朝段可考总数的8.7%。其中设置最多的乾隆朝与设置最少的咸丰朝相差竟达16倍以上。时段的集中程度比较突出。

（2）从年均设置书院数上看，雍正、乾隆、康熙是书院设置的三个高峰期，咸丰、嘉庆、同治是书院设置的三个低谷期。康雍乾三朝134年，刚好是清代总体年数的一半，共设置书院213所。不但设置总数较高，其年均设置数也远高于清代其他任何时段和整个清代的整体平均数。如前所述，从书院的设置总数上看，乾康光居前三，咸同顺居后三，但仅依据一个朝段设置总数的多少是否就可判定其书院设置的繁荣与衰落呢？答案是否定的。由于各朝段年数长短不一，单从设置总数上并不能看出各朝书院设置的频度，而只有频度才最能体现各时期书院设置的被重视程度和繁荣状况。因此结合各朝段的年均设置数，便可看出雍正、乾隆、康熙三朝是书院设置明显的高峰期。咸丰、嘉庆、同治是明显的低谷期。作为高峰期的康乾时期来说似乎并不意外，而雍正时期书院的设置频度雄踞各朝之冠，虽有些让人意外，却可能更符合历史真实。在笔者以前的研究中，雍正朝的年均书院设置数低于乾隆和康熙，诸多雍正时期建立的书院并未被统计，如辉县近圣书院、襄城龙兴书院、禹州颍川书院等。从而使夹在乾隆和康熙之间的雍正时期似乎在书院设置上表现出了跌落的趋势。这与河南地方官员大力督饬和中央政府公开支持的设置形势明显不符。雍正二年（1724）田文镜督豫，莅任之初即发布了有名的饬令《饬查书院以崇义学以广风教事》，高度评价了书院的教育功能。其言曰："教化行而后士习始端，士习始端而后民风始厚焉。以士为四民之首，举凡一言一行皆为民所效法也。然兴行教化不可无其人，尤不可无其地，其人为谁？郡守、牧守、牧令、教职、师儒是也；其地何也？前人书院是也。"①对书院采取了整顿、支持、鼓励的政策。此后不久，雍正十一年（1733），雍正皇帝谕曰："朕临御以来时时以教育人才为念，但稔闻书院之设，资有裨益者少，而浮慕虚名者多，是以未曾敕令各省通行。盖欲徐徐有待而后颁降谕旨也。近见各省大吏，渐知崇尚实政，不事沽名邀誉之为，而读书应举之人亦颇能捐去浮嚣奔竞之习，则建立书院，择其文行兼优之士，读书其中，使之朝夕讲诵，整躬励

---

① 田文镜：《抚豫宣化录》卷3上《饬查书院以崇义学以广风教事》。

行。有所成就，俾远近士子观感奋发，亦兴贤育才之一道也。督抚驻扎之所，为省会之地。著该督抚商酌举行，各赐帑金一千两，将来士子群聚读书，豫为筹划，资其膏火，以垂永远。"①正式敕令各省创立书院。这次统计通过资料的详尽梳理，弥补了以前的诸多遗漏，不但接近了历史的真实，而且为雍正皇帝和田文镜巡抚对书院设置的积极态度作了最好的证明。

同治、嘉庆、咸丰是年均设置书院数较少的三个时期，但三者设置稀少的具体原因却各不相同：顺治朝力禁书院、嘉庆朝重整轻设、咸丰朝无暇顾及。顺治初年，为了恢复意识形态，控制思想异端，防止民众利用书院聚众成势，清政府在大力创办官学的同时，严禁创设书院。九年（1652），即明令麾下各省："各提督学官督率教官、生儒，务将平日所习经书义理，着实讲求，躬行实践，不许别创书院、群聚党徒，及号召他方游食无行之徒，空谈废业，因则起奔竞之门，开请托之路。"②当然，由于利用书院反清复明的号召主要发生在南方，所以严禁创设书院的政令在南北各省执行的力度有所不同：南紧北松，南严北宽。典型表现就是在发布禁创令的当年，滑县（时属直隶）知县王骗即重修欧阳文忠公书院。③两年之后（1654）光山知县管声骏又修复浰水书院，④息县知县邵光引新建正学书院，⑤均未闻干预。而五年之后的顺治十四年（1657），湖南缙绅欲修复衡阳石鼓书院却需要偏沅巡抚袁廓宇亲自向皇帝申请。⑥虽然河南创建和修复的几所书院未闻干预，但毕竟没有官方的公开支持，直至数年之后的顺治十三年、十四年左右河南巡抚亢得时公开檄文各地创建书院，⑦但作用未及彰显，已是顺治末年，所以在形势不很明朗的情况下，顺治一朝河南各地在徘徊中仅创办了 13 所书院。

嘉庆时期，各级官学、书院已颓废不堪，清政府不得不着力于整旧而怠于建新。嘉庆二十二年（1817），皇帝谕曰："各省教官废弛教职，懒于月课，书院义学，夤缘推荐，滥膺讲席，并有索取束脩，身不到官者，殊失慎选师资之议，著该督抚学政等，务延经明行修之士，讲习讨论，如有学品庸陋之人，滥竽充数者，立即斥退，以励师儒而

---

① 光绪《钦定大清会典事例》卷 395《礼部·学校·各省书院》。
②《古今图书集成·经济汇编·选举典》卷 17《学校部·汇考十一》。
③ 民国《重修滑县志》卷 9《教育第六》。
④ 民国《光山县志约稿》卷 2《政务志·教育志·书院》。
⑤《古今图书集成·方舆汇编·职方典》卷 471《汝宁府部·汇考五·汝宁府学校考》。
⑥ 张寿镛：《皇朝掌故汇编·内编》卷 41《书院》，台北：文海出版社，1986。
⑦ 乾隆《续河南通志》卷 39《学校志·书院·杞县志学·书院》。

端教术。"①加之，社会乱象始现，白莲教起义波及河南，许多地方"大军往来征剿，地方骚扰不靖。学舍孤悬关外，肄业诸生人人自危"②。是故嘉庆25年间仅创办了14所书院。

咸丰朝是书院创建频度最低的时段，这一特点与其内忧外患的社会形势密不可分。对于河南来说内忧可能是主要因素，风起云涌的捻军大起义几乎席卷整个中州，面对轰轰烈烈的民变，各级政府束手无策，只有消极防御——让各地民众结寨自保，坚壁清野。但各地寨民鱼目混珠，态度不一：有的联合义军，据寨抗清；有的劫杀官军，拒抗捻民；有的静观待变，闻风自保。结寨措施加剧了各地的割据和混乱。社会文化事业自然无暇顾及，书院的创建大受影响。11年间仅创办6所书院：新乡东湖书院（1851）、汝阳南陔书院（1851）、孟县桃潭书院（1853）、荥阳洞阳书院（1856）、兰阳蔚文书院（咸丰年间）、汝阳淮西书院（咸丰年间）。

（3）无论设置总数还是年均设置数，清代前期的设置数远多于后期。若以乾隆六十年（1795）为前后期的分界点，则前期152年，设置书院226所，占总数315所的71.75%，年均设置1.49所；后期116年，设置书院84所，占总数的26.66%，年均设置0.72所。设置总数和年均设置数前期均是后期的两倍有余。

（4）省下道及府州书院设置的时间分布与全省的总体情况不尽一致。

全省书院的时间分布特征如此，那么各道、府、州的情况是否与此一致呢？

清代河南分为四道：开归陈许道、河北道、河陕汝道、南汝光道，除河北道辖彰、卫、怀三府外，其余诸道从道的名称即可看出其所辖府州（分别是所辖府州的首字联合）。其中开归陈许道又简称开归道，河陕汝道又简称河南道，南汝光道又简称南汝道。传统上说的豫东、豫北、豫西、豫南基本上即分别指以上地区。从设置总数上看，与全省书院设置较多的时段——乾隆、康熙、光绪相一致的道是开归陈许道和河北道。河陕汝道和南汝光道雍正时期比光绪时期的设置数目稍多。府是开封、陈州、彰德、卫辉、怀庆、陕州、汝宁等7府州，基本都包含了这三个时段，只是顺序略有不同（数字为相应时段的创建书院数）：

开封府：康熙、乾隆、光绪（道光）　　——21、16、7（7）
陈州府：康熙、乾隆、光绪　　　　　——4、4、4
彰德府：乾隆（光绪）、康熙（雍正）　——3（3）、2（2）

---

① 光绪《钦定大清会典事例》卷395《礼部·学校·各省书院》。
② 民国《确山县志》卷14《教育》。

卫辉府：乾隆、康熙、光绪　　　　　　　——12、5、3
怀庆府：康熙、乾隆、光绪　　　　　　　——10、8、4
陕　州：光绪、康熙（乾隆）　　　　　　——3、2（2）
汝宁府：康熙、光绪、乾隆（雍正、咸丰）——6、1、2（2、2）

与全省状况不一致的府州有归德等6个，其书院设置最多的时期分别是：

归德府：康熙、乾隆、道光　　　　　　　——6、4、3
许　州：康熙、乾隆、雍正（嘉庆）　　　——7、3、2（2）
河南府：乾隆、康熙、雍正　　　　　　　——28、10、8
汝　州：道光、康熙、乾隆　　　　　　　——5、4、3
南阳府：乾隆、康熙、雍正（嘉庆）　　　——14、7、3（3）
光　州：乾隆、顺治（康熙）　　　　　　——5、2（2）

值得注意的是开、归、陈、许、怀、汝6府州设置最多的时段集中于康熙时期，与全省集中于乾隆时期有所不同。而开归陈许的集期一致使得豫东开归陈许道在书院整体设置上集中于康熙时期，与其他道均与全省一致集中于乾隆时期的特征亦有差异。此外，比较独特的是豫南地区：全省设置频度上的高潮——雍正与低谷——嘉庆并列出现在南阳府设置数量上的密集期上。而汝宁府和光州竟包含了全省书院设置的低潮期——咸丰、顺治。可见清代豫南地区书院的发展与全省的状况有所不同，在某些朝段甚至是相反的。乾隆时期，当各府州均大张旗鼓地创建书院的时候，汝宁府仅创办书院两所：正阳正阳书院（1741 知县李天虚）、遂平吴房书院（1757 知县金忠济）。咸丰时期，当各府州忙于拒"匪"，罔顾书院之时，汝宁府同样创建书院两所：汝阳南陔书院（1851）、汝阳淮西书院（咸丰间）。其中南陔书院"在城西康店，咸丰元年经王麟书等创建"，淮西书院"在城东杨埠镇民意寨内，清咸丰年间为士子讲学之所"①。南陔书院创建时的具体情形不详，从淮西书院的记载中，尚可看出当时社会形势的一点线索，淮西书院的地址为"寨内"，此处之寨即很可能为咸同时期遍布豫皖的圩寨。说明咸丰年间汝宁府的社会形势与全省其他地区并无多大区别，而乾隆六年（1741）河南巡抚雅尔图还专门"通饬距省三百里以外之府及直隶州各设书院"②。实际上除康熙时期外，汝宁府各朝段的书院设置是比较均匀的。在社会形势和文教政策一致的情况下，汝宁府书院发展的特例可能就是偶然的巧合或个人因素的结果。豫南其余二府州——南阳府和光州的情形亦

---

① 民国《重修汝南县志》卷9《教育上》。
② 乾隆《光州志》卷13《书院志》，另光绪《光州志》卷1《建置志》有"乾隆六年抚宪雅通饬外府及直隶州各设书院"之载。

与此类似。

与全省书院设置较少的时段——咸丰、同治、顺治相一致的道是河陕汝道：咸丰（0）、同治（1）、顺治（2）。其余各道书院设置较少的时段分别是：

开归陈许道：同治（1）、咸丰（2）、嘉庆（3）

河北道：嘉庆（2）、咸丰（2）、顺治（3）

南汝光道：咸丰（2）、光绪（2）、同治（3）

咸丰朝四道均有，同治朝三道包含，顺治朝两道占据。似乎与全省咸丰最少、同治次之、顺治稍多的顺序相吻合。从府州层级看，由于并非每一府州在各个朝段都有书院设置，一些地区甚至在大多数时段为空白设置，如许州在顺治、道光、咸丰、同治、光绪等五个时段的设置数均为零，其余地区也在诸多时段缺乏设置，所以与全省书院设置最少的时段缺乏比较的意义。但全省大多数府州的空置时段都包含了顺治、咸丰、同治三个时段中的两个或三个时段，从而使全省在这三个时期表现出了书院设置稀少的特征。

从年均设置数上看，全省书院设置的高峰期是雍正、乾隆和康熙，三者的年均设置数均高于清代河南书院的整体年均设置数，较为稀寥的时期是咸丰、嘉庆和同治，三者的年均设置数均大大低于清代全省整体年均数（表4-18）。与全省书院设置的高峰期完全相一致的是河北道、河陕汝道和南汝光道，开归陈许道雍正时期的年均数略低于道光时期。而各道书院设置的低谷期与全省均不一致，但同样包含了其中的一到两个时期。各府州的情况与此略有差异，除河南府与全省的高峰期完全一致外，其余诸府与全省情况相比无论高峰期还是低谷期均没有完全一致的情况，但同样包含了其中的一到两个时期。总之，与全省书院的时间分布特征相比，省以下道和府州不尽一致的具体状况为：各道在年均数上与全省的一致性高于在设置总数上与全省的一致性，各府州在年均数上与全省的一致性低于在设置总数上与全省的一致性，而无论在设置总数上还是年均数上各道与全省的一致性均高于各府州。

表4-18 清代河南各地区不同时期年均设置书院数目对照表

地区		顺治	康熙	雍正	乾隆	嘉庆	道光	咸丰	同治	光绪	清代
开归陈许道	开封府	0.222	0.344	0.231	0.267	0	0.233	0.182	0	0.206	0.225
	归德府	0	0.098	0	0.067	0.04	0.1	0	0	0.029	0.056
	陈州府	0	0.066	0	0.067	0	0.067	0	0.077	0.088	0.056
	许州	0	0.115	0.154	0.05	0.08	0	0	0	0	0.056
	全道	0.222	0.623	0.385	0.45	0.12	0.4	0.182	0.077	0.324	0.393

续表

地 区		顺治	康熙	雍正	乾隆	嘉庆	道光	咸丰	同治	光绪	清代
河北道	彰德府	0	0.033	0.154	0.05	0.04	0	0	0	0.088	0.041
	卫辉府	0.111	0.098	0.154	0.2	0	0.067	0.091	0.154	0.088	0.112
	怀庆府	0.056	0.180	0.077	0.133	0.04	0.033	0.091	0.077	0.118	0.105
	全 道	0.167	0.311	0.385	0.383	0.08	0.1	0.182	0.231	0.294	0.258
河陕汝道	河南府	0.056	0.164	0.615	0.467	0	0.033	0	0	0.118	0.199
	陕 州	0	0.033	0.077	0.033	0.04	0	0	0.077	0.088	0.037
	汝 州	0.056	0.066	0	0.05	0.08	0.167	0	0	0.029	0.06
	全 道	0.111	0.262	0.692	0.55	0.16	0.2	0	0.077	0.235	0.296
南汝光道	南阳府	0	0.115	0.231	0.233	0.12	0.067	0	0.077	0	0.112
	汝宁府	0.111	0.098	0.154	0.033	0.04	0.033	0.182	0.077	0.029	0.079
	光 州	0.111	0.033	0	0.083	0.04	0	0	0.077	0.029	0.045
	全 道	0.222	0.246	0.385	0.35	0.2	0.1	0.182	0.231	0.059	0.236
全 省		0.722	1.442	1.847	1.733	0.56	0.8	0.546	0.616	0.912	1.183

说明：1. 各时段的数据为该段的设置总数除以该段年数，清代的数据为该地区清代的整体设置数除以清代的年数，含不详年代所立之书院。

2. 由于有些数值较小，如果保留的小数位过少，将不易看出差异，故除除尽数据外一律保留三位小数。

为了克服朝段限定对清代河南书院整个发展过程估计所带来的影响，不妨将这310所有具体年代可考的书院（少数"××间"取中间值，"××初"取元年），以10年为单位，归纳如下：

1644—1653—3　　　1714—1723—8　　　1784—1793—7　　　1854—1863—5

1654—1663—11　　 1724—1733—13　　 1794—1803—5　　　1864—1873—5

1664—1673—7　　　1734—1743—42　　 1804—1813—8　　　1874—1883—6

1674—1683—11　　 1744—1753—29　　 1814—1823—4　　　1884—1893—12

1684—1693—40　　 1754—1763—16　　 1824—1833—16　　 1894—1903—13

1694—1703—14　　 1764—1773—13　　 1834—1843—5

1704—1713—8　　　1774—1783—5　　　1844—1853—4

第四章 清代河南学校教育发展的时空差异 | 187

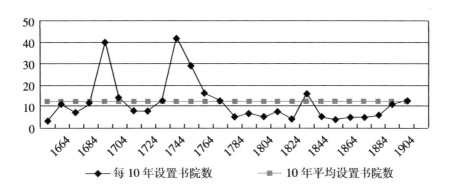

图 4-1 清代河南书院设置折线图

如图可以明确看出，超过平均线的时段主要有：1684—1693、1694—1703、1724—1733、1734—1743、1744—1753、1754—1763、1824—1833、1894—1903 等 8 个。而其中前 6 个均处在康雍乾三朝内，说明康熙朝的书院设置集中在康熙中期，即康熙二十三年至四十二年的 20 年内，尤以从康熙二十三年至三十二年（1684—1693）的 10 年最为集中。乾隆朝的书院设置集中在乾隆初期，即 1734—1753 的 20 年内（1734 年为雍正十二年，为叙述方便，不再从乾隆元年（1736）叙起），尤以从雍正十二年到乾隆八年的 10 年最为集中。这种集中的状况与此段时间内中央和河南地方官员对书院设置的积极倡导是一致的。自康熙二十年（1681）三藩之乱平定后，康熙皇帝对书院的态度便逐渐转变，不但先后为多个省份的多所书院赐书赐额，而且"特命各省并建书院"①。与此同时，康熙二十七年（1688），河南巡抚阎兴邦（1688—1693 年在任）檄饬各地创建书院。其次，继雍正十一年雍正皇帝谕令各地创建书院后，乾隆元年，乾隆皇帝再次重申了这一政策："谕书院之制，所以导进人才，广学校所不及，我世宗宪皇帝命设之省会，发帑金以资膏火，恩意至渥也。古者乡学之秀，始升于国，然其时诸侯之国皆有学。今府州县学并建而无递升之法，国子监虽设于京师而道理辽远，四方士子不能胥会。则书院即古侯国之学也，居讲席者固宜老成宿望，而从游之士亦必立品勤学，争自濯磨。俾相观而善，庶人才成就足备朝廷任使，不负教育之意。"②同样，河南地方官的态度也比较鲜明。乾隆初年，先后莅任河南巡抚的尹会一和雅尔图均对书院的创建积极倡导，亲身督促。所以，清代河南书院的创建集中于康熙中期和乾隆初期的现象决不是偶然的，它与中央的文教政策和地方的积极支持是密不可分的。

---

① 乾隆《续河南通志》卷 39《学校志》。
② 光绪《钦定大清会典事例》卷 395《礼部·学校·各省书院》。

2. 空间分布特征

（1）从普及程度看，基本覆盖全省。就嘉庆二十五年（1820）的区划而言，包括各直隶州驻地在内，全省共有 108 个县域，除南阳府南召县外，其余各县域均有书院设置。普及率为 99.1%，基本覆盖全省。在官学化性质逐步加深的同时，清代河南书院的发展也实现了分布的普及化（图 4-2）。

（2）在设置总数上，呈现明显的双核心结构和核心—边缘性特征。开封府和河南府

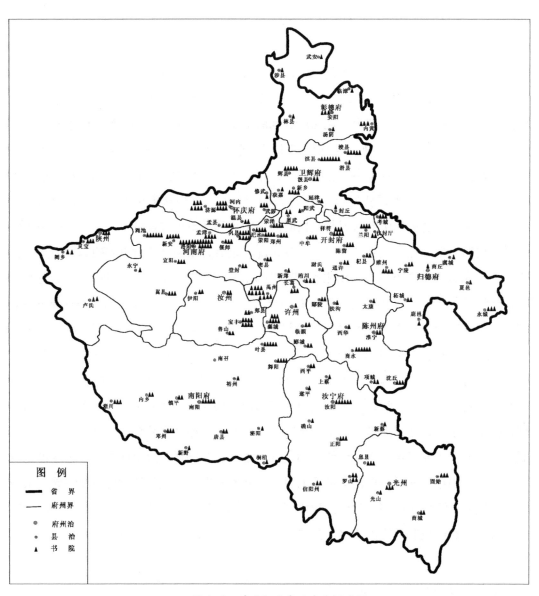

图 4-2 清代河南书院分布示意图

是几乎可以并列的两个核心地区，基本相当的设置数量使清代河南书院的分布在空间上呈现明显的双核心结构，而二者地接壤交的界域划分又使这一地区成为清代河南书院分布的中心地带。这一结构的初步形成在乾隆中期，顺康时期开封府一枝独秀，雍乾时期河南府后来居上，至乾隆末期开封府创建书院44所，河南府创建书院46所。河南府的核心地位已稳稳确立，嘉道以后虽然开封府书院的设置数量又多于河南府，但已不足以撼动其核心地位。开封府核心地位的取得占尽全省政治经济中心这一地利之便，河南府核心地位的确立得益于雍乾时期巩县、洛阳等地历任地方官如季璟、龚松林等人的大力设置。仅雍正十三年巩县知县季璟就连续设置4所书院，乾隆七年、八年两年时间，洛阳知县龚松林就先后设置15所书院。因此至乾隆中期河南府的书院总数便逐渐赶超开封府。与此同时，以开封、河南为中心，周边自西向东陕、汝、许、陈、归诸府州设置数量均较稀少。为便于表达各区之间的层级差异，可以将各府州书院的设置总数分为三个档次。

一级——30所以上的地区：开封府（60）、河南府（52）。

二级——21～30所的地区：卫辉府（30）、南阳府（30）、怀庆府（28）、汝宁府（21）。

三级——10～20所的地区：汝州（16）、归德府（15）、陈州府（15）、许州（15）、光州（12）、彰德府（11）、陕州（10）。

开封、河南这两个一级区周边环绕着一个半环状的三级区。而自这一核心区向北依次是二级区（卫辉府、怀庆府）、三级区（彰德府），形成一种一级—二级—三级的递减关系，呈现出由核心到边缘的分布规律。全省整体上周边的几个府州北彰德、西陕州、南光州、东归德均为设置稀少的三级区，均低于内部的其他府州，亦呈现出明显的边缘性特征。至于由核心区向南的分布情况，与向北略有不同。中间南阳、汝宁二府设置总数高于汝、许诸州，似乎与由核心到边缘递减的规律不相符合，但由于南、汝二府面积广大，所以从密度上看，这一规律依然是存在的（参见表4-19）。当然，这一特征的体现仅是从设置总量上分析所得，而设置总量不代表设置的密疏，具体各地区书院的分布密度容下文细述。（图4-3）

（3）各府州之间和各县域之间差异悬殊。从设置总数看，各府州中开封府设置最多，陕州设置最少。开封府共设置书院60所，为全省各府州之冠，第二是河南府（52），第三是卫辉府和南阳府（二者并列30所）。前三位府州共计设置书院142所，约占全省设置总数315所的45.08%。陕州为各府州书院设置数量的最末位，仅有10所，倒数第二是彰德府（11），倒数第三是光州（12），三者合计设置书院33所，仅占全省总数的10.48%。设置最多的开封府是设置最少的陕州的6倍。不均衡程度较为突出。各县域中，

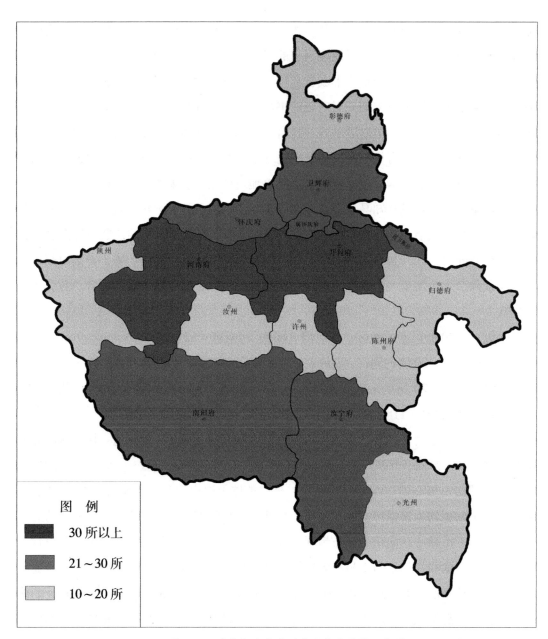

图 4-3　清代河南各府州书院分布差异示意图

洛阳县分布最多，达 17 所，基本集中了全府的 1/3 和全省的 1/18。其次是禹州 13 所，再次是河内 8 所（巩县、宝丰同）。这些县域的设置量都达到甚至超过了许多府州的设置量。这些集中了大量书院的县域不但是所在府州书院设置的密集点，而且是全省书院设置的中心点。分布较少的县除南召县未见设置外，最少均有一所。全省书院设置最多的府州和县域基本一致。

（4）不同方位的大区之间差异明显。豫东（开归道）地区共设置书院105所，占总数的33%；豫西（河南道）地区共设置书院78所，占总数的25%；豫南（南汝道）地区共设置书院63所，占总数的20%；豫北（河北道）地区共设置书院69所，占总数的22%。豫东＞豫西＞豫北＞豫南。其次，黄河两岸诸府：卫辉、怀庆、开封、河南整体分布最为集中，四府合计设置书院170所，占全省总数的54%，远高于江淮流域的其他府州。

（5）各府州设置总数的多寡与均匀程度的密疏不尽一致。由于各府州面积广狭不同，人口多寡不一，县域多少不等，所以设置总数的多寡并不能代表均匀程度的密疏。为此必须将各府州书院的分布密度与设置总数结合考察。一般而言，分布密度指一种面积密度，即地理密度：每多少平方公里多少所。但各府州的自然地貌千差万别，面积大的府州人口不一定多，面积小的府州人口不一定少，比如陈州府面积小于汝宁府、河南府和光州，但嘉庆二十五年（1820）的人口却比三者都要多。况且作为一种教育机构，书院是针对人而设的，只有与人结合考察，其分布才有意义。因此其人口密度的考察亦必不可少。另外，在相近的人口和面积下，由于历史的惯性，政区的设置也会有所不同，比如河南府和汝宁府面积相等，人口汝宁府稍多，但县域的设置河南府却多于汝宁府。县级政区是各地书院设置的主力军，所以书院分布的政区密度亦应考察。

表4-19 清代河南各府州书院分布密度对照表

地区	书院	面积（万 km²）	地理密度（所/万 km²）	位次	人口	人口密度（所/百万）	位次	县域	政区密度（所/县）	位次	综合位次
开封府	60	1.2	50	1	3 427 660	17.5	5	17	3.5	2	2
河南府	52	1.44	36.1	3	1 711 415	30.4	1	10	5.2	1	1
卫辉府	30	0.93	32.3	5	1 519 765	19.7	2	10	3	4	4
南阳府	30	2.91	10.3	12	2 316 877	12.9	7	13	2.3	7	9
怀庆府	28	0.66	42.4	2	1 802 761	15.5	6	8	3.5	2	3
汝宁府	21	1.44	14.6	8	1 934 957	10.9	9	9	2.3	7	8
汝州	16	0.78	20.5	6	831 197	19.2	3	5	3.2	3	5
归德府	15	1.11	13.5	10	3 287 886	4.6	13	8	1.9	9	13
陈州府	15	0.9	16.7	7	2 209 535	6.8	12	7	2.1	8	10
许州	15	0.42	35.7	4	1 298 515	11.6	8	5	3	4	6

续表

地区	书院	面积 （万 km²）	地理密度 （所/万 km²）	位次	人口	人口密度 （所/百万）	位次	县域	政区密度 （所/县）	位次	综和位次
光 州	12	1.23	9.8	13	1 352 321	8.9	10	5	2.4	6	11
彰德府	11	0.78	14.1	9	1 367 793	8.0	11	7	1.6	10	12
陕 州	10	0.9	11.1	11	537 403	18.6	4	4	2.5	5	7
总 计	315	14.7	21.4		23 598 085	13.3		108	2.9		

说明：1. 各府州面积数出自梁方仲《中国历代户口、田地、田赋统计》（上海人民出版社1980年）第274页甲表88《清嘉庆二十五年各府州人口密度》。

2. 各府州人口数出自前书第404页乙表77《清嘉庆二十五年各直省府州厅户口、田地及额征田赋数》。甲表88亦有各府州人口数，但经核对原书嘉庆《重修一统志》后发现卫辉府数字有严重错误，故不取。

3. 各府州县域数为嘉庆十二五年建置，含各直隶州驻地。

4. 总计一栏的密度数为全省相应密度的平均数。

5. 全省人口总数为各府州数之和，与嘉庆《重修一统志》所载全省人口总数23598089略异。

6. 综合位次为三个位次序值相加后，由小到大，最小者列第一位，最大者列最末位。

在地理密度、人口密度和政区密度中，地理密度和政区密度是相对易算的，因为一个府州的面积和县域是相对稳定的，而人口则变化较大，但古代人口的资料却并不能充分反映这种变化，权威的统计数字不丰富，地方的统计标准不统一，故人口密度最为棘手。解决问题的途径只能是以某一年的数字为断面，借以管中窥豹。虽然把清代近三百年间的书院数加在一起摊上一个某一年的人口数不怎么合适，但在目前的资料情况下，这种办法似乎不失为一种相对稳妥的例证式探讨。

如表4-19所示，各府州的书院分布，从地理密度看，开封府最为密集，平均每万平方千米达50所；光州最为稀少，平均每万平方千米仅9.8所，尚不到开封府的1/5。从人口密度看，河南府最为稠密，平均每百万人口拥有书院30.4所；归德府最为稀疏，平均每百万人口仅有4.6所，尚不及河南府的1/6。从政区密度看，河南府最大，平均每县约5.2所；彰德府最小，平均每县仅1.6所，尚不及河南府的1/3。综合起来看，河南府最为密集，归德府最为稀少。

依照三类密度分布序值简单相加的和的大小所确定的综合位次，其前提是认为三类密度的重要性是等同的，实际上在体现离不开人的活动的书院的发展程度上，书院分布的人口密度要远比其地理密度和政区密度重要。但由于人口数字的单年性，无法完全借此来肯定各地区在整个清代书院分布的人口密度，而其地理密度和政区密度在这一点上的准确度和贯通性就要好一些，所以通过合并三者位次确定综合位次，亦是一种权宜之计。

将各地区书院分布密度的综合位次与设置数量的位次进行对照，便可看出书院分布数量的多寡与均匀程度的密疏在多大程度上存在一致关系。但由于数量上各府州有等同现象，如卫辉府和南阳府均为30所，归德府、陈州府和许州都是15所，如果数量相同者仅列一个位次，则全省十三个府州仅有十个位次，拿十个位次与密度的十三个位次进行比较，未免误差太大。因此有必要对数量位次进行修正，修正的办法是数量大小优先，在数量相等的情况下，参考地理密度，密度大者前列，密度小者后排。这样各府州的数量位次便依次可定。

地区	数量原始位次	数量修正位次	密度位次	位次升降
开封府	1	1	2	−1
河南府	2	2	1	+1
卫辉府	3	3	4	−1
南阳府	3	4	9	−5
怀庆府	4	5	3	+2
汝宁府	5	6	8	−2
汝　州	6	7	5	+2
许　州	7	8	6	+2
陈州府	7	9	10	−1
归德府	7	10	13	−3
光　州	8	11	11	0
彰德府	9	12	12	0
陕　州	10	13	7	+6

通过比较便可发现，光州、彰德府没有变化，开封府、河南府、卫辉府、陈州府上下浮动1个位次，怀庆府、汝宁府、汝州、许州上下浮动2个位次，其余诸府州浮动较大。因此，光州和彰德府书院设置数量的多寡与均匀程度的密疏完全一致，开封府、河南府、卫辉府、陈州府书院设置数量的多寡与均匀程度的密疏比较一致，怀庆府、汝宁府、汝州、许州书院设置数量的多寡与均匀程度的密疏基本一致，南阳府、归德府和陕州书院设置数量的多寡与均匀程度的密疏不一致。

与此同时，从各府州书院的各类分布密度上，依其疏密程度，从稠密到稀疏，三种分布密度前六位的府州分别是：

地理密度：开封府（50）、怀庆府（42.4）、河南府（36.1）、许州（35.7）、卫辉府（32.3）、汝州（20.5）

人口密度：河南府（30.4）、卫辉府（19.7）、汝州（19.2）、陕州（18.6）、开封府（17.5）、怀庆府（15.5）

政区密度：河南府（5.2）、开封府（3.5）、怀庆府（3.5）、汝州（3.2）、卫辉府（3）、许州（3）

由此可知，在地理密度和政区密度上，前六位的府州是完全重合的，只是位次略有不同。在人口密度中，许州（11.6）低于陕州（18.6）和南阳府（12.9），陕州和南阳府的位次较为靠前，但由于其地理密度和政区密度的位次较低，所以其总体分布密度稍低于许州。由许、陕、南三府州三种分布密度（地理、人口、政区）的综合位次数值的和便可看出其书院分布的整体疏密差异：

许　州：4 + 8 + 4 =16

陕　州：11 + 4 + 5 =20

南阳府：12 + 7 + 7 =26

因此从三种分布密度的综合位次看：河南府、开封府、怀庆府、卫辉府、汝州和许州依次处于较为密集的前六位。由这六个府州相连组成的一大片区域即构成了清代河南书院分布的密集区，环绕在这一地区周边的府州则构成了清代河南书院分布的稀疏区。这一特征与开封府和河南府无论是书院设置数量还是综合分布密度均居前两位的事实，从书院分布密度的角度证明了二者作为清代河南书院设置核心区的当之无愧和清代河南书院分布的双核心结构与核心—边缘性特征。

（6）县域层次书院分布的不均衡程度高于府州层次。全省县域层次书院设置的分布特征是：点状集中和带状集中并存。洛阳、禹州、巩县、河内、宝丰、济源、祥符、淇县、襄城等9县的书院设置均在7所以上，是县域设置中较为明显的几个集中点。这9县分属河南、开封、怀庆、卫辉、汝州、许州等府州，与密度分布上的密集区域相一致。9个县域占全省县域总数108个的8%，却共计设置书院82所，占全省总数的26%。平均每县设置9.1所，远远高于全省县域的平均设置数2.9所。同时，沿黄河南岸各县域构成了一条明显的设置集中带。从灵宝到兰阳，沿黄15个州县设置了77所书院，平均每县均在5所以上。除南召县外，这设有书院的107个县域总体上可以分为四等。

第一等——10所以上的地区。有两处，即洛阳县17所，禹州13所。合计设置书院30所。

第二等——6~10所的地区。有8处，即巩县、河内、宝丰各8所，济源、淇县、祥符、襄城各7所，汝阳6所。合计设置书院58所。

第三等——3~5所的地区。有39处，开封府8处，河南府6处，其余诸府州次第有差。合计设置书院142所。

第四等——1~2所的地区。有58处，其中1所的31处，2所的27处，合计设置书院85所。

由此可见，第一等地区县均设置书院15所，第四等地区县均设置书院1.5所，第一等的县均设置数是第四等的10倍，而各府州的书院设置总数最多的开封府60所，最少的陕州10所，高低相差仅5倍，可见，县域层次书院分布的不均衡程度要高于府州层次。

（7）各府州内部县域之间书院设置的分布特征是：①书院设置中心与政治中心或重合、或等存、或背离，三种情况并存。②除卫辉府和怀庆府外，总体设置多而密的府州不均衡程度高于少而疏的府州。在河南、怀庆、汝宁等府内书院的设置中心与政治中心是重合的，即洛阳、河内、汝阳分别是各自所在府州书院设置最多的地区。在南阳、彰德、光州、陕州等府州内，书院的设置中心与政治中心是等存的，即同时有政治中心之外的县域书院设置数与政治中心所在县域相同。如南阳府南阳县设置书院5所，而其北部的叶县也设有5所书院；光州驻地设有3所书院，而其辖下的息县、固始也各设有3所书院。在开封、卫辉、归德、陈州、许州、汝州等府州内，书院的设置中心与政治中心是背离的。开封府禹州设有13所书院，祥符县仅有7所；卫辉府淇县设有7所书院，汲县仅有2所；归德府睢州设有4所书院，商丘县仅有1所；等等。这些府州的驻地都不是该地区书院设置最多的地区，可见传统的政治中心一定是文化中心或政治中心必定影响文化中心的说法还需要具体地域具体分析。

另外，假定各府州内各县域书院的设置数目相对准确，那么对于府州内部书院分布均衡程度的判断，可以利用KURT函数精确算出。KURT函数是一种计算一组数据均衡度的函数，它可以对number1，number2，number3，…，numberN等一系列数据分布的相对均衡度进行分析。各数据的先后顺序不影响结果的计算。所得的KURT值又称为峰值，峰值反映与正态分布相比某一分布的尖锐度与平坦度，正峰值表示相对尖锐的分布，负峰值表示相对平坦的分布。即数值越小均衡度越高。依据这一函数，各府州内书院分布的峰值分别是：开封府8.11、河南府5.63、汝州5、许州3.32、陈州府1.95、汝宁府1.42、光州0.31、归德府0.29、怀庆府-0.54、卫辉府-0.79、彰德府-0.84、南阳府-0.87、陕州-6。由此可见，陕州和河北三府书院分布的均衡度最高，开封、河南、汝州、许州四地书院分布的均衡度最差，同样是河南书院分布的密集区，卫辉府和怀庆府书院分布的均衡程度就好一些，其余比卫辉和怀庆均衡程度更好的彰德、南阳、陕州等地书院设置均较稀少,介乎许州、怀庆之间的府州与此类似。所以,总体上看,除卫辉府和怀庆府外,书院设置多而密的府州其分布的不均衡程度高于少而疏的府州。

以上就清代河南书院的时空分布特征进行了初步探讨,但正如书院设置数量的多寡不代表均匀程度的密疏一样,书院时空分布的差异也不代表书院发展程度的差异。由于各所书院设置早晚不同,存续长短不一,生徒数量不等,影响范围有差,所以有必要对其发展程度的地域差异再作分析。

(三)清代河南书院发展程度的地域差异

1. 比较各地区之间书院发展差异程度的可行途径

对于现代学校来说,表征其规模大小的一个重要指标便是学生数量的多少,包括当年学生的数量和有史以来培养学生的数量。至于建筑规模和经费数量,虽是相对次要的因素,也一般都有具体数字可供比较。但对于古代书院来说,这些指标的操作都显得异常困难。要么缺乏资料,要么仅是某一年的资料。比如对于许多延续到清末的书院来说,依据《河南教育官报》的统计,其改制前一年的数据基本都有,从这些数据可以看出该书院的建筑规模、常年经费、招生规模等情况,但对于贯通清代的河南书院的整体性发展差异研究,这些数据的利用价值相对较低,因为:①完整性差。并不是每个书院都有,只是延续到清末的书院,而这只是清代河南书院的一部分,许多中途废掉的书院的相关资料极度缺乏,且并不是每所书院每个项目都有,可比口径不统一。仅就分析清末各地书院发展程度的差异还需技术处理,遑论整个清代。②代表性差。只能代表该书院清末的情形,并不能代表清代的整体情况。要想依据这些数据推知其他年份的情况恐怕误差太大,因为建筑规模时有扩充,经费数目屡有续置,学生数量常年不一,清末的情形如此,并不代表清前期和中期或整个清代的情形均是如此。比如,禹州丹山书院,康熙五十五年(1716)知州李朝柱初建时斋舍仅十数间,经费为李朝柱捐金500置地79亩的地租所得。乾隆七年(1742)知州高鉴增地17亩7分,并详情聚星书院供给银333两,以月息为修脯膏火及修葺之资。后"历时既久,经纪渐弛,学舍几湮蔓草,经费亦复无多"①。道光三年(1823)知州朱炜重修后,斋舍增为70余间,经费增为390千文,生徒数目不详,依斋舍计约有百余人。清末改制前经费增为1500两,生徒仅为64人。再如项城莲溪书院乾隆二十五年(1760)知县梁作文重建时,斋房10余所,生徒估计也就数十人,嘉庆二十二年(1817)知县邵杰、道光二十六年(1846)合邑绅董、同治八年

---

① 道光《禹州志》卷12《学校志》。

(1869)知县李慰乔及合邑绅董等先后重修,增号房数十间,至咸丰间生徒已达300余人,常年住院生徒200余人。增长是比较迅速的。变化是比较明显的。而要计算其一定时段内培养的生徒总数又几乎是不可能的,因为:①入书院学习的生徒,除正取生外还有其他类型的学生。如禹州颍滨经舍,每年正取10名,副取6名,童生8名,蒙养30名,另有自费生若干。②古代教育没有严格的现代学制系统,有的学生可能在书院学习一两年,有的学生可能在书院学习三五年甚至更长时间。所以依据招生额度难以估算一定时期内的培养学生总数。对于许多延续到清末的书院来说,虽然资料较为齐全,但其代表性也就是咸丰以来的三五十年,因为咸同乱后,许多地区都有一个修复学校,重振文教的过程。与书院初创时期的简约不可相提并论,与书院全盛时期的繁荣也不可同日而语。

至于影响范围的大小问题,对一个地区书院发展的规模差异似乎影响不大,因为无论是面向全省招生(如大梁、明道等书院),还是面向全道招生(如河朔、豫南等书院),甚而面向府县招生,表征一所书院发展的规模因素主要都是生徒数量的多少,影响范围是一种层级和内涵性质的质量因素。

对于某一层级的一所书院来说,在清代这样一个长时段内,其发展的差异是比较大的,但对于同一层级的每所书院来说,差异并不大,一般都是初创时十数间房、数十亩地,繁盛时数十间房、数百亩地,衰败时人去楼空、地作他用。可惜的是院生数量不是很详,一般而言,初创时多在一二十人左右,繁盛时多在三四十人左右。比如陕州召南书院康熙六十年(1721)知州李朝柱建,乾隆五年(1740)"知州朱永庆申请照小府之例延师督课……陕灵各选生徒4人,阌卢生徒各2人……"①合计也就12人。邓州春风书院乾隆八年(1743)知州马趲初建于百花洲畔,四十一年(1776)知州陈旭移建于内城丁字口西时,向儒生们倡捐银两,先后共有462名曾在书院学习过的儒生捐款,假如这些儒生的学习时段都在从初建到移建的前后33年间的话,则平均每年14人。②有时斋舍的扩建与院生的增加有一定程度的一致关系,但也不可妄断,因各个书院都有"住校生"和"走读生",斋舍的数量不完全代表院生的数量。

在建筑规模、常年经费和院生数量不易确定,而同一层级的各书院之间整体发展程度差异不大的情况下,每所书院的存续时间就成了表征各地书院发展程度的重要因素。特别是有些统计为多所书院的县域,由于这些书院并不是同时存在的,仅根据数量易于

---

① 民国《陕县志卷》9《教育·书院》。
② 陈旭:《鼎建春风书院碑记》,此碑现藏邓州市城区花洲书院院内,碑高2.3米,宽0.76米,圆首。碑额为篆书"鼎建春风书院碑记",下为陈旭所撰碑文,碑阴为捐款儒士姓名,共计462人。

高估其书院的发展程度。如禹州的丹山书院与颍滨经舍，光绪二十八年秋（1902）知州曹广权"以（丹山）书院不足供诸生栖止，别筑颍滨经舍，改书院为校士馆"①。丹山书院与颍滨经舍虽为两所书院，但它们在时间上是前后相继的。又如杞县的玉泉书院、志学书院和东娄书院，先是顺治十六年（1659）知县吴守寀奉院檄建书院讲堂3楹于尊经阁敬一亭遗址，旋即圮废。康熙五十九年（1720）知县宁佑建于玉泉街，因名玉泉书院。乾隆二年（1737）知县王履仁改为广济堂而书院遂废。乾隆十七年（1752）知县潘思光率绅士重修，名为志学书院，乾隆五十三年（1788）知县周玑又重修后改为东娄书院。②从玉泉书院、志学书院到东娄书院，名为三所，实为一所。再如中牟县的广学书院、育才书院和景恭书院。广学书院为康熙十四年（1675）知县韩荩光建，育才书院为康熙五十四年（1715）知县桂芳因广学书院毁弃而新建，景恭书院为道光七年（1827）知县董敏善以前两院均久废而重建。虽说先后设置了三所书院，但从整个清代的历史发展看，中牟县实际只有一所。其他如仪封厅的饮泉书院和请见书院、宁陵县的宁城书院和文修书院、通许县的进学书院和咸平书院等等，性质均与此相同。而存续时间的计算恰好消除了这种因数量问题而产生的估计误差。

所以计算一个地区内书院的存续时间就成了比较各地区之间书院发展差异程度的可行而有效的重要手段，而这一计算需要对该地区内每所书院的建修年代和革废年代作出精确厘定。

2. 书院建废原因的归纳与建修和革废年代的确定

书院的建修年代一般记载比较详细，建修原因也多种多样：

有的为奉行饬令完成任务而建，如杞县玉泉书院，"顺治十六年知县吴守寀奉院檄发金置田构书院三楹于尊经阁敬一亭遗址，旋即圮废"③。

有的为恢复传统推行教化而建，如宁陵文修书院，光绪十三年（1887）钱绳祖知宁陵，见"自粤匪煽乱，民难安堵，各处书院类皆毁于兵燹"④，遂于十五年（1889）秋新建文修书院。

有的为践行理想传承学术而建，如柘城朱阳书院，康熙二十八年（1689），窦克勤因母丧守制归里，见故乡文风不振，深以为憾，遂与父亲共图兴学大业，择地于柘城东门

---

① 民国《禹县志》卷8《学校志》。
② 乾隆《杞县志》卷5《教育·书院》。
③ 乾隆《续河南通志》卷39《学校志·书院》"杞县"条。
④ 宣统《宁陵县志》卷3《建置志》钱绳祖《文修书院碑记》。

外，创建朱阳书院，聚徒讲学①。

有的因感恩人事以志纪念而建，如河内李公书院，"在县东郭，知县李杬集士讲学于此，终岁不倦，邑士感之，去任后于康熙三十五年奉祀其中，题额以志去思"②。再如长葛大中丞书院，"清康熙二十二年王公题请改折漕粮，万民戴德，知县李元让建，后倾圮。清康熙二十五年秋灾，大中丞阎公题暂免征解漕米，本邑士民咸悦，知县何鼎建"③。

还有的为培育人才教化族人而建，如襄城望族盛氏于嘉庆二十四年创办的涌芬书院④。等等原因不一而足，记载相对较详。而对于一些记载相对模糊的书院，主要采用以下方法划定年代：①依据建立者的职务查职官志。比如氾水广宁书院，"康熙邑令张国辅建⋯⋯乾隆初知县许勉燉增建塾舍于两庑改额曰振雅书院"⑤。查该志卷 3 职官表知张国辅康熙四十一年在任，故广宁书院的建立年代当为康熙四十一年即 1702 年。有些官吏的任职跨好几年，则取其中间值。如汝州汝阳书院"在西大街，旧借作州判署，后裁，复为书院，国初巡道张洴建。"查乾隆《河南府志》卷 17 职官志知张洴顺治十四年至十六年（1657—1659）分巡河南道，即取顺治十五年即 1658 年为汝阳书院的建立年代。其他如洛阳天中书院、氾水龙山书院、获嘉同山书院、项城虹阳书院等均为此种情况。②依据书院的记载查艺文志中的碑记或人物志中的人物活动。如仪封请见书院经查乾隆《仪封县志》卷 12 艺文志《请见书院记》知其酝于康熙甲戌年（1694），成于康熙丁丑年（1697）。安阳酉山书院经查民国《续安阳县志》卷 16 人物志知酉山书院为光绪间邑绅马吉森建。③依据其他线索断定建立年代。如宜阳屏山书院，乾隆《河南府志》卷 29 学校志载："在城内，旧有膏火地 33 亩，每年县令捐束脩 12 两"，因与光绪《宜阳县志》卷 5 学校志所载之锦屏书院地点不一，估计当为另一书院，依其所载方志之版本年代（乾隆四十四年）姑断为乾隆间。④对于确实无法解决的建修年代，暂且存疑，定为不详。

书院的革废年代一般不像建修年代那样详明，革废原因也更为复杂，综合起来最少有以下九种情况：①改为学堂。这是最为常见的一种情况。其革废的年代也相对较详。根据《河南教育官报》的统计和民国时期方志及少量新中国成立后新方志的记载，有 170 余所延续到清末的书院在书院改制的浪潮中被改为相应的学堂。②改为义学。这种类型

---

① 光绪《柘城县志》卷 7《艺文志》窦克勤《朱阳书院记》。
② 道光《河内县志》卷 16《营建志》。
③ 民国《长葛县志》卷 4《教育志第四》。
④ 民国《重修襄城县志》卷 20 上。
⑤ 民国《氾水县志》卷 2《建置志·书院》。

的年代记载一般也较清晰。如通许咸平书院在乾隆二十一年知县吴昌国另建书院后改为义学。①禹州东峰、颍南、育贤、白沙等书院在道光四年知州朱炜重修后改为义学。②③并入他院。如嵩县的乐道书院和伊川书院，乐道在城，伊川在乡，乾隆三十一年知县康基渊将伊川移入城内与乐道合，但仍名伊川。③再如光州龙门书院，康熙五十二年（1713）知州刘学礼创建于北城东郊外，乾隆二十六年（1761）知州吴一嵩因旧地阔远，城市生徒饔飧不便，移入城内，借设南城水月关廊房，并入原设于此的南城书院。④④毁于兵燹。如宁陵宁城书院，乾隆七年知县梁景程建，咸丰三年、九年两次城陷后化为乌有。⑤夏邑崇正书院，道光壬辰知县邹光曾买牛姓宅改建，咸丰中毁于兵燹，直至光绪十一年才由知县陆纲会同邑绅彭麟昌重修。⑥⑤毁于积水。如武陟覃怀书院，乾隆三十五年由河北道台朱岐、武陟知县刘德遵等创立，嘉庆间毁于积水。⑦⑥改为他用。如杞县玉泉书院乾隆二年知县王履仁改为广济堂而书院遂废。⑧孟津河清书院嘉庆二十年改为行馆而书院无闻。⑨⑦人为毁坏。如仪封饮泉书院康熙年间邑令毁之。⑩⑧并县后废。如河阴文明书院清乾隆十四年知县周之瑚创建，并县后废。⑪⑨其他。这九种情况，有的革废时间记载较详，像改学堂之类。有的革废时间记载简略，像毁于积水或人为破坏之类。有的革废时间完全失载，像其他原因不明之类。对于简略或失载的革废情况，主要通过以下方法和原则确定革废年代：①简单考证。如河阴文明书院在并县后废，查民国《河阴县志》卷1沿革考便知河阴县乾隆二十九年（1764）并入荥泽县，故其革废年代定于乾隆二十九年。②一般推理。如仪封饮泉书院的毁废年代，经一般推理可知其毁废年代大致在康熙二十一年即1682年左右（详见表4-16该书院脚注）。③借助新中国成立后新方志或其他零星资料像文史资料等予以确证。如新安明新书院，查1989年出版的方

---

① 乾隆《通许县志》卷2《建置志·学校》。
② 道光《禹州志》卷12《学校志》。
③ 乾隆《续河南通志》卷39《学校志·书院》"嵩县"条。
④ 光绪《光州志》卷1《建置志·学校》。
⑤ 宣统《宁陵县志》卷3《建置志》。
⑥ 民国《夏邑县志》卷2《建置·书院》。
⑦ 道光《武陟县志》卷16《学校志》。
⑧ 乾隆《续河南通志》卷39《学校志·书院》"杞县"条。
⑨ 嘉庆《孟津县志》卷3《建置志·学宫》。
⑩ 乾隆《仪封县志》卷3《建置志·学校》。
⑪ 民国《河阴县志》卷9《学校考》。

志知明新书院在 1892 年即光绪十八年时仍有讲学活动。故此断为清末革废①。④对于仅记有或考出的大致朝段"初"取元年,"中"取中间年份,"末"取末年。"清末"统一取为 1908 年,因大部分书院无论革废均在 1902—1908 年间。⑤对于一时无法弄清的年代,姑且存疑,列为不详。

依照上述原则,根据表 4-16 的统计,总计 315 所书院,有 5 所建修年代不详,分别是延津廪延书院、罗山龙池书院、罗山石塘书院、罗山周家庵书院和襄城汝南书院。59 所革废年代不详,计有开封府 4 所、归德府 3 所、彰德府 0 所、卫辉府 6 所、怀庆府 7 所、陈州府 3 所、河南府 18 所、南阳府 6 所、汝宁府 4 所、许州 3 所、陕州 2 所、光州 1 所、汝州 2 所。其中罗山石塘书院置废年代均不详。合计共有 63 所书院无法算出存续时间,占书院总数 315 所的 20%,比例不大,数量不多,分布也相对均匀(河南府稍多),因此其存续时间总数基本可以代表其发展的总体状况。

3. 书院供给差异的计算及其所反映的地域发展差异

各府州内每所书院的存续时间之和为各自的书院教育供给总量,同时为了克服人口的差异,仍以嘉庆二十五年(1820)的人口数作大致修订。经过计算,各府州的人均书院教育供给量如表 4-20。

表 4-20 清代河南各府州人均书院教育供给量差异比较表

地 区	书院教育供给总量(年·所)	人 口	人均教育供给量(年·所/万)	位 次
开封府	5500	3 427 660	16.05	3
河南府	3340	1 711 415	19.52	2
南阳府	2592	2 316 877	11.19	8
汝宁府	2039	1 934 957	10.54	9
怀庆府	2064	1 802 761	11.45	7
卫辉府	1842	1 519 765	12.12	5
汝 州	1765	831 197	21.23	1
许 州	1577	1 298 515	12.14	4
彰德府	1377	1 367 793	10.07	10
陈州府	1290	2 209 535	5.84	12

---

① 林志冠主编:《新安县志》(河南人民出版社 1989)第 451 页文化编第一章教育载:"(明新书院)先由介杭主讲,后由王崇德、介义坊续任,1892 年(光绪十八年)由孟津名儒许景廉主讲。"

续表

地 区	书院教育供给总量（年·所）	人 口	人均教育供给量（年·所/万）	位 次
光 州	1287	1 352 321	9.52	11
归德府	1246	3 287 886	3.79	13
陕 州	646	537 403	12.02	6
总 计	26260	23 598 085	11.13	

如上表所示，各府州的每万人平均书院教育供给量值可分为三个等级：

一等——15 年·所/万以上。有三府州：汝州（21.23）、河南府（19.52）、开封府（16.05）。

二等——10~15 年·所/万。有七府州：许州（12.14）、卫辉府（12.12）、陕州（12.02）、怀庆府（11.45）、南阳府（11.19）、汝宁府（10.54）、彰德府（10.07）。

三等——10 年·所/万以下。有三府州：光州（9.52）、陈州府（5.84）、归德府（3.79）。

相应而言，由人均书院教育供给量反映出来的各府州书院发展程度差异为（图4-4）：

发达区——汝州、河南府、开封府。

一般区——许州、卫辉府、陕州、怀庆府、南阳府、汝宁府、彰德府。

落后区——光州、陈州府、归德府。

总之，书院是中国古代教育史上一种独特的教育机构，也是清代河南教育的重要场所。在广泛搜集资料的基础上，依照嘉庆二十五年的区划范围，采用相对合理的标准，统计可得清代河南各地先后共设置书院315所。其中有310所设置年代相对明确，这310所书院在时间上集中于清代前期，特别是康熙和乾隆时期，康熙朝又集中于中期，乾隆朝又集中于初期。而从年均设置数上又可知雍正年间的设置最为频繁。在空间上集中于开封和河南两府，呈现明显的双核心结构和核心—边缘性特征。各府州之间和各县域之间差异悬殊，不同方位的大区之间差异明显。各府州设置总数的多寡与均匀程度的密疏不尽一致，县域层次书院分布的不均衡程度高于府州层次，各府州内部县域之间的书院设置中心与政治中心或重合、或等存、或背离，三种情况并存。除卫辉府和怀庆府外，总体设置多而密的府州不均衡程度高于少而疏的府州。但书院分布的差异不代表发展程度的差异，由人均书院教育供给量的比较可知：汝州、河南府和开封府是书院发展较为发达的地区，许州、卫辉府、陕州等地是相对一般的地区，光州、陈州府和归德府是比较落后的地区。

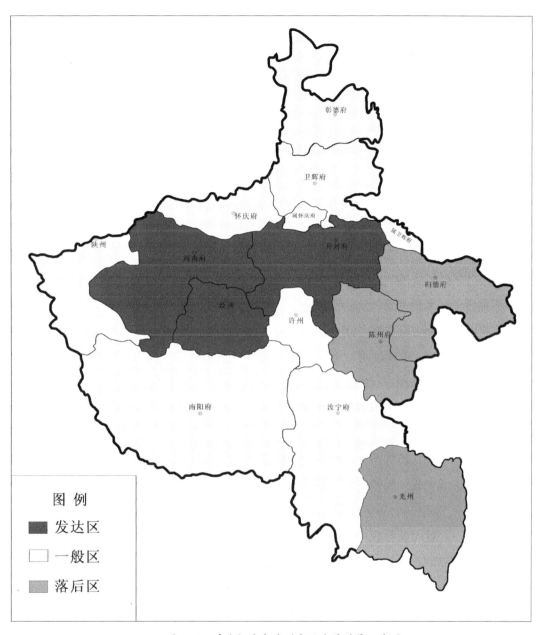

图4-4 清代河南各府州书院发展差异示意图

第二节 新式学堂的时空分布特征和地域发展差异

与传统学校相比，新式学堂之所以"新"，不是由于其名字由儒学、书院或义学换成了学堂或学校，而是其教育内容的更新和管理体制的变革。从教育内容看，新式学堂的教育内容已不再是纯粹的以四书五经为主的儒家经典，而是引入了现代的人文和自然科学知识，这种以西方文艺复兴以来人类优秀的精神劳动成果和智慧结晶为主要组成的知识体系，在逐渐进入东方神秘的国度后，与东方以儒家文化为主的知识体系相比，正如将近代自然科学从神学桎梏下解放出来的意大利科学家伽利略的一本著作的名字一样，是"两种科学体系的对话"。它带来的是人类社会的另一种完全不同的价值体系、思维方式、意识形态和生存法则。因此它与儒家文化不可避免地会出现种种碰撞和磨合，所以才会有张之洞的"中体西用"，才会有各地新学堂成立之初的仍以大量时间读经讲经。河南作为风气晚化之地，自然更不例外，所有学堂的教学科目中一方面出现了历史、地理、算术、理化、法制、图画等现代课程，另一方面传统科目"读经讲经"等仍在教学课时中占有相当比重。

从管理体制看，新式学堂的特点：①设立了专门的教育管理机构，改变了儒学官师合一的状况，学堂成了纯粹的教学育才之地，这是与封建儒学的最大不同。正如《河南新志》所云："光绪三十一年科举既废，各省学政同时撤销。时河南省垣已立高等学堂、师范学堂各一，各府州县立中小学堂凡二十余所，于是特设学务处以总其成。寻改设提学使司，沿用前学政公署。内分三科，科长、科员之名自是始。另设学务公所，置议长一人，议绅六人，以规划全省学务，视学若干人，以视察各学堂办理状况，而报告于提学使。"①②建立了严密的学校层级制度及与之相配套的严格的学制系统和递升之法。学校的层级不再像书院那样由设置地的政区等级或建立者的官职决定，而是由学校教学内容的深浅决定。比如，对于书院来说，巡抚或学政设立、建于省城者就是省级，知府或教授设立、建于府城者就是府级，知县或教谕设立、建于县城者就是县级。但对于新式学堂来说，府城可以有中学堂，县城可以有中学堂，甚至乡镇也可以有中学堂。像遵照《钦定学堂章程》永城县于1904年设立的永城官立中学堂，遵照《奏定学堂章程》项城

---

① 民国《河南新志》卷7《教育》。

县于1908年设立的项城柏庄铺中学堂和新野县于1907年设立的新野县中学堂等都在县城或乡镇。与此同时，对每一层级的学制时长均作了相应规定。要升入高一级学校必须具有与其紧接的低一级学校的学习经历，一般不可躐等。这与书院生徒可以在各级书院之间随意流动具有很大不同。因为书院的层级不是由教学内容的难易程度决定的，各级书院虽然层级不同，教学内容并无差异。由行政区域决定学校层级到由教学内容决定学校层级是学校管理现代化的一个重要标志。③不但实行了层级管理，而且实行了分类管理。根据教育的不同性质，新教育被划分成不同类型。除普通教育外，还有师范教育、实业教育、女子教育、社会教育等，各类教育也有相应的学校名称。

普通教育：大学堂、高等学堂、中学堂、小学堂。其中小学堂又分为高等小学堂、初等小学堂和两等小学堂。从小学堂到大学堂的一系列教育又称为直系教育。

师范教育：优级师范学堂、初级师范学堂、师范传习所。

实业教育：高等实业学堂、中等实业学堂、初等实业学堂。

女子教育：女子普通学堂、女子师范学堂。

社会教育：半日学堂、半夜学堂、简易识字学塾、改良私塾。

如果说前述几种教育在古代社会也能觅到踪迹，不足为奇的话，那么女子教育作为一种独特的教育进入社会公共视野，则是近代教育发展史上的一件大事。它所带来的不单是女子获得了和男子一样的受教育权利，更重要的是它带来了思想观念上的严重冲击，从一定程度上解放了人的精神。这种作用和意义对于河南这样的相对愚塞之地显得尤为重要。由女子教育和其他教育类型组成的新教育体系，使新教育与传统教育相比，不仅具有质量和等级差异，而且具有类型差异。而这一点正是传统教育所不具备的。

清末河南新式学堂的设置是在全国潮流的裹挟下被迫前进的。相对于国内得风气之先的京师和沿海地区来说，河南的新式学堂来得太晚。因为这些地区从洋务运动之始便开始逐步设立各类新式学堂，至清末已蔚为大观。而河南新式学堂的设置是在1901年光绪帝明令颁布兴学诏书之后。该年阳历9月14日，光绪帝上谕："除京师已设大学堂，应行切实整顿外，着各省所有书院，于省城均改设大学堂，各府及直隶州均改设中学堂，各州县均改设小学堂，并多设蒙养学堂。"①是年冬，一所规模较大的道立书院——设于武陟县木栾店东南隅的河朔书院便随之进行改建，次年二月，一所率先创办的新式学堂——河朔中学堂便正式开学。这是目前为止河南省内有稽可考的、设立最早的新式学堂。至于此前河北道陈宝箴于光绪七年（1881）创建的致用精舍和进士李时灿于光绪二十六

---

① 朱寿朋编，张静庐等校：《光绪朝东华录》（四），总第4719页。

年（1900）创办的经正书院，虽然也引入了诸多新学课程，但其教学与管理仍是按照书院的模式进行，比如院生分斋习业，重开月课季考，强调研究经义，贯彻中体西用等思想和实践均说明了它们只是一种传统教育模式下的改良书院，尚处于对新教育的实验和摸索阶段，与现代教育思想倡导下的新式学堂尚有一定距离。致用精舍随着陈宝箴1882年升任浙江按察使的离去，便不得不在各方压力下"改课时文试帖，与他书院等矣"①。经正书院也在1906年被改为卫辉府初级师范学堂。

所以河朔中学堂是清末河南在1901年的兴学诏书后创办的第一所新式学堂，而实际上此类诏书三年前已经晓谕各省，但未闻河南有任何动作。1898年7月10日，正值戊戌变法之时，光绪帝谕曰："即将各省府厅州县现有之大小书院，一律改为兼习中学西学之学校。至于学校阶级，自应以省会之大书院为高等学，郡城之书院为中等学，州县之书院为小学……其地方自行捐办之义学社学等，亦令一律中西兼习，以广造就……至于民间祠庙，其有不在祀典者，即着由地方官晓谕民间，一律改为学堂。"②1898年的诏书比1901年更为详尽。诏书颁布后，大学士孙家鼐随即（1898年9月19日）奏设了顺天府中学堂和京师蜀学堂，③甚至比河南更处内陆的陕西也在该年10月12日由巡抚魏光焘奏设了陕西中学堂。④所以起步较晚的河南新式学堂在财政拮据，创办甚急而又时局动荡、风雨飘摇的时代，难免出现遍地开花、草草敷衍的状况。像光绪三十二年八月创办的西华县中学堂和三十三年七月创办的新野县中学堂，存在时间都很短，均在随后不久的统计中不见踪影，真可谓昙花一现。

虽然起步晚、创办草，但从1902年2月河朔中学堂的正式创办到1911年底西平蚕业学校最终成立，短短9年多的时间，清末河南初步建立起了种类齐全、等级有序、质量各异的新学系统，实现了新式学堂的草创和普及。在这一简短的过程中，各级各类学堂在省内各地区之间表现出了数目不等、速度有异、质量有差的发展特点。以下就这一特点作简要论述：

一、普通学堂的分布与发展

普通学堂是新式学堂的主体，也是新式学堂中地方官用力最多、办得较好的学堂。

---

① 民国《续武陟县志》卷9《学校志》。
② 朱寿朋编，张静庐等校：《光绪朝东华录》（四），总第4126页。
③ 朱寿朋编，张静庐等校：《光绪朝东华录》（四），总第4199—4200页。
④ 国家档案局明清档案馆编：《戊戌变法档案史料》，北京：中华书局，1958年。

普通学堂中高等学堂由大学堂演变而来，清末全省设置一所。如前所述，清末河南新式学堂的设置是从普通学堂的中学堂开始的。但大学堂的创办也不算晚，相对于国内其他省区，省内最初的唯一一所大学堂——河南大学堂的创建时间还较为靠前。就在河朔中学堂开学不久，1902年3月7日，刚刚上任的河南巡抚锡良便着手创办河南大学堂，4月底，河南大学堂即告成立，6月1日正式开学。当时国内仅有山东大学堂、山西大学堂、江苏省城大学堂和浙江省城大学堂等少数几所大学堂。1902年8月15日《钦定学堂章程》颁布，规定"省会所设学堂曰高等学堂……高等学堂之功课，与京师大学堂预备科功课相同，一切办法均照大学堂预备科一律办理"[①]。除京师大学堂和山西大学堂外，各省所设大学堂一律改称高等学堂，河南大学堂也不例外。1903年初，河南大学堂改称河南高等学堂。1903年4月1日，原天津中西学堂改名北洋大学堂。至1904年1月13日《奏定学堂章程》颁布后，国内共有京师、山西、北洋等3所大学堂，山东、浙江、安徽等23所高等学堂，河南高等学堂即为其一。所以在1902年各地大张旗鼓地改书院的潮流中，河南高等学堂的设立并不落后于国内其他地区。但其实质和质量却远低于国内其他地区特别是江浙等地的高等学堂。如硬件设施较差，讲堂为长形，"学生距黑板者远，殊伤目力"，"且无盥所、浴所"[②]。聘请外籍教习少，仅有日籍教习两人：民家谦曹和三宅喜代太。其中民家谦曹是兼职，[③]另一人三宅喜代太乃日本冈山县寻常师范毕业，却担任河南高等学堂的教学，"到堂二年余，所授仅日本俚语"[④]。学生程度低，首批招收学生200名，1902年6月开学，到1907年7月按中学堂考试合格者仅40人。[⑤]同时，据1907年京师大学堂旧班师范毕业生题名录，104名学生仅有2名河南籍人，[⑥]而这些学生是由各省高等学堂选送的，河南学生少从一个侧面说明河南高等学堂的学生程度差，选不出更多的学生升入京师大学堂。再者，教员的科学素养也较低，像学堂监督王安澜金牙误吞肚后竟喝强酸排金，以致毙命。其实这些不足，其他高等学堂都不同程度地存在，只不过河南高等学堂表现得较为突出。对此，管理全国教育的学部也是心

---

① 朱有瓛主编：《中国近代学制史料》第2辑上册，上海：华东师范大学出版社，1987年，第559页。
② 《学部官报》第53期（约1907年底出刊）京外学务报告，第724—725页。另根据《全国中文期刊联合目录（1833—1949）》的记录，《学部官报》创刊于1906年7月1日，停刊于1911年7月，共出183期。第1、2期为月刊，第3期起为旬刊。所以根据期数大致可推知其所出日期。
③ 朱有瓛主编：《中国近代学制史料》第2辑上册，上海：华东师范大学出版社，1987年，第46页。
④ 《光绪三十三年学部视学官调查报告》，见朱有瓛主编：《中国近代学制史料》第2辑上册，第637页。
⑤ 《光绪三十三年河南高等学堂一览表》，见朱有瓛主编：《中国近代学制史料》第2辑上册，第635页。
⑥ 房兆楹：《清末民初洋学学生题名录初辑》第45—53页，见朱有瓛主编：《中国近代学制史料》第2辑上册，第925—928页。

知肚明，宣统二年（1910）学部在考查各地高等学堂后，曾有考查结语云：各省高等学堂皆已设立，然事属创办，学生程度未能合格，教学设备又不完全，以不合格之学生入不完全之学堂，虽袭高等之隆称，不足为大学之预备。①

除河南高等学堂外，省城又设有河南客籍高等学堂。由于学部规定，客籍高等学堂可以单独设立，河南豫籍、客籍学生时有冲突，因而客籍学生分裂出去，于1905年正月在开封老府门信陵君祠另建河南客籍高等学堂。招收学生三班，岁支银9170两，但不久即停办。

大学堂和高等学堂主要设于省城，而中小学堂主要设于各地方府州。一般而言，中学堂以各府州设立一所为原则，主要设在各府州治所。小学堂中的高等小学堂也以各州县设立一所为原则，主要设于各州县治所，似乎又开始以设置地域的行政级别对应学校层级，对此1902年的《钦定中学堂章程》第一章《全学纲领》第三节对此作了解释："今定府治所设学堂为中学堂中小学堂原不以府县而分，如州县治亦可立中学堂，府治亦可立小学堂；但目前官立诸学堂先就府治设一中学堂，州县治设一小学堂，以为绅民设立之模范。"②只是个权宜之计。随着时间的发展，由于各地书院的发展程度不同，中小学堂主要由各地书院改制而来，有些府州如怀庆延续至清末的同时有数所较大规模的书院，潜在生源较多，相应便可以设立数所中学堂，所以1904年初的《奏定中学堂章程》也对此作了说明，该章程第一章《立学总义》第二节规定："中学堂定章各府必设一所，如能州县皆设一所最善；唯此初办不易，须先就府治或直隶州治由官筹费设一中学堂，以为模范，名为官立中学。其余各州县治可量力酌办，如能设立者听。"③允许有条件的州县也可自行创办中学堂。同时，对于办学形式，除官立外，公立和私立也加以鼓励，所以并没有严格的设立限制。清末河南较早设立的两所中学堂——河朔中学堂和怀庆府中学堂就在同一府内。而永城、舞阳、西华、新野、项城等县也在《奏定中学堂章程》颁布之后设立了中学堂。

根据一个府州设立一所中学堂的一般原则，那么按照嘉庆二十五年的区划，河南应设中学堂13所。但清末的区划又有变动，光绪三十年（1904），郑州升直隶州，荥阳、荥泽、汜水三县往属。三十一年（1905），南阳府淅川厅升直隶厅④，这样，清末河南的府级政区便增为15个，因此设在各府级政区驻地的中学堂有15所，这15所中学堂属于

---

① 张邃青：《记河南初开办的学堂——河南高等学堂》，上书第639页。
②③ 朱有瓛主编：《中国近代学制史料》第2辑上册，上海：华东师范大学出版社，1987年，第374、382页。
④ 赵泉澄著：《清代地理沿革表》，北京：中华书局，1955年，第62页。

官立示范性质的中学堂，受官方支持，其开办一直较为稳定。除这 15 所中学堂之外，其他州县如前所述也根据条件设立了一些中学堂，但这些中学堂规模不等，改废不一。有的规模齐备、章程严整，有的改制频繁、开办短暂，以致在清末不同年份的不同统计中全省中学堂的名称各异，数量不等。

清末学部总务司在光绪三十三年（1907）、光绪三十四年（1908）和宣统元年（1909）曾连续发布了三次全国性的教育统计，在这几次统计中，河南省中学堂的数目分别是 22、23、22 所，但具体名称不可知。而从《学部官报》和《河南教育官报》中可以发现这三年中河南中学堂的具体情况，名称、数目均较详，只是除 15 所设于府州治所官立性质的学堂外，其余名称各不相同，见表 4-21。

表 4-21　清末不同年份不同刊物对河南中学堂的统计差异对照表

《学部官报》28 期（1907）	《河南教育官报》64 期（1908）	《河南教育官报》81 期（1909）	《河南教育官报》82 期（1909）
省城知新（1903 年 8 月）	省城知新	省城知新	省城知新
省城正谊（1906 年 2 月 13 日）	省城正谊	省城正谊	省城正谊
	省城旅汴（1907 年秋）	省城旅汴	省城旅汴
河朔（1902 年 3 月）	河朔	河朔	河朔
永城县（1904 年 8 月 11 日）	永城县	永城县	永城县
舞阳（1906 年 2 月 23 日）	舞阳县	项城县（1908 年 4 月）	项城县
西华县（1906 年 9 月 18 日）	新野县（1907 年 8 月）	汝州（不详）	封丘（不详）
	南阳府（公立 1908 年 4 月）		
加 15 所共 21 所	加 15 所共 23 所	加 15 所共 22 所	加 15 所共 22 所

资料来源：1.《学部官报》28 期"京外学务报告"中的"河南提学使孔祥霖造送河南全省学务调查表"。
2.《河南教育官报》64 期"光绪三十四年河南省普通学堂统计表"。
3.《河南教育官报》81 期"宣统元年河南省普通学堂统计表"。
4.《河南教育官报》82 期"宣统元年河南省普通学堂学生统计表"。
说明：1.《学部官报》28 期的出刊日期为光绪三十三年五月十一至二十（1907 年 6 月 21 日—30 日）。①

---

① 据《全国中文期刊联合目录（1833—1949）》（北京：书目文献出版社 1981）第 700 页的记载，《学部官报》创刊于光绪三十二年七月，停刊于宣统三年七月。第 1、2 期为月刊，第 3 期起改为旬刊，共出 183 期。查考该报由于按农历出刊，故并不都是每 10 天出一期，也不是每年都出 36 期，大月每旬均为 10 天，小月下旬仅 9 天，闰月年份出刊 39 期，一般年份出刊 36 期。光绪三十二年闰四月，但

2.《河南教育官报》64 期的出刊日期为宣统二年正月十五至二十九日（1910 年 2 月 25 日—3 月 10 日）。

3.《河南教育官报》81 期的出刊日期为宣统二年十月初一至十五日（1910 年 11 月 2 日—16 日）。

4.《河南教育官报》82 期的出刊日期为宣统二年十月十六至三十日（1910 年 11 月 17 日—12 月 1 日）。

5. 括号内的日期为各学堂的公立创建时间。

由上表可知，在 1907 年 6 月下旬河南提学使孔祥霖报送学部的河南学务调查中，河南尚只有 21 所中学堂，1907 年 8 月新野县创办的新野县中学堂和该年秋天省城创办的旅汴中学堂还未来得及统计到。所以到 1908 年的统计中这两所中学堂自然纳入统计范围，河南的中学堂数目升为 23 所，值得注意的是，在该年的《河南教育官报》的统计中，少了西华县中学堂，新增了南阳府公立中学堂。而随后 1909 年的统计中又少了舞阳、新野和南阳府公立三所中学堂，新增了项城县中学堂和汝州中学堂（为汝州驻地学堂，非全州公共学堂）。同年对中学堂学生的统计又多出个封丘中学堂。真可谓疏谬杂陈，变乱无常！

1908 年西华县中学堂停办了吗？

1909 年舞阳、新野、南阳府公立中学堂停办了吗？

1909 年新建了汝州、封丘中学堂吗？

在《学部官报》53 期（1908 年 2 月 21 日—3 月 2 日出刊）的"京外学务报告"中，学部视学官还就西华县中学堂缺少理化科目督饬添补，说明至迟在 1908 年初西华县中学堂依然存在①，似乎不应漏计。而舞阳县中学堂综合《河南教育官报》戊申 24、25 两期内容仅知其实际建于光绪二十九年二月，教职员 10 名，黄心芳任监督，教员王汉臣和丁宝森均为留日毕业生，学额 20 名，岁支钱 700 串。光绪三十三年正月附设初等师范学堂，教职员由中学堂教员兼任，学额 40 名。1908 年后的发展情况因资料缺乏无法确知。新野县中学堂据《新野县教育志》知：该学堂为知县陶炯照于光绪三十三年七月

七月初一创刊在闰月之后，故至年底共出刊 14 期。三十三年、三十四年为一般年份，各出刊 36 期，宣统元年闰二月，出刊 39 期。宣统二年又出刊 36 期，宣统三年闰六月，至该年七月十日停刊，共出 22 期，合计共出刊 14+36+36+39+36+22＝183 期。《河南教育官报》为半月刊，创刊于 1907 年农历七月一日，停刊于 1911 年农历八月三十日，共出 104 期，今国内仅陕西省图书馆存有 89 期，国图缩微胶片即据此而制。故根据二者每一期的期数便可推知其出刊的准确时间，包括农历日期和相应的公历日期。

① 朱有瓛主编：《中国近代学制史料》第 2 辑上册，第 531 页。另据此条材料，视学官的视察日期为 1907 年 3 月，视察报告发表于 1908 年 2 月，此时西华县中学堂应该依然存在，否则再提督饬添补科目便毫无意义。

（1907年8月）就县城北门外白水书院创办，教员4名，学生51名（附师范生10名），经费1400串，宣统三年十月（1911年12月）停办。①南阳府公立中学堂据《河南教育官报》24期和《南阳市教育志》（未出版）知，该学堂于光绪三十四年三月（1980年4月）就试院旧址设立，杨维鲁任监督，罗飞声任教务长，教职员14名，学额123名。1912年并入南阳府官立中学堂，合称宛南第一中学。②这两所中学堂在1909年都仍存在，亦不应漏计。汝州（今临汝县）和封丘中学堂未见任何资料载有，比较学堂统计表与学生统计表知，两者纯属子虚乌有，实为错行误计。综上所述，新野、南阳漏计，汝州、封丘误计，舞阳、西华原因不明，据推测可能是师范生数量过多，名为中学，实为师范，以致不计。因为《钦定中学堂章程》明确规定"中学堂内应附设师范学堂，以造成小学堂教习之人才"，结果一些学堂喧宾夺主，师范生远超中学生，如舞阳县中学堂，中学学额20名，师范学额40名，师范生为中学生的两倍，计为初级师范学堂可能更合实际。所以清末河南的中学堂自创办并延续至清亡的至少有23所，以创建时间先后排列分别为（创办日期为公历时间，省城的3所学堂另排）：

河　朔中学堂——1902年3月　　　怀庆府中学堂——1902年9月9日
许　州中学堂——1904年3月　　　开封府中学堂——1904年5月9日
陕　州中学堂——1904年7月13日　陈州府中学堂——1904年7月14日
永城县中学堂——1904年8月11日　彰德府中学堂——1904年8月25日
河南府中学堂——1904年11月21日　光　州中学堂——1905年1月2日
汝　州中学堂——1905年2月　　　南阳府中学堂——1905年3月
汝宁府中学堂——1905年4月18日　归德府中学堂——1905年6月12日
淅川厅中学堂——1905年10月　　 卫辉府中学堂——1906年2月
郑　州中学堂——1906年2月　　　新野县中学堂——1907年8月
项城县中学堂——1908年4月　　　南阳公立中学堂——1908年4月
省城知新中学堂——1903年7月　　省城正谊中学堂——1906年1月
省城旅汴中学堂——1907年秋

若再加上舞阳（1906年2月23日）、西华（1906年9月18日）两所，则清末河南实际存在过的中学堂至少25所。这25所中学堂按嘉庆二十五年的区划，各府州分别为：

---

① 刘振义、刘从贵主修，田永亮主编：《新野县教育志》，郑州：中州古籍出版社，1991年，第169页。
②《南阳市教育志》（打印稿），该志为2005年6月笔者在南阳考察期间，蒙该市教育局宋老师（名不详）借阅而见。今当已出版，惜未见到。

开封府——5　　　　　　南阳府——5

陈州府——3　　　　　　归德府——2

怀庆府——2　　　　　　彰德府——1

卫辉府——1　　　　　　河南府——1

汝宁府——1　　　　　　许　州——1

汝　州——1　　　　　　陕　州——1

光　州——1

就各府州的官立中学堂来说，中部地区的陕州、河南府、许州、开封府、陈州府等地都在1904年设立了中学堂，南部地区的汝州、南阳府、汝宁府、淅川厅、光州等地均在1905年设立了中学堂，北部地区早晚不等，怀庆府最早，彰德府次之，卫辉府最晚，基本各相错两年。整体上呈现北部早晚不一，中南部由早到晚的进程特征。

如果说普通学堂是新式学堂中办得较好的学堂，那么中学堂又是普通学堂中办得较好的学堂。但各府州之间的中学教育差异也较大，在1907年5月河南提学使孔祥霖向学部的汇报材料中，曾对全省各中学堂的详细情况作了具体描述。从所属地区、设置地点、创办时间到教职员数、学生数、所开科目及经费额数等情况都有详细记载，根据这一记载所绘制的《河南全省中学堂一览表》发表于《学部官报》28期的"京外学务报告"中①，不妨备列于下（表4-22）。

表4-22　河南全省中学堂一览表

所属省府厅州县	地点	创办时间	教职员数	教科目	学生数	学年级并学生岁数	经费
省城（公立）	城内对都庙街袁公祠	光绪三十二年正月二十	七员	遵章全	22名	第一学年级约20岁上下	银1000两
省城（公立）	城内游梁祠街	光绪二十九年七月	六员	遵章全	40名	第四学年级约20岁上下	银6000两
开封府（官立）	就彝山书院改	光绪三十二年三月二十四	六员	遵章全	70名	第三学年级约22岁上下	银7000两
归德府（官立）	就文正书院改	光绪三十一年五月初十	六员	遵章全	71名	第二学年级约20岁上下	银4000两
永城县（官立）	县署前街	光绪三十年七月初一	六员	缺博物、图画，饬补	20名	第三学年级约22岁上下	银3400两

① 朱有瓛主编：《中国近代学制史料》第2辑上册，上海：华东师范大学出版社，1987年，第528—530页。

续表

所属省府厅州县	地 点	创办时间	教职员数	教科目	学生数	学年级并学生岁数	经 费
陈州府（官立）	就书院改	光绪三十年六月初二	九员	缺理化,已饬添补	54名	第三学年级约22岁上下	银5300两
西华县（官立）	城内南门文庙街	光绪三十二年八月初一	六员	缺理化,已饬添补	24名	第一学年级约18岁上下	银2075两
彰德府（官立）	城内东南营街	光绪三十年七月十五	三员	缺理化,已饬添补	67名	第三学年级约20岁上下	银1540两/洋1400元/钱3846千文
卫辉府（官立）	府署西偏	光绪三十二年正月	九员	遵章全,加音乐一科	108名	第一学年级约22岁上下	银5500两
怀庆府（官立）	就覃怀书院改	光绪二十八年八月初八	六员	遵章全	47名	第五学年级约20岁上下	银2978两
武陟县（河北道立）	木栾店南街河朔书院内	光绪二十八年二月	七员	遵章全	45名	第五学年级约25岁上下	银3980两
河南府（官立）	就治安书院改	光绪三十年十月十五	九员	遵章全	50名	第二学年级约25岁上下	银4355两
汝宁府（官立）	就南湖书院改	光绪三十一年三月十四	九员	缺博物,已饬添补	52名	第二学年级约20岁上下	银3960两
南阳府（官立）	就宛南书院改	光绪三十一年二月	九员	缺理化、历史,已饬添补	120名	第二学年级约20岁上下	银4362两
舞阳县（官立）	城内考院内	光绪三十二年二月初一	七员	遵章全,教法不合已饬改良	40名	第一学年级约18岁上下	银500两/钱1490千文
郑州直隶州（官立）	就东里书院改	光绪三十二年正月	六员	遵章全,加音乐一科	50名	第一学年级约20岁上下	钱4040千文
许州直隶州（官立）	就聚星书院改	光绪三十年二月	五员	缺图画、理化,已饬添补	50名	第三学年级约25岁上下	银2700两
陕州直隶州（官立）	就书院改	光绪三十年六月初一	三员	缺略尚多,已饬添补	20名	第三学年级约25岁上下	银863两/钱825千文
汝州直隶州（官立）	就书院改	光绪三十一年正月	五员	遵章全,教法不合饬改良	38名	第二学年级约20岁上下	银1716两
光州直隶州（官立）	就弋阳书院改	光绪三十年十一月二十七	五员	缺图理化,已饬添补	20名	第二学年级约20岁上下	银1152两/钱476千文
淅川直隶厅（官立）	东门大街	光绪三十一年九月	七员	遵章全	20名	第二学年级约20岁上下	银1152两/钱476千文

说明：1. 此表出自《学部官报》28 期"京外学务报告"第 207—209 页"河南提学使孔祥霖造送全省学务调查表"该期出刊日期为 1907 年 5 月 11 日—20 日。此据前注朱书援引，未做改动。

2. 部分学堂的建立年代与《河南教育官报》的相关记载不尽一致，参照该表后的学生年级，若截至 1907 年年级数与建立年代一致则以《学部官报》说为是，若不一致则以《河南教育官报》说为是。如开封府中学堂，《河南教育官报》第 4 期（1907 年 8 月 15 日—30 日出刊）说是光绪三十年三月建立，至光绪三十三年（1907）刚好三年，与该表所记学生年级数一致，故开封府中学堂的建立年代定为光绪三十年即 1904 年。

因此，由于各学堂资料较为详细，对于这种差异程度的分析，我们可以采取一种更为科学的方法——赋值加权平均法加以考察。

首先确定考察的因素指标为四项：教职员数、开设科目数、经费数、学生数。前三项都相对稳定，资料也较详细，唯独学生流动性大，资料有限。目前关于清末河南中学堂的学生数资料，主要有两处：一是各学堂成立时的学额，较为全面详细，各学堂均有；二是《河南教育官报》82 期对宣统元年河南各中学堂学生数的统计，亦较详细，惜有缺失，不便使用。更重要的是它只是宣统元年的在校生数，而有些学堂如河朔中学堂从 1902 年创办到 1909 年已毕业学生 3 届①，有些学堂如南阳府公立中学堂才刚刚招进来学生，所以比较两所学堂的教育总量，重要的不是某一年的学生数，也不是在校生数，而是培养的学生总数。在此以存续年数乘以学额的积为准。当然由于各学堂有创办于上半年者，也有创办于下半年者，如果统一以创办时间至 1911 年底的年数为存续时间的话，那么便有可能出现误差，比如许州中学堂创建于 1904 年 3 月，河南府中学堂创建于 1904 年 11 月，存续时间都是 7 年，但至 1911 年底，许州中学堂的第八届学生可能已入学近一年，由于《奏定中学堂章程》规定每年正月二十至十二月十五为一个学年，因此为克服误差，对于创办时间为 1、2、3 月份的存续时间加 1 年。

其次对每一项进行赋值。首先我们将每一个类目的最高值定为 100，其余数值依其与最高值的比例关系获得相应分值，培养学生总数和教职员数的最高值好确定，开设科目数稍有麻烦，在介绍各中学堂所开科目的齐备情况时，有"遵章全""缺××，已饬添补""遵章全，加音乐一科"等字样，此处遵照的章程即《奏定中学堂章程》（因钦定章程未及实施），按该章程规定共需开课 12 门，即"修身、读经讲经、中国文学、外国语（东语、英语或德语、法语、俄语）、历史、地理、算学、博物、物理及化学、法制及理财、图画、体操"②。但同时规定法制及理财缺之亦可，考虑当时的师资状况，法制及

---

① 《奏定中学堂章程》第二章第二节规定"中学堂学习年数以五年为限"。朱有瓛主编：《中国近代学制史料》第 2 辑上册，上海：华东师范大学出版社，1987 年，第 383 页。

② 《奏定中学堂章程》第二章第一节，见前揭书。

理财一般无法开出，所以科目齐备"遵章全"者定为 11 科，加科者定为最高值，缺科者依目而减。经费单位统一以银两为准，至于有些学堂涉及到的银两、制钱和银元之间的换算关系，按清末的兑换比率，一般为：1 两银子≈1250 文≈1.34 银元①。

最后，确定各项目权重。权重很重要，如果不确定权重，直接将各项得分相加，就可能出现一所经费分值高而培养学生分值低的学堂反而比一所经费分值低而培养学生分值高的学堂的总分值还要高的情况。所以学生数量最重要，至少应占 50%，教职员数稍次之，定为 30%，经费和科目又次之，各占 10%。这部分的划定主观性较大，但对所有学堂是等同的。且只要相互间的比例差距不变，对结果的影响是微乎其微的。

确定好项目、分值和权重之后，便可依据各学堂的具体资料进行计算。根据计算结果便可看出各中学堂之间发展等级的量化差异（表 4-23）。

表 4-23 清末河南各中学堂发展差异量化统计表

中学堂	创建时间	存续年数	学额	培养生数	分配分值	计入分值	教职员数	分配分值	计入分值	开科门数	分配分值	计入分值	经费总数	分配分值	计入分值	总计
知新	03.7	8	40	320	35.6	17.8	7	50	15	11	91.7	9.17	6000	20	2	43.97
正谊	06.1	6	22	132	14.7	7.4	6	42.9	12.9	11	91.7	9.17	1000	3.3	0.33	29.8
旅汴	07.9	4	50	200	22.2	11.1	6	42.9	12.9	11	91.7	9.17	不详	—	—	33.17
开封府	04.5	7	70	490	54.4	27.2	6	42.9	12.9	11	91.7	9.17	7000	23.3	2.33	51.6
郑州	06.2	6	50	300	33.3	16.7	6	42.9	12.9	12	100	10	1836	6.1	0.61	40.21
南阳府	05.3	7	120	840	93.3	46.7	9	64.3	19.3	7	58.3	5.83	4362	14.5	1.45	73.28
淅川厅	05.1	6	24	144	16	8	7	50	15	11	91.7	9.17	1533	5.1	0.51	32.68
舞阳县	06.2	3	40	120	13.3	6.7	7	50	15	11	91.7	9.17	1692	5.6	0.56	31.43
新野县	07.8	4	41	164	18.2	9.1	6	42.9	12.9	11	91.7	9.17	636	2.1	0.21	31.38
南阳公	08.4	3	123	369	41	20.5	14	100	30	11	91.7	9.17	5287	17.6	1.76	61.43
陈州府	04.7	7	57	399	44.3	22.2	9	64.3	19.3	10	83.3	8.33	5300	17.7	1.77	51.6
西华县	06.9	2	24	48	5.3	2.7	6	42.9	12.9	10	83.3	8.33	2075	6.9	0.69	24.62
项城县	08.4	3	60	180	20	10	9	64.3	19.3	11	91.7	9.17	30000	100	10	48.47
河朔	02.3	10	87	870	96.7	48.4	7	50	15	11	91.7	9.17	3980	13.3	1.33	73.9

---

① 叶世昌：《光绪年间的钱贵银贱与江南制造局铸钱》，《中国钱币》2006 年第 4 期。

续表

中学堂	创建时间	存续年数	学额	培养生数	分配分值	计入分值	教职员数	分配分值	计入分值	开科门数	分配分值	计入分值	经费总数	分配分值	计入分值	总计
怀庆府	02.9	9	100	900	100	50	6	42.9	12.9	11	91.7	9.17	2978	9.9	0.99	73.06
归德府	05.6	6	44	264	29.3	14.7	6	42.9	12.9	11	91.7	9.17	4000	13.3	1.33	38.1
永城县	04.8	7	35	245	27.2	13.6	6	42.9	12.9	9	75	7.5	3400	11.3	1.13	35.13
彰德府	04.8	7	94	658	73.1	36.6	3	21.4	6.4	10	83.3	8.33	5659	18.9	1.89	53.22
卫辉府	06.2	6	145	870	96.7	48.4	9	64.3	19.3	12	100	10	5500	18.3	1.83	79.53
河南府	04.11	7	113	791	87.9	44	9	64.3	19.3	11	91.7	9.17	4355	14.5	1.45	73.92
汝宁府	05.4	6	78	468	52	26	9	64.3	19.3	10	83.3	8.33	3960	13.2	1.32	54.95
许州	04.3	8	60	480	53.3	26.7	5	35.7	10.7	9	75	7.5	2700	9	0.9	45.8
汝州	05.2	7	61	427	47.5	23.8	5	35.7	10.7	11	91.7	9.17	1716	5.7	0.57	44.24
陕州	04.7	7	64	448	49.8	24.9	3	21.4	6.4	6	50	5	1523	5.1	0.51	36.81
光州	05.1	7	60	420	46.7	23.4	5	35.7	10.7	10	83.3	8.33	1533	5.1	0.51	42.94

资料来源：1.《学部官报》28期"京外学务报告"中的"河南提学使孔祥霖造送河南全省学务调查表"。见朱有瓛主编：《中国近代学制史料》第2辑上册，华东师范大学1987年，第528页。

2.《河南教育官报》第4、6、12、13、15、18、19、23、24、25、46、50、51、85等期。见河南省教育志编辑室编：《河南教育资料汇编·清代部分》（内部资料）第12—73页"学务简况（1902—1911）"。

3. 刘振义、刘从贵主修，田永亮主编：《新野县教育志》，中州古籍出版社，1991年。

4.《南阳市教育志》（未刊稿）。

说明：1. 依据资料，每一类目都有一个"分配分值"和"计入分值"，分配分值为各类目的原始数据与该类目中最高值的百分比值，计入分值为各类目的分配分值按照上述应占比例折扣而来，最后总计为各类目的计入分值之和。

2.《学部官报》记载的学生数并非学额，各学堂学额主要取自《河南教育官报》记载。

3. 可能有的学堂不是年年招生，因此其培养学生总数会有一定误差，但目前这方面资料尚不清楚，比如招收多少、毕业多少、流失多少、肄业多少等数字都不明确。之所以用学额与年数相承主要是为了克服建立年代早晚对培养学生总量的影响，这25所中学堂，最早的建于1902年3月，最晚的建于1908年4月，相错6年有余，相对清末河南新式学堂的发展进程来说，时间还是比较长的，因此在资料不明的情况下，用学额与年数的积作为培养学生总数是一种相对稳妥的选择。

4. 旅汴中学堂的学额由《河南教育官报》82期"宣统元年河南省普通学堂学生统计表"中所载省城三所中学堂的学生总数推断而来。依照记载，该年（1909）三学堂合计共有学生407人，从知新、正谊二学堂的学额和招生年数，可以推知这 407 人中应该含知新学堂 40×6＝240 人，正谊学堂 22×3＝66 人，故余数 407－240－66＝101 人应为新建不久的旅汴中学堂人数，而旅汴中学堂刚招收两班，所以 101/2＝50.5，即定其学额为 50 名。下面项城县的学额也据该表记载推知。

5. 舞阳和西华县中学堂的存续时间分别定为 3 年和 2 年。

6. 南阳公立中学堂的经费额数由《河南教育官报》67 期"（宣统元年）河南省学务岁出类别统计表"所载南阳公共学堂经费银额 9649 两减去南阳府中学堂的经费银额 4362 两而得。

7. 陕州中学堂的科目设置《学部官报》28 期的记载中，只云"缺略尚多，已伤添补"，未言究竟缺多。据该报 53 期京外学务报告所载学部视学官在光绪三十三年二月对河南的学务调查报告中曾提及河南中学堂的课程设置有"南阳则缺博物、理化、图画、历史，陕州亦缺略尚多"一语。因此由南阳缺四门，陕州更多之判断姑定陕州中学堂的科目设置为 6 门。

8. "南阳公"为南阳府公立中学堂的简称。

通过教职员数、培养学生数、开设科目数和经费额数等四项指标的量化比较，可以明显看出各所中学堂总体差异程度，而各府州中学堂的总体差异程度由该辖区内所有中学堂的综合指标分值的和的比较便也可依次而知：

开封府——198.75　　河南府——73.92
南阳府——230.2　　汝宁府——54.95
陈州府——124.69　　许　州——45.8
归德府——73.23　　汝　州——44.24
怀庆府——146.96　　光　州——42.94
彰德府——53.22　　陕　州——36.81
卫辉府——79.53

如果以 50 和 100 将该组数据划分为三个档次，则清末河南各府州中学教育发展的具体差异为：

良好区（100 以上）——南阳府、开封府、怀庆府、陈州府。

一般区（50～100）——卫辉府、河南府、归德府、汝宁府、彰德府。

较差区（50 以下）——许州、汝州、光州、陕州。

当然，这只是一种指标总量的比较，实际上，由于各府州人口不等，各地区人口所享受的中学教育机会可能差距并没有如此之大，比如就嘉庆二十五年的人口数字来说，河南府是开封府的一半，汝州是开封府的 1/4，如果将河南府和汝州的指标总量按这种人口的比例关系分别扩大 1 倍和 3 倍，则其指标总量就和开封府差不多，所以要想更为精确地分析各府州中学教育的差距，还应用清末各府州的人口数加以修正，但这方面的资料非常缺乏，虽然清末宣统年间民政部曾进行过户口调查，但这一工作尚未完成，清政府即被推翻。加之各地材料不一，有的户口均有，有的有户无口，比如河南就有20个州县未报口数，《清史稿》依据这次调查的结果记载的各地户口，自然也不完整，又仅有省级总数，无分府数字，无法使用，所以只能付之阙如。

小学堂又分为高等、两等和初等三大类，其中高等小学堂和两等小学堂主要由书院改制而来，初等小学堂主要由社学、义学或义塾改制而来。高等小学堂的设立"以培养国民之善性，扩充国民之知识，强壮国民之气体为宗旨；以童年皆知作（原文如此）人之正理，皆有谋生之计虑为成效"①。其设立原则为："城镇乡村均可建设高等小学堂，虽僻小州县，至少应由官设立高等小学堂一所以为模范，名为高等官小学堂。"②实际是整体上数量不限，先以各州县至少设立1所为原则，较大的乡镇、乡村也可设立。初等小学堂的设立"以启其人生应有之知识，立其明伦理爱国家之根基，并调护儿童身体令其发育为宗旨；以识字之民日多为成效"③。可见，初等小学堂的设立宗旨和目标与高等小学堂明显不同，而其设立原则与高等小学堂也有差异，考虑到初等小学的基础性和创办时间的迫切性，清政府规定："每百家以上之村即应设立初等小学堂一所，令附近半里以内之儿童附入读书，惟僻乡贫户，儿童数少，不能设一初等小学堂者，地方官当体察情形，设法劝谕，命数乡村联合资力，公设一所，或多级或单级均可。初办五年之内，大率每四百家必设初等小学一所……五年以后，十年之内，每二百家必设初等小学一所……所有府厅州县之各城镇，应令酌筹官费，速设初等小学以为模范。其能多设者固佳，至少小县城内亦必设初等小学二所，各县著名大镇亦必设初等小学一所。此皆名为初等官小学，以后再竭力督劝，渐次推广。"④一方面对初等小学堂将来的普及标准作出了规划，另一方面又不得不令所有府厅州县于各乡镇先速设初等小学以为模范（数量未定），既规定了人口的普及，又照顾了地域的覆盖，最终到达普及到人、到村的目标。至于办学形式，除官办初等小学堂外，对公立和私立小学堂也作了具体规定："各省府厅州县，如向有义塾善举等事经费，皆可酌量改为初等小学堂经费；如有赛会演戏等一切无益之费积有公款者，皆可酌提充用。此等学堂或一城一镇一乡一村各以公款设立，或各以捐款设立者，及数镇数乡数村联合设立者，均名为初等公小学。……凡有一人出资独立设一小学堂者，或家塾招集邻近儿童附就课读，人数在三十人以外者，及塾师设

---

① 《奏定高等小学堂章程》第一章立学总义第一节，朱有瓛主编：《中国近代学制史料》第2辑上册，上海：华东师范大学出版社，1987年，第189页。
② 《奏定高等小学堂章程》第一章立学总义第三节，上书第189页。
③ 《奏定初等小学堂章程》第一章立学总义第一节，上书第174页。
④ 《奏定初等小学堂章程》第一章立学总义第三、四节，上书第174—175页。

馆招集儿童在馆授业在三十人以外者，名为初等私小学，均遵官定章程办理。"①与此同时对两等小学堂的含义也作了解释："初等小学堂之教科与高等小学堂之教科并置于一所者，名为两等小学堂。"其设立原则没有明确规定，应该比初等和高等小学堂更为灵活，各地均可酌情设立。

清末河南各类小学堂的设立从光绪二十八年二月（1902年3月）第一所高等小学堂——淅川厅官立高等小学堂的建立，到1911年底各地初等小学堂的陆续设置，近十年间全省设置了数以千计的小学堂。依据现有材料，从1903年到1908年各类小学堂的设置情况如表4-24所示。

表4-24 清末河南各类小学堂不同年份设置情况一览表

	1903			1904			1905			1906			1907			1908		
	高等	两等	初等	高等	两等	初等	高等	两等	初等	高等	两等	初等	高等	两等	初等	高等	两等	初等
官立	3			65	5	35	100	7	133	114	12	192	116	18	294	114	23	514
公立					2	29	1	8	54	11	15	418	26	32	817	24	59	1194
私立						1	4	1	25	6	16	141	10	18	159	12	21	156
总计	3			66	7	65	105	16	212	131	43	751	152	68	1270	150	103	1864
	3			138			333			925			1490			2117		

说明：1. 本表系据《河南教育官报》64期"河南省学堂历年增减比较表"改制而来。

2. 1908年初等小学堂的总数与该期"河南省普通学堂统计表"自身的合计数1964所整整少了100所。估计原因有二：一原统计者计算失误。二笔者所见该表出自《河南教育资料汇编·清代部分》，系后人从《河南教育官报》中转抄而来，其中缺乏武安县、涉县和临漳县三县的数据，该资料汇编辑录时，三县已归河北管辖，很可能转抄者故意漏掉三县数字所致。

3. 后一年的数字包括前一年的数字。

由上表可以看出，清末河南小学堂的发展速度是非常迅猛的，从1903年的3所小学堂，短短6年间，便突增至2117所。而其中各类小学堂的设置数量基本上也是逐年增加。高等小学堂从最初的3所——淅川（1902年3月）、温县（1902年3月）、长葛（1902年4月），增加到1908年的150所，到1909年这一数字又变为166所，年均增长率为65%。两等小学堂从1904年才始有设置，最初7所，到1908年已达到103所，1909年

---

① 《奏定初等小学堂章程》第一章立学总义第五、六节，见朱有瓛主编：《中国近代学制史料》第2辑上册，第175页，下引两等小学堂含义为第七节。

又增至 182 所，年均增长率为 59%。初等小学堂也是从 1904 年始有设置，最初 65 所，到 1908 年已达到 1864 所，1909 年又增至 2948 所，年均增长率为 72%。可见初等小学堂的设置年均增长最快，高等小学堂次之，两等小学堂最慢。各类小学堂及其学生在各府州的分布情况，根据《河南教育官报》81 期《宣统元年河南省普通学堂统计表》和 82 期《宣统元年河南省普通学堂学生统计表》（不全）的统计，可以列表 4-25。

表 4-25　宣统元年河南各府州各类小学堂及学堂学生分布表

地区	高等小学堂		两等小学堂		初等小学堂		总 计		比 例	
	设置数	学生数	设置数	学生数	设置数	学生数	设置数	学生数	设置数	学生数
开封府	28	1457	50	644	572	12225	650	14326	21	18.1
归德府	10	541	1	11	126	2535	137	3087	4.4	3.9
陈州府	10	609	2	109	140	2417	152	3135	4.9	4.0
许州	10	494	3	128	229	5920	242	6542	7.8	8.3
彰德府	5	243	12	394	128	2513	145	3150	4.7	4.0
卫辉府	18	733	14	673	158	3393	190	4799	6.1	6.1
怀庆府	15	749	16	654	279	5722	310	7125	10	9.0
河南府	15	745	9	479	271	6114	295	7338	9.5	9.3
陕州	5	364	0	0	71	1320	76	1684	2.5	2.1
汝州	5	319	11	273	59	1176	74	1768	2.4	2.2
南阳府	20		44		219		283		9.1	
汝宁府	16		49		190		255		8.2	
光州	7		7		277		291		9.4	
总计（一）	163	6254	218	3365	2719	43335	3100	52954	100	
总计（二）	166		182		2948		3296			
总计（三）	166	8847	182	6488	2948	63770	3296	79105		100

说明：1. 本表系据宣统二年（1910）十月上半月出刊的《河南教育官报》81 期《宣统元年河南省普通学堂统计表》和下半月出刊的 82 期《宣统元年河南省普通学堂学生统计表》改制而成。

2. 总计（一）为各府州分设数之和，总计（二）为《河南教育官报》81 期所计全省的统计之和，总计（三）为学部总务司编《宣统元年分第三次教育统计图表》所计总数。三者不一致的原因可能仍如前所述，缺乏彰德府三县资料，但两等小学堂的数目各府合计反而比《官报》自身统计高，可能是统计口径的原因，比如有些本来仅仅是初等小学堂的统计为两等。

3. 由于南阳府、汝宁府和光州三地学生数量缺载，而全省总数只有学部总务司的统计可依，故有学生统计之府州其学生数量占全省的比例依学部总务司统计的全省总数为基数。而各府州各类小学堂的设置总数较为明确，故其所占全省比例依各府州的总合为基数。

4. 原表可能为转抄者漏掉的彰德府三县——武安、临漳、涉县，由于数据难觅，只好仍付阙如。

5. 原表的区划为宣统初年的建置，为便于与前文对照，本表仍以嘉庆二十五年的区划为准，切因不详省立和道立学堂学额是否在所属县域平均分配，一般而言均会倾向于驻地府州，故河北道（驻武陟）立各类小学归入怀庆府，省城和郑州的数目归入开封府，淅川厅的数目归入南阳府。若有资料证明其学额为各府县平均分配，则宜单列。

从各类小学堂的设置总数看，高等小学堂的设置可以分为三级：

第一级——15所以上的地区，有4府：开封府（28）、南阳府（20）、卫辉府（18）、汝宁府（16）

第二级——10~15所的地区，有5府州：怀庆府（15）、河南府（15）、归德府（10）、陈州府（10）、许州（10）

第三级——10所以下的地区，有4府州：光州（7）、彰德府（5）、陕州（5）、汝州（5）

但设置总数的多寡并不代表普及程度的高低，由于高等小学堂一般以各州县设立1所为原则，各府州内部的县级政区不同，设置总数自然不同，所以为了明确地比较各地高等小学堂的普及程度，还必须结合各自的政区总数。就县级政区而言，各府州自嘉庆二十五年后，基本变化不大，除开封府内部分出个郑州，仪封和兰阳合出个兰封（初称兰仪，宣统元年避溥仪讳改称兰封）。南阳府内部淅川厅升为直隶厅外，其他地区均无变化。如果依然按照嘉庆时府级政区的建置范围，则各府州内县级政区的数目分别是：开封府16、归德府9、彰德府7（统计了4个安阳、汤阴、林县、内黄）、卫辉府9、怀庆府8、河南府10、南阳府13、汝宁府9、陈州府7、汝州5、许州5、光州5、陕州4，合计107个。用各自的设置总数除以其县级政区数目，便可看出各府州高等小学堂的普及程度差异（括号内数字为县均设置高等小学堂数）：

较好区——1.5所以上的地区：许州（2）、卫辉府（2）、怀庆府（1.88）、汝宁府（1.77）、开封府（1.75）。

一般区——1.2~1.5所的地区：南阳府（1.54）、河南府（1.5）、陈州府（1.43）、光州（1.4）。

较差区——1.2所以下的地区：彰德府（1.25）、陕州（1.25）、归德府（1.11）、汝州（1）。

经过县均设置数的修正可知，开封府虽然是设置数量最多的地区，但其设置密度并不靠前，许州和卫辉府以县均设置2所高等小学堂的密度超过了开封府而居于前列，由许州等府州组成的普及较好区实际上形成了一条贯穿河南南北的从卫辉府到汝宁府的高等小学教育的发达区。

两等小学堂的设置与高等小学堂类似，只是各府州之间的差异程度更为悬殊，开封府、汝宁府、南阳府和怀庆府明显较多，远远超过其他府州。其县均设置状况也与高等小学堂相差仿佛。

初等小学堂的设置与高等和两等小学堂差异较大，一些高等和两等小学堂设置较多的地区如汝宁府、南阳府等在初等小学堂的设置上却较为落后，开封府和怀庆府仍然是设置较多的地区，说明二府各类小学堂的设置比例是相对一致的。除二者之外，光州和河南府初等小学堂的数量也较多，其他府州则相对较少。四府州合计设置初等小学堂1399所，比总数2719所的一半还多，而其余九府州的设置总和尚不及总数的一半。如前所述，初等小学堂主要由原来的义学和社学改制而来，各地初等小学堂的数目应该与其义社学的数目相一致，而开封府、怀庆府、光州等地的义社学数目及其在全省各府州中的位次是比较低的，其他义社学设置数目较多位次较高的府州，其初等小学堂的设置数目却相对较少位次较低，这种前后的反差，一方面反映了各地在义社学改制进程中的速度差异，另一方面实际上也反映了各地对待新式学堂或新式教育的接纳态度。那些前后位次有明显上升的府州突出地表现出了对新式学堂和新式教育的积极态度，这一态度在中学堂的设置上是看不出来的，因为中学堂的设置原则相对严格。通过比较各地义社学和初等小学堂的数目及位次（表4-26），这种速度和态度差异便一目了然。

表4-26　清代河南各府州义、社学与初等小学堂的设置数目对照表

地 区	县级政区	义学设置数	社学设置数	义社学设置总数	位次	初等小学堂设置数	位次
开封府	16	95	43	138	6	572	1
归德府	9	30	68	98	7	126	11
陈州府	7	67	9	76	9	140	9
许　州	5	77	81	158	3	229	5
彰德府	7	39	19	58	11	128	10
卫辉府	9	82	73	155	4	158	8
怀庆府	8	65	4	69	10	279	2
河南府	10	99	66	165	2	271	4

续表

地　区	县级政区	义学设置数	社学设置数	义社学设置总数	位次	初等小学堂设置数	位次
陕　州	4	48	10	58	11	71	12
汝　州	5	77	9	86	8	59	13
南阳府	13	123	26	149	5	219	6
汝宁府	9	99	140	239	1	190	7
光　州	5	15	11	26	12	277	3
总　计	107	916	559	1475		2719	

相对于初等小学堂来说，虽然高等和两等小学堂的设置差异较为一致，但由于二者在各类小学堂的设置总数中所占比例较小，所以并不具有整体代表性。而初等小学堂占设置总数的比例较大，所以各类小学堂的总体设置差异应该与初等小学堂最为接近。

各类小学堂的设置总数实际上可分为四个档次：

第一级——300所以上的地区：开封府（650）、怀庆府（310）。

第二级——201～300所的地区：河南府（295）、光州（291）、南阳府（283）、汝宁府（255）、许州（242）。

第三级——100～200所的地区：卫辉府（190）、陈州府（152）、彰德府（145）、归德府（137）。

第四级——100所以下的地区：陕州（76）、汝州（74）。

各地区各类小学堂学生的数量及其占总人口的比例是最能表达小学教育普及程度的重要指标，但各地小学堂学生的数据不全，又缺乏各府州清末的人口数据，所以这种最为科学的分析限于资料却无法进行，只能依然通过用各类小学堂的设置总数除以各地的县级政区数的结果——各府州的县均设置数量大致表达这种差异状况，经过计算（设置总数如上叙述，县级政区数如上表示，彰德府计为4），各府州小学堂的县均设置差异如下：

普及较好区——30所以上的地区：光州（58.2）、许州（48.4）、开封府（40.6）、怀庆府（38.75）、彰德府（36.2）。

普及一般区——20～30所的地区：河南府（29.5）、汝宁府（28.3）、南阳府（21.8）、陈州府（21.7）、卫辉府（21.1）。

普及较差区——20所以下的地区：陕州（19）、归德府（15.2）、汝州（14.8）。

虽然各地小学堂学生的数据不全，但通过现有学生的数量及其占全省总数的比例与各类小学堂设置数量及其占全省总数的比例之间的对照（表4-25），可以发现，各地小学堂的平均规模是基本相同的，即两种比例较为接近，相差不大（尽管这两种比例的基数标准略有差异）。

另外值得注意的是，据学部总务司的统计，1909年河南初等小学堂的总数已达2948所，从1902年开始草创，到1909年初具规模，整整7年时间，按照《奏定初等小学堂章程》规定，5年之内，每400家必设初等小学堂1所；5年以后，10年之内，每200家必设初等小学堂1所。根据1911年民政部的人口调查，是年河南全省有4661566户，26109931口，户均5.60口。以口计200家约1120口，那么全省应设初等小学堂26109931/1120=23312所（以户计结果与此相同）。而实际上1909年全省只有初等小学堂2948所，尚不及理想值的1/8。如果说从《奏定初等小学堂章程》的颁布时间——1904年1月开始计时，到1909年已经满5年时间，按照5年之内的标准——400家设1所，全省也应设11656所，2948所仅约及1/4，可见虽然清末河南已经设立了大量初级小学堂，但距当时清政府的阶段性普及目标还有相当大的距离。

二、师范学堂的分布与发展

人才之出，不外乎学堂，教育之方，莫先于师范。但清末在内外交困、矛盾丛生的特殊形势和"强邻环伺，时不我待"的急迫心情下，普通学堂却优先于师范学堂的发展，河南普通学堂的发展虽然晚于国内其他许多省份，但也不例外。从1902年3月省内第一所普通学堂——河朔中学堂开办以来，到1905年3月，3年时间，各地已设立各类中小学堂近200所，却无一师范学堂，各中小学堂所延教习均为传统教育下的旧知识分子，教学管理因循守旧。所以随着各地中小学堂的相继开办，师资问题逐渐突出：①原有师资亟须改造。②新增需求亟须配备。所以光绪三十一年二月（1905年3月），河南巡抚陈夔龙明确督饬河南布政司和按察司会商筹办师范学堂，文札开篇便云："照得师范学堂为各等学堂造端之地，最关紧要。近年各省筹办学堂，无不注意师范，良以中小学堂教员，皆须取材于此，不得不先其所急。豫省开办学堂以来，师范一事今尚阙如，未便再事延缓。"①而师范学堂有优级、初级之分，究竟先办何种，陈夔龙也给出了具体建议"第论程度，则以优级为高，论需才则以初级为急"，"现应先于省城速设初级师范学堂一所"。同年四月十日（1905年5月13日）陈夔龙又在呈送光绪皇帝的奏折中说："豫省中小各

---

① 《河南教育官报》第19期《光绪三十一年二月二十五藩臬台学务处会议开办初级师范学堂详文》。

学堂现已督催一律兴办,而所延教习虽不乏品学兼优之人,究非由学堂出身,教授管理未必一律合法……河南通省共107厅州县,即就每处设高等小学一所,计之已需教员百余人。况尚有初等小学及公立、民立各小学,需用教员尤多,是造就小学师资,诚为刻不容缓。"①所以陈夔龙的饬札下达不久,河南布政、按察二司便专门举行学务会议,就师范学堂的学额总数、县额分配、经费筹解、招录对象、教习延聘、相度地址、预购图书、添派委员等具体细节进行了紧急磋商并最终形成七条章程呈送巡抚陈夔龙鉴批。

光绪三十一年三月二十四日(1905年4月28日),经过紧张的筹备和建设,河南省第一所师范学堂——河南初级师范学堂正式开学,由此拉开了清末河南师范教育的序幕。学堂初设简易一科,拟招学生170人,实际肄业学生154人。②上述四月十日陈夔龙的奏折即学堂建成后陈向清廷的汇报材料。

同年九月一日(1905年9月29日),豫南初级师范学堂正式开办,该学堂为南汝光淅道朱寿镛由豫南书院改立,为河南省唯一的一所道立师范学堂。学堂原拟招收学生100名(正额60,副额、客籍各20),实招学生102名,分简易、完全两科,加授英、法文字。学生卒业后派充南、汝、光、淅各属小学堂教员。③其中完全科为全省首设,此时省立初级师范学堂尚无完全科。至此全省共建初级师范学堂2所,学生256人。

按照《奏定初级师范学堂章程》和《奏定优级师范学堂章程》的规定,初级师范学堂为师范教育中的中等教育机构,分完全和简易二科,完全科学制五年,简易科学制一年。优级师范学堂为师范教育中的高等教育机构,分完全科、选科和专修科三种,学制均为三年。完全科师范学堂专业齐全,各个学科门类都有,学生第一年学公共科(公共课),第二年学分类科(专业课),第三年学加习科(研修课)。选科师范学堂只设有部分科目(专业),每一类科目只是以此类科目的学习为主,不排斥一些与其关系不甚密切的其他科目。《奏定优级师范学堂章程》曾规定了四类科目:第一类以中国文学、外国语为主,第二类以历史、地理为主,第三类以算学、物理、化学为主,第四类以生物、矿物为主。主要是方便各地依其师资和经费状况灵活设置。各选科科目又分预科和本科。专修科系审查各地中等学堂最缺乏某种学科之教员,因特置某种学科,召学生使专修之。

---

① 《河南教育官报》第28期《光绪三十一年四月初十抚部院陈奏开办河南师范学堂折》。
② 《东方杂志》第二卷第6期(该杂志1904年1月在上海创刊,每年一卷,1—16卷为月刊,17卷后为半月刊,44卷起又改为月刊。但受时局影响,每卷期数不等。第二卷第6期的出刊日期是1905年6月)。
③ 《光绪三十一年十二月抚部院陈奏创设豫南师范学堂以期造就师资折》,朱有瓛主编:《中国近代学制史料》第2辑下册,上海:华东师范大学出版社,1989年,第421—422页。

除初级师范学堂和优级师范学堂外,《奏定初级师范学堂章程》还规定"各州县于初级师范学堂尚未齐设之时,宜急设师范传习所,择省城初级师范学堂简易科毕业生之优等者,分往传习"。各师范传习所限定十月为期,虽然不算正规的学堂,但实际上承担了师范教育中的初级教育任务,因此清末的师范教育是由师范传习所、初级师范学堂和优级师范学堂共同组成的由初等到高等的一个系列整体。每一个等级又有较为复杂的类型和程度,河南 1905 年所设的省立初级师范学堂简易科和道立豫南师范学堂完全科,对于需要建立的河南庞大的师范教育体系来说,显然仅仅是一个起步。

1906 年是河南师范教育开始加速发展的一年,两所初级师范学堂继续完善,由省城到部分厅州县也开始设立师范传习所。光绪三十一年十二月十日(1906 年 1 月 4 日),由省城明道书院改建的师范传习所成立,三十二年正月(1906 年 2 月)正式开学,招收学生 100 名。三月二十五日(1906 年 4 月 18 日),省立初级师范学堂添办完全科并招收学生 103 名于同日开学。嗣又添办优级师范选科预科,招收 100 人。同时原简易科 154 名学生学满一年,毕业 61 人,未毕业 51 人①(另 42 人可能因种种原因流失,但肯定不会升入完全科,因不从简易科毕业是不可能升入完全科的)。个别地方州县具备了设立师范传习所的前提条件——拥有省城初级师范学堂简易科的毕业生,也开始设立大量的师范传习所。总计 1906 年一年各州县约设立师范传习所 30 所,学生约 915 人:

荥泽——1906.2(60)	温县——1906.5(20)	密县——1906.10(30)
永城——1906.3(20)	息县——1906.5(52)	裕州——1906.11(20)
禹州——1906.3(25)	淇县——1906.7(26)	中牟——1906.11(28)
郏县——1906.3(25)	卢氏——1906.8(20)	汝阳——1906.11(40)
巩县——1906.3(26)	阌乡——1906.8(28)	通许——1906.11(49)
叶县——1906.3(30)	太康——1906.9(35)	荥阳——1906(12)
灵宝——1906.4(16)	鄢陵——1906.9(59)	南召——1906(12)
郑州——1906.4(21)	襄城——1906.10(20)	长葛——1906(29)
宜阳——1906.4(44)	临颍——1906.10(23)	登封——1906(40)
宝丰——1906.5(20)	新郑——1906.10(30)	确山——1906(54)

光绪三十二年九月,豫南师范学堂简易科 102 名学生学满毕业,新招完全科 120 人,并申请办理优级师范完全科,"格于议不果"②。因此截至 1906 年底,河南共有优级师

---

① 《光绪三十二年三月二十五抚院复学部推广师范电》,《河南教育官报》(期数不详)。
② 刘景向纂:《河南新志》卷 7《教育·师范教育》。

范学堂 1 所，学生选科预科 100 人，完全科 103 人；初级师范学堂 1 所，学生完全科 120 人。师范传习所 31 所（省城 1，州县 30），学生 1015 人。共计学堂 33 所，学生 1338 人。①

光绪三十三年（1907）以后，学部对全国教育的管理逐渐走上正轨，先是创办《学部官报》，公布全国学务信息；继而派遣学官视察各地，督促检查章程落实；同时总务司开始统计各省教育数据，编制全国教育图表。所以 1907 年以后河南全省的教育发展数据均有统计，有稽可查。

表 4-27　清末河南不同年份各级师范学堂及学生数量统计表

年份	校别										总计	
	优级师范					初级师范				传习所、讲习所等		
	完全科		选科		专修科		完全科		简易科				
	学堂	学生	学堂	学生	学堂	学生	学堂	学生	学堂	学生	学堂	学生	学堂	学生
1905							1	102	1	154			2	256
1906			1	100			1	223			31	1015	33	1338
1907			1	266			3	355	10	479	77	2466	91	3566
1908			2	267			3	376	8	422	103	4598	116	5663
1909	1	273					6	614	12	728	43	2203	62	3818

说明：1. 本表前两年的数字系据相关史料考证而得。后三年的数字取自光绪三十三年、三十四年和宣统元年学部总务司的三次教育统计图表，可以参见陈学恂主编《中国近代教育史教学参考资料》（人民教育出版社 1987 年）下册第八编教育统计第一部分。

2. 豫南师范学堂最初招收的 102 名学生中分完全、简易两个班，各班名额不详，暂全归入完全科。

3. 对于设有不同教育层次的学堂采用一所学堂统计一次的原则，其学生则计入相应的层次。如 1906 年的河南优级师范学堂，既含有优级选科预科学生 100 人，又含有初级完全科学生 103 人，今将学生分别计入相应层次，学堂在优级师范选科项下计为 1 所，故该年的初级师范完全科 1 所学堂为豫南师范学堂，学生 223 人，包括该学堂 120 人，河南优级师范学堂 103 人。

该年三月十九日（1907 年 5 月 1 日），河南师范学堂添办优级师范本科——理化本科，招收学生 30 名。②是年底视学官视察河南学务提及师范教育云："河南师范学堂计

---

① 《河南教育官报》相关各期，见河南省教育志编辑室编《河南教育资料汇编·清代部分》（内部资料）第 12—72、76、191 等页。
② 《光绪三十三年三月十九日学部咨复抚院速办优级师范选科文》，《河南教育官报》（期数不详），引自朱有瓛主编：《中国近代学制史料》第 2 辑下册，上海：华东师范大学出版社，第 422 页。

设初级完全一班、简易两班,优级本科一班、预科两班,附属小学一班。简易科已毕业两次,成绩欠良,自监督李主事时灿到堂后,实心整理,渐有起色。"①

同年四月二十日(1907年5月31日),河南第二师范学堂在贡院旧址正式开学,并裁省城师范传习所归入,共招收学生300名,其中完全科120名、简易科180名。②9月,豫南师范学堂开办优级选科,寻经提学司议仍改办初级完全科③,但光绪三十四年,河南第二师范学堂也增办优级师范选科,河南高等师范学堂变为两所。同时各州县均设立了师范传习所,师范学堂已普及全省。该年全省共有师范学堂116所,学生5663人。

宣统元年(1909)后,由于完全科学生相继毕业,简易科学生已充斥学堂,师资问题得以缓解,特别是优级选科、初级简易科、师范传习所等这些河南师范教育的主要办学形式,均属一时之计,而非经久之规,迫切需要改变。于是各类师范学堂特别是师范传习所开始压缩。宣统二年(1910)初学部通咨各省限期停办优级师范选科和初级师范简易科,要求"自本年为始,凡各属旧设之优级选科,概不准再招新班,俟现时在堂各学生毕业后,一律改办优级完全科,至简易师范,除边远地方,风气初开,教员缺乏,暂准办理外,其余各省亦应自本年起一律停止招考,俟在堂学生毕业后,改办初级完全科"④。其用意在于压缩规模,精简数量,提高质量。然而为时已晚,革命的炮火已隆隆作响,对于地居中原、观念落后的河南来说,人才匮乏,民生凋敝,数量的精简并未带来质量的提高,随着政权的更迭,各类师范学堂纷纷停办,1912年,民国成立,河南的师范教育便进入了一个新的时期。

从1905年到1911年,在这短短的几年内,河南师范学堂的设立经历了一个从草创、扩张、普及、压缩到最终停办的艰难历程。与全国其他省份相比,其师范教育是比较落后的,它所开办的学堂大多是一些短促急就的形式,像优级选科、初级简易科等,就拿办得最好的河南优级师范学堂而言,教员也大多不合格,像唯一的外籍教习——饭河道雄,系高等师范卒业生,仅可充当初级师范教员尔。但在普遍落后的总体特征下,各地区依然表现出了先进与落后的个体差异。今仅以光绪三十四年各地师范学堂最为"繁荣"时期的学生数量略表一二(表4—28)。

---

① 《光绪三十三年学部视学官调查河南学务报告书——师范教育》,《学部官报》53期,"京外学务报告",第722—739页,引自朱有瓛主编:《中国近代学制史料》第2辑下册,第424页。
② 《光绪三十三年六月十一日豫抚奏办第二师范学堂片》,《学部官报》53期,"京外奏稿",第41—42页。
③ 刘景向纂:《河南新志》卷7《教育·师范教育》。
④ 《宣统二年二月二十日学部通咨各省限期停办优级师范选科和初级师范简易科文》,《学部官报》第123期文牍,第4—5页,引自朱有瓛主编:《中国近代学制史料》第2辑下册,第265页。

表 4-28　光绪三十四年河南各府州师范学堂学生统计表

地区	辖有县区	设有县区	学堂数	学生数	县均学生数	地区	辖有县区	设有县区	学堂数	学生数	县均学生数
省 城			3	508		怀庆府	8	6	18	1042	130
南汝道			1	95		河南府	10	9	12	619	62
开封府	16	12	14	653	41	陕 州	4	3	3	77	19
归德府	9	7	8	289	32	汝 州	5	3	3	98	20
陈州府	7	6	7	242	35	南阳府	13	11	12	490	38
许 州	5	4	7	346	69	汝宁府	9	8	10	474	53
彰德府	7	6	7	322	46	光 州	5	5	5	236	47
卫辉府	9	5	6	172	19	总 计	107	82	116	5663	53

说明：1. 本表数字出自《河南教育官报》62 期，出刊日期为宣统元年十二月十五至二十九日。

2. 开封府数字含郑州，南阳府数字含淅川厅。

3. 南汝道为南汝光淅道简称，和省城一起另列。因此类学堂基本上在所属县域平分学额，不宜计入驻地府州。

4. 县均学生数为各府州师范学生数除以辖有县区数。商值四舍五入保留整数。

5. 各府州学生肄业学堂有初级师范完全科、简易科和师范传习所，简易科与传习所差别不大，初师完全科层次稍高，但学生总数所占比例较小，故忽略学生的层次差异，通称师范生。

由上表可以看出，由县均学堂学生数表达出来的清末河南各府州师范教育的发展差异是：

良好区——50 人以上。怀庆府（130）、许州（69）、河南府（62）、汝宁府（53）。

一般区——30~50 人。光州（47）、彰德府（46）、开封府（41）、南阳府（38）、陈州府（35）、归德府（32）。

较差区——30 人以下。汝州（20）、陕州（19）、卫辉府（19）。

三、实业学堂的分布与发展

实业学堂，顾名思义，即传授农工商各业知识，增强谋生技能，以求富国裕民之学堂。其学讲求实际，不尚空谈。学堂总体上分为三等：高等实业学堂、中等实业学堂和初等实业学堂。每一等下分为三类：农业、工业、商业。每一类下又分为多种：像蚕桑学堂、水产学堂、商船学堂、工艺学堂、实业师范学堂等，由于体系庞杂，门类众多，实不便拟一详细章程以概之，故光绪二十九年十一月二十六日（1904年1月13日）清政府公布的《奏定学堂章程》中，除了对各类实业学堂制以章程外，又专门制定了一个通则——《奏定实业学堂通则》，之所以名为通则不云章程，即因其庞杂故也。

根据该《通则》第一章设学要旨第四节的规定："各项实业学堂，各省均应酌量地方情形，随时择宜兴办。"①河南为农业大省，自然以农业学堂为先，光绪二十八年（1902）年初，荥阳知县张绍旭将汴源书院、义仓、善后局和城工局的所有地亩一并划归学务公款，并在县城主持创建了该县第一所也是河南省第一所实业学堂——荥阳县养蚕传习所②，该传习所为初等性质的农业学堂。主要传授植桑养蚕、抽丝剥茧等实业知识。此后不久，1905年2月，河北农务实业学堂在怀庆府河内县清化镇正式开办，首届招收学生115名，学制三年，相当于中学堂，1906年改名河北中等蚕桑实业学堂。③1906年4月初，禹州中等蚕桑中学堂就该地丹山书院旧址改建，王锡彤任监督，教职员7名，学额64名，岁出银1500两。④与此同时，荥阳中等蚕桑实业学堂于该年在郑州荥阳县赵村开办。⑤一年之后，1907年4月，邓州中等蚕桑实业学堂又于邓州南关山西会馆正式开办。⑥至此，全省共有中等蚕桑学堂4所，初等蚕桑学堂1所，合计学生255人。

这些蚕桑学堂的开设课程分为普通和专门两种，普通课程有修身、中国文学、算学、历史、地理、博物、图画、物理、化学、体操等10门；专门课程有养蚕、栽桑、制种、解剖、生理、病理、外语、实习、理财、制丝、气候、农学等12门。同时各学堂均购置有大片桑田和试验场供学生实习用，如河北中等蚕桑学堂的试验场即达3000亩之多。同时还有显微镜一类的仪器，规模亦粗备矣。

虽然省境内设立了几所实业学堂，但距离奏定章程的要求还相差甚远。为了进一步推动实业教育的发展，光绪三十三年九月初八（1907年10月14日）河南省提学使司发布了《札各府州厅遵照转饬所属一体筹办各项实业学堂文》，该文札对河南实业教育落后的原因、振兴的必要、大致的规划以及发展的原则均作了简易清晰的说明。不妨引述

---

① 《奏定实业学堂通则》第一章第四节；朱有瓛主编：《中国近代学制史料》第2辑下册，第2页。
② 民国《续荥阳县志》卷5《学校志》。
③ 《光绪三十一年河南巡抚陈奏开办河北中等蚕桑实业学堂折》，《东方杂志》1905年第3期教育第41—43页，转引自朱有瓛主编：《中国近代学制史料》第2辑下册，第189—190页。
④ 《河南教育官报》第57期，引自河南省教育志编辑室编《河南教育资料汇编·清代部分》第55页。
⑤ 《河南教育官报》第7期，引自河南省教育志编辑室编《河南教育资料汇编·清代部分》第17页。
⑥ 《河南教育官报》第25期，引自河南省教育志编辑室编《河南教育资料汇编·清代部分》第36页。

如下："本司查豫省民风朴实，俗尚勤劳。而实业不兴，地多遗利，厥故何哉？盖无教育以为之发明，则虽恳恳勤勤，终难有改良进步之一日。自弃利权，殊属可惜。况普通学校业经逐渐扩充，倘无实业以为后援，则经济困难，亦非持久之道。振兴实业，洵为豫中必不可缓之图。现据议长李主政时灿条陈学务内开：怀庆之煤铁，南阳之工艺，均已甫有萌芽，正宜因势利导。陈许一带，沃壤千里，宜兴农学。河流故道，弥望沙漠，尤宜林业。此外，某处宜研究制造，某处宜讲习蚕桑，凡足以开辟利源，推广教育者，所在皆是。为此通行各属，务即凛遵前札，查照定章，并体察各该地方情形，酌量兴办。总期为民兴利，因地制宜，以谋实业教育之发达。札到该处，即便遵照。"①

令下不久，许长中等蚕桑实业学堂（1907年底建）、浚县中等农业学堂（1908年建）、巩县中等蚕桑学堂（1908年建）、舞阳初等农工实业学堂（1907年建）、南召初级蚕桑学堂（1908年9月建）、温县公立工业教员讲习所（1908年3月建）、中牟初等工业学堂（1908年10月建）等一大批中初等性质的农业和工业学堂相继建立。

截至1909年2月，全省共有中等农业学堂7所（河北、禹州、荥阳、邓州、许长、浚县、巩县），初等农业学堂3所（荥阳、舞阳、南召），初等工业学堂5所（省城、省城、温县、中牟、河内），实业预科学堂9所，合计学生1548人。

1909年后，各地又相继建立了一批实业学堂：如焦作路矿学堂（1909年4月建）、省城公立中等商业学堂（1909年建）、通许初等工业学堂（1909年2月建）、唐县官立初级实业学堂（1909年11月建）、省城公立中等农业学堂（1910年建）、省城公立中等工业学堂（1910年建）、南阳县民立初级商业学堂（1910年3月建）、郾城初等蚕桑学堂（1910年建）、西平工业学校（1910年建）、西平蚕业学校（1911年建）等，使全省实业学堂的总数达到了30余所。特别是1909年焦作路矿学堂的建立弥补了河南高等实业学堂的空白，同年省城公立中等商业学堂和1910年南阳县民立初级商业学堂的建立及1910年省城公立中等工业学堂的开办分别弥补了河南省商业学堂和中等工业学堂的空白。至1910年底，全省终于建立起了工业学堂高、中、初三等齐备，农业商业学堂初、中二等兼具的实业教育体系。

---

① 《河南教育官报》第15期，引自河南省教育志编辑室编：《河南教育资料汇编·清代部分》，第197页。

表 4-29 1907—1909 年河南省实业学堂设置一览表

年份	农业 中等		农业 初等		工业 中等		工业 初等		商业 中等		商业 初等		实业预科		总计	
	学堂	学生	学堂	学生	学堂	学生	学堂	学生	学堂	学生	学堂	学生	学堂	学生	学堂	学生
1907	4	234	1	21	2	176	4	68							11	499
1908	7	611	3	140			5	285					9	512	24	1548
1909	6	512	8	317			8	529	1	45			8	391	31	1794

资料来源：陈学恂主编《中国近代教育史教学参考资料》（人民教育出版社 1987 年）下册第八编"教育统计"第一部分"全国教育统计表"所录清末学部总务司于光绪三十三、三十四年和宣统元年所作的三次全国教育统计中的"实业学堂"部分。

综观清末河南实业学堂设置的整体进程，至少体现了以下四个特点：

第一，高等实业学堂较为缺乏，高等实业教育相对较弱。唯一的一所高等工业学堂——焦作路矿学堂也是一波三折，几度难产，开办之后，招生名额又极为有限。该学堂为英国福公司投资兴办，1898 年 6 月 21 日，通过分省候补道程恩培和翰林院检讨吴式钊在河南假立的豫丰公司，福公司与豫丰公司签订了《豫丰公司与福公司议定河南开矿制铁以及转运各色矿产章程》，取得了在河南的采矿权。该章程第十三条规定："福公司于各矿开办之始，即于矿山就近开设矿务铁路学堂，由地方官绅选取青年颖悟学生二三十名，延请洋师教授，以备路矿因材选用，此项经费由福公司筹备。"①章程签订之后福公司随即开始了在河南的采矿活动，却没有按约定及时开办路矿学堂，直到光绪三十二年（1906），由福公司投资修筑的 308 华里长的道清铁路专线已建成通车，第四号煤井已开始出煤，依然不履行承诺。河南交涉局派员与福公司反复交涉，据理力争，才迫使福公司被迫同意履行此事。1909 年 4 月，焦作路矿学堂才正式开办，首招学生仅 20 人，延聘教习 5 人，虽然规模较小，但总算迈出了河南高等实业学堂设置的艰难的第一步。

第二，农工商三业学堂的设置数量依次递减，设置时间依次推后。从数量上看，农业学堂最多，工业学堂次之，商业学堂最少。直至清亡，全省仅有商业学堂 2 所，即

---

① 中央研究院近代史研究所主编：《矿务档（1865—1911）》第 3 册，转引自薛世孝：《论英国福公司在中国的投资经营活动》，《河南理工大学学报》（社会科学版）2005 年第 2 期）。

1909年省城设置的公立中等商业学堂和1910年南阳县设置的民立初级商业学堂。从时间上看，第一所农业学堂设于1902年，第一所工业学堂设于1907年，第一所商业学堂设于1909年。

第三，部分地区的设置类型与各地的社会经济环境密切相关。如河内、温县设立初级工业学堂与该地区工矿业较为发达的现实需求相一致，邓州、南召设立中初等蚕桑学堂与该地区丝织业较为发达的社会经济传统相一致。与当地社会经济环境相结合，有利于普及宣传、招收生源、降低成本、提高效果，收事倍功半之利。对此，河南省提学使司也有清醒的认识，宣统二年十月十五日，该司颁布了《详咨豫省分年筹备实业教育草案》，其中第八条专门概括了各地的社会经济特点并对适宜设置的实业学堂类型作了规定："第八条分配各府中等实业学堂设科之大概：查开封所属旷土最多，民亦惰农自安，宜兴农学作之模范。而都会之区，工商云集，是应三业并兴，以资提倡。归德自河流北徙，水患遂绝，地经淤壅，泥性极腴。陈许二州地势平衍，种植相宜，兴学劝农，允为三府之生殖。郑州路线南北，交通贸易日盛，讲求商学扼要之图。南阳丝绸已擅胜场，设法劝导，宜织宜蚕。汝宁产靛产棉，光州种茶种稻，织染树艺分配而施。彰德棉花最富，可兴织工。卫辉稻田极腴，宜修农事。怀庆产煤，矿业为重。河南全境多山，培植林业，地利可收。羊毛制毡，陕州出品。槲叶饲蚕，汝州大利。改良机织工校均宜。凡此分配，谨就多数出产，调查大概情形，强为厘定。因时制宜，各自筹备，无事刻舟以求剑，尽可变通而办理。"①总计宜办农业学堂者：归德、陈州、卫辉、河南、许州、光州；宜办工业学堂者：彰德、怀庆、汝宁、陕州、汝州、南阳；宜办商业学堂者：郑州；宜全办三业学堂者：开封。

第四，总体上比普通学堂、师范学堂设置时间晚，发展程度差。普通学堂和师范学堂的设置主要集中在1906年前，而实业学堂的设置主要集中在1906年后，特别是1907—1909年间，像前述邓州、长葛、浚县、舞阳、温县、中牟等地设立的中初等实业学堂便主要集中于这一时期，与普通学堂和师范学堂的设置相比明显滞后。再者，这些学堂规模不一，程度不齐，多数学堂，名实不符，速成简易，遍布其间，有凑章敷衍之嫌。虽有科目，却缺教习，而延聘教习，多由请托，"或系当道之同年，或系当道之旧好，蝇营狗苟，滥竽其间"②。教科简陋，已达极点，所以如果说普通学堂是新式学堂中办得较好的学堂，那么实业学堂就是新式学堂中办得较差的学堂。

---

① 《宣统二年十月十五日详咨豫省分年筹备实业教育草案》，《河南教育官报》第76期。
② 《东方杂志》第一卷第10期《教育》，第236页。

各学堂在各地的分布情况,按照《河南教育官报》61 期所载的《河南省实业学堂统计表》(1902—1908)的统计,可以略窥一斑(表4–30)。

表 4–30　1902—1908 年河南省实业学堂设置分布表

县 别	农业学堂	工业学堂	商业学堂	实业预科	学生人数
祥 符		初等2		1	工业185 预科140
中 牟		初等1		2	工业42 预科115
禹 州	中等1			1	农业48 预科41
商 水				1	12
襄 城				1	10
长 葛	中等1				202
荥 阳	中等1 初等1				118
荥 泽	中等1				30
浚 县	中等1				43
河 内	中等1	初等1			农业142 工业12
孟 县				1	70
温 县		初等1			46
巩 县	中等1			1	农业33 预科94
南 召	初等1				30
邓 州	中等1				95
舞 阳	初等1				50
合 计（一）	中等8 初等3	初等5		预科8	1558
合 计（二）	中等7 初等3	初等5		预科9	1548

说明：1. 合计（一）为各项实际合计数,合计（二）为原表所载各项合计数。

2. 依据该表各类学堂的学生数为农业中等593、初等198,工业初等285,实业预科482,与表4–29 的统计有一定差异。

由上表可知,清末河南实业学堂的设置主要分布在开封府、怀庆府、南阳府、许州等府州的部分县域。其地域分布的最大特点是零星设置,点状分布,尚未普及,同时,由各地学生数目的多少所反映出来的各地实业教育的发展程度可知,除未见设置的府州外,开封府的实业教育最为发达,怀庆府次之,其余府州依次是许州、南阳府、河南府、卫辉府、陈州府。

四、女子学堂的分布与发展

女子学堂没有专门的章程，河南的女子教育是随着进步教育家的推动和进步风气的传播而逐渐展开的。《奏定学堂章程》把广大女子排斥在教育系统之外，但社会的发展是不以人的意志为转移的。随着社会思潮的进一步解放，一些进步的教育家逐渐认识到对占有一半人口的广大女性进行教育同样十分重要。所以与其他学堂需要上级不断督饬的被动创设不同，女子学堂的创设主要是一种自发行为，个人的创办热情及其伴随的民间力量发挥了重大作用。而这一作用又在一些进步教育家的推动下得到巨大发挥，因此同样与其他学堂主要为官立不同，公立和私立性质的学堂在女子学堂的设置总量占了较大比重。即使部分官立的女子学堂也是在进步人士对开明官僚的宣传鼓动下，借助官方的力量开办起来的。兰仪官立女子小学堂便具有这种典型特点。1906 年，《豫报》杂志第一号登载了河南创办女学的消息："欲图普及教育者，非留心女学不可，我省风气闭塞，鲜有虑及此者。兰仪县留日学生岳君秀华、傅君铭，有慨于斯，于去冬旋里时，同县尊沈大令福源，创一官立女子小学校。一切书籍等件均系沈大令捐廉购置，教习岳某也热心异常，力图进步。据最近调查，该校放足者十之四五，改装者十之六七。学生皆彬彬雅雅，有条不紊，亦河南之一线光明也。"① 1907 年该报第二号又载：兰仪官立女子小学堂，于光绪三十二年（1906）年春设于（兰仪县）北街观音堂，舒树基任总理，岳伯春任教习，学额二十。这是现今见于史载的清末河南最早的女子学堂，自然也是第一所女子学堂。②

---

① 《豫报》第一期 "专件"，浙江省图书馆藏。（该报创刊于 1906 年 12 月（光绪三十二年十一月）。原为月刊，但一再脱期。最终于 1908 年 4 月 30 日（光绪三十四年四月初一）出至第六期停刊。三十二开本，每期 100 页左右。主要栏目有：图画、社说、论说、学说、政治、译丛、小说、杂俎、专件、来稿、调查等。宗旨为 "改良风俗，开通民智，提倡地方自治，唤起国民思想"。

② 关于清末河南第一所女子学堂究竟为何校，《河南文史资料》第六辑载《辛亥革命时期的刘青霞》一文中称：刘从日本 "回国后，于 1909 年即在尉氏创办华英女子学校……此校为当时河南第一所女校，对以后女子教育发展影响颇大"。《中州今古》1984 年第 2 期《刘青霞》一文亦云刘所创之尉氏华英女校为河南第一所女校，但结合《豫报》的记载说明并非如此。河南第一所女校应该为 1906 年岳秀华、傅铭、沈福源等创办的兰仪官立女子小学校，比刘之华英女校早了 3 年。况《河南教育官报》64 期《河南省学务统计表》载在华英女校创办前的 1908 年，河南已有女子学堂 13 所，学生 248 人。河南第一所女校为兰仪官立女子小学堂的可能性最大。对此，李明山先生也作过辨析，详见《河南大学学报》（社会科学版）1985 年第 1 期《河南第一所女子学校在哪里？》。

除兰仪官立女子小学堂外，清末河南著名的女子普通学堂还有：

荥阳公立女学堂（1907年建于城内东街）

陈留官立初等育淑女子小学校（1908年2月建于劝学所东偏院）

中州公立女子学堂（1908年建于开封旗纛街，1911年改为中州官立女子师范学堂）

通许官立女子初等小学堂（1909年3月就城内义塾改设）

通许官立初等女学堂（1909年3月建于城内兴文路民房）

尉氏私立华英女校（1909年3月建于县城内大西门内路南）

南阳白庄公立女子两等小学堂（1909年8月建于南阳县白庄）

荥阳官立女子两等小学校（1909年建于文昌宫）

长葛公立女子小学校（1910年建于城内民宅）①

……

这些女子学堂为了管理方便，大多聘请女性参与学堂的直接管理。如陈留县官立初等育淑女子小学校，延李寿仁任监学，而李为劝学总董尚钫之母，延昌文霞任校长兼教员，均是女性。②荥阳公立女学堂，祝鸿元为总办，但监督为祝鸿元夫人——王明绮。③还有南阳白庄女小由南阳名士张嘉谋创办，监督亦为其夫人担当。④同时，为了破旧俗、立新风，吸引附近女子就学读书，一些学堂如荥阳公立女学堂，不收学生任何学杂费，职员均尽义务，有力地促进了女子教育的普及。

为了更好地推动女子教育的发展，除了女子普通学堂，当时河南的开明官绅还创办有女子师范学堂。据《河南新志》卷7教育志的记载："河南女子教育始于清光绪三十三年荥阳县之女师范传习所、汝阳县师范传习所，继之三十三年学绅阎永仁等始设公立女师范学堂于开封，宣统三年改为官立。"其中最为著名的是阎永仁所设之女师范学堂，即前述中州公立女子学堂。校址设在开封旗纛（音dào，军中大旗）街，由当时河南热心教育的名士李时灿、张嘉谋、刘青霞等具体筹办。该学堂为师范性质，并附设了供教育实习用的女子小学。师范部学额60名，小学部学额40名，学制均为四年，所开学科除修身、国文、历史、地理、算学、理化等一般学科外，还有女性特色浓厚的国画、家事、裁缝、手艺、女红等。由于章程齐备，规模巨大，使该学堂成为当时女子学堂中办得最好的学堂，也是当时河南女子教育的最高学府，对河南女子教育的发展影响极大。

---

① 分别见《河南教育官报》第7、13、54、56、56、77、90期和民国《长葛县志》卷4《教育志》。
②《河南教育官报》第54期。
③《河南教育官报》第7期。
④《河南教育官报》第90期。

女子学堂的设立从一定意义上能够较为有力地反映一个地区风气开化的程度，前述一些著名女子学堂分布的县域——兰仪、荥阳、祥符、通许、陈留、尉氏、南阳、长葛，既是女子教育较为发达的地区，也是社会风气较为开化的地区，而其大部分均围绕在省城周围的事实，又从一个侧面说明了作为易于得风气之先的政治经济中心对周边的辐射和影响。

清末河南各类主要新式学堂的时空分布即如上所述，而除了以上几种学堂之外，为了迅速地普及知识，提高国民素质，当时还创办了各式各样、灵活多变的社会教育机构，如半日学堂、半夜学堂、简易识字学塾和改良私塾等，这些学堂主要面向广大贫苦群众，学制灵活、学费低廉，有力地促进了国民教育意识的提高。虽然各级政府并不是真正关心社会教育，只是为了响应"预备立宪"的要求而不得不做，但它们毕竟为广大贫苦群众识字、学文化开辟了场所，在一定程度上促进了国民初步文化基础知识的普及，体现了由"愚民"到"醒民"的理念转变，使河南的社会教育事业有所发展。因此，无论从规模上，还是社会影响上，各类社会教育机构比鸦片战争后的义社学都要前进了一步。

任何现象的背后都有一定的规律，任何结果的出现都有一定的原因。清代河南新旧各类学校的时空分布特征不是凭空形成的，而是与一定区域内的政治、经济、文化等条件密切联系的，是多种因素综合作用的结果。要深入地理解这种结果产生的过程，必须进一步分析造成各地各类学校时空分布差异的几种影响因素。

第三节　小　结

在清代长期的发展过程中，河南各地的各类学校出现了明显的时空上的分布差异和地域上的程度差异。儒学依政区而置，先后设置的118所儒学，时间上主要集中在顺治时期，整个顺治年间，各地方官陆续重建或修复儒学98所，占当时应设儒学总数的84.5%。康雍时期也有零星设置。空间上，由于按政区分配而各府州辖县不等，分布自然多少不一，但从县级政区层面看，其分布却最为均匀。然而设置数量的等同不代表提供的教育总量或教育机会的均等，各地儒学学额的差异便是这种不均的重要指标，虽说学额的确定考虑了各地财赋、人口、文风等因素，但并不完全一致。通过对照嘉庆二十五年各府州的人口状况，可以看出其（廪生）入学机会大小不等，卫辉、陕州等地入学机会较大，光州、归德等地入学机会较小。一般而言，入学机会的大小与其所能提供的教育资源总量和发展程度呈正相关。

依现有资料统计，全省共设有社学 559 所，集中于顺康乾时期和汝宁、许州、卫辉和归德等府，其余诸府多少不等。从各地社学所能提供的教育总量看，卫辉府最多，怀庆府最少。结合各地人口的差异，由人均社学教育总量反映出来的各府州社学教育差异可大致划定：卫辉、河南、汝宁等府社学教育较为发达，归德、汝州、南阳等地社学教育相对一般，开封、光州、陈州等地社学教育较为落后。义学全省约设有 928 所，数量上集中于康熙、道光和光绪时期，频度上集中于嘉道咸同时期。地域上集中于南阳府、河南府、汝宁府和开封府等地。同样，由设置数目、存续时间和人口数量所决定的人均义学教育供给量所反映出各地义学教育发展程度的差异为：发达区——汝州、许州、河南府、陕州、汝宁府；一般区——彰德府、卫辉府、南阳府、陈州府；落后区——开封府、怀庆府、归德府、光州。

书院是中国古代教育史上一种独特的教育机构，也是清代河南教育的重要场所。在广泛搜集资料的基础上，依照嘉庆二十五年的区划范围，采用相对合理的标准，统计可得清代河南各地先后共设置书院 315 所。其中有 310 所设置年代相对明确，这 310 所书院在时间上集中于清代前期，特别是康熙和乾隆时期，康熙朝又集中于中期，乾隆朝又集中于初期。而从年均设置数上又可知雍正年间的设置最为频繁。在空间上集中于开封和河南两府，呈现明显的双核心结构和核心—边缘性特征。各府州之间和各县域之间差异悬殊，不同方位的大区之间差异明显。各府州设置总数的多寡与均匀程度的密疏不尽一致，县域层次书院分布的不均衡程度高于府州层次，各府州内部县域之间的书院设置中心与政治中心或重合，或等存，或背离，三种情况并存。除卫辉府和怀庆府外，总体设置多而密的府州不均衡程度高于少而疏的府州。但书院分布的差异不代表发展程度的差异，由人均书院教育供给量的比较可知：汝州、河南府和开封府是书院发展较为发达的地区，许州、卫辉府、陕州等地是相对一般的地区，光州、陈州府和归德府是比较落后的地区。

新式学堂中普通学堂和师范学堂的设置初具规模，具备比较分析各地发展差异的基础条件，而实业学堂和女子学堂尚较为零星，只能大致论述其发展过程和分布状况，具体府州层次的发展差异尚不易细化。普通学堂分高、中、初三等，全省先后设置高等学堂 2 所，中学堂 25 所，小学堂截至 1909 年约 3200 余所。高等学堂集中置于省城，面向全省，学额均摊。中学堂各地设置数目差别不大，但发展程度差异明显。通过赋值加权平均法的量化比较，可知南阳、开封、怀庆等府中学教育发展良好，卫辉、河南、归德等府中学教育发展一般，许州、汝州、陕州等地中学教育发展较差。小学堂在 1906—1909

年间集中设于开封、怀庆、河南、光州等地，通过各县域的平均设置数目可以看出，光州、许州、开封等地小学教育普及程度较好，河南、汝宁、南阳等地小学教育普及程度一般，陕州、归德、汝州等地小学教育普及程度较差。由于小学堂在各类新式学堂中普及程度最高，所以各地小学堂的发展差异基本可以代表各府州新式教育的发展差异。

与普通学堂相比，师范学堂设立晚、撤废早。河南省最早的师范学堂为1905年设于省城开封的河南初级师范学堂，此后各地又陆续设置了师范讲习所等其他师范教育机构。截至1908年，全省共设师范学堂116所，学生5663人。各地学生分布不等，由县均学堂学生数表达出来的清末河南各府州师范教育发展的差异为：良好区——怀庆、河南、许州、汝宁等府州；一般区——光州、彰德、开封、南阳、陈州、归德等府州；较差区——汝州、陕州、卫辉等府州。

总之，清代河南的学校教育体系是一个由传统学校体系和新式学堂体系共同组成的非常复杂的综合系统。传统学校体系包括儒学、社学、义学、书院等，新式学堂体系包括普通学堂、师范学堂、实业学堂、女子学堂等。通过广泛搜集资料，依照科学原则，运用数理方法，各类学校发展的时空分布特征和地域发展差异可得以大致揭示和划定。

第五章
影响河南学校教育发展时空差异的因素分析

第一节　各类学校的时空分布特征和地域发展差异

　　如前所述，清代河南的学校教育体系是一个由传统学校体系和新式学堂体系共同组成的非常复杂的综合系统。传统学校体系包括儒学、社学、义学、书院等，新式学堂体系包括普通学堂、师范学堂、实业学堂、女子学堂等。传统学校体系内各学校之间主要是由所设政区行政地位决定的等级差异和质量差异，教学内容上相互间差异并不大。与传统学校体系相比，新式学堂体系则较为复杂。各学堂之间由所设政区行政地位带来的等级差异较为弱化，由教学内容所带来的层级差异和类型差异则较为明显，特别是类型差异的出现，可以说是新式学堂与传统学塾的最大不同，各学堂相互间不仅有初等、中等、高等之分，而且有普通、师范、专门之别，当然还有质量之异。由于这种复杂状况的存在，使得我们很难用一个简单的评价对一个地区的总体教育状况作出概括。当我们说一个地区的教育较为发达时，实际上仅仅表达的是某一层次或某一类型的教育状况，而其余层次或类型的教育状况可能未必如此。因此，对各类学校所代表的教育类型，无论新式学堂还是传统学塾，都需要分门别类，依次论述。

　　根据前章分析可知，在清代长期的发展过程中，河南各地的各类学校，由于设置时期早晚不一、设置数目多少不等、存续时间长短不同，出现了明显的时空上的分布差异和程度差异。分布差异主要体现在全省设置总数的集中时段和集中地域上，分析层面主要是各朝段和各府州设置数目的多寡。但设置数目的多寡并不代表其发展程度或普及程度的高低。程度差异主要体现在各类学校所提供的人均教育总量的多少上，由各地的设置总数、存续时间、人口数量等因素决定。分布差异是一种数量差异，主要体现"地区分布"；程度差异是一种质量差异，主要体现"人口普及"。经过分析，各类学校时空分布和普及程度的具体差异是：

儒学依政区而置，除河阴县儒学在该县并入荥泽后仍予保留外，依据嘉庆二十五年的区划，当时河南共有府级政区13个，县级政区108个，应设儒学121所，但其中许、陕、汝、光四直隶州驻地作为县级辖区不再单独设学，所以加上河阴乡学实设儒学118所。这118所儒学，从设置时间上看，主要集中在顺治时期，整个顺治年间，各地方官陆续重建或修复儒学98所，占当时应设儒学总数的84.5%。康雍时期也有零星设置。从空间分布看，由于按政区分配而各府州辖县不等，分布自然多少不一，但从县级政区层面看，其分布却最为均匀。然而设置数量的等同不代表提供的教育总量或教育机会的均等，各地儒学学额的差异便是这种不均的重要指标，虽说学额的确定考虑了各地财赋、人口、文风等因素，但并不完全一致。通过对照嘉庆二十五年各府州的人口状况，可以看出其（廪生）入学机会的大小顺序为：卫辉府、陕州、河南府、彰德府、南阳府、怀庆府、开封府、汝州、汝宁府、陈州府、许州、光州、归德府。一般而言，一所儒学入学机会大，它所能提供的教育资源总量就多，其发展程度自然就高。所以各地儒学发展程度的高低与入学机会的大小是一致的。具体分布及位次见表5-1。

社学依现有资料，全省共设有559所，时间上集中于顺康乾时期，地域上汝宁府、许州、卫辉府和归德府较多，陕州、汝州、陈州府和怀庆府较少，其余诸府多少不等。从各地社学所能提供的教育总量看，卫辉府最多，怀庆府最少。结合各地人口的差异，由人均社学教育总量反映出各府州社学教育的差异，发达区：卫辉府、河南府、汝宁府、许州、陕州。一般区：归德府、汝州、南阳府、彰德府。落后区：开封府、光州、陈州府、怀庆府。

义学全省约设有928所，数量上集中于康熙、道光和光绪时期，频度上集中于嘉道咸同时期。地域上集中于南阳府、河南府、汝宁府和开封府等地。由设置数目、存续时间和人口数量所决定的人均义学教育供给量所反映出各地义学教育发展程度的差异，发达区：汝州、许州、河南府、陕州、汝宁府。一般区：彰德府、卫辉府、南阳府、陈州府。落后区：开封府、怀庆府、归德府、光州。

书院是儒学、社学和义学之外的一种特殊教育机构，本身具有丰富的等级和层次，可以满足不同人群的不同需求。清代河南书院是清代河南教育的重要场所，它的时空和程度差异基本代表了全省传统教育的时空和程度差异。在广泛搜集资料和参考前人成果的基础上，通过相对科学的原则和标准，统计可得清代河南各地先后设置书院 315 所。时间上集中于清代前期，特别是康熙中期和乾隆初期。地域上集中于开封、河南、卫辉、南阳等府。由各地书院设置数目、存续时间和人口数量所决定的人均书院教育供给量所反映出来的各地书院教育发展程度的差异为：发达区——汝州、河南府、开封府；一般区——许州、卫辉府、陕州、南阳府、怀庆府、汝宁府、彰德府；落后区——光州、陈州府、归德府。

新式学堂中普通学堂和师范学堂的设置初具规模，具备比较分析各地发展差异的基础条件，而实业学堂和女子学堂尚较为零星，只能大致论述其发展过程和分布状况，具体府州层次的发展差异尚不易细化。普通学堂分高、中、初三等，河南的普通高等学堂主要有 2 所，省立高等学堂和客籍高等学堂。集中设置于省城，面向全省招生，学额基本上由各地平均摊配。所以对于各府州的差异状况影响不明显。中学堂规定一般以各府州设置 1 所为原则，有条件的州县也可设立。全省先后共设置中学堂 25 所。由于受行政命令督促，各地集中设置于 1904—1908 年间。再者由于处于草创阶段，各地的设置数目差别不大，开封、南阳、陈州等府稍多，分别为 5、5、3 所，其余诸府均在 1—2 所之间。但各地的发展程度差异明显，通过赋值加权平均法的量化比较，各府州中学教育的发展差异是：良好区——南阳府、开封府、怀庆府、陈州府；一般区——卫辉府、河南府、归德府、汝宁府、彰德府；较差区——许州、汝州、光州、陕州。

相应地小学堂的设置，截至 1909 年全省约设 3200 余所，集中于开封、怀庆、河南、光州等地，时间上要稍晚于中学堂，主要集中在 1906—1909 年间。通过各县域的平均设置数目可以看出各地小学教育普及程度的差异为：普及较好区——30 所以上的地区，有光州（58.2）、许州（48.4）、开封府（40.6）、怀庆府（38.75）、彰德府（36.2）；普及一般区——20~30 所的地区，有河南府（29.5）、汝宁府（28.3）、南阳府（21.8）、陈州府（21.7）、卫辉府（21.1）；普及较差区——20 所以下的地区，有陕州（19）、归德府（15.2）、汝州（14.8）。由于小学堂在各类新式学堂中普及程度最高，所以各地小学堂的发展差异基本可以代表各府州新式教育的发展差异。

师范学堂本是为普通学堂培养师资而设，但其却设立晚于普通学堂，撤废早于普通学堂。河南省最早的师范学堂为 1905 年设于省城开封的河南初级师范学堂，此后各地又陆续设置了师范讲习所等其他师范教育机构。在各地师范学堂逐渐普及的同时，一些原先设置的师范学堂也得到发展，如河南师范学堂初设简易科，后又续置完全科并逐渐发展到选科等。截至 1908 年，全省共设师范学堂 116 所，学生 5663 人。各地学生分布不等，由县均学堂学生数表达出来的清末河南各府州师范教育发展的差异是：

良好区——50人以上,有怀庆府(130)、河南府(62)、许州(69)、汝宁府(53);一般区——30~50人,有光州(47)、彰德府(46)、开封府(41)、南阳府(38)、陈州府(35)、归德府(32);较差区——30人以下,有汝州(20)、陕州(19)、卫辉府(19)。

表5-1 清代河南各府州各类学校设置数目与发展程度位次对照表

地区	传统学校								新式学堂						综合程度
	儒学		社学		义学		书院		中学堂		小学堂		师范学堂		
	数目	程度	数目	程度	数目	程度	数目	程度	数目	程度	数目	程度	数目	程度	
开封府	19	7	43	10	96	10	60	3	5	2	650	3	14	7	发达
归德府	9	13	68	6	31	12	15	13	2	7	137	12	8	10	落后
陈州府	8	10	9	12	69	9	15	12	1	10	152	9	7	9	落后
许州	5	11	81	4	77	2	15	4	1	10	242	2	7	3	发达
彰德府	8	4	19	9	41	6	11	10	1	9	145	5	7	6	一般
卫辉府	11	1	73	1	87	7	30	5	1	5	190	10	6	13	发达
怀庆府	9	6	4	13	66	11	28	7	2	3	310	4	18	1	一般
河南府	11	3	66	2	101	3	52	2	1	6	295	6	12	6	发达
陕州	4	2	10	5	48	4	10	6	1	13	76	11	3	12	一般
汝州	5	8	9	7	77	1	16	1	1	11	74	13	5	11	一般
南阳府	14	5	26	8	120	8	30	4	5	1	283	8	12	8	一般
汝宁府	10	9	140	3	100	5	21	8	2	4	255	7	10	4	一般
光州	5	12	11	11	15	13	12	11	1	12	291	1	5	5	落后

如果以书院代表传统教育,新式小学堂代表新式教育,则各府州新旧教育在全省发展中的位次变化从图5-1中便可明示:开封、归德、陈州、许州、南阳、汝宁、怀庆等府州前后位次变化不大,新旧教育的发展在全省中的地位较为一致,其余诸府州,像汝州、光州、河南、卫辉、彰德、陕州等前后位次变化较大,新旧教育的发展在全省中的地位进退有差。有些地区竟然迥然相反,比如汝州,其书院的发展程度为各府州之冠,而小学堂的发展程度却为各府州之末。还有光州,仅设置书院12所,发展程度居全省之末,但新式小学堂发展程度却跃居全省之首,前后地位差异之大,不能不引人注意。

新旧教育的差异反映了原有基础发挥作用的限度。

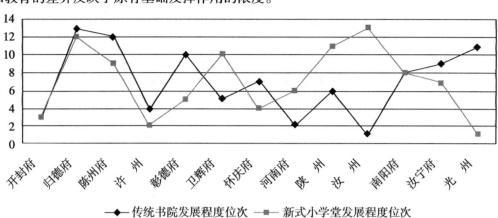

图 5-1 清代河南各府州新旧教育发展位次变化对照图

第二节 社会宏观因素对各类学校时空分布和发展差异的影响

教育活动是人类社会活动的一部分，作为具有自然和社会双重属性的人，其社会活动深受自然环境和人文环境的影响。教育活动自然也不例外。各地自然和人文环境的千姿百态造成了各地教育发展的五彩缤纷，清代河南教育的时空分布和发展差异正是这种异彩纷呈的自然和人文环境综合作用的结果。

一、自然因素对各类学校分布和发展的影响

自然环境是人类在生产、生活中所处的周围环境的总称，包括原始自然环境和人工自然环境。原始自然环境包括地形地貌、河流植被、气候水文等要素，人工自然环境包括城镇乡村、交通阡陌、人造景观等要素。一般而言，自然环境等同于狭义上的地理环境。

自然环境对教育的影响较为复杂，因为：①自然要素种类多样，对教育的影响有主要、次要之分。不同时期的自然要素对教育的作用大小不同，同一时期的自然要素对教育的影响轻重不等。②各自然要素有宏观、微观之别，宏观自然要素制约教育活动的总

体差异，微观自然要素制约教育活动的微观差异。③这种影响有间接、直接之异。间接影响表现在自然环境制约教育事业的地域性不平衡、教育内容的地域特色、教育重心的空间位移和地域教育的整体风貌等方面。直接影响表现在影响学校的选址、教育的组织活动和受教育者的身心发展等方面。

学校的分布和程度差异是教育差异的一部分，自然环境对学校发展程度的影响是间接影响，对学校分布的影响是直接影响。自然环境通过对一个地区人口和经济状况的制约影响输入学校的物质和精神能量，进而影响学校的发展程度。由于这种间接影响与一个地区的人口和经济因素有关，下文还要专门讨论，所以此处仅讨论自然环境对学校分布的直接影响。

在自然环境对学校分布的直接影响中起主要作用的自然要素是地形地貌。地形地貌有宏观和微观之分，宏观地貌有平原、山地、丘陵、盆地、河谷等，微观地貌有平地、冈地、坡地、台地、谷地等。宏观地貌影响学校的宏观分布，微观地貌影响学校的微观选址。从古今中外的教育实践中，便可看出这种影响无处不在，概莫能外。

在人类早期的教育实践中，学校分布受自然环境的影响较大，往往选择在自然环境较好的名山大川附近。古埃及人的学校建立在富饶的尼罗河流域，苏美尔人最早的训练书吏的学校坐落在宜人的两河流域，古印度雅利安人的吠陀学校建立在清爽的印度河流域。①近代西方最早的大学——12世纪初建立的萨莱诺大学同样建立在意大利那不勒斯风景秀丽、气候宜人的萨莱诺。中国古代的学校选址，同样具有上述特点。明清以前，特别是宋元时期较为繁荣的独特教育机构——书院，往往选择在一些远离尘嚣的山野川林之地，以利修身养性，陶冶情操。齐鲁名学在洙泗二水，巴蜀名学在成都平原，吴越名学在江南诸山。白鹿洞、岳麓、嵩阳、华林、象山等著名书院都因居于秀丽的名山之下而得名。

明清以来，随着社会的发展，人类的超空间能力大大加强，教育活动及学校选址似乎较少地依赖于自然环境，更多地与人类的其他人文因素直接相关，如社会的政治、经济、文化等。比如书院的设置，明清以后，随着书院性质的官学化转变，地方官吏为管理方便起见，往往将书院建在治所附近、城区之内，有时甚至把一些原来不在城内的书院移置城内。像嵩县伊川书院原在鸣皋镇，距县六十里，乾隆三十一年（1766）知县康基渊移入城内，与在城西北隅的乐道书院合并，仍额曰伊川书院。②而到了乾隆以后，河

---

① 罗明东：《教育地理学》，昆明：云南大学出版社，2003年，第6页。
② 乾隆《嵩县志》卷16《学校》。

南全省遍布书院，府治、县治、州治均有设置，自然条件的影响似乎真的微乎其微了。但是——从总体上看，自然环境的影响仍然存在，只不过相对于其他因素来说，影响的力度有所减弱，形式有所改变。特别是原始自然环境的影响减弱明显，而一些人工自然环境的影响逐渐加强。

清代河南各类学校的分布和选址同样体现了自然环境——这种幽灵般的制约因素的作用。从宏观上看，省内地形总的特征是北、南、西三面，山地环抱，东部平原辽阔，其中西部山地和南部山地的连接地带形成为豫西南的南阳盆地，丘陵地带则主要分布于豫西、豫南山地与黄淮平原的交界地区。山地、丘陵和平原是河南最主要的三种地貌类型，其中山地约占全省面积的26%，丘陵约占全省面积的18%，平原（广义而言含河谷、盆地）约占全省面积的56%。根据自然地理学的常规区分，山地、丘陵、平原的海拔高度分别是>500m、200~500m、<200m，相对高度分别是>200m、50~200m、<50m。结合这一标准和各县的地形实际可以基本确定各类地形所包含的县域，并进而制出其各类学校的分布差异。由于该影响作用在传统书院和新式小学堂的分布上最为明显，下面便以这两种教育机构的分布情况略作说明（表5-2）。

表5-2　清代河南不同地形书院及小学堂设置情况表

地貌类型	面积比例	大致面积（万 km²）	所含县域	书院数	书院密度（所/万 km²）	小学堂数	小学堂密度（所/万 km²）
山地	26.6	3.91	林县、渑池、陕州各县、永宁、嵩县、伊阳、淅川、南召、裕州、桐柏、信阳州、光山、商城、固始	36	9.21	444	113.55
丘陵	17.7	2.60	辉县、河内、济源、孟县、洛阳、新安、孟津、宜阳、巩县、偃师、登封、汜水、荥阳、密县、禹州、郏县、宝丰、叶县、鲁山、光州、息县、罗山	114	43.85	759	291.92
平原	55.7	8.19	其余诸县	165	20.15	1897	231.62
合计	100	14.7	108个县域	315	21.43	3100	210.88

说明：1. 该表区划以嘉庆二十五年（1820）的建置为准。

2. 各类地形面积比例参照《河南省情》（河南人民出版社1987年）第23页的数据。

3. 全省面积总数据梁方仲编著《中国历代户口、田地、田赋统计》甲表88"清嘉庆二十五年各府州人口密度"中对当时河南面积的估计。

4. 各县域所设书院数据本书第四章表4-16的统计。小学堂数系据宣统二年（1910）十月上半月出刊的《河南教育官报》81期《宣统元年河南省普通学堂统计表》的统计。

由上表可知：丘陵地区书院设置最为稠密，平原次之，山地又次之。这与明代以前特别是宋元时期河南书院的地形分布级差略有差异。明代及宋元时期是丘陵地区最密，山地次之，平原又次之。但无论宋元还是明清时期，丘陵地区均是最为稠密之地。相对而言，山地交通不便，平原缺乏读书氛围，不利于生徒修身养性、陶冶情操。而丘陵地区则克服了二者的不足，相对优越的环境满足了书院相对自由的需要，为书院的择址提供了可能。处于豫西山地和豫东平原过渡地带的丘陵地区，气温适宜，雨量适中，风清气爽，水清木秀，为生徒们提供了十分有利的学习条件。如嵩阳书院"背嵩面颍，左右少室箕山，诸峰秀矗，云表中天，清淑之气，于是焉萃"①。加之平原书院主要在豫东黄河时常夺淮之地，特别是开封府、归德府和陈州府一带，水系紊乱，洪灾不断，书院常被水浸。像开封大梁书院、游梁书院、阳武正谊书院等均数次被浸于水。所以虽然平原地区也有大量书院设置，但除开封府因受书院官学化程度加深因素影响较为稠密外，其他地区均较为稀疏。新式小学堂由书院或义社学改制而来，同样体现了这一特点。可见，不同地貌类型对学校的设置具有明显影响，相对于平原和山地，丘陵地区在学校的分布上具有明显优势。

从微观上看，地形地貌还对各类学校的微观选址有较大影响。关于这方面的记载，史籍要么仅载方位，如儒学的建筑地势；要么语焉不详，如义社学的建筑地势。但对于书院的建筑地势，还是留下来一些零星记载。根据这些记载，可以推测各地书院基本上都是建在高爽的冈地或台地上，山地和丘陵自不必说，平原和盆地地区亦是如此。如：孟县学山书院，由义仓改建，"地势轩敞"②。南阳诸葛书院，建于城西卧龙岗上，远远望去，"阜然隐起"③。禹州丹山书院，建于凤台遗址，基址高狭，冈脉拱护。④襄城汝南书院，"其地爽垲，从下视之，若冈阜然"⑤。新乡古鄘书院，建于潞王妃坟。⑥浚县东山书院在大伾山顶，浮邱书院在浮邱山巅……⑦

另外，根据史籍对各地义社学设置地的记载，它们大多附设在庙宇道观、宗祠堂馆、坟台寺阁等具有精神象征和信仰寄托意义的公共建筑内，这些建筑大多也远离尘嚣，地

---

① 乾隆《登封县志》卷17《学校志》。
② 民国《孟县志》卷5《教育志》。
③ 光绪《南阳县志》卷6《学校志》。
④ 民国《禹县志》卷8《学校志》。
⑤《古今图书集成·方舆汇编·职方典》卷386《开封府部·艺文五·谭性教汝南书院记》。
⑥ 民国《新乡县志》卷1《学校志》。
⑦ 嘉庆《浚县志》卷7《学校考》。

势高耸，令人望而生畏。而对于史籍缺乏记载的各地儒学的建筑地势，根据笔者近一个多月的对全省各地儒学遗存的实地考察，发现80%以上的建筑至今完好，许多儒学建筑经过简单维护后仍在使用，如南召县儒学今为县第二中心小学，鲁山县儒学今为鲁山一中图书馆，镇平儒学今为镇平完小校舍等。这些建筑至今看起来仍很高耸。

高爽的冈地和台地，对各类学校的建筑非常有利，不仅有利于增强校舍的稳固性和耐久性，而且视野开阔、风高气爽，利于攻读。当然也有一些学校建在河边的坡地上，如叶县昆阳书院，位于"昆水之澳"①，永城浍滨书院，位于"浍水之滨"②。偏于对水源环境的要求。

除各种微观地形外，影响学校选址的自然因素还有校址周边的整体环境。如市里巷陌、各种人造景观等。如果说微观地形是通过影响校舍的坚固性而对校址的选择产生影响，那么校址周边的整体自然环境则是通过对受教育者的性格的侵染和熏陶而影响教育要素特别是学校的选址与分布。对此，中国古代的先人们早已有清醒的认识。所谓"居山者仁，临水者智""近朱者赤，近墨者黑"以及"孟母三迁"等故事，都深刻地体现了这种环境对人的巨大渗透和影响。近人康有为则明确地提出了学校的选址应该回避不良环境影响的观点。他在代表自己思想理念的著作《大同书》中云："儿童当知识甫开之时，尤易感染学习。古孔孟之圣，而近学宫则陈俎豆，近墓地则效葬埋，近市则为买卖，故所邻染不可不慎也，故学宫之地宜远廛。"③清代河南省内的各类学校也有因为周边环境不佳而主动迁移的，如康熙三十六年（1697）"南汝光道罗文现以城内义阳山麓之义阳书院地近市廛，非士子所宜，遂移并于瑚琏书院"④。至于大量的书院、义学选择建在郊外、近郊或城内偏隅，同样也是考虑到了这种因素的影响。

总之，各地的自然环境对各类学校的分布和发展起着基础性的制约作用，宏观地形影响着学校的宏观分布，微观地势和周边环境影响着学校的微观选址。但对于形成各类学校时空分布和程度差异的诸多因素来说，自然环境毕竟不是关键因素，不起决定作用。真正起决定作用的关键因素还是各地政治、经济、文化的发展差异。

---

① 同治《叶县志》卷2《学校》。
② 嘉庆《重修一统志》卷193《归德府·学校》。
③ 陈学恂主编：《中国近代教育文选》，北京：人民教育出版社，1983年，第116页。
④ 民国《重修信阳县志》卷13《教育》。

二、政治因素对各类学校分布和发展的影响

亚里士多德曾经说过："人类在本性上，也正是一个政治动物。"①这一根本的特性使得以人为作用对象的教育不可避免地会受到政治条件的影响。作为教育活动主要承载体的学校的分布和发展自然也不例外。一般来说，政治条件对学校分布和程度差异的影响大致包括四个方面：文教政策、政治地位、政治斗争、社会局势。在不同区域内，同一政治条件的作用大小不等。在同一区域内，不同政治条件的影响也强弱有差。清代河南各类学校的分布和程度差异受政治条件的影响主要表现在文教政策、政治地位、社会局势等三个方面。

（一）文教政策的影响

文教政策是政治条件影响学校设置的一个重要方面。通过中央或地方的文教政策——对各类教育机构的设置态度，直接影响着学校的时空差异。这种影响包括文教政策的制定和执行两个层面。一般而言，文教政策的发布时间影响学校的时间分布，而各地执行这一政策的力度大小影响学校的空间分布。进而造成了各类学校的地域分布差异和发展程度差异。

1. 文教政策对儒学设置的影响

在传统儒学的设置上，由于河南各地在明代已普及府、州、县学，所以清廷定鼎之初的主要任务是安抚人心、修复旧学。顺治元年（1644），在全国大部地区尚未统一，仅刚征服华北诸省的情况下，清政府即诏告天下："各省府、州、县儒学，食廪生员仍准廪给，增、附生员仍准在学肄业，俱照例优免。"②顺治十二年（1655），全国大部地区渐次统一，军事征剿即将完成，顺治皇帝在给礼部的谕令便明确提出了自己的文教政策："帝王敷治，文教是先。臣子致君，经术为本。自明季扰乱，日寻干戈，学问之道，缺焉未讲。今天下渐定，朕将兴文教，崇经术，以开太平。"③受此影响，各地儒学的修复和重建工作自顺治初年便开始稳步推进，力图普及。河南作为较早纳入清军势力范围的地区，儒学的修复和重建工作也开始较早，在顺治二年清军刚刚肃定河南时，各地即先

---

① 亚里士多德著，吴寿彭译：《政治学》，北京：商务印书馆，1965年，第7页。
②③《清朝文献通考》卷69《学校七·直省乡党之学一》。

后修复或重建儒学5所，分别是兰阳知县张仁声修复兰阳县学、柘城知县王衷惺修复柘城县学、襄城知县公家珍修复襄城县学、商水知县吴道观重建商水县学、睢州知州陈实重建睢州学。而这些儒学在明末战乱中大都毁废，如商水县学"明末燹毁，荡然无余"①，睢州学"明末寇毁，水没"②。这两所儒学都不得不另行择址，重新修建。另三所儒学则主要是在原有基础上加以修复，其他儒学的情况与此类似，要么重建，要么重修。自此以后，全省各地每年均有数量不等的儒学得以重建或修复，到顺治末年，各地方官已陆续修复或重建儒学98所（表5-3），全省80%以上的儒学已修葺一新。基本完成了各地儒学学校体系的重建工作。

表5-3 顺治年间河南各府州儒学重建或修复进度差异对照表

地区	2	3	4	5	6	7	8	9	10	11	12	13	14	15	16	17	18	不详	总计
开封府	1	2	1		3	1		1	3	1	1		1		2				17
归德府	2	2			3	1								1					9
陈州府	1			1		2								1	1				6
许　州	1									1	1	2							5
彰德府							1					1		1			1		4
卫辉府		1	1		2		2			1	1			1					9
怀庆府					1			1			1		3	1	1				8
河南府		2			1		1	2	1				1	1				1	10
陕　州			1	1						1									4
汝　州				1											2				3
南阳府			1		2		1	1				3	1	2					13
汝宁府		1	2		1	2													8
光　州					1	1													2
总　计	5	8	6	4	14	7	6	5	6	5	4	7	6	7	5	1	1	1	98

在此过程中，河南各府州的进度略有不同。开封、归德、河南、陕州等黄河南岸沿线诸府的进度明显较快，假若以顺治十年为界，将顺治年间分为前后两期，便可看出，

---

① 民国《商水县志》卷9《学校志》。
② 雍正《河南通志》卷43《学校志》。

上述诸府在顺治前期已完成50%以上的修复任务（表5-4）。其他诸府稍微落后。而各地儒学的修复差异似乎随后即被举人的录取情况所证实。从顺治二年至十年，河南共进行了4次乡试，即顺治二年乙酉科、顺治三年丙戌科、顺治五年戊子科、顺治八年辛卯科。一共录取举人382人，除去13人籍贯不详外，共有369人有明确载籍。这369人在各府州的分布如表5-4所示。从中可以看出，各地儒学修复数目的多少与举人录取人数的多少存在很大程度的一致关系。

表5-4 顺治二年至十年各地儒学修复数目与举人录取数目对照表

地区	应设儒学数	修复儒学数	位次	录取举人数	位次	儒学修复比例	进度位次
开封府	19	12	1	73	1	63%	5
归德府	9	8	2	73	1	89%	1
陈州府	8	4	5	13	7	50%	7
许州	5	1	8	14	6	20%	11
彰德府	8	1	8	28	5	13%	12
卫辉府	11	6	4	32	4	55%	6
怀庆府	9	2	7	43	3	22%	10
河南府	11	7	3	56	2	64%	4
陕州	4	3	6	3	12	75%	3
汝州	5	1	8	5	11	20%	11
南阳府	14	6	4	7	10	43%	8
汝宁府	10	8	2	12	8	80%	2
光州	5	2	7	10	9	40%	9
总计	118	61		369		52%	

实际上，这种由各地执行政策的不同力度造成的进度差异，在各地方志的职官志中也可得到证明，那些儒学设置较为积极的地区，地方官往往"崇文兴学""礼贤下士"，对文教事业较为重视，这方面例子不胜枚举，此处不再赘述。

2. 文教政策对社学设置的影响

依据现有资料，清朝中央政府对社学的政策规定主要有三次：顺治九年（1652）谕立社学，康熙二十五年饬查社学，雍正元年复谕立社。顺治九年，"题准每乡置社学一区，择其文艺通晓行谊谨厚者，补充社师，免其差役，量给廪饩养赡"①。康熙二十五年（1686），"议准社学近多冒滥，令提学严行查革"②。雍正元年（1723），"议准州县设学，多在城市，乡民居住辽远，不能到学，照顺治九年例州县于大乡巨堡各置社学，择生员学优行端者补充社师，免其差役，量给廪饩，凡近乡子弟，年十二以上二十以内，有志学文者，俱令入学肄业。仍造名册于学臣按临日申报查考，如社学中有能文进学者，将社师从优奖赏，如怠于教习，钻营充补，查出褫革，并该管官严加议处"③。

河南地方政府对社学的政策规定主要也有三次：乾隆二年饬办社学、道光初年整顿社学、同治六年再行社规。乾隆二年（1737），尹会一任河南巡抚（1737年4月25日—1739年12月7日在任），即任之初即一方面檄文各地兴办社学，以广文教。④另一方面将康熙时泌阳教谕、理学名士窦克勤的《社学条规》和《社学劝善规过条目》颁行各地，要求依例遵行。四年（1739），在其离任前夕，又颁布了规范管理全省社学的指导性文件——社学会法，檄饬各府州县予以遵照。⑤为河南社学的置办、整顿用心颇多，可以说是对河南社学的发展最为关注的地方官员。乾隆以后，道光初年，巡抚程祖洛（1832年4月7日—1835年6月15日在任）面对日益破落的乡村初级学校——各地义学、社学，再次厉行整顿。只不过这次整顿不单是针对社学，同时还针对义学。⑥同治六年（1867），河南提督学政杨庆麟再次要求各地社学参考窦克勤的条规、条目，整饬提高。⑦

那么，这先后六次的政策规定对全省的社学设置产生影响了吗？答案是肯定的。

由表4-6可知，这六次规定对应的六个朝段的社学设置数目分别是：顺治135、康熙137、雍正0、乾隆96、道光64、同治0。其中的四个时段均有大量社学设置，是清代河南社学设置较多的几个时段。基本上每次政策在相应的时段上均有反映。唯雍正和同治时期似乎例外。其实这里可能有资料处理欠妥和政策执行困难的问题。表4-6是在表4-5的基础上演变而来的，而表4-5是对表4-4的修订而来的。也就是说依据表4-4的原始数据我们不能看出全省社学设置的详细分期，但依据记载其大致情况的三种重要古籍——《古今图书集成》、雍正《河南通志》、乾隆《续河南通志》的修书年代，还是可以看出其总体时段分布的。即在全省大约设置的559所社学中，顺治初年—康熙三十

---

①②③光绪《钦定大清会典事例》卷396《礼部·学校·各省义学》。
④尹会一：《尹少宰奏议》卷3《请设社学疏》。
⑤乾隆《新乡县志》卷12《学校志下》。
⑥道光《禹州志》卷12《学校志》、民国《太康县志》卷4《教育志》。
⑦王日新、蒋笃运主编：《河南教育通史》（上），郑州：大象出版社，2004年，第632页。

九年 245 所，康熙四十年—乾隆三十一年 119 所，乾隆三十二年—光绪末年 195 所。其中康熙四十年到乾隆三十一年的 119 所社学中，应该有一些社学设于雍正年间，因为顺治九年和康熙二十五年的两次谕令，每次谕令之后，河南各地均有所反应。同样，雍正元年令各州县于大乡巨堡置社学后，河南各地也应该有所反应，只是由于数据修正的误差使我们在表中看不出雍正时期的设置量，实际上一些最早见于雍正《河南通志》的社学如柘城县的霸冈集、孟县的沇河镇、商水县的莫家口等很可能即设于雍正元年的谕令之后。而同治六年河南学政杨庆麟的督饬札令之所以没见各地有所动作，应该与当时的社会形势密切相关。查《清代职官年表》知，杨于同治六年八月初一（1867 年 8 月 29 日）以翰林院侍读身份差派到河南担任提督学政，任期三年，同治九年八月初一离任（1870 年 8 月 27 日），由翰林院编修何金寿接任。①从 1867 年 8 月到 1870 年 8 月，正是河南社会动荡后的余乱时期。因为在此之前的十多年间，河南爆发了轰轰烈烈的捻军大起义，大军往来征剿，地方不靖。各地教育事业亦受到了毁灭性的打击，社学作为初级学校也不例外，如同治《叶县志》就云："先年社学统名书院，各有地百余亩或数十亩，学师自行课种以作馆谷，官不与焉。嗣经历任增设又二十余所，当天下无事时虽穷乡僻壤亦闻诵读声，可不谓一时之盛乎？已而中原兵兴，乡氓流徙，或有学而无师，或有师而无教，此事遂废。"②杨庆麟的督饬谕札就是在此背景下提出来的，其目的无非冀以恢复传统乡村教化。但当时省内各地余乱未清，捻民还有很大能量，一些鱼目混杂的人还在趁机抢劫财物、荼毒生灵，导致处处结寨自保、无暇他顾，所以杨庆麟的愿望并未得到实际的执行，对河南社学的恢复自然难有影响。这也从一个侧面说明了单一的政策指令并不一定必然对各地学校的分布产生影响，还需要考虑当时社会的局势和政策执行的难度。

　　同样，每次饬令之后，各地对该饬令执行程度的差异是造成社学地域分布差异的一个重要原因。顺治九年题准立社之后，祥符县有 19 所社学"沿旧相设"。③康熙二十五年饬查社学之后，安阳、陈州、偃师等地都有若干所社学设置。如康熙二十五年，安阳知县武烈捐修鼓楼后香巷口社学一区。④二十六年，彰德知府董延祚捐修明遗存社学 2 所。⑤二十七

---

① 钱实甫编：《清代职官年表》第四册，上海：中华书局，1980 年，第 2734—2736 页。
② 同治《叶县志》卷 2《建置上》。
③ 光绪《祥符县志》卷 11《学校志》。
④⑤《古今图书集成·方舆汇编·职方典》卷 402《彰德府部·汇考二·彰德府学校考》。

年，陈州学官苗作梅、邓湛申详立社学于乡贤祠。①特别是偃师县社学，康熙十九年知县崔明鷟建设，二十五年知县张胡寀复设，②等等。道光初年程祖洛颁令整顿社学后，道光七年，辉县知县周际华及地方士绅先后创建社学16所，③道光八年，许州知州萧元吉也于该年创建社学43所。④这些执行政策较好的地区，其社学设置的数目都占了该时期甚至清代总数的相当比例，像许州在道光八年所设的43所社学，不仅占道光时期的全省设置数64所的67.2%，而且占许州清代整体设置数81所的53.1%，一举奠定了许州社学设置的优势地位。因此，如果说文教政策的制定在一定程度上造成了清代河南社学设置的时间差异，那么，对这一政策的接受和执行则在很大程度上造成了同期各地社学设置的地域差异。

3. 文教政策对义学设置的影响

清朝中央政府对义学的政策晚于社学，整个顺治年间和康熙前中期均未加规定。直至康熙后期的康熙五十二年（1713）才"议准各省府州县以多立义学，延请名师，聚集孤寒生童励志读书"⑤。而在此之前的康熙四十一年（1702），义学的设置已在京城进行过"试验"。该年"议准崇文门外设立义学，颁赐御书'广育群才'匾额。五城各设一小学延塾师教育，有成材者选入义学"。不久之后的雍正元年又规定"各直省现任官员，自立生祠书院，令改为义学，延师授徒，以广文教"⑥。乾隆年间未见有关义学的中央政策，嘉庆二十二年（1817），针对义学的衰败，才提出整顿义学的规定："谕各省教官废弛教职，懒于月课，书院义学，夤缘推荐，滥膺讲席，并有索取束修，身不到官者，殊失慎选师资之议，著该督抚学政等，务延经明行修之士，讲习讨论，如有学品庸陋之人，滥竽充数者，立即斥退，以励师儒而端教术。"⑦从康熙五十二年议准州县多设义学、雍正元年令官员自立生祠书院改为义学到嘉庆二十二年整顿义学，清朝中央政府对义学设置也算三下谕旨，关注有加。

河南地方政府对义学问题同样较为积极，也是先后三次发布檄文，颁布规定。早在清廷诏令发布之前的康熙二十七年（1688），巡抚阎兴邦即檄饬河南各地设立义学，以

---

① 道光《淮宁县志》卷7《学校志》。
② 《古今图书集成·方舆汇编·职方典》卷431《河南府部·汇考五·河南府学校考》。
③ 光绪《辉县志》卷8《学校志》。
④ 民国《许昌县志》卷5《教育》。
⑤⑥ 光绪《钦定大清会典事例》卷396《礼部·学校·各省义学》。
⑦ 光绪《钦定大清会典事例》卷395《礼部·学校·各省书院》。

广文教。①雍正二年，田文镜抚豫，莅任之初即行文各地饬查义学，厉行整改。重申"凡各府州县生祠，查明如实名臣名宦去任之后百姓追思建造者，准其存留，余俱着地方官改为义学，延师授徒，以广文教"②。道光六年，巡抚程祖洛再次札饬中州各县增设义学，广资教育。③从康熙二十七年饬立义学、雍正二年整改义学到道光六年饬增义学，河南地方政府也曾三发檄令，规范义学。

综合中央和地方的义学政策，先后六次规定的发布时间分别是：康熙二十七年、康熙五十二年、雍正元年、雍正二年、嘉庆二十二年、道光六年。那么在这六次规定颁布后的随后时期内，河南义学的设置和发展究竟有没有发生变化呢？

据相关资料统计，整个清代河南各地共设立义学932所，这932所义学的具体分布据表4-10的统计可知。时间上除123所时段不详外，共有时段可考义学809所。这809所义学在各朝段的分布是：道光朝最多，达301所，占可考总数的37.2%。其下依次是光绪朝128所，康熙朝127所，同治朝105所，咸丰朝43所，嘉庆朝40所，乾隆朝36所，雍正朝16所，顺治朝13所。从年均设置频率看，道、同、咸、光分列前四位。康、嘉、雍、顺、乾分列后五位。其中道光时期年均设置义学10.03所，乾隆时期年均设置义学0.6所，频度最高期的设置数是最低期的近17倍。地域上南阳府最多，先后设置义学124所，河南府、汝宁府、开封府分列二、三、四名，余下依次是卫辉府87所，许州、汝州各77所，陈州府69所，怀庆府66所，陕州48所，彰德府41所，归德府31所，光州15所。

如果将雍正元年和雍正二年合为一个时间点，则由这5个时间点可以将清代分为6个阶段，即顺治元年—康熙二十六年、康熙二十七年—康熙五十一年、康熙五十二年—雍正元年、雍正二年—嘉庆二十一年、嘉庆二十二年—道光五年、道光六年—宣统三年。依此为横轴，各府州为纵轴，这805所有时段可考的义学在这几个政策发布时间点下的时空分布便可如表5-5所示。

为了更清晰地探讨各次政策与义学设置的关系，依照表4-10的数据，还可统计出每次政策发布后5年内的义学设置量。

---

① 《古今图书集成·方舆汇编·职方典》卷402《彰德府部·汇考二·彰德府学校考》，民国《封丘县续志》卷7《教育志》。
② 田文镜：《抚豫宣化录》卷三上《饬查书院以崇义学以广风教事》，民国《重修邓县志》卷13《教育》。
③ 道光《禹州志》卷12《学校志》，民国《太康县志》卷4《教育志》。

表 5-5　清代河南各府州不同政策时段义学设置情况表

地区	S01–K26	K27–K51		K52–Y01		Y02–J21		J22–D05		D06–X03		总计
		K27–K31	K32–K51	K52–K56	K57–Y01	Y02–Y06	Y07–J21	J22–D01	D02–D05	D06–D10	D11–X03	
开封府		3		11			6	1	10	28	29	88
归德府	2	8					2				12	24
陈州府	1	3					1		4	55	1	65
许 州	3			5			1	33		19	9	70
彰德府	10	7	8			1	11					37
卫辉府	9	9	2		1		4			49		74
怀庆府	1		1				3			39		44
河南府	10	8	3				17			39	7	84
陕 州	1						2				35	38
汝 州			2				2			30	39	73
南阳府	1	3	2	1	8		3	1	9	22	65	115
汝宁府	1	2	3				3			36	38	83
光 州	1	1	10								2	14
总 计	40	44	31	17	9	1	55	35	23	229	325	809
		75		26		56		58		554		

说明：1. 各大写字母的含义为：S—顺治，K—康熙，Y—雍正，J—嘉庆，D—道光，X—宣统。

2. 字母后的数字为该年号年数，如 K27 表示康熙二十七年，D05 表示道光五年，依此类推。

3. 该表数据来自表 4-10 的统计。

4. 有时段可考的 805 所义学中，有 645 所有具体年代，160 所仅有大致时段，但依据其具体记载，仍可完全归入以上时间段。

由表可知，805 所建立时间可考的义学在各政策时段的分布是：

康熙二十七年—康熙五十一年：75 所，其中康熙二十七年—康熙三十一年 44 所，年均 8.8 所。

康熙五十二年—雍正元年：26 所，其中康熙五十二年—康熙五十六年 17 所，年均 3.4 所。

雍正二年—嘉庆二十一年：56所，其中雍正二年—雍正六年1所，年均0.2所。

嘉庆二十二年—道光五年：58所，其中嘉庆二十二年—道光元年35所，年均7所。

道光六年—宣统三年：554所，其中道光六年—道光十年229所，年均45.8所。

就各时段前5年的年均义学设置数看，康熙二十七年—康熙五十一年、康熙五十二年—雍正元年、嘉庆二十二年—道光五年、道光六年—宣统三年四个时段前5年的年均设置数都超过了整个清代全省的年均设置数809/268≈3。说明康熙二十七年、康熙五十二年、嘉庆二十二年和道光六年四次义学政策的影响还是比较明显的。尤其是康熙二十七年河南巡抚阎兴邦饬各地广立义学和道光六年巡抚程祖洛饬各县增设义学，这两次政策对义学的设置影响极大。而康熙五十二年和嘉庆二十二年影响稍小，这说明对于一个区域的学校设置来说，中央政策往往没有地方规定的影响更为直接和明显。

耐人寻味的是，雍正元年和二年中央和地方接连的整改令在义学的设置上并没有体现出明显影响。雍正二年至六年的5年间有稽可考的义学仅1所，不但远不及道光初年程祖洛的增设饬令颁布后在全省的反响那么强烈，而且似乎还有倒退。查雍正元年政策的原文是："各直省现任官员，自立生祠书院，令改为义学。"①雍正二年田文镜的饬令原名为《饬查书院以崇义学以广风教事》②。其中关于义学的规定有："凡各府州县生祠，查明如实名臣名宦去任之后百姓追思建造者，准其存留，余俱着地方官改为义学。"③可见政策的重点是改官员生祠和附设于生祠的书院为义学，并不是要求增设义学，且从田之饬令看饬查的重点也不是义学而是书院。那么之所以这一政策没有造成义学设置数量的增加，合理的解释是：①官员生祠不多；②部分附设于生祠的书院改为义学后，仍名书院。对于第一种原因，并没有详细的统计学的支持，只能是一种猜测。第二种情况倒是存在，如禹州养蒙书院，本知州屠用谦④生祠，名为书院，实为义学。⑤

同样，嘉庆二十二年的政策也是一个饬查令，而非广设令。在这一政策颁布后的5年内，之所以也设立了一批义学，主要是由许州郾城县的特例引起的。根据该县嘉庆二十四年的义学设置册报，是年全县共有义学33处，⑥这33处义学并不一定都是在此次诏令之后设立的。很可能设于整个嘉庆年间。只是由于不详每所建于何年，统一断为嘉庆

---

① 光绪《钦定大清会典事例》卷396《礼部·学校·各省义学》。
② 田文镜：《抚豫宣化录》卷三上《饬查书院以崇义学以广风教事》。
③ 民国《重修邓县志》卷13《教育》。
④ 道光《禹州志》卷4《职官表》载，屠雍正元年至三年在任。
⑤ 民国《禹县志》卷8《学校志》。
⑥ 民国《郾城县记》卷8《学校篇下》。

二十四年。而从各府州的反应寥寥，实际也可看出这次饬查令对义学的增置是没起多大作用的。

通过这几次政策对义学设置的影响可以得出一个可能是政策与所有学校设置关系的结论：饬查令作用小于劝设令，中央令作用小于地方令。

如果说政策的规定影响了义学时间上的设置，那么各地区对相应政策的执行力度则造成了义学地域上的差异。以道光六年（1826）河南巡抚程祖洛札饬各府州县增设义学为例，在该次饬令后，有开封、陈州等7个府州有明显反应。个别府州的设置数目在其设置总数中还占了相当比例，如陈州府，在饬令发布之后的五年内设置义学55所，占其清代总数69所的绝大部分。其中西华县"道光七年奉令于各里各设义学一处，计全县共分平安、乐宁二十里，每里赀费钱三百串，交该各里绅董存放生息，作延聘师资之用"①。扶沟县"道光七年知县姚用书奉文劝捐义学，各绅民捐地二百九十亩，地仍本人监管，又捐钱八千零四十千，发当一分生息，计设立义学共十八处"②。太康县"（道光）七年春，奉大宪檄中州州县各立义学，（知县戴凤翔）复捐廉俸钱五百千为倡，邀劝城乡绅士量力捐输，连前共得钱四千串，发当生息。增立在城东门内关帝庙义学一处、西门内天宁寺义学一处（因经费不敷先行借用庙宇），乡间增立十四处：五里口（监生李益之捐瓦房13间永为肄业之所）、龙渠集（王卫氏捐地20亩）、逊母口、常营集、杨庙集、马厂集、马头集、朱花村、朱家口、老塚集、高贤集、崔桥集、吴仁寺、清香集，外丁家集监生张唯自设义学一处，连前城乡共义学二十一处，并立条规十二则，镌石以重不朽"③。这些县域对程之札饬均较重视，既相继设立了众多义学，也基本实现了普及到"里"。此外，汝州的伊阳县也在道光七年由知县张道超增设义学28所④，汝宁府的西平县在道光七年由知县李德林增设义学27所⑤，河南府的宜阳县在道光八年由知县鲍承焘劝捐义学36所⑥。开封府禹州在道光七年由知州朱炜增设义学22所⑦，南阳府泌阳县在道光八年由知县倪明进劝捐义学12所⑧。正是这一系列县域对饬令的积极执行，才使相应府州的义学设置领先于其他地区。

---

① 民国《西华县续志》卷8《教育志·义学》。
② 光绪《扶沟县志》卷8《学校志》。
③ 民国《太康县志》卷4《教育志》。
④ 道光《伊阳县志》卷3《学校·义学》。
⑤ 民国《西平县志》卷12《学校篇》。
⑥ 民国《宜阳县志》卷3《学校》。
⑦ 道光《禹州志》卷12《学校志》。
⑧ 道光《泌阳县志》卷5《学校志》。

与此同时，卫辉、怀庆两府则反应迟钝，在道光中后期才始增设义学。归德、彰德等4个府州则根本没有反应。可见，道光六年增设义学的饬令颁布以后，各地遵循的情况并不一致。这种政策执行上的偏差而导致的政策意图和结果之间的巨大差距，是造成各府学校发展产生较大地域差异的原因之一。

4. 文教政策对书院设置的影响

作为一种游离于官方学校体系之外，却承担了大量官方教育任务的教育机构，再没有哪一种学校能够像书院这样让统治者既爱又恨，始弃终恋，也再没有哪一种学校能够像书院这样其发展命运与统治者的文教政策息息相关。

根据《古今图书集成》和《钦定大清会典事例》的记载，清朝中央政府对书院的政策主要有五次：顺治九年禁创、康熙年间命创、雍正十一年鼓励、乾隆元年支持、嘉庆二十二年整顿。

清初的统治者对书院的创办是较为警惕的。也许东南地区书院在抗清复明斗争中的舆论中心作用还像一个巨大的梦魇久久未散，也许明末书院千里期会、百人聚讲的时常做法过于让人忌讳，也许新打了天下的开国者对自己的教育体系过于自信，清初的统治者将普及教化、化民成俗的希望放在了尚未完备的官学体系上，而对书院明确下达了禁创令。顺治九年（1652）明令麾下各省："各提学官督率教官、生儒，务将平日所习经书义理，着实讲求，躬行实践，不许别创书院，群聚党徒，及号召他方游食无行之徒，空谈废业，因则起奔竞之门，开请托之路。"①故而清初书院的发展经历了一个相对低迷的徘徊期。

顺治之后的康熙皇帝不愧以文韬武略著称，他清楚地看到仅靠空疏的官学体系，虽然解决了士子集聚生异的政治问题，但解决不了士子散处怠业的教育问题。所以，他一方面"特命各省并建书院"，另一方面通过颁额、赐书来控制、引导其发展方向。自康熙二十年（1681）三藩之乱平定后，从康熙二十五年（1686）开始，康熙皇帝先后为全国9个省份的19所书院赐书赐额，其中康熙三十三年（1694）为河南开封游梁书院御赐"昌明仁义"匾额，打开了河南官学教育的大门。这种政策的松动和开禁，一则归因于康熙皇帝的雄才大略，二则也是社会的客观需要。正如乾隆初年河南一地方官在增修自己辖区内书院时所言："今者学宫，缘古而丧其真者也；今之书院，变古而不失其正者也。书院之名始于唐，而其作人也，盛于宋，然亦二三大儒各就其所至之地，教育一方，而非天下之通例。观胡瑗以苏湖二州教授入为太学，一时名臣硕士往往出其中，降及南

---

① 《古今图书集成·经济汇编·选举典》卷17《学校部·汇考十一》。

渡，李纲罢相，而太学生欧阳澈、陈东共起而力争之，虽死不避，则宋之人才犹多出于学宫，不徒恃书院也。后世而变矣，郡县学仅以庙祀圣人而并无庠舍，学者各散处于言庞事杂之场，以扰乱其耳目心志者实多，释莱之名存而造士之实亡。略无补于人才，故其势不得不尽天下州县别置作人之所，以聚其涣。我圣祖仁皇帝上下古今之变，特命各省并建书院。"①

雍正时期，经过一段时间的犹疑观察之后，务实的雍正皇帝终于在雍正十一年（1733）诏令各省创建书院，并择一至两所为重点，中央政府赐帑鼓励。该诏令云："谕各省学校之外，地方大吏每有设立书院，聚集生徒，讲诵肄业者。朕临御以来时时以教育人才为念，但稔闻书院之设，资有裨益者少，而浮慕虚名者多，是以未曾敕令各省通行。盖欲徐徐有待而后颁降谕旨也。近见各省大吏，渐知崇尚实政，不事沽名邀誉之为，而读书应举之人亦颇能摒去浮嚣奔竞之习，则建立书院，择其文行兼优之士，读书其中，使之朝夕讲诵，整躬励行。有所成就，俾远近士子观感奋发，亦兴贤育才之一道也。督抚驻扎之所，为省会之地。著该督抚商酌举行，各赐帑金一千两，将来士子群聚读书，豫为筹划，资其膏火，以垂永远。其不足者在于存公银内支用，封疆大臣等并有化导士子之职。各宜殚心奉行，黜浮崇实，以储国家菁莪棫朴之选。如此则书院之设，有裨益于士习民风而无流弊。乃朕之所厚望也，钦此。"②

乾隆元年重申了中央政府对书院创办的支持。该年初乾隆皇帝即发布上谕曰："书院之制，所以导进人才，广学校所不及，我世宗宪皇帝命设之省会，发帑金以资膏火，恩意至渥也。古者乡学之秀，始升于国，然其时诸侯之国皆有学。今府州县学并建而无递升之法，国子监虽设于京师而道理辽远，四方士子不能胥会。则书院即古侯国之学也，居讲席者固宜老成宿望，而从游之士亦必立品勤学，争自濯磨。俾相观而善，庶人才成就足备朝廷任使，不负教育之意。"随后，经过乾隆年间几十年的发展，全国书院遍地开花，大为普及，但与此同时，雍正皇帝闻听的情况——"资有裨益者少，而浮慕虚名者多"逐渐愈演愈烈，各地书院矛盾丛生，弊端百出。因此嘉庆二十二年，皇帝不得不发布上谕进行整顿："各省教官废弛教职，懒于月课，书院义学，夤缘推荐，滥膺讲席，并有索取束脩，身不到官者，殊失慎选师资之议，著该督抚学政等，务延经明行修之士，

---

① 乾隆《续河南通志》卷39《学校志·书院》，新乡县条"赵开元增修鄘南书院记"。赵乾隆五年任新乡知县。一些著名的教育史、书院史学者如王炳照、孙培青、李国均、李才栋等，在他们各自的著作中均认为康熙朝沿袭了顺治时期的书院政策，并未开禁，此条材料对此主流观点至少提供了一个反证。
② 光绪《钦定大清会典事例》卷395《礼部·学校·各省书院》，下文乾隆元年和嘉庆二十二年的上谕出处同此。

讲习讨论，如有学品庸陋之人，滥竽充数者，立即斥退，以励师儒而端教术。"

虽然嘉庆末年政府极力想整顿书院，但由于此时社会大环境的逐渐衰败，书院的颓废已不可避免。面对日益颓腐的书院，历任皇帝已是无力回天，只能任其发展，因此，此后便很少看到关注书院的诏令、上谕了。

根据《河南通志》及各地方志的记载，清代河南地方政府对书院的政策规定主要有四次：顺治末年巡抚亢得时檄饬创办书院、康熙二十七年巡抚阎兴邦再饬创办书院、雍正二年巡抚田文镜饬查书院、乾隆六年巡抚雅尔图通饬外府设立书院。

乾隆《续河南通志》卷39《学校志·书院杞县》条云："志学书院，乾隆十八年知县潘思光建。先是顺治十六年，知县吴守寀奉院檄发金置田，构书院三楹于尊经阁、敬一亭遗址，旋即圮废。"此处的"院檄"即抚院的檄文，也就是说河南巡抚曾经发布创建书院的檄文。发布时间应该距顺治十六年之前不远。①结合乾隆《杞县志》卷5建置·书院"（志学）书院，顺治十六年巡抚亢得时创建"的记载，可以推断此檄文的发布人应是巡抚亢得时，发布时间大约在顺治十三年至十四年间。至于此檄文的饬行范围，可能是一县、一府，也可能是全省，就当时中央的政策形势看，部分地区的可能性较大。

既然顺治九年规定"不许别创书院"，那为什么亢得时还敢明令檄饬地方创建书院呢？估计原因有二：一、禁创令重点针对南方地区。北方地区书院较少，在统一过程中遭遇的抵抗较小，统治较为稳固，政策相对宽松。禁创政策有一定的地域性。二、清朝统治者是一个有着丰富统治经验的阶级，一方面要防止士人聚变生异，另一方面也要笼络士人，以定人心。禁创政策有一定的摇摆性。所以对于个别地方创建书院之举，采取漠视、默认态度。

顺治以后各朝对书院的规定还有：康熙二十七年巡抚阎兴邦檄饬修建书院的情况与亢得时类似，该材料仅见于雍正《河南通志》卷43《学校下》林县条，该条在言黄华书

---

① 檄文发布的时间应为顺治十六年向前减去檄文送达的时间和当地知县接到檄文到具体着手执行的时间。杞为开封府辖地，距离省城仅百里，檄文送达的时间可以忽略不计。而当地知县从接到檄文到着手执行的时间并不确定，似乎檄文发布的时间也无法确定。但据乾隆《杞县志》卷5《建置·书院》载"（志学）书院，顺治十六年巡抚亢得时创建"，一云巡抚创建，一云奉巡抚檄文创建，比较而言，奉巡抚檄文创建的可能性较大，因为巡抚一般不可能直接创建书院，实际的执行者应该是杞县知县。那么，为什么还要说是亢得时创建呢？因为此檄文很可能即巡抚亢得时所下。吴守寀是奉了亢得时的命令去创办志学书院的。但此条记载也有问题，据钱实甫《清代职官年表》第二册巡抚年表，亢的任职期限为1654年1月4日—1657年10月8日。顺治十六年时，亢已升任漕运总督，且于该年7月兵败自杀。此处言"巡抚亢得时"可能为前巡抚之意。因此此檄文发布的时间肯定在亢任河南巡抚期间，即顺治十一年至十四年（1654—1657）间。而吴守寀的任期，据乾隆《杞县志》卷9《职官志》载，在顺治十三年至十七年间，所以此檄文的发布时间在顺治十三、十四年的可能性比较大。

院是云："黄华书院，在县西南黄华坊，金学士王庭筠读书处。明推官张应登详情复兴，康熙二十七年巡抚阎兴邦檄知县徐岱重修。"由此不能完全确定阎兴邦是否也檄饬了其他地方，只能推断其可能也对全省的书院修建有所指示。雍正二年，田文镜抚豫之初即发布饬令，要求省内各地饬查书院①，但这是一个整顿令不是建修令。

乾隆六年，河南巡抚雅尔图又"通饬距省三百里以外之府及直隶州各设书院"②。根据《清史稿》清史稿卷62《地理志》河南的记载：各府州距离省城开封的距离为：郑州140里、卫辉府160里、许州250、归德府280里、陈州府300、怀庆府300、彰德府360里、河南府380里、汝宁府460里、汝州490里、南阳府610里、陕州680里、光州800里。据此志可知这次饬令主要是针对彰德、河南、汝宁、汝州、南阳、陕州、光州等府州的。

从顺治初年到光绪末年，中央和地方大大小小先后九次对书院的发展作出规定，那么这九次政策对河南书院的设置和分布产生影响了吗？

由表4-17可知，清代河南共设置书院315所，从朝段上看，总数集中于乾隆和康熙时期，年均设置数集中于雍正、乾隆和康熙时期。从地域上看，集中于开封、河南两府。那么就每一次具体政策规定而言，其设置又有没有变化呢？

从顺治年间看，顺治九年（1652）禁创书院，顺治十三年前后省内又檄创书院。顺治年间河南共设置书院13所，其中：

顺治九年前2所：顺治2年巡道赵文蔚创建洛阳天中书院③，顺治四年知县吕九围重修鄢陵县宏仁书院④。

顺治九年至顺治十三年间5所：顺治九年知县王鼐重修滑县欧阳文忠公书院⑤，顺治十一年知县管声骏重修光山浰水书院⑥，顺治十一年知县邵光引新建息县正学书院⑦，顺治十二年提学佥事张天植重建开封游梁书院⑧，顺治十三年分守道张藩重建河内县怀仁书院⑨。

---

① 田文镜：《抚豫宣化录》卷3上《饬查书院以崇义学以广风教事》。
② 乾隆《光州志》卷13《书院志》，光绪《光州志》卷1《建置志·学校·书院》六："乾隆6年抚宪雅通饬外府及直隶州各设书院。"
③ 雍正《河南通志》卷43《学校下》洛阳县条。
④ 民国《鄢陵县志》卷12《教育志》。
⑤ 民国《重修滑县志》卷9《教育第六》。
⑥ 民国《光山县志约稿》卷2《政务志·教育志·书院》。
⑦ 《古今图书集成·方舆汇编·职方典》卷471《汝宁府部·汇考五·汝宁府学校考》。
⑧ 雍正《河南通志》卷43《学校下》祥符县条。
⑨ 雍正《河南通志》卷43《学校下》河内县条。

顺治十三年后 6 所：顺治十五年左右巡道张沜复建汝州汝阳书院①，顺治十六年巡抚贾汉复修复辉县百泉书院②、知县吴守家新建杞县玉泉书院③，顺治十八年汝宁知府金镇重建汝阳天中书院④、新建汝阳新建书院⑤以及大约创建于顺治十六年的仪封饮泉书院。顺治十三年前后书院的设置变化并不明显，可见顺治九年的禁创令和顺治十三年前后的饬创令，都未完全发挥作用，禁也未禁住，饬也未遍创，各地在试探和摸索中设置了十余所书院。

康熙年间"特命各省创建书院"与康熙二十七年河南巡抚阎兴邦檄饬创办书院，时间上应该相距不远，因为从康熙皇帝对书院的态度基本上可以作此推断。在康熙二十一年平定三藩之乱前，康熙皇帝即为吉林宁安满洲学房赐名龙城书院，赐匾"龙飞胜地"。平乱后从康熙二十五年开始更是大规模赐书赐额，公开表示对创办书院的支持，所以此时做出令各省创建书院的决定是很有可能的。康熙二十七年以后，有关书院的政策还有 5 个发布时间点：雍正二年、雍正十一年、乾隆元年、乾隆六年、嘉庆二十二年。每个时间点向后延伸 4 年就会形成 6 个时间段：康熙二十七年至三十一年、雍正二年至六年、雍正十一年至乾隆二年、乾隆元年至五年、乾隆六年至十年、嘉庆二十二年至道光元年。如果由表 4-16 的数据统计出河南各地在这 6 个时间段内的书院设置数目，便可看出 5 年内各次政策的影响程度。由于雍正十一年至乾隆二年和乾隆元年至五年在时间上有重合，故直接从雍正十一年统计至乾隆五年（表 5-6）。

表 5-6 清代河南各府州不同政策时段书院设置情况表

地区	康熙二十七至三十一年	康熙年间	雍正二年至六年	雍正年间	雍正十一年至乾隆五年	乾隆六年至十年	乾隆年间	嘉庆二十二年至道光元年	嘉道年间
开封府	4	21	2	3	2	6	16	1	7
归德府	2	6			1	1	4		4
陈州府	2	4				1	4		2
许州	1	7	1	2	1		3	1	2
彰德府	1	2		2	2		3		1
卫辉府		5		2	1	6	12		2

---

① 雍正《河南通志》卷 43《学校下》汝州条。
② 雍正《河南通志》卷 43《学校下》辉县条。
③ 乾隆《续河南通志》卷 39《学校志·书院》开封府杞县条。
④《古今图书集成·方舆汇编·职方典》卷 471《汝宁府部·汇考五·汝宁府学校考》。
⑤ 雍正《河南通志》卷 43《学校下》汝阳县条。

续表

地区	康熙二十七至三十一年	康熙年间	雍正二年至六年	雍正年间	雍正十一年至乾隆五年	乾隆六年至十年	乾隆年间	嘉庆二十二年至道光元年	嘉道年间
怀庆府	2	10		1	2	1	8		2
河南府	4	10	2	7	6	16	28		2
陕州		2	1	1			2		1
汝州		4				1	3		7
南阳府	5	7	2	3	3	2	14		5
汝宁府	2	6		2	1	1	2		2
光州	1	2				1	5		1
总计	24	86	8	23	19	36	104	2	38

康熙二十七年至三十一年的 5 年间设置书院 24 所，年均 4.8 所，远高于康熙年间的整体年均设置数——1.4 所，说明康熙二十七年至三十一年是一个设置高峰。雍正二年至六年的 5 年间设置书院 8 所，年均设置 1.6 所，比雍正年间的整体年均设置数——1.8 所略低。说明此时间段内书院设置有所下降。雍正十一年至乾隆五年的 8 年间设置书院 19 所，年均 2.4 所。比雍乾时期的整体年均设置数 1.7 所稍高，说明雍乾时期的中央政府连续两次发布的对书院的政策规定起到了一定作用，而此时间段的年均设置数低于康熙二十七年至三十一年的年均设置数，说明相对于全国的书院政策来说，河南书院的设置走在规定的前列。乾隆六年至十年设置书院 36 所，年均 7.2 所，远高于乾隆年间的整体年均设置数——1.7 所，说明巡抚雅尔图的饬令作用明显。嘉庆二十二年至道光元年五年间仅设书院 2 所，年均 0.4 所，远低于嘉道年间的整体年均设置数——0.7 所，说明此段时间是嘉道时期书院设置的一个低谷。由此可以看出，康熙年间和雍乾之交，中央和地方政府的倡办令对书院的设置有明显促进作用，而雍正初年和嘉庆二十二年田文镜和清政府对书院的整饬政策对书院的设置势头有明显的抑制作用。说明书院的设置受文教政策的影响是比较明显的。

从顺治十六年、康熙二十七年、雍正二年、乾隆六年、乾隆六十年五个时间点之间的总体书院总体设置书上也可以较为明显地看出康熙和乾隆年间的书院政策对其设置的影响：

时间段：顺治十六年—康熙二十七年—雍正二年—乾隆六年—乾隆六十年

设置书院数：　　　　39　　　　　58　　　　45　　　　77

虽然每次倡导设置书院的政令对全省书院的设置都产生了或大或小的影响，但正如义学的设置一样，在同样的政策面前，各地区的反应速度和执行程度是不一样的，这种差异直接导致了书院分布的地域差异。

在顺治九年，清政府已明确规定不许别创书院的政令下，仍然有滑县、光山、息县、祥符、河内等5个地区重修或新建了若干书院，这些地区也成为顺治时期书院设置走在前列的地区。而在康熙二十七年左右，书院政策已经明朗，康熙皇帝和河南巡抚阎兴邦都已檄饬创办书院，各地随即纷纷行动的潮流中，卫辉府、汝州、陕州却反应较慢，在政策发布后的5年内仍未见书院设置。同样，在乾隆元年再次重申雍正时期的书院政策，号召天下广置书院后，河南省内的一些边远府州像汝州、陕州、光州等地并无反应。为此乾隆六年，巡抚雅尔图不得不针对这些边远府州再下一道饬令。要求距省城300里以外之直隶州及各府设立书院。在这些被要求的府州中，河南、南阳等府都有所行动，特别是河南府在饬令到达后的五年内有洛阳知县龚松林、偃师知县朱续志等接连创建16所书院，执行政策的态度比较积极，但仍有陕州等地未见设置。河南府和省府所在地的开封府正是在历次倡办书院的政策中，执行比较积极，督促比较严格，才保证了这两个地区书院的发展在清代的整体时段内，无论设置数量还是发展程度都处于省内各府的前列。

5. 文教政策对新学堂设置的影响

清末河南新学堂的设置同样离不开政策的影响。从中枢机构一道接一道的上谕，到河南地方一条接一条的饬令，各地新学堂的设置就是在这些上谕、饬令的催促下草创起来的。从光绪末年到宣统年间的数年内，河南地方政府部门先后下达了《河南学务处通饬各府州整顿中学堂详文》①《通行各属迅速于劝学所内设立教育讲习科文》②《札各府厅州遵照转饬所属一体筹办各项实业学堂文》③《通行各属遵照院札私塾改良议案文》④等数十个教育管理饬令。由于从刍议到普及前后时间很短，表面上给人一种轰轰烈烈、一哄而上的感觉，实际上各地方官对兴办新学并没有清醒的认识，思想深处认为兴新学不过是"换汤不换药"，表现得相当惰怠。诸多政议均需要一再催办。如长葛县"光绪二十九年知县周云蒙上宪催办高等小学，因思学堂书院名异实同，即就陉山书院而整顿之"⑤。以致当时的许多政令都规定了严格的执行期限。如《通行各属迅速于劝学所内设立教育讲习科文》规定："勒限文到半月内，懍遵前札，迅速妥筹办理，并禀派教员，

---

① 《河南官报》光绪三十年十二月初五日。
② 《河南教育官报》第26期，光绪三十四年七月底。
③ 《河南教育官报》第15期，光绪三十四年二月。
④ 《河南教育官报》第82期，宣统二年十月底。
⑤ 民国《长葛县志》卷4《教育志》第四。

以资讲习。"①又如《札各厅州县迅造各区学龄儿童总册呈报文》规定"限于宣统三年前，将各区七岁至十二岁学童，分别已受学未受学总数，造册报司"②，而此文发出时间为宣统二年十一月十一日。再如宣统二年四月初二发布的《通饬各属遵照院札准学部咨停办师范简易科及传习所改办初级完全师范文》，该饬令没有规定具体执行日期，但在文札的末尾特意注曰："札到该处，即便遵照办理，切切勿违此札。"③

正是在这一道道政令的严词催促和督饬下，清末河南的各类新式学堂才在短时间内粗具规模，试想如果没有政策的推动，等各地方官认识到创办新学堂的重要性后再主动办理，不知要等到何时才能实现新式学堂的初步普及，新式教育体系的建立也不知要推迟多少年！

当然，由于各地条件千差万别，在同一时期开始执行的政策，结果也会大不相同。比如高等小学堂的设立，大部分地区都是每县1所，而许州、卫辉、怀庆等地却达到每县2所。师范学堂的设置陕州、汝州仅设3所，怀庆府却设置了18所。执行结果的差异不可谓不大。总之，文教政策是影响各类学校设置的最重要的政治因素，政策的规定和发布时间影响了各类学校的时间分布，而各地对政策的执行态度和力度影响了这一分布的地域差异。

（二）区域政治地位的影响

区域政治地位的高低是区域政治影响力的综合表现，区域政治影响力的大小直接影响了区域教育资源的分配程度，特别是各类学校的设置状况，所以地区政治地位的高低是影响学校设置的政治条件的一个重要方面。

区域政治地位的表现形式主要通过两方面体现：与上级政区政治中心或治所的关系（如重合、毗邻、远离等）和与同级政区相比较的等级差异。即一方面是否为政治中心，一方面是否为重要地区。是否为政治中心自然由其地理位置决定，是否为重要地区则由其交通地位、人口规模、赋税额度、治理难度等因素决定。所以决定区域政治地位高低的因素主要有位置、人口、税额等。从唐代开始便依据这些因素将全国的县分为赤、畿、望、紧、上、中、下七个等级。宋代延续唐制，建隆三年（962）诏令"以朝臣为知县，其间复参用京官或幕职为之"④，4000户以上的县，要选朝官知县事，称为知县，并设

---

①《河南教育官报》第26期，光绪三十四年七月底。
②《河南教育官报》第82期，宣统二年十月底。
③《河南教育官报》第67期，宣统二年三月。
④顾炎武著，黄汝成集释：《日知录集释》卷9。

县丞辅佐。金元时期主要以户口多寡为划分原则,如金时,靠京城的县为京县,京县以下万户以上的为上县,3000 户以上为中县,不满 3000 户的为下县。元时,至元三年(1266)定长江以北 6000 户以上的为上县,2000 户以上为中县,不及 2000 户的为下县。明代改按税粮多寡将县分三等,粮 10 万石以下为上县,6 万石以下为中县,3 万石以下为下县。与此同时,对府州级政区也有相应的划分等级。

清代府州县各级的等级划分比前代有了更进一步的深化细化,演化成与所任官员品级与能力有关的职守等级。一般来说,清代内地的职守标记有六个字:冲、繁、疲、难、倚、简。"冲"表示交通要冲;"繁"表示政务繁忙;"疲"表示税粮滞纳,疲于征缴;"难"表示风俗不淳,治安不佳,难于驾驭,犯罪率高;"倚"表示与上一级治所处于同一地;"简"指公务简单轻松。一般而言,字数越多,政区的等级越高,表示政府要花越多心力于此。但这种职守等级是着眼于治理的难易程度而言的,与政区的实际政治地位并不一致,决定政区政治地位高低的因素仍是地理位置、赋税额度、人口规模等。比如根据《清史稿》卷 62《地理志九》对河南各府州县政区等级的记载,怀庆府为两个字——"冲、繁",南阳府为三个字——"冲、繁、难",但南阳府的地位却并不比怀庆府高,因为怀庆府虽然人口不占优势,但经济发达、交通便利,历来为河南财赋重地。据嘉庆《重修一统志》所载,嘉庆二十五年,怀庆府有 316273 户,地 4787613 亩,纳银 348927.45 两,户均纳银 1.10 两;南阳府有 477554 户,地 14902472 亩,纳银 298923.70 两,户均纳银 0.63 两,无论纳银总数还是户均纳银数均远高于南阳府,① 以致 1853 年,太平军冲击怀庆时,清政府不惜调集各路大军全力据守,而嘉庆间白莲教起义和咸丰后期太平军西征冲击南阳地区时,清政府并未组织有效抵抗。不过决定政治地位高低的赋税额度与各地经济发展状况密切相关,属于经济因素对学校发展的影响,后文将专门讨论,此处仅讨论各地政治地位的直接表现——是否为上级政区治所所在地、是否为所在政区的政治中心对学校设置和发展的影响。

就儒学的设置来说,府学设置于府治所在州县,州学设置于州治所在地区,县学设置于本县,因此,各政区内学校的设置就会因是否为上级政区治所所在地而产生巨大差异。就县级政区而论,那些处于府州驻地的县域,就既有府学,又有县学。就书院的设置来说,由于书院有省级、道级、府级、县级等层次,省级书院设于省城,道级书院设于道驻地,府级书院设于府治,县级设于县治,所以那些处于府州驻地的县域,就既有府级书院,又有县级书院。而如果所在府州又是省府驻地,就会又有省级书院。比如祥

---

① 嘉庆《重修一统志》卷 202《怀庆府一》、卷 210《南阳府一》。

符县，既有省级书院——大梁书院，道级书院——二程书院，又有府级书院——游梁书院，县级书院——彝山书院等。又如武陟县为河北道驻地，既有道级书院——河朔书院、致用精舍，又有县级书院——安昌书院等。所以一些政区政治中心往往集中了大量教育资源。从各府州驻地各类学校的设置数和人才的集聚数与各县域的平均数的大小，便可看出政治中心地位带给各地教育发展的明显优势（表5-7）。

表5-7 清代河南各府州驻地各类教育资源优势对照表

地区	州县数	类目													
		儒学学额			书院			进士			中小学堂			留学生		
		总数	府治数	平均数	总数	府治数	平均数	总数	府治数	平均数	总数	府治数	平均数	总数	府治数	平均数
开封府	17	242	20	14	60	7	3.5	352	151	21	655	36	39	42	20	2.5
归德府	8	131	20	16	15	1	1.9	254	52	32	139	4	17	4	0	0.5
陈州府	7	106	15	15	15	1	2.1	74	6	11	155	3	22	10	3	1.4
许州	5	74	20	15	15	1	2.1	52	9	10	243	46	49	4	3	0.8
彰德府	7	94	20	13	11	3	1.6	99	33	14	146	85	21	8	5	1.1
卫辉府	10	142	15	14	30	2	3	120	19	12	191	26	19	8	4	0.8
怀庆府	8	119	20	15	28	8	3.5	168	66	21	312	74	19	15	3	1.9
河南府	10	123	20	12	52	17	5.2	150	51	15	296	46	30	8	1	0.8
陕州	4	53	15	13	10	3	2.5	36	9	9	77	27	19	2	0	0.5
汝州	5	55	15	11	16	2	3.2	33	10	6.6	75	2	15	4	0	0.8
南阳府	13	172	15	13	30	5	2.3	71	18	5.5	288	63	22	10	1	0.8
汝宁府	9	109	15	12	21	6	2.3	88	18	10	256	76	28	10	3	1.1
光州	5	75	15	15	12	3	2.4	199	44	40	292	104	58	31	15	6.2
总计	108	1495	225	180	315	59	38	1696	486	204	3125	592	376	156	58	18.7

说明：1. 由于各地府学名额一般由属县均额递送，而州学学额以各直隶州亲辖地选拔为主，属县递送为辅，故各府儒学学额总数不含府学学额，各州儒学学额总数含州学学额。与表4-3的学额统计略有不同。

2. 书院数系表4-16的统计结果。

3. 进士数采自房兆楹、杜联喆编《增校清朝进士题名碑录附引得》（哈佛燕京学社引得特刊19，台北：成文出版社1968年）。

4. 中小学堂数为宣统元年各地中学堂数与各等小学堂数之和。主要采自《河南教育官报》81期。具体统计见表 4-22、4-24。

5. 留学生数采自河南省地方史志编纂委员会编印《河南地方志提要》（下）附录三《河南清末民国时期留学生名录》（河南大学出版社 1990 年）及河南教育志编辑室编印《河南教育资料汇编·清代部分》（内部资料 1983 年）第六部分国外留学生。

6. 总计一栏的平均数为全省总数除以州县总数再乘以各府州治所县域总数 13。

由上表可以看出，在各类教育资源的配置上，政治中心地区占有明显优势。从儒学学额的分配看，各府州驻地所在县域的县学学额均高于或等于全府各县域的学额平均数。书院的设置从数量上看，情况稍显复杂。如前所述，书院的设置中心与政治中心或重合、或等存、或背离，三种情况并存。在河南、怀庆、汝宁等府内书院的设置中心与政治中心是重合的，即洛阳、河内、汝阳分别是各自所在府州书院设置最多的地区。在南阳、彰德、光州、陕州等府州内，书院的设置中心与政治中心是等存的，即同时有政治中心之外的县域书院设置数与政治中心所在县域相同。如南阳府南阳县设置书院 5 所，而其北部的叶县也设有 5 所书院；光州驻地设有 3 所书院，而其辖下的息县、固始也各设有 3 所书院。在开封、卫辉、归德、陈州、许州、汝州等府州内，书院的设置中心与政治中心是背离的。开封府禹州设有 13 所书院，祥符县仅有 7 所；卫辉府淇县设有 7 所书院，汲县仅有 2 所；归德府睢州设有 4 所书院，商丘县仅有 1 所；等等。这些府州的驻地都不是该地区书院设置最多的地区。但如果从驻地县域的书院设置数与全府州各县域平均设置数的对照关系看，除归德府、陈州府、许州、卫辉府、汝州等五府州治所设置数小于平均数外，其余八府州均高于平均数。而这些低于平均数的治所内所设置的书院在总体发展程度上，并不比那些设置较多的非治所县域低。比如归德府商丘县文正书院自康熙十三年（1674）知府闵子奇重修后，至光绪三十一年（1905）始改为归德府官立中学堂，先后延续达 229 年之久，院生密集，经费充裕。而其他设置书院较多的县域，像睢州、永城等地，其书院的发展不是延时短暂，就是院生稀少、经费拮据，总体发展程度不如商丘县的文正书院。所以政治中心对书院发展的影响还是明显的。

新式中小学堂的情况与此类似，单从数量上看，有些府州其治所的设置数低于各县平均数，但往往学生繁多、经费充足、章程完备、师资雄厚，非非治所县域可比。

而分别表达了各地新旧教育成就的留学生数和进士数更是体现了这种政治中心的明显优势。如开封府整个清代共有 352 名进士，而祥符县一地即有 151 名，约占总数的 43%，与全府各县平均数的 21 名相比，占有绝对优势。同样，留学生数清末开封府共有 42 名，祥符县占总数的近一半——20 名。当然，也有部分府州治所所作县域并没有其他地区出产的人才多，比如陈州府淮宁县、许州驻地的进士数，归德府、陕州、汝州驻地的留学生数，均低于其他县域。但毕竟不占多数，从总体上看，并不能反证政治中心对学校设置和分布没有影响。有意思的是这些府治人才数低于平均数的府州也往往是府治学校数低于平均数的府州，可见，人才的多少与学校的多寡还是存在很大程度的一致关系的。

以上是就县级政区而言的。从府级政区看，开封府为省府驻地，儒学学额共 262 名，占全省总数 1671 名的 15.7%。书院共 60 所，占全省总数 315 所的 19.0%。进士数 352 名，占全省总数 1696 名的 20.8%。各类中小学堂 655 所，占全省总数 3125 所的 21%。均远远高于其他府州。所以无论是省级政治中心所在府州还是府州政治中心所在县域，在各自相应的政区内，都具有其他地区无法比拟的教育优势和资源集聚。

那么，为什么政治中心地区能够集聚如此众多的教育资源呢？应该有以下几点原因：

第一，政策灵通。政治中心能够占据政策上的优势和得到官方的重视。一旦有诏书或檄文饬建学校，政治中心地区往往能及时了解政策，掌握政策，抓住先机，率先创办。同时也往往是地方官员的首选地区，执行政策较为彻底，也容易得到政策的优惠。比如康熙年间特命创建书院，开封府地区便先后修建了大梁、明道、丹山、甘棠等 21 所书院，[1] 而那些非省府驻地府州地方官对书院的创建便没有这般积极。特别是那些距离开封府较远的府州，像彰德府、陕州、汝州、南阳府、汝宁府、光州等，书院的设置均较稀少。以致乾隆六年巡抚雅尔图针对这些府州专门发布一道饬令。要求距省三百里以外之府州创办书院，河南府也在此列，接到饬令后，洛阳知县龚松林先后设立了涧西、玉虚、望嵩、丽泽、敬业、械朴、奎光、中山、黄钟、洛浦、龙门、伊川等十余所书院，[2] 南阳知府庄有信亦在南阳府城创办了宛南书院，光州护州印息县知县梁观我在光州创办南湖书院，等等。

雍正元年诏谕各省择一二所重点书院，获赐帑金，重点发展。开封府大梁书院当之无愧地享受了此等优惠，而康熙时期对各地书院的赐额、赐书，开封府的书院亦优先享受，康熙三十三年，康熙皇帝为开封游梁书院御赐"昌明仁义"匾额，五十八年为大梁书院御赐"两河文教"匾额，这些优惠政策和便利条件极大地提高了书院对士子的吸引力，有力地促进了该地区书院的发展。同样，就社学的设置来说，顺治九年诏令各乡建社学一区，祥符县随即沿旧相设了 19 所社学，商丘县亦随即遂乡设置了诸多社学。其余各府州治所亦均在随后的每次诏令后设置了较他县为多的社学。

---

[1] 光绪《祥符县志》卷 11《学校志·书院》，民国《禹县志》卷 8《学校志》。
[2] 乾隆《洛阳县志》卷 5《学校》。

而清末诏建新式学堂，截至宣统元年，各府州治所地区均设置了大量中小学堂。如彰德府治安阳县设立各类中小学堂85所，怀庆府治河内县设立各类中小学堂74所，河南府治洛阳县设立各类中小学堂46所，南阳府治南阳县设立各类中小学堂63所，汝宁府治汝阳县设立各类中小学堂76所，光州驻地设立各类中小学堂104所，①这些治所所设学堂均远远高于全府州各县平均数，大多都是该地区学堂设置最多的地区。

所以，如果说省级政区驻地容易得到政策的优惠和省级官员的重视，省级以下的各府州驻地同样易于得到相应地方官的重视。各知府、知州热心文教者，上任伊始，总是率先在治内修建各类学校。因此全省政治中心——省会是全省学校分布的密集区，各府州政治中心——府州治亦是各府州学校分布的密集区。

第二，管理方便。学校设在政治中心，便于学官和师儒及时督察、考课。特别是有些官吏本身对授课讲学十分热衷，而他本人又公务繁忙，所以他不可能将学校建得太远。这一点同样突出表现在书院的设立上。宋元时期，大部分书院远离政治中心，在山中，或林中，或城乡接合部，只有一小部分建在城内。明清以后，大部分书院都建在城内，特别是各府州治所附近。这表现出书院分布中心与政治中心逐渐融合的趋势。而伴随这一趋势的是书院官学化程度的加深。官学化程度的加深促进了管理的方便，反过来，为了管理方便而向政治中心的集聚也同样促进了官学化程度的提高。所以二者是相辅相成关系，而正是这种相互作用，推动了政治中心教育资源的集聚。

第三，科举影响。明清科举体制完备，地方上的乡试、院试、童试均在相应治内举行，中榜秀士的荣华富贵、扬眉吐气刺激了士人求取功名的需求。落第士人的滞留再考，免除了书院对生源的担忧，产生了广泛的社会需求，无形中促进了政治中心地区书院的发展。

第四，名师荟萃。对士人有吸引力。如李来章曾主讲于南阳南阳书院，章学诚曾主讲于商丘范文正公书院，桑调元、吴泰来、钱仪吉曾主讲于开封大梁书院。而这几人都是当时鼎鼎大名的硕学鸿儒，理学名家，对一心向学、渴望新知的士人有极大的吸引力。如李来章（1634—1713）出身名门之后，其先祖李敏为明成化间户部尚书，曾建襄城紫云书院，亲获皇帝赐匾。李来章受家人影响，专门研究濂、洛之学，先学于理学家魏象枢，后受南阳知府朱璘邀请入主南阳书院，作《南阳学规》和《达天录》等著作以教士人，四方学者自远而至，南阳学术盛极一时。②章学诚（1738—1801），字实斋，号少岩，

---

① 《河南教育官报》81期（宣统二年十月初一至十五出刊）《宣统元年河南省普通学堂统计表》。
② 《清史稿》卷480列传267《儒林传一·李来章传》。

浙江会稽人。清代著名的史学理论家、方志学家和目录学家。著有《校雠通义》《史籍考》《文史通义》等。①乾隆末期曾主讲于商丘范文正公书院，制定规约，整顿学风，指导在院生徒读书，对当时士人的学风产生了极大触动。桑调元（1695—1765）字弢甫，号伊佐，浙江钱塘人。雍正四年（1726）举顺天乡试。十一年特赐进士，授工部主事。丁父忧，服阕补官，旋引疾归，后主讲于大梁书院。为人清硬绝俗，友教四方之士。为当时士林敬重。②吴泰来（？—1788），字企晋，号竹屿，江苏长洲人。乾隆二十五年登进士第，上车驾南巡，召试，赐内阁中书，不赴。巡抚毕沅延其主讲关中书院，乾隆五十年后随毕沅至河南，与张远览主持大梁书院，昌明正学，一时称盛。③钱仪吉（1783—1850），初名逵吉，字蔼人，号新梧，又号星湖，浙江嘉兴人，著名汉学家阮元的高足。学于清中叶全国最有影响的书院——杭州诂经精舍。道光十六年（1836）受聘于大梁书院院长，治学不课八股，而以经史为主，为当时大梁书院甚至河南全省的书院都带来了一股新的学风。④这几人都是博学多才、名播天下，讲课亦极有特色，士人愿从其学者甚众。

另外，政治中心地区又往往伴随着诸多相关优势。如人口众多，有广泛的社会需求；经济发达，募资较易，对于主要依靠地方力量办学的办学体制来说意义重大；交通便利，易于院生汇集；文化繁荣，便于交流研磋；等等，这些均促进了政治中心地区各类学校的发展。

总之，作为上级政区的驻地所在及其伴随产生的该区政治中心地位，带给各州县（府）的不仅仅有政治优势、区位优势，还有许多相关优势，正是这些优势因素的存在推动了政治中心地区教育资源的集聚。

（三）区域社会局势的影响

除文教政策和区域政治地位对学校时空分布和发展程度的差异有重要影响外，区域社会局势对学校的分布与发展也有强烈的制约。社会局势有稳定与动荡之分，常态与变态之别，一般而言，稳定的社会局势为常态局势，动荡的社会局势为变态局势。常态局势主要表现为社会矛盾相对缓和，各项制度运转正常，人民生活安居乐业。变态局势主要表现为社会矛盾尖锐，天灾人祸频仍，社会控制失灵，整体动荡不安。也就是平常说

---

① 《清史稿》卷485 列传272《文苑传二·章学诚传》。
② 《清史稿》卷480 列传267《儒林传一·劳史传附桑调元传》。
③ 《清史稿》卷485 列传272《文苑传二·曹仁虎传附吴泰来传》。
④ 《清史稿》卷486 列传273《文苑传三·钱仪吉传》。

的"盗匪横行，兵荒马乱"，天灾当然指自然灾害，人祸主要指由农民起义和外族入侵带来的各种形式的战争和动乱。社会变迁就是在稳定与动荡、常态与变态中交替变换。在社会的总体变迁中，社会的各个系统一方面受其他系统的影响和制约，另一方面又和其他系统一起表征着社会变迁的趋势和特点。教育正是这样一个复杂的子系统，它和社会其他领域的各个子系统共同构了社会总系统。作为社会的一个子系统，不可避免地要受到社会总体局势的影响。突出表现就是学校设置的繁荣和衰落与社会形势的稳定和动荡相一致。

表5-8 清代河南各类传统学校不同朝段设置数目对照表

	顺治	康熙	雍正	乾隆	嘉庆	道光	咸丰	同治	光绪	不详	总计
社学	135	137	0	96	2	64	0	0	125		559
义学	13	127	16	36	40	301	43	105	128	123	932
书院	13	86	23	104	14	24	6	8	32	5	315

清代河南各类学校的总体发展过程无不与河南乃至全国的整体社会局势密切相关。顺治开国，筚路蓝缕，天下初定，百业渐兴。康乾盛世，四海显扬，雍正短祚，承前启后。嘉道咸同，江河日下，内忧外患，苦不堪言。同光中兴，回光返照，苟延残喘，垂而不死。顺治初年，急于建立城乡教化体系的清政府无论对于初级教育的社学还是对于中级教育的儒学，均较为重视。整个顺治年间，河南各级地方官员设立儒学98所、社学135所，基本建立了粗略的城乡教育体系。此时河南地方政府关心的主要是官方学校体系的建立和完善，所以对于依靠民间力量办学的义学和书院有一定的排斥和打压。顺治年间全省只建立义学13所、书院13所。康熙时期社会生产力开始逐步发展，社会相对稳定，面对有学无舍的各级儒学，历任督抚大员对兴学崇教多有热心，在康熙皇帝下诏开禁后，河南各类学校的设置也进入了第一次高潮，先后设立社学137所、义学127所，书院86所。雍正时期，田文镜督豫，不畏权贵，力秉上意，刻厉兢政，一心革弊。饬查书院，札改义学，对士林的各种陋习亦毫不留情，推行官民一体当差，即使引起许昌、封丘生童罢考，亦在所不辞。所以雍正时期各类学校重在整改，略带普及，社学的破败已无暇顾及，新设立了16所义学23所书院。乾隆时期是封建王朝的鼎盛时期，也是河南社会的稳定时期。在蒸蒸日上的兴学潮流中，河南各地共设立社学96所、义学36所、书院104所。嘉、道、咸、同时期，国无宁日，家无宁时。民变迭起，教案频发。白莲教起义、连庄会抗捐、太平军北伐、捻军大起义、安西满强索教产、王光甫力反洋教等一系列内忧外患的事件，让河南各级官员焦头烂额，到处灭火。各类学校的设立大

不如前，除义学的设立别有发展外，社学和书院的设立大幅下降。咸同时期竟无一所社学设立，书院也仅设了寥寥十余所，其发展的低谷可见一斑。光绪时期社学和书院的设立有所上升，义学的设立有所下降。社学先后设立 125 所，虽说有 120 所集于确山一地，但比起此前数十年的几乎空白究为进步。书院先后设立 32 所，年均设置数达 0.94 所，超过了同治时的 0.62 所。义学的设立从同治时的年均 8 所降到了不足 4 所。所以各类学校的发展与社会局势的演变是密不可分的。

具体到各地方州县，一些非常态的灾害和动乱对当地学校发展的巨大破坏作用也不容忽视。仅以义学和书院为例，便有无数条例证可作说明。

毁于水患者：

宝丰县心兰义学，共有瓦房 13 间，"道光十五年六月，河水陡涨，冲塌九间"①。

开封大梁书院，明末为黄河淹没，康熙十二年（1673）巡抚佟凤彩重建，至雍正八年（1730）再次因积水倾圮，直至雍正十一年才由总督王士俊、布政使刁承祖重修。②

偃师二程书院（乾隆《偃师县志》卷 6《学校志》云两程书院），"乾隆二十六年水冲无存，三十年知县王乘络及绅士等捐资重建"③。

河内怀仁书院，"乾隆二十六年被水冲坏，知府沈荣昌重修"④。

武陟覃怀书院，"乾隆三十五年由河北道台朱岐、武陟知县刘德遵率邑绅宋光临等创立，嘉庆间毁于积水"⑤。

开封二程书院，康熙二十六年（1687）分守道张思明建，道光二十二年（1842）毁于水。光绪二十年（1894）学政邵松年重建，改名明道书院。⑥

禹州环颍书院，"光绪初地被水冲，书院中废。后因地瘀出，复设国民小学"⑦。

……

---

① 道光《宝丰县志》卷 4《建置志上·书院》。
② 雍正《河南通志》卷 43《学校志》。
③ 乾隆《续河南通志》卷 39《学校志》。
④ 乾隆《续河南通志》卷 39《学校志》。
⑤ 道光《武陟县志》卷 16《学校志》。
⑥ 河南省图书馆藏《明道书院志》及赵所生、薛正兴主编《中国历代书院志》（江苏教育出版社 1995）第六册"明道书院志"部分。
⑦ 民国《禹县志》卷 8《学校志》。

毁于兵燹或因兵燹而废：

陕州义学，向有经费银2000两发当生息，"同治元年遭兵燹，提用息本为守御费，义学停废"①。

扶沟县义学，道光七年（1827）知县姚用书奉文劝捐设立义学18处，"咸同中皖费扰乱兵饷支绌，存款遂废"，以致至光绪时，"城乡仅寥落星存"②。

滑县欧阳书院，"嘉庆十八年为盗匪所毁"③。（注李文成起义）

卢氏经正书院，"本训导旧署遗址，邑令卢公建河改为莘原书院，岁久倾颓，又叠遭兵燹，房垣拆毁，鲜有存者"④。

夏邑崇正书院，道光十二年（1832）知县邹光曾买牛姓宅改建，"咸丰中粤逆窜扰，毁于兵燹"⑤。

武陟河朔书院，咸丰末年被毁，同治十三年（1874）河北道吴大澂重修。⑥

……

先毁于水再毁于兵者：

睢州洛学书院"乾隆二年州牧刘蓟植建，嘉庆三年没于水，咸丰九年州署实借为治所"⑦。

宁陵宁城书院"乾隆七年知县梁景程建……嘉庆十八年河决冲毁……道光元年知县徐坦重建……咸丰三年、九年两次城陷后，化为乌有"⑧。

……

由此可见，洪水和战争无疑是破坏书院或义学发展的罪魁祸首。乾隆二十六年的大雨覆盖河南、怀庆，冲坏了怀仁书院，冲毁了二程书院。频繁决口的黄河和难以补漏的降水使开封、归德、陈州等地深受其害，特别是由于黄河数次夺淮入海，除上述几所书院外，开封游梁书院、禹州颍滨书院、阳武正谊书院等均数次被浸于水。而咸同年间的动荡更使归德、陈州等地再遭蹂躏，宁陵、夏邑、扶沟等地便首当其冲。归德、陈州二府在各类学校的发展上一直较为落后，与这种外在力量的破坏不无关系。

---

① 民国《陕县志》卷9《教育·书院》。
② 光绪《扶沟县志》卷8《学校志》。
③ 民国《重修滑县志》卷10《教育》。
④ 光绪《卢氏县志》卷5《学校志·书院》。
⑤ 民国《夏邑县志》卷2《建置·书院》。
⑥ 民国《续武陟县志》卷8《建置志·书院》。
⑦ 光绪《续修睢州志》卷2《学校志》。
⑧ 宣统《宁陵县志》卷11《艺文志·文修书院碑记》。

频繁的自然灾害和战争动乱，使大量书院不是被冲毁殆尽，就是被浸淫倾圮；不是被充作军舍，就是被焚烧一空。名贤痛痒之地，陶情冶性之所，陡变水中之殇，遂为烟蔓之场，炱炱残教，令人叹惜。

三、经济因素对各类学校分布和发展的影响

经济活动是一种社会活动，教育活动也是一种社会活动，但经济活动是一种基础性的生产活动，是其他所有社会活动赖以存在的前提和保证，为其他各类社会活动提供物质和能量。教育活动自然也不例外。作为教育活动的场所和综合载体，学校的存在和发展受经济条件的影响尤为明显，因为学校教育基本上是一种纯物质消费性的活动，没有经济条件支撑的学校，其发展是不可想象的。所以经济条件是学校存在和发展的基础。经济条件的差异是影响学校发展差异的重要因素。

在教育经济学上，"经济决定教育，教育反作用于经济"似乎已成为一种通论和共识。但经济与教育的关系真的就如此简单吗？答案显然是否定的。经济发达地区完全可能因为忽视教育而成为教育落后地区，经济落后地区也完全可能因为指令性的政策倾斜而成为教育发达地区。所以经济与教育的关系决不是如此简单的"决定"与"反作用"关系，同样，经济对教育的影响也不是直线单一的，影响教育的因素是多种多样的，经济只是其中重要的一种。

要探讨经济与教育的关系需要比较经济发展水平高低与教育发展水平高低的一致程度。评价一个地区或一定时期教育发展水平高低的指标可以由该地区或时期学校设置数目的多少和它所提供的人均教育总量来衡量，那么评价一个地区经济发展水平高低的指标应该由什么来衡量呢？按照现代经济学的做法，社会平均劳动生产率或人均国民生产总值是一个重要指标。同一时期不同地区或同一地区不同时期的指标差异只要有统计资料，均可进行量化比较。而对于像清代河南这样一个历史时期的地区进行这方面的比较却显得尤为困难，特别是如果探讨省内不同地区间的经济水平差异，细微的统计资料更为缺乏，因此，对于不同时期或不同地区经济发展程度的研究一般只能作定性描述，一些定量的指标只能作辅证。

一般而言，社会整体的经济基础影响教育普及的规模和范围，个人经济地位的高低影响受教育的机会和层次。经济发展的不平衡带来了学校发展的不平衡，这种不平衡一是时间上的，即二者发展具有阶段性。二是空间上的，即二者发展具有地域性。由于人总是生活在一个特定的时期内，所以我们平时看到的经济发展的不平衡和学校发展的程

度差都是地域性的。因此经济的地域差异与学校的地域差异之间的一致性便成为我们通常的研究对象。针对学校来说，影响学校发展的经济条件包括学校外部的经济条件和学校自身的经济条件。学校外部的经济条件即学校所在地区经济发展水平的高低；学校自身的经济条件即学校自身经费数量的多少、来源的广狭和稳定程度的高低。

（一）地区经济发展水平的高低与学校分布和发展的差异

根据史籍对各地经济发展状况的笼统记述，清代河南经济较为发达的府州是怀庆府、河南府、开封府、光州等地，较为落后的府州是陕州、南阳府、陈州府、归德府等地，彰德府、卫辉府、汝州、汝宁府、许州等地大致处于中间位置。

怀庆府的经济状况最为优良，在全省乃至全国都属发达地区。"境内土脉腴润，饶有水竹之盛。"①自顺治十五年（1658）修复了广济渠网及利稔、丰稔诸水渠后，"水之涓涓细流者，复滔滔汨汨如故。浸溉之利大饶，而邑用不争"②。由于土壤肥沃，水利完备，农业生产优势明显。乾隆时府内"一亩之地，树谷得两石"③，亩产远较他处为高。除了盛产粮食外，怀庆府还盛产中药材，其中的地黄、牛膝、山药、菊花被称为"四大怀药"，享誉全国。辖下各县的经济形势也大部分较为良好。首县河内"土地膏腴……不待勤力而获丰收矣"④；他县济源"咸蒔（音 shí，草本植物）秔（音 jīng，稻的一种）稻，几无复知有凶年"⑤；修武"田里生息，物产饶多"⑥；孟县物产丰富，五谷稻外，"余种皆美"⑦；武陟"禾黍繁植，珍物盈陇"⑧。特别是河内的清化镇最为繁华，其安乐景象连乾隆皇帝也对其赞誉有加：

清化近覃怀，沟渠引丹水。

顿觉风物佳，西成颇丰美。

跋马路无尘，熙皞乐井里。

高树柿垂丹，疏林枫染紫。

---

① 孙兆淮：《风土杂录》，《小方壶斋舆地丛钞》5帙。
② 雍正《河南通志》卷79，薛所蕴《重修广济河渠碑记》。
③ 乾隆《怀庆府志》卷31，俞森《种树说》。
④ 道光《河内县志》卷12《田赋志》。
⑤ 乾隆《济源县志》卷6《水利》。
⑥ 道光《修武县志》，钱福昌序。
⑦ 乾隆《孟县志》卷4《物产》。
⑧ 道光《武陟县志》卷13《田赋志》。

> 矮屋曲篱间，绿竹黄花绮。
>
> 就溪翻水碓，碾出长腰米。
>
> 芃芃麦被陇，饼饵明春指①。

唯东部黄河岸边的原武、阳武由于黄河泛滥，较为落后。原武"滨临大河，其地瘠而民贫"②，阳武亦是"地滨大河，土瘠民贫"，"民生其间者，终窭且贫，十居八九"③。虽然二县环境恶劣，但不影响怀庆府农业的整体发达。

手工业生产清代前期以棉纺业和丝织业最为发达，后期又兴起采矿业。清初，温县棉纺业最为兴旺，"温产唯木棉为多，民间纺织无间男女，远商来货，累千累百，指日而足。贫民赋役，全赖于是"④。其余诸县的棉纺织业也较发达，如孟县地狭人稠，盛产孟布，棉纺织业的发展甚至超出了本地植棉业的规模，需从外地调入大量棉花才能满足生产需求。⑤丝织业以河内县最为发达，其辖境的清化镇盛产有名的清化绢。⑥这种绢直至20世纪70年代依然是名闻华北的珍品。清代后期采矿业特别是采煤业又逐渐兴起。河内县道光年间即开始采煤，"以济民用，所获之利，与地产相仿"⑦。距此前后，济源、修武等地均始开采煤炭。清朝末年，怀庆府丰富的煤炭资源又吸引了英国人的注意，1902年，英资福公司在修武下白作村正式设厂，由于资源丰富，又有帝国主义的强势庇佑，福公司发展很快，攫取了大量财富。下白作村也随后发展为一座现代化的中等城市——焦作市，河南省第一所高等实业学堂——焦作路矿学堂也在此诞生。

商业上以经营药材、纺织品和竹器为主的商人形成了著名的"怀帮"。他们的足迹遍布全国，除省内大埠要津设有经营机构外，在京、津、陕、甘、晋及南方诸省，都建有怀帮会馆。特别是在药材经营方面，怀帮的实力最为雄厚，在举办药材大会的辉县百泉、禹州等地，至今流传着"十三帮一大片，不如怀帮一个殿"的俗语。在经营过程中，河内县的不少药商积累了大量财富。直至道光年间仍然"千金之家，比屋可数，善封殖者，家累巨万，不止十数而已，曰都其富哉"⑧。由于经济比较发达，城镇化速度也日

---

① 清高宗《御制诗集》2集卷21《清化镇》。

② 乾隆《原武县志》，柴玮序。

③ 乾隆《阳武县志》卷5《风俗、土产》。

④ 顺治《温县志》卷上。

⑤ 乾隆《孟县志》卷4《物产》。

⑥ 道光《河内县志》卷10《物产》。

⑦ 王凤生：《河北采风录》卷4《怀庆府河内县覆禀》。

⑧ 道光《河内县志》卷12《田赋志》。

甚一日,"十载前耕种之地,今为闾屋者,不可胜计,足征繁庶"①。怀帮商人的开拓经营,促进了当地商品的生产和流通,带动了一方经济的发展。

河南府的手工业最为发达,各类手工产品数百种,木器、石器、漆器、锡器、铜器、陶器、竹器、皮具、布艺、棉制品等琳琅满目,"不及备载"②。但农业生产优劣参半,洛阳、嵩县、永宁等相对较好,洛阳农作物五谷俱全,嵩县"中熟产粟,可供食年余"③。永宁"原野溪涧,大半皆竹园"④。偃师、巩县、孟津等相对一般,近水土地土腴而甘,然不多有,近山土地沙石斥卤,难以耕作。登封、宜阳等相对落后,登封"地少而瘠,民贫而朴"⑤。宜阳"地以平畴殊少,诸田无非洛浦山冈,山田旱涝难禁,洛滩每苦河伯为患,非但种麦土性非宜,即五谷丰收之年较他处宜常减数,诚瘠土也"⑥。

开封府为全省的商业中心,但由于明末遭人为决河蹂躏,清初经济一直较为艰难,直至康熙年间始渐次恢复,至雍正时,府城已为"省会重地,五方杂处,士商辐凑"⑦。到光绪时期城内依然有粮食、布帛、冠带、珠翠、铜锡器、海味、古樽彝等各类店铺30余家。⑧但农业和手工业生产较为落后,手工业产品仅有汴绫和布,农业上由于水利条件恶劣,生产较为艰难,杞县、兰阳、仪封等地因黄河泛滥,"昔之饶腴,咸成碱卤"⑨,鄢陵等地"旱则不能植,潦则水无继处,致伤禾稼,皆缘愚民爱惜地土,只顾目前,不肯开沟渠耳"⑩。

光州自然条件较好,气候温暖,水源充足,农业生产较为发达。全州盛产水稻,多稳产高产。特别是固始水稻产量最盛,一岁收入,倍于他处,富裕的粮食大多外销。城北往流集是一个重要的水陆转运码头,每年秋收之后,此处便客商云集,米石连樯,是一个名符其实的商品粮输出地。以致许多名人绅士,甚至督抚大员都对其赞不绝口:"耕植、鱼盐之利,较他邑为最,以故地饶人强。"⑪"地大则物力甚波,故一县之粟,常敌

---

① 王凤生:《河北采风录》卷4《怀庆府河内县覆禀》。
② 乾隆《洛阳县志》卷2《物产》。
③ 乾隆《嵩县志》卷15《食货》。
④ 乾隆《洛宁县志》卷4《土产》。
⑤ 乾隆《登封县志》刘文徽序。
⑥ 民国《宜阳县志》卷3《风俗》。
⑦《世宗宪皇帝朱批谕旨》卷124,雍正二年十一月二十二日。
⑧ 光绪《祥符县志》卷9《市集》。
⑨ 乾隆《杞县志》卷7《地亩》。
⑩ 道光《鄢陵县志》卷6《风俗》。
⑪ 乾隆《固始县志》,彭宾序。

于数州。"① "固始素称产米之乡，膏壤连阡，沃野数百里，遐迩悉闻，洵称乐国。"②

陕州除亲辖地外，属县三：灵宝、卢氏、阌乡。唯灵宝较为发达，"山川土田，皆号沃壤，地产方物，夙称蕃庶"③。阌乡、卢氏均较落后。尤其是卢氏，"轻商贾，专务稼穑，至林麓山泽之产，一任渔于远来旅贩而不知取"④。

南阳府地旷人稀，水旱不时，经济长期低迷。从伏牛山区发源的几条河流，进入平原之后，往往泛滥成灾，成为不为人喜的"害河"。从其名字潦河、湍河、刁河即可看出其水性的无常及对农业生产的影响。府内经济自明末丧乱后，始终没有恢复到前代水平。康熙时依然是"户口流移，阡陌荒芜，牛具未耜不具，水旱不时。耕织者滋苦矣，欲徙而为工，则时绌无。举赢之家，谁计佣而授食？欲转而为商，则室如悬磬，即小负贩尚不给，则何能南北牛车远服贾"⑤？乾隆时期很多地方仍没恢复，如裕州乾隆时依然是"士民服饰布素居多，庐舍亦茅茨土墙者十之八九……自经流寇蹂躏之后，土旷人稀，凋敝已甚"⑥。虽然此时商业有所发展，甚至有"拉不完的赊旗店，填不满的北舞渡"之说，但那些经商之人多山陕商人，并非本地之人，对当地经济的带动极为有限。咸丰年间东南部的淅川厅仍然"多系从山硗确之区，地瘠民贫，抚字催科，均属极简"⑦。首县南阳直至光绪时期仍是"佃户十九贫而多惰……自咸同军兴，兵燹络绎，因以饥馑，民居盖藏，十失四五"⑧。由于水利基础薄弱，劳动力较为缺乏，所以南阳府优越的水热条件，并没有转化成经济优势。

陈州府地处黄淮平原交接地带，地势低平，旱涝无常，常常遇雨成灾，境内潦洼遍布，"陈多水潦而寡山林，材木不足以备器用，丝带不足以给服御"⑨。农业发展的自然条件较为恶劣。而由于丰歉无定，民人往往惰于耕种，任其天成。对于弥补雨潦损失的春麦竟"向无此种，乾隆七年知府崔应楷购自直隶以备洼地雨潦春耕补种之需，近始传"⑩。正如乾隆《陈州府志》所言："陈为太昊所居，尤称最古者哉。故从来民性厚，风俗质朴，男耕女织，不务游戏无益之事，然地广阔，耕种卤莽，所谓粪田畴美土疆者，

---

① 乾隆《固始县志》，毕沅序。
② 乾隆《固始县志》卷 14《物产》。
③ 光绪《灵宝县志》卷 3《土产志》。
④ 光绪《卢氏县志》卷 2《风俗》。
⑤ 康熙《内乡县志》卷 5《风俗志》。
⑥ 乾隆《裕州志》卷 1《地理志·风俗》。
⑦ 咸丰《淅川厅志》卷 1《沿革》。
⑧ 民国《新修南阳县志》卷 2《疆域志·风俗》。
⑨⑩ 乾隆《陈州府志》卷 11《风俗附物产》。

无有也。随入为出，不务蓄积，性刚任，气耻下人，盖习俗亦然也。"①

归德府的经济环境最为恶劣。由于黄河贯穿全府，多条淮河支流并列全境，一旦黄河泛滥，便极易夺淮入海，继而造成淮河泛滥，在黄淮二河的夹击之下，归德府各县河患频繁，土质地下，地势低洼，人口稀少，民风嚣薄，贫穷落后。顺治年间的知府宋国荣曾列举了归德府的四大劣势："地以滨河而污下……田以荒芜而减值……民以饥馑而流散……俗素古朴，近诱张健讼，百无一实，奸宄难御。"②清中期以后，虽然有所发展，但相对其他府州，仍然没有摆脱贫穷落后的局面。归德和陈州二府，时至今日仍是省内最为落后的地区。

汝州的经济建立在稳定的农业生产上，农业的发展建立在完备的水利设施上。汝州水利资源非常丰富，沟渠遍野。雍乾以来，州内新开沟渠 360 余条，其中治所境内 84 条、鲁山 38 条、宝丰 190 余条、伊阳 40 条、郏县 10 条。③以此为基础，农业稳步发展，人口逐步增多，生活日臻富裕。即所谓"生齿日以繁，货贿日以裕，民乐其业，安其善"④。

至于卫辉、彰德、汝宁、许州等府州，其经济发展在怀庆等府之下，归德等府之上。可称为一般地区。如彰德土质优良，地价昂贵。林州、安阳相对发达，内黄、涉县等较为一般。卫辉八县，辉、汲、浚、淇、新乡相对较好，滑县、获嘉、封丘较为落后。汝宁各县基本均势，唯正阳、信阳手工业较为发达。许州长葛、临颍、郾城、襄城各县亦差相仿佛。

结合嘉庆二十五年河南各府州的人口、田地、田赋等经济指标，可以对各地的经济状况作出综合评估（表 5-9）。

表 5-9　嘉庆二十五年河南各府州人口、田地、田赋一览表

府州	人口	田地（亩）	人均	位次	赋银（两）	人均	位次	赋粮（石）				顷均	位次
								米	麦	豆	总额		
开封	3427660	12855073	3.75	3	621298	0.18	5	6601	15275	33210	55086	0.43	4
归德	3287886	8827656	2.68	7	354524	0.11	9	134	4551	6474	11159	0.13	7

① 乾隆《陈州府志》卷 11《风俗附物产》。
② 光绪《归德府志》顺治十七年知府宋国荣序。
③ 道光《汝州全志》卷 4 沟渠仅载郏县沟渠 3 条，据同治《郏县志》卷 2《水利》云："雍乾时实修沟渠 10 条"。
④ 道光《汝州全志》卷 3《市集》。

续表

府州	人口	田地（亩）	人均	位次	赋银（两）	人均	位次	赋粮（石）				顷均	位次
								米	麦	豆	总额		
陈州	2209535	5694968	2.58	9	220360	0.10	11	759	1681	3425	5865	0.10	8
许州	1298515	3974843	3.06	5	153949	0.12	10	849	2089	4163	7101	0.18	6
彰德	1367793	5740732	4.20	2	347226	0.25	1	12823	7351	22268	42442	0.74	2
卫辉	1519765	5049596	3.32	4	372290	0.24	2	13946	5114	15855	34915	0.69	3
怀庆	1802761	4787613	2.66	8	348927	0.19	4	14234	9915	29532	53681	1.12	1
河南	1711415	4398923	2.57	10	216928	0.13	7	1391	3032	6037	10463	0.24	5
陕州	537403	1138182	2.12	12	121694	0.23	3	—	—	—	—	—	—
汝州	831197	2065280	2.48	11	76459	0.09	12	—	—	—	—	—	—
南阳	2316877	14902472	6.43	1	298923	0.13	6	—	—	—	—	—	—
汝宁	1934957	5804304	3.0	6	237100	0.12	8	—	—	—	—	—	—
光州	1352321	2519528	1.86	13	109705	0.08	13	—	—	—	—	—	—

资料来源：嘉庆《重修一统志》卷185—225，河南部分各府州田赋条。

说明：1. 田地、银两数零头一律舍去，仅取整数。

2. 米为正兑改兑米加耗米，麦为正兑改兑麦加耗麦，豆为正兑改兑豆加耗豆。各和数四舍五入。

3. 陕州、汝州、南阳府、汝宁府、光州为随漕折色府州。无赋粮。

依据嘉庆二十五年的田赋数据，人均纳银较多的府州依次是彰德、卫辉、陕州、怀庆、开封、南阳、河南、汝宁、归德、许州、陈州、汝州、光州。而人均亩数较多的府州顺序又与此不同。人均亩数较多而纳银较少，说明商品经济较为落后；相反，人均亩数较少而纳银较多，说明商品经济较为发达。依据各地人均亩数与纳银数的位次差，基本可以推定嘉庆年间各府州商品经济的发达程度。而由上表可知，其位次差分别是：开封府−2、归德府−2、陈州府−2、许州−5、彰德府1、卫辉府2、怀庆府4、河南府3、陕州9、汝州−1、南阳府−5、汝宁府−2、光州0。大致可分为三个等次：

第一等（1以上）：陕州、怀庆府、河南府、卫辉府。

第二等（±1之间）：彰德府、光州、汝州。

第三等（−1以下）：开封府、归德府、陈州府、汝宁府、许州、南阳府。

依据这一等次并不能简单地划分出各地商品经济的发展差异。因为赋税的多少与经济的发展还有一定距离。特别是陕州、汝州和豫南各府所纳赋银中可能包括漕折银两，实际纳银位次应该比现有位次稍低。从清代各地方志对其经济状况的描绘来看，陕州商品经济的发展是不可能比怀庆、河南等府还要靠前的。因此需要对这一等次划分与商品经济发展程度的对应关系进行修正。修正的原则是参照前述对各地经济状况的描述，将陕州、汝州及豫南各府州的等级下移一等，其他地区相应上移。根据修正后的等次，嘉庆年间河南各府州商品经济的发展差异大致为：

发达区：怀庆府、河南府、卫辉府、彰德府。

一般区：开封府、陕州、归德府、陈州府。

落后区：光州、汝州、汝宁府、许州、南阳府。

同样，依据各地项均赋粮的多少与及前述对各地经济状况的笼统描述，可以大致断定嘉庆年间各地农业发展的差异：

发达区：怀庆府、彰德府、卫辉府、开封府、河南府。

一般区：光州、汝州、汝宁府、陕州、许州。

落后区：南阳府、陈州府、归德府。

这一划分同样由于豫北三府承办了全省大部分州县的折色漕粮而与实际情况略有差异，但豫北三府农业亩产较高，赋税较重一直是历史事实。所以不再单独修正。

将各地商品经济与农业经济的发展差异与各类学校的普及程度进行对照，便可看出区域的宏观经济条件与学校发展的关联程度（表5-10）。

表5-10　清代河南各府州学校发展程度与经济发展状况关联程度对照表

地区	商业发展差异	农业发展差异	儒学发展差异	a	b	社学发展差异	a	b	义学发展差异	a	b	书院发展差异	a	b
开封府	5	4	7	2	3	10	5	6	10	5	6	3	−2	−1
归德府	7	13	13	6	0	6	−1	−7	12	5	−1	13	6	0
陈州府	8	12	10	2	−2	12	4	0	9	1	−3	12	4	0
许　州	12	10	11	−1	1	4	−8	−6	2	−10	−8	4	−8	−6
彰德府	4	2	4	0	2	9	5	7	6	2	4	10	6	8
卫辉府	3	3	1	−2	−2	1	−2	−2	7	4	4	5	2	2
怀庆府	1	1	6	5	5	13	12	12	11	10	10	7	6	6
河南府	2	5	3	1	−2	2	0	−3	3	1	−2	2	0	−3
陕　州	6	9	2	−4	−7	5	−1	−4	4	−2	−5	6	0	−3
汝　州	10	7	8	−2	1	7	−3	0	1	−9	−6	1	−9	−6

续表

地区	商业发展差异	农业发展差异	儒学发展差异	a	b	社学发展差异	a	b	义学发展差异	a	b	书院发展差异	a	b
南阳府	13	11	5	−8	−6	8	−5	−3	8	−5	−3	8	−5	−3
汝宁府	11	8	9	−2	1	3	−8	−5	5	−6	−3	9	−2	1
光　州	9	6	12	3	6	11	2	5	13	4	7	11	2	5

注：a——与商业发展位次差，b——与农业发展位次差。

如果以各类学校与商业或农业发展程度差异的位次差作为衡量学校发展受经济影响深浅的指标，以±2为一个判定有无影响的合理范围，则由上表可以看出：

儒学发展受商业影响较大的府州有8个，分别是：开封、陈州、许州、彰德、卫辉、河南、汝州、汝宁。受农业影响较大的府州也有8个，分别是：归德、陈州、许州、彰德、卫辉、河南、汝州、汝宁。二者合计共有9个府州的儒学发展受经济条件影响显著。

社学发展受商业影响较大的府州有5个，分别是：归德、卫辉、河南、陕州、光州。受农业影响较大的府州有3个，分别是：陈州、卫辉、汝州。二者合计共有7个府州的社学发展受经济条件影响显著。

义学发展受商业影响较大的府州有4个，分别是：陈州、彰德、河南、陕州。受农业影响较大的府州有2个，分别是：归德、河南。二者合计共有5个府州的义学发展受经济条件影响显著。

书院发展受商业影响较大的府州有6个，分别是：开封、卫辉、河南、陕州、汝宁、光州。受农业影响较大的府州有5个，分别是：开封、归德、陈州、卫辉、汝宁。二者合计共有8个府州的书院发展受经济条件影响显著。

由此可见，在清代河南各类学校与经济发展状况的关联上，儒学和书院的发展受区域经济条件的影响较大，范围广阔，程度深远。社学和义学的发展受区域经济条件的影响较小，范围有限，程度微弱。也就是说中等教育受经济条件的影响较初等教育明显。究其原因应该是儒学和书院的建修所需经费规模较大，在国家仅负担极少量教育经费的情况下，地方教育的发展便与地区经济的状况密切相关。经济落后地区募资不易，儒学和书院的发展便难以保证。而社学和义学的建立所需经费较少，形式灵活，可繁可简，便于便宜行事。特别是义学的设立，既可一人出资，也可几家联合。规模可大可小，人数可多可少，甚至房产都可有可无。既可单独建房，也可借读庙堂；既可建为瓦房，也可葺为茅草。总之，与儒学和书院相比，社学和义学规模的伸缩性和形式的灵活性规避了经济的制约性。

（二）学校自身经费的充裕情况与学校分布和发展的差异

除地方经济的发展状况对学校发展的时空差异有重大影响外，学校自身经费的充裕状况对学校发展的时空差异也有明显影响。如果说区域经济的发展状况是一种宏观条件，间接影响了学校发展的时空差异的话，那么，学校自身的经费状况就是一种微观条件，直接影响着学校发展的时空差异，二者都为地方学校的存在和发展提供了基础性的前提和保障。而要了解这种直接影响的范围和程度，必须了解各类学校经费来源的途径和额度。

清代河南各类学校的经费来源主要有三种途径：①政府拨款；②官绅捐助；③自身经营。政府拨款包括国家财政拨款和地方政府拨款，国家财政拨款为转移支付货币，地方政府拨款主要有直接拨款和拨置学田。官绅捐助和自身经营则形式繁多，有实物形式也有货币形式。一般而言，各级儒学主要依靠政府拨款和官绅捐助，社学、义学主要依靠官绅捐助，书院则三种途径均有。

相对而言，在清代各类学校中，各级官学的经费最为稳定和充裕。根据《皇朝政典类纂》卷158国用类对"岁出之款"的记载，清代国家财政转移支出的各省教育经费主要有四部分：科场经费、学生廪膳经费、书院公廉经费、各级学官俸禄。其中两项——学生廪膳经费和各级学官俸禄即与各级官学有关，为各级官学的财政直接拨款。各省的拨款总额依官学多少而定。河南的各级官学依嘉庆二十五年的区划，共有118所。其中府学9、州学10、县学99。每学一般设两名学官，相应的学官即有236名。其中府学教授9人、训导9人，州学学正10人、训导10人，县学教谕99人、训导99人。各级学官的俸禄据民国《安阳县志》卷9《建置志下·学宫》的记载："康乾年间，府儒学教授俸银45两，训导40两……县儒学教谕俸银40两，训导40两。"州学学正品秩俸禄与县学教谕同，正八品，40两。训导品秩为从八品，俸银亦为40两。全省另设学政1人，带原任品秩就职，一般为三品官，其俸银130两，公费银576两。共计各级学官年俸银为130+576+9×45+227×40=10191两。学生廪膳经费全省共计8035两，而光绪朝《钦定大清会典》卷19"国用—岁出之款"记为8919两。所以清代河南的各级官学经费大致在18226～19110两。书院公廉经费仅指每年拨给大梁书院的办院经费2973两。科场经费包括主考官路费、科场供应、新科举人花红筵燕银、会试盘费银、旗扁银等。①各类

---

① 旗扁银：科举制度中对取中者政府发放的赏赐银两。清代举人中式每人给银二十两，以备制匾立旗杆之用。文武进士又有坊价银，以作建立牌坊之用。同时赐予缎匹。

费用的数额及其比例如下表 5-11。

表 5-11　清代河南各项国家教育财政拨付经费总额及其比例一览表

项目	科场经费	盘费银	旗扁银	书院经费	廪膳经费	学官俸禄	总计
《政典》	8000	2560	1420	2400	8035	10191	32606
百分比	24.54	7.85	4.36	7.36	24.64	31.25	100
《会典》	4995	2410	1640	2973	8919	10191	31128
百分比	16.05	7.74	5.27	9.55	28.65	32.74	100

注：《政典》——《皇朝政典类纂》卷 158，《会典》——光绪《钦定大清会典》卷 19

从各项经费的比例可知，用于各级官学的学官俸禄和廪膳经费所占比例最大，在 55.89%～61.39% 之间。科场经费次之，在 29.06%～36.75% 之间。书院经费最少，在 7.36%～9.55% 之间。可见，国家财政拨款的主旨是维持各级官学和科考的基本运转，支持官方精英教育。虽然如此，但由于拨款基本是"人头费"，主要用于学官工资和学生津贴，对于许多行政事务的经常性开支却被排除在经制所规定的范围之外，导致学舍维护无依、学官薪水低微、官学时聚时散等问题产生，严重影响了官学的存续和发展。

所以除了国家拨款，在一些有条件的州县，地方政府往往会对地方儒学拨置学田，地方官绅也往往会对地方儒学捐款捐物，用以维持儒学的日常开支，包括春秋祭祀、仆役洒扫、花红膏火、笔墨纸砚、婚丧救济、建筑维护等。如"林县学有学田六百七十五亩，在临淇车辐村，乾隆志云系吴建业绝产，康熙十九年拨入儒学"①。仪封县学"顺治初年驿传道杨时荐置买学田一顷，十三年知县崔维雅又买学田五十亩"②。禹州学有"学田二顷七亩七分零，在城西十里铺，雍正二年公置，嘉庆二十二年监生赵雨粟捐增学田三十三亩五分零"③。鹿邑县学光绪年间"起租学田八顷四十九亩二分四豪，坐落李牌口、贾家滩、郑家集、竹恺店。凡征租银一十二两六钱四分五厘，解提学道，余租遇极荒生员不能自存或极贫不能婚葬者，通学呈举振济"④。虞城县学"顺治庚寅，教谕梁祚隆、训导李廷献、合邑绅士输资重修，康熙二十三年知县李铨、教谕刘焯、绅士耿惇、刘玉堂、胡显升、范公遴募资重修，越五十年，复颓坏不堪，雍正十一年知县张

---

① 民国《林县志》卷 7《教育》。
② 乾隆《仪封县志》卷 3《建置志》。
③ 道光《禹州志》卷 12《学校志·学田》。
④ 光绪《鹿邑县志》卷 7《学校》。

元鑑倡修"①。柘城县学光绪间有学田"六顷一十九亩，每亩入租一钱一分，约得租银一百三十六两五分六厘（注：原文如此），每岁完正项银四十六两三钱，应余租银九十六两五分六厘，除倾销解费六两九钱四分五厘，腾银八十九两一钱一分，应作学宫公用。内除三关义学每岁量拨纸笔银八两，庄头工食地三十亩，除租三两三钱，余分三项：一备葺庙倾圮，一资贫生不能自给，一为终岁月课生儒供备，垂为永久，不变之模"②。

由于各地学田的资料比较复杂，像前述总结的几种情况：用途广泛、秕租不等、时段不一、数字不详、地区不全、受侵严重、置废无常等均不同程度地存在。而且许多学田的地租收入有很大一部分要解题学政，由学政统一配支，特别是补贴科场费用，儒学自己只能支配很少一部分，加之儒学的发展差异又缺乏各类在校生员的详细记录，用各地儒学入学机会的大小表征发展差异是不得已而为之，所以我们无法在学田的资料与儒学的在校生数量方面建立一种统计学意义上的相关性表格。只能通过个别口径统一、地界接近、秕租相当的县域的县学学田数与其同时期举人数的对应例证，以资参考（表5-12）。

表5-12　光绪时期部分州县学田与举人数目对照表

地	区	学田亩数	举人人数	学田资料来源	举人资料来源
归德	鹿邑县	849	13	光绪《鹿邑县志》卷7《学校》	光绪年间各科乡试同年录（缺光绪元年乙亥科和光绪十四年戊子科）
归德	宁陵县	485	4	民国《宁陵县志》卷5《学校志》	
卫辉	封丘县	466	5	民国《封丘县续志》卷7《教育志》	
卫辉	考城县	178	4	民国《考城县志》卷8《学校志》	
陕州	卢氏县	64	9	光绪《卢氏县志》卷5《学校》	
陕州	陕 州	58	6	民国《陕县志》卷9《教育志》	
陈州府	项城县	948	17	宣统《项城县志》卷9《学校志》	
陈州府	太康县	591	6	民国《太康县志》卷4《教育志》	
陈州府	淮宁县	360	4	民国《淮阳县志》卷5《民政下·教育志》	

社学、义学属初等小学，《清代中国教育与识字率》一书指出清代前期初等小学经费的主要来源为：土地、租金、现金和官方投资。③这一划分主要是按照经费的表现形

---

① 光绪《虞城县志》卷3《学校》。
② 光绪《柘城县志》卷7《艺文志·学田碑记》。
③ Rawski, Evelyn Sakakida, *Education and Popular Literacy in Ch'ing China*, The University of Michigan Press, p69.

式而论的,并不能体现其来源途径,而且缺乏各部分的比例参照,从中很难了解各类途径特别是政府投资的精确作用。其中还包含一定的重复成分,比如土地和官方投资,官方在社学、义学中的投资大多并不是现金,往往是将其掌握的田产用以支持社学和义学的发展。就是投入现金,也是将其买成土地拨入小学,以利长久。前述政府拨款、官绅捐助和自身经营,三个途径表达的传统学校经费来源事实上包含了四个主体,即国家、地方、个人、自身,基本上涵盖了学校经费来源的全部途径(书院还有其他书院的协济款)。对于义学和社学来说,由于自身资金规模的狭小和艰难,基本上不可能再从事其他经营以获取收入。所以义学和社学的经费来源主要是政府拨款和官绅捐助。政府拨款包括国家拨款和地方拨款。但此处国家拨款为零,也就是说国家财政不负担初级小学的教育经费。这一经费的官方支持主要由地方政府负担。义学、社学经费来源中政府拨款的这一特点在义社学的设立之初的政策即已规定:

"顺治九年题准每乡置社学一区,择其文艺通晓行谊谨厚者,补充社师,免其差役,量给廪饩养赡。"①此处的"廪饩"国家财政是不负担的,主要由地方政府发放。康熙四十一年(1702)定义学、小学之制,京师崇文门外设立义学,五城地方各设小学,凡义学、小学每月廪饩各300两,于府县按月支给。②依然是由府县负担。而清代地方政府并没有独立的财政系统,它所掌握的地方款产极其有限:一是各级政府的办公费用,源于耗羡、平余、漕折、浮征等途径。二是通过各种方式征缴的各类田产,包括诉讼田、绝户田、罚罪田、欺隐田、赎罪田、无主田等。所以地方政府对义学和社学的投入一是挤兑政府办公经费,二是拨付征缴田产。如地方政府对社学的投入:

无主田——祥符县社学,"社学两区:一在朱仙镇,一在陈桥镇。乾隆三年巡抚尹会一建,知县张淑载拨给河滩余地十一顷"③。

逃户田——郑州社学,"旧州前1所,(今废)暂借关帝庙后殿,乾隆八年知州张钺拨入永兴镇、王家堤等处逃户滩地共三十四段,计地一顷三十三亩八分,每亩抽租一二钱五六分不等,共银二十六两,作馆师修火之资,如有不敷,知州捐俸以继之"④。

诉讼田——嵩县社学,"旧在鸡泽祠内,乾隆四年,知县戈锦入控案地二顷零,改建文昌祠内"⑤。

---

① 光绪《钦定大清会典事例》卷396《礼部·学校·各省义学》。
② 嵇璜等:《清朝文献通考》卷69《学校七·直省乡党之学》。
③ 乾隆《续河南通志》卷39《学校志·社学》。
④ 民国《郑县志》卷3《建置志·社学》。
⑤ 乾隆《续河南通志》卷39《学校志·社学》。

绝户田、公共田、欺隐田——嵩县社学，"（乾隆）三十年，知县康基渊查聚民间绝业及古庙废基在册行征粮地三十八顷余，分建城乡三十四所"①。

地方政府对义学的投入：

现款——禹州义学，"（道光）十三年，署知州严芝复设颍川里吕祖阁一处，大王庙一处，凡三十有六处，其无学田者岁筹官钱四百缗资塾师脩脯，其塾师岁终考验勤惰定次年去留"②。

罚罪田——叶县敦本义学、洛岗义学，"以上两学皆因庙中香火地为僧人盗卖，知县欧阳霖查出究追，酌拨地亩，即设学于该庙"③。

公共田——叶县平顶义学，"坐落平顶山巅，皖匪之乱附近居民于山上立寨自守，贼平后知县欧阳霖因寨局遗址设学，而以寨侧空地一顷八十五亩五分七厘五毫为师生膏火之资焉"。

诉讼田——叶县崇正义学，"坐落城内关帝庙，僧众屡次争讼，知县欧阳霖以地多生事，查勘庙内栗林店地六顷七十余亩，拨田一顷一十亩判设义学"。兴仁义学，"坐落三孃庙之张思诚庄，其地滨临澧河，河徙得地一顷二十三亩一分六厘，居民控争历年不已，知县欧阳霖令以其地设学，讼乃解"。

……

此外还有多所社学、义学通过地方政府拨付田产得以建立。拨付征缴田产是地方政府投资社学、义学的主要形式。拨付现款则少得可怜。从这些例证也可看出，大多数社学、义学的学田一般在 100~200 亩之间，年收租银也就是 20~30 两，仅抵塾师脩脯。比起京城义学年支经费 300 两的标准，地方州县义学明显要低得多。而且在酌量配给、并无定额的原则下，有时甚至微乎其微。如前述柘城县学田每年约得租银 96 两，城内三关三所义学每年拨得纸笔银 8 两，每所仅 2 两多。低微的拨付根本不足以支应义社学的正常运转，满足不了社学或义学的日常用度、生徒膏火甚至塾师脩脯，所以不但许多没有获得地方政府拨付款产的义社学完全依赖官绅捐赠，就连如前述获得政府拨付学田的义社学也要依靠官绅捐赠维持日常开支。如兰阳县城隍庙义学，系乾隆年增设，延师陈九夏，学生十四人，每岁脩脯及燕饮之需皆系前邑侯涂公捐给。④郑州社学在拨付学田后，明确规定"如有不敷，知州捐俸以继之"。阌乡县"社学一，旧志在文庙前寻废，

---

① 乾隆《续河南通志》卷 39《学校志·社学》。
② 民国《禹县志》卷 8《学校志·义学》。
③ 同治《叶县志》卷 2《建置上·义学》。下文叶县平顶、崇正、兴仁义学出处同。
④ 乾隆《兰阳县续志》卷 7《教养志·社学》。

光绪十七年城绅筹资设在东前街"①。确山县社学"组织之法系由各社人每年冬季春初临时商酌，合众公请教师聚徒授课"②。许州社学"城内二处，在乡四十一处，俱道光十一年知州萧元吉劝捐新设"③。由于捐赠都是短期临时性的，与学校发展长期稳定的内在要求相矛盾，所以所有官绅捐赠要么直接捐置学田，要么捐钱买地再捐入学校，要么捐钱发当生息。如淮宁县"清顺治十年知州高民望设义学于马神庙，康熙十二年知州孙芳以银一百二十六两买梁允成等地六顷一十八亩九分九厘六毫为常年经费"④。鄢陵县道光年间的云衢、陶城、只乐、广育等义学均由当地监生、岁贡生、候选都司等各类绅士捐钱发入钱号、当铺生息以维持运转。⑤依据现有资料，在河南先后设立的559所社学中，有明确经费来源的大约246所，其中由政府拨款为主设立的38所，官绅捐赠为主设立的208所。在河南先后设立的932所义学中，有明确经费来源的大约576所，其中由政府拨款为主设立的164所，官绅捐赠为主设立的412所。由官绅捐赠经费而创办的社学和义学在清代河南小学的创办中占据了绝对比例。官绅集团在河南地方义社学的创办中，发挥了重要作用。小川嘉子指出清代前期边疆地区义学由政府兴办，在内地则由地方精英响应官方号召兴办。⑥梁其姿的研究也表明，在创办和维持社学方面，地方精英扮演了主要角色。⑦清代河南地方社学、义学的创办同样体现了这一特点。

至于各所义社学的经费总额与其发展状况的比较，同样由于缺乏具体记录而无法进行统计意义上的相关性研究。但有一些县的义社经费总额与设置数目有稽可查，不妨列下表5-13。

---

① 民国《新修阌乡县志》卷12《教育》。
② 民国《确山县志》卷14《教育》。
③ 道光《许州志》卷2《建置志·社学》。
④ 民国《淮阳县志》卷5《民政下·教育志》。
⑤ 道光《鄢陵县志》卷9《学校志·社学》。
⑥ 小川嘉子：《清代に于ける义学设立の基盘》，载林友春编《近世中国教育史研究》（东京：国土社，1958），第257—308页。
⑦ Angela Leung: "Elementary Education in the Lower Yangtze Region in the Seventeenth and Eighteenth Cen-turies", in *Papers in Social Sciences*（Taipei），No. 94-95。引自李伯重《八股之外：明清江南的教育及其对经济的影响》，《清史研究》2004年第1期，第1—13页。

表 5-13 清代河南部分县域义、社学的经费总额与设置数目对照表

学校	府州	县域	经费总额		数目	资料来源
社学	河南府	嵩县		3800余亩	34	乾隆《续河南通志》卷39《学校志》
	卫辉府	辉县		约2000亩	20	光绪《辉县志》卷8《学校志》
	开封府	兰阳		180亩	4	乾隆《兰阳县续志》卷7《教养志》
义学	汝宁府	西平	16000余千文	467亩	39	民国《西平县志》卷12《经制志》
	汝州	宝丰	5000千文	1185亩	12	道光《宝丰县志》卷4《建置志上》
	陕州	灵宝	银660两		22	光绪《灵宝县志》卷2《学校志》
	陕州	陕州	288千文		6	民国《陕县志》卷9《教育志》
	许州	郾城	6000千文		33	民国《郾城县记》卷8《学校篇下》
	汝宁府	确山	4160千文	488亩	12	民国《确山县志》卷14《教育》
	河南府	宜阳	10800千文		36	光绪《宜阳县志》卷5《学校》
义学	陈州府	扶沟	8040千文	290亩	18	光绪《扶沟县志》卷8《学校志》
	陈州府	西华	600千文		20	民国《西华县续志》卷8《教育志》
	怀庆府	修武	90千文	717亩	14	道光《修武县志》卷5《学校志》
	卫辉府	新乡	900千文		11	民国《新乡县续志》卷1《学校》

由此可见，在义社学的设置中，不论是通过政府拨付还是官绅捐赠，一个地方筹集到的经费总额和设置数目还是存在很大程度的一致性。而一些经费较多的地区同时也带动了其相应府州义社学的发展，如嵩县、宜阳所在的河南府，辉县所在的卫辉府，西平、确山所在的汝宁府，宝丰所在的汝州等都是清代河南义社学较为发达的地区。

至于书院的经费来源，由于其类型和等级的复杂性，与各级官学和义学、社学相比，其经费来源要广泛得多。有政府拨款，有官绅捐赠，也有自身经营。有来自国家的拨款，也有来自地方的款产，有官绅个人的款产，也有书院自身的经营，还有其他书院的协济等。拨款、捐赠、经营，国家、地方、个人、自身、他院，三种途径五个主体均有体现。

（1）政府拨款。中央政府拨付的款项主要是现款，地方政府拨付的款项包括现款和田产。中央政府的拨款对象较为狭窄，只针对省级书院，清代河南省级书院仅大梁书院一家，所以中央政府的拨款只用于大梁书院。表5-11中，国家转移支付的教育经费中的书院经费一项，即每年国家财政支持大梁书院的经费拨付。大约每年2973两。在此之前，雍正十一年（1733）大梁书院获赐帑金1000两，只是一种临时性的拨付。地方政

府拨付的现款包括地方公费、监规银、车马款、赈济款、没收犯人款以及其他书院的协济款等。如洛阳周南书院，乾隆六年（1741），河南知府李光型、洛阳知县朱续志"详请以本府监规银九十五两五钱八分，各属公费中拨银三百八十两，租银三十七两一钱七分，共银五百一十二两七钱零，为每年山长脩脯及生徒膏火之资"①。许昌聚星书院，"乾隆六年始延师课士于其中，凡束脩膏火皆一州四县捐俸及绅士捐助生息。许州则四十保车马款项每年提出 2000 生息文"②。郾城景文书院"光绪六年知县曹星焕，定议自七年起，由车马案提拨籍书每年津贴驿站公费银三百三十四两内提出二百两作为书院经费。二十五年，知县周云于车马改定章程案禀准每亩完钱三十文内提书院经费一文，每年约得钱八百千作为生童膏火之用"③。阳武正谊书院，"光绪丁丑大浸，苏绅严悠之等携重资来阳助赈，以千缗拨给书院"④。滑县欧阳书院，"光绪五年，知县张鉴堂兑收李化成案银二百两"入书院作为办院经费⑤。除此之外，有些书院还接受其他书院的协济款，这些款项一般也是由政府出面规定的，如禹州丹山书院，"乾隆七年知州高鉴增地一十七亩七分，详请聚星书院供给银三百三十三两，月息以为脩脯膏火及修葺之资"⑥。此外，嵩县伊川书院乾隆间每年协济洛阳周南书院银 36 两。⑦开封大梁书院道光间每年协济明道书院银 600 两等。⑧

除了直接拨款外，最多的还是拨置学田，学田的地租收入是书院收入的主要来源，所以书院建成以后的首要之事就是千方百计置办学田。地方政府拨置的学田依然是通过各种途径征缴的田产，即诉讼田、绝户田、罚罪田、欺隐田、赎罪田、无主田等。如：

诉讼田——嵩县鸣皋书院，乾隆二十二年（1757），知县张顾鉴入控案无粮地 24 顷零。⑨

绝户田——新野白水书院，乾隆十五年（1750）知县张昌藩断人绝户李德志行粮地 199.361 亩，为书院诸生膏火之资。⑩

---

① 乾隆《洛阳县志》卷 5《学校》。
② 民国《许昌县志》卷 5《教育》。
③ 民国《郾城县记》卷 8《学校下》。
④ 民国《阳武县志》卷 2《教育》。
⑤ 民国《重修滑县志》卷 10《教育六》。
⑥ 道光《禹州志》卷 12《学校志》。
⑦ 乾隆《嵩县志》卷 16《学校志》。
⑧ 光绪《钦定大清会典》卷 19《户部》。
⑨ 乾隆《嵩县志》卷 16《学校志》。
⑩ 乾隆《新野县志》卷 2《建置志》。

罚罪田——夏邑崇正书院同治中有查报逆产归入，数额不详。① 项城莲溪书院，同治二年入逆匪赵凤岗等地 130 亩，光绪五年入教匪地 425 亩。②

欺隐田——长葛陉山书院，"常年经费系康熙五十四年，有邑民樊大振等评告樊大昌隐地七顷九亩"③。

公共田——荥泽人龙书院，乾隆四年知县张翮拨给城壕地 95 亩 7 分，七年知县刘荩拨给荥武界边滩地 14 顷。④

置办学田已成为一种普遍现象。它对书院的存在和发展非常重要。正如娄性所言："书院不可无田，无田是无院也……院有田则士集，而讲道者千载一时；院无田则士难以集，院随以废。"⑤ 当然，地方政府拨置的田产额度不一，有时甚至相差较大。如新乡古廊书院，道光十八年一次即拨入潞王坟学田 33 顷 93 亩。⑥ 而伊阳紫罗书院，从乾隆十三年至道光八年，经过至少三次拨付，地方政府仅拨入其掌握的田产 450 余亩。⑦

（2）官绅捐赠。因为地方政府拨付的款产毕竟有限，能够享受到此种优惠的书院毕竟不多，所以对于个别书院来说，其经费的维持可能以政府拨付为主，但对于大量不能获得政府支持的书院来说，官绅捐赠才是经费的主要来源。特别是封建时代地方官绅都负有导民成俗、教化一方的社会责任，在国家经费缺位的情况下，地方官绅必须自筹经费，兴文崇教。而对于设置书院此种"建设文明"的事业，又不可能采取强征勒派等不文明的手段筹集款项。所以依靠合法的宣传鼓动和民众自动认捐的方式便被认为是一种最为文明、完美的方式。而普通民众资财有限，地方官绅便成了捐赠的主要对象。

官绅捐赠的形式包括捐款、捐地、捐房等。捐款在明清以前不很常见。明清以后，书院数量大增，风气渐开，官学化程度加深，商品经济较以前大为发展，捐款也渐始普遍。捐款数量不等，有的几十两，有的数千两。且多发生在书院的创办、改建或重修等与择基筑房有关的、一次性费用需求较大的时期。捐助的过程一般是地方官员先捐出一定金额，以为倡导，地方绅商再依次认捐。如南阳宛南书院，乾隆十六年创办时，知府庄有信，"首捐六百金以为之倡，而属州县继之，而绅士、而鹾（音 cuó，盐的书面用

---

① 民国《夏邑县志》卷 2《建置志》。
② 宣统《项城县志》卷 9《学校志·书院》。
③ 民国《长葛县志》卷 4《教育志四》。
④ 乾隆《续河南通志》卷 39《学校志·书院》。
⑤ 毛德琦：《白鹿洞书院志》卷 19。
⑥ 民国《新乡县续志》卷 1《学校志》。
⑦ 道光《伊阳县志》卷 3《学校志》。

语）商，俱闻风慕义，各捐数千百锾（音 huán，一锾等于六两），以供卜筑之用，而财不匮"①。武涉河朔书院，道光十七年创办时，河朔观察使刘体重"首先捐银三千两为倡，并劝谕所属官绅量为捐助""各官绅共捐经费银二万四千七百二十三两五钱一分六厘"②。阳武正谊书院，"乾隆二十四年，邑绅捐资重修"③。而完工之后的书院运转和维持费用一般需求不是很大，多由官绅个人自行捐助。像孟县花封书院，"创于乾隆五十四年，知县仇汝瑚捐俸为脩脯膏火"④。扶沟大程书院，"嘉庆十三年知县殷秉镛捐银一百两，复劝谕原任阳武训导张㷸捐钱一千串，监生郝廷杼捐银一千五百两……二十一年耆民庞日诚捐银二百两"⑤。商水静远书院，"光绪三年，天津黄世煦捐钱一千缗，六年捐银五千两"⑥。新乡古郿书院，"光绪十六年邑人卫献琮遵父遗命捐银一千两"⑦。

捐地在官绅捐赠中占的比例较大，官吏一般是捐捧买地捐赠，绅商等民众则有的直接捐地，有的仅捐租（土地所有权未转移），捐地的亩数也多少不等，但这些都对书院的发展起到了重要作用。如中牟景恭书院，道光间知县樊某捐廉500串，买地304亩。⑧登封嵩阳书院，康熙十六年，邑绅耿介为之捐地200亩，垦荒130亩，在他的倡导和影响下，中州各方官绅、名儒共为书院捐地达1500多亩。⑨商水凤台书院，道光二十年（1840），监生杨峻峰捐地达96亩。⑩杞县志学书院，乾隆二十三年（1758）邑人李方进捐地54亩。⑪其他书院的捐地记载还有很多，恕不一一列举。

捐房的记载不是太多，因为房子不易流动，若其位置与书院位置不一致，最终仍需变卖以现款形式捐出。直接捐房者如光绪二年（1876年），项城邑民王金鼎为该县莲溪书院捐城内北街路西市宅1处，共草房14间。⑫光绪六年（1880年），直隶黄世煦为商

---

① 光绪《南阳县志》卷6《学校志》"庄有信宛南书院碑记"。
② 刘体重：《河朔书院志·卫辉府捐银启》道光十九年（1839）刊本，河南省图书馆藏。
③ 民国《阳武县志》卷2《教育》。
④ 民国《孟县志》卷5《教育志》。
⑤ 光绪《扶沟县志》卷8《学校志》。
⑥ 民国《商水县志》卷9《学校志》。
⑦ 民国《新乡县续志》卷1《学校志》。
⑧ 同治《中牟县志》卷2《建置志》。
⑨ 乾隆《登封县志》卷17《学校志》。
⑩ 民国《商水县志》卷9《学校志》。
⑪ 乾隆《杞县志》卷5《建置志》。
⑫ 宣统《项城县志》卷9《学校志》。

水静远书院捐书舍 3 间①等。

（3）书院自身经营。是指书院利用政府拨付或官绅民众捐献的经费，通过各种途径使其增值，作为书院的经常性收入。其中最常用的就是发当生息。官绅的捐赠和政府拨款数额虽大，但不是经常性的，书院主持者往往将这部分得来的经费作为底金，发当生息，以求细水长流。特别是利息较高，基本上能满足书院的很大一部分开销，如鄢陵文清书院，乾隆十年交生息银 1800 两，年得息银 206 两。②郾城景文书院，乾隆十七年交生息银 300 两，年得息银 54 两。③太康连城书院，乾隆二十五年交生息银 1800 两，年得息银 324 两。④禹州丹山书院，道光四年交生息钱 2400 缗，年得息钱 249 缗。⑤年利率约 10%～18%，远高于今。除此之外，书院还采取其他形式，如出租房屋、店面、坑塘等方法增加收入。如淮阳弦歌书院，"乾隆二十七年，知县汪圻售鞍子岭地一百七十亩，得价二百三十两，自捐三百二十两，于旧署前建市肆五十间，岁租银一百四十两，以五十二两归书院"⑥。郾城景文书院乾隆年间"城壕坑，每年租银三百文"。中牟景恭书院同治年间买入市房 23 间，项城莲溪书院同治九年（1870 年）买入市房市房 18 间，光绪五年买市房 63 间，光绪六年买地 223 亩，光绪十五年买地 58 亩，光绪二十七年买地 24 亩。⑦通过出租市房、招佃收租等方式获取收入。

无论何种途径，基本上最终都需要转化成现款（铁、铜、银、金）以备支出（地租的米、麦除外），都离不开当地一定的经济条件。在经济条件特别是商品经济发达的地区，实现上述途径的程度就容易得多，获得收益也较大，其书院自然兴旺，对士子也有吸引力。特别是发达地区商贾云集，民绅殷实，书院吸收他们的子弟入学，易于吸纳更多的捐赠。反之，经济条件较差的地区，经济来源比较单一，有时仅仅靠地租收入或政府拨款，个人捐赠则极为少量。没有充裕的经济来源，书院无法请来名师，教学质量无法保障，生童膏火、花红有限。发展规模难以扩大，自然引不起地方官的重视和支持。好比心理学上的"皮克马里翁效应"，越是优秀的，越能获得更多的发展机会，越是更加优秀。开封、河南、怀庆、卫辉等府正是在这种优势累加下，成为清代河南书院发展领先区的。

---

① 民国《商水县志》卷 9《学校志》。
② 民国《鄢陵县志》卷 12《教育志》。
③ 民国《郾城县记》卷 8《学校下》。
④ 民国《太康县志》卷 4《教育志》。
⑤ 民国《禹县志》卷 8《教育志》。
⑥ 民国《淮阳县志》卷 5《教育志》。
⑦ 宣统《项城县志》卷 9《学校志》。

如果能够获得完整的资料，便可在书院经费充裕区、经济发达区和书院发达区之间建立统计上的相关性研究，但这部分资料非常不完整。由于各地书院的经费来源多种多样，经费形式有款有田，时间跨度长短不一，经费总额因时而异，生徒数目残缺不全，建筑规模时有增葺，所以同样很难就其发展的具体差异与经费额度的多少之间建立相关性统计。不过，根据各地书院改制前的资料（见表4-16），选取院生数目齐全、经费总额前三名的书院，可以就光绪末年书院经费多少对各地书院发展的影响作一简要分析（表5-14）。

表5-14　清末河南各府州部分书院经费额数与院生数目对照表

地区	书院名称	年支经费（两）	院生数	年支经费合计	位次	院生数合计	位次	位次差
开封府	祥符信陵书院	9170	200	18671	1	330	1	0*
	祥符彝山书院	7000	70					
	尉氏莲池书院	2501	60					
陈州府	淮宁柳湖书院	6932	77	10692	2	152	10	-8
	淮宁絃歌书院	1920	60					
	商水崇正书院	1840	15					
彰德府	安阳昼锦书院	5930	94	10012	3	197	5	-2*
	内黄繁阳书院	2191	59					
	林县黄华书院	1891	44					
汝宁府	汝阳南湖书院	5300	78	9496	4	158	7	-3
	确山铜川书院	2400	50					
	新蔡大吕书院	1796	30					
怀庆府	武陟河朔书院	4000	87	8772	5	242	3	2*
	河内覃怀书院	3369	100					
	济源启运书院	1403	55					
南阳府	南阳宛南书院	4920	120	8240	6	204	4	2*
	内乡菊潭书院	1680	44					
	叶县昆阳书院	1640	40					
归德府	商丘文正书院	4000	44	7520	7	101	13	-6
	鹿邑鸣鹿书院	1840	30					
	夏邑崇正书院	1680	27					

续表

地 区	书院名称	年支经费(两)	院生数	年支经费合计	位次	院生数合计	位次	位次差
卫辉府	汲县崇本书院	3842	145	7388	8	252	2	6
	辉县百泉书院	2000	46					
	新乡廊南书院	1546	61					
许 州	许州聚星书院	2960	60	5840	9	154	8	1*
	临颍颍川书院	1600	52					
	襄城希贤书院	1280	42					
河南府	嵩县伊川书院	2106	42	4734	10	145	11	-1*
	宜阳锦屏书院	1328	63					
	偃师两程书院	1300	40					
光 州	光州南城书院	2400	40	4430	11	166	5	6
	息县新息书院	1356	66					
	商城文峰书院	674	60					
汝 州	汝州汝阳书院	1600	61	4048	12	129	12	0*
	鲁山琴台书院	1512	30					
	宝丰雅集书院	936	38					
陕 州	陕州召南书院	1640	64	3610	13	153	9	4
	阌乡荆山书院	1000	31					
	灵宝弘农书院	970	58					

注：*号表示经费总额与院生数目具有明显一致性（取-2~2）。

资料来源：河南省教育志编辑室编《河南教育资料汇编·清代部分》第12—73页"学务简况（1902—1911）"。

说明：1. 为便于比较，各书院的年支经费总额依叶世昌先生在《光绪年间的钱贵银贱和江南制造局铸钱》（《中国钱币》2006年第4期）一文中依据《申报》资料和江南制造局铸币厂规定提出的换算关系：1两白银=1250文进行了统一折算。

2. 省城大梁书院和明道书院分别年支银28400两和20470两，但由于二者是省级书院，故未计入开封府内。

由上表可知，依据各府州经费设置较多的几所书院的经费总额与其院生数目的对应关系，我们依然可以看出一所书院经费额度的多少与其发展状况之间的明显相关，也可看出一个地区书院经费总量多少与其书院发展状况的密切对应。虽然仅仅依据的是这几所有可能是各府州经费设置最多的书院的资料，但由经费总额与院生数目的位次差异已经表明：这种对应关系在许多府州之间表现出了明显的一致性，如开封府、彰德府、怀庆府、河南府、南阳府、许州、汝州等。开封府三所书院的经费总额位居第一，院生数量也位居第一。汝州三所书院的经费总额位居十二，院生数量也位居十二。其余府州的位次均相差不大。同样，这种一致性在各府州内部各书院之间也有同样表现，像开封府、归德府、陈州府、许州、彰德府、汝宁府、南阳府等，随着经费额度的下降，院生数目也随之减少。

（三）区域传统经济结构与学校类型的设置差异

除了地区经济条件和自身经费状况对学校的发展有明显影响外，区域传统经济结构也对学校的发展有一定制约，特别是学校类型的设置差异。典型表现就是新式学堂中实业学堂的设置。宣统二年十月十五日，河南省提学使司颁布了《详咨豫省分年筹备实业教育草案》，该草案第八条专门概括了各地的社会经济特点并对适宜设置的实业学堂类型作了规定："开封所属旷土最多，民亦惰农自安，宜兴农学作之模范。而都会之区，工商云集，是应三业并兴，以资提倡。归德自河流北徙，水患遂绝，地经淤壅，泥性极腴。陈许二州地势平衍，种植相宜，兴学劝农，允为三府之生殖。郑州路线南北，交通贸易日盛，讲求商学扼要之图。南阳丝绸已擅胜场，设法劝导，宜织宜蚕。汝宁产靛产棉，光州种茶种稻，织染树艺分配而施。彰德棉花最富，可兴织工。卫辉稻田极腴，宜修农事。怀庆产煤，矿业为重。河南全境多山，培植林业，地利可收。羊毛制毡，陕州出品。槲叶饲蚕，汝州大利。改良机织工校均宜。凡此分配，谨就多数出产，调查大概情形，强为厘定。因时制宜，各自筹备，无事刻舟以求剑，尽可变通而办理。"①随后即对各府州以及府内各县适宜开办的实业学堂做了大致划分。而当时已经开办的学堂也基本符合这一划分（表5-15）。实业学堂的特殊性要求它应与社会现实密切相关，从而使其设置类型受到当地传统经济结构的明显制约。虽然由于师资、经费等方面的制约，当时创办的学堂大多是蚕桑学堂，且随着清王朝的覆灭，新式实业学堂的设置胎死腹中，但它所体现的尽力立足当地传统产业和优势资源、与当地社会经济环境紧密结合的设置原则对今天职业学校的创办和发展仍有积极的借鉴意义。

---

① 《宣统二年十月十五日详咨豫省分年筹备实业教育草案》，《河南教育官报》第76期。

表 5-15　清末河南各地实业学堂宜办与已办情况对照表

地区	宜办学堂	已办学堂	地区	宜办学堂	已办学堂
省城	各业均可	中等农业学堂、中等工业学堂、中等商业学堂	浚县	工业	中等农业别科
			西平	农业	初等蚕桑学堂
中牟	工业	速成工业小学堂	河内	工业	初等工业学堂
通许	工业	初等工业学堂	温县	农业	初等工业学堂
禹州	工业	速成工艺小学堂、中等蚕桑学堂	南召	农业	初级蚕桑学堂
巩县	工业	速成工艺小学堂、中等蚕桑学堂	邓州	工业	中等蚕桑学堂
长葛	农业	中等蚕桑学堂	舞阳	农业	初等农工学堂
荥阳	工业	速成工艺小学堂、中等蚕桑学堂	汝阳	农业	中等蚕桑学堂
荥泽	工业	工艺小学简易科、中等蚕桑学堂	氾水	农业	蚕业讲习所

四、文化因素对各类学校分布和发展的影响

　　文化是一个比较宽泛的概念，它体现在社会生活的各个方面。物质生活有物质文化，精神生活有精神文化，但通常所说的文化一般指精神文化，即人类精神生活的载体和象征。一个地区的文化状况是该地精神文明的综合体现，包括语言、宗教、风俗、学术、艺术等因素。当前学界在研究文化地理时即一般选取这几个方面的因素。如张晓虹在其著作《文化区域的分异与整合》中即选取了学术、方言、戏剧、宗教、风俗等五个因素作为文化的具体表征，其他学者的选择也基本限于这几个方面，说明这几个因素是文化的主导因素。在这几个因素中，对学校的分布和发展影响最大的是学术和风俗。区域学术因素的内涵是该区域学术活动家的学术活动及其表达的学术观点和形成的学术流派，是一个地区学术研究的人物、活动、思想、特色、水平的综合体现。张晓虹选择明清各府进士的多少来表达明清陕西学术文化的地域差异[①]，实际是不妥的，因为这只是一种人才因素。

　　文化因素对学校分布和发展的影响是通过学术活动和传统习俗产生的。对于学术活动来说，由于官学的功利性、刻板性和义社学的初级性、启蒙性，三者都不适合作为学术活动的承载，而书院恰好克服了几者的劣势，学术活动便主要以书院为基地和依托，

---

① 张晓虹：《文化区域的分异与整合》，上海：上海书店出版社，2004 年。

其活动的后果便是对书院的分布和发展产生显著影响。而传统习俗渗透在人们的心灵深处，体现在人们的行为准则上，对学校发展的影响是多方面的。从孩提时代的蒙学到垂髫之年的义学，从总角之年的社学到及笄之年的书院，都有可能因为人们在习俗带动下的求学愿望的不同而对这些学校的发展产生影响。

（一）学术活动对学校分布和发展的影响

清代河南的学术活动对书院发展的影响以清初孙奇逢的百泉讲学、清中钱仪吉的大梁改革和清末李时灿的读书学社最为突出。孙奇逢（1584—1675），字启泰，号钟元。原籍直隶容城，后改入河南辉县。因晚年讲学于苏门夏峰，学者称其夏峰先生；又因清廷多次征召不仕，时人又谓之征君。是明末清初著名的理学家、教育家，和黄宗羲、李颙并称"清初三大儒"。

孙奇逢生活的年代是一个政权交替的乱世，清军入关后，大规模圈占土地，顺治七年（1650），孙之家乡直隶容城亦被圈占，孙被迫携族南迁，行至辉县苏门山，受友人挽留定居其地，讲学于百泉书院。顺治九年（1652），工部郎中马光裕将其在辉县苏门山夏峰村的土地、庐舍一并赠与孙奇逢，孙遂扩充书院，订立学社，开坛立教，耕读讲学，直至去世，先后在夏峰居住讲学了25年。①

由于孙在讲学中有教无类，不分贵贱，授田筑屋，边耕边读，师生互答，教研结合，循循善诱，诲人不倦，无忧的读书条件和灵活的教学方法吸引了大批学者，四方学者，往来影从。孙也以自己弘富的学术成果和深邃的学术思想哺育了明清之际的一代学人，先后培养了一大批名闻全国的理学名家，如杜越、王余佑、窦遴奇、刘体仁、耿介、汤斌、张沐、李来章、李之铉、杜知耕、耿极、冉觐祖、窦克勤、魏一鳌、贾三槐、薛凤祚、马尔楹、高鐈、王之征、申涵光、崔蔚林、赵御众、钱佳选、李崶、张潜、许三礼、胡具庄、杨思圣等，形成了著名的百泉学派，"北方之学者大概出于其门"②。百泉书院也因此成为和黄宗羲主持的江阴书院、李颙主持的关中书院齐名的清初全国三大书院之一。而这些人在孙奇逢的影响下，以师为范，或创办书院，培育后学，或传播文化，讲学四方，不但促进了百泉书院的发展，使百泉书院成为当时理学教育的中心，而且带动了清初河南书院的蓬勃发展，使清初河南成为当时兴复书院教育的中心地区。如：

杜越（1596—1682），河北定兴人，康熙十四年（1675）孙奇逢去世后继任百泉书院

---

① 李元度：《国朝先正事略》卷27《名儒·孙夏峰先生事略》，长沙：岳麓书社，1991年。
② 黄宗羲：《明儒学案》卷57《孙奇逢》。

山长，秉承奇逢意志，使百泉书院得以继续发展。王余佑（1615—1684），河北新城人，顺治七年随师奇逢至百泉讲学直至师逝。窦遴奇（1619—1681），河北大名人，晚年主讲于百泉书院，清白自恃，为人尊敬。刘体仁（生卒不详），河南颍川卫人，清初知名诗人，主讲百泉书院。除了这几人在百泉讲学，维持百泉书院的中心地位外，另外一些人，则先后在河南各地书院或讲学于知名书院，或直接创办书院，都是以书院为依托，弘扬发展孙奇逢的学说。在这些人中，比较有名的有：

耿介（1622—1693），字介石，号逸庵，河南登封人。康熙十三年（1674）在登封知县叶封的帮助下，主持修复嵩阳书院，先后为嵩阳书院捐地200亩，垦荒130亩，在他的倡导和影响下，中州各方官绅、名儒共为嵩阳书院捐置学田1500余亩，①为嵩阳书院的复兴奠定了坚实的经济基础。同时耿介还先后邀请汤斌、张沐、李来章、冉觐祖、景日昣等知名学者到嵩阳书院讲学②，为嵩阳书院发展成为清初河南的几所知名书院之一作出了突出贡献。

张沐（1630—1712），字仲诚，号起庵，汝宁上蔡人。张沐与孙奇逢没有直接的师生之谊，他是通过和挚友汤斌、耿介的往来交谈而向孙奇逢问学求难的。顺治十五年（1658）任内黄知县，曾创办繁阳书院，并先后主讲于嵩阳、天中、上蔡、游梁等书院，康熙二十四年（1685）受河南学政蒋伊之邀出任大梁书院院长，先后邀请同期多名理学名家到书院讲学，"两河士子，翕然归之，多所成就"③。

李来章（1634—1713），名灼然，字来章，号礼山，以字行世。许州襄城人。康熙三十年（1691）执掌南阳书院，制定《南阳学规》，为后世书院所遵循。不久回归襄城，修复先祖明户部尚书李敏所创之紫云书院，并先后受张沐等人邀请，主讲百泉、大梁、嵩阳等书院。④

张伯行（1651—1725），字孝先，号敬庵，开封仪封人。康熙三十七年（1698）创办请见书院，邀请冉觐祖主讲。此后张在外地任官，屡屡热心当地文教，曾在福建创办鳌峰、紫阳等书院，均为南方著名书院。⑤

窦克勤（1653—1708），字敏修，号静庵，归德柘城人。初年曾研习于大梁、嵩阳、百泉等书院，康熙二十五年（1686）授泌阳教谕。分社区，定社规，大力发展当地社学，

---

① 乾隆《登封县志》卷17《学校志》。
② 乾隆《登封县志》卷21《先贤传》。
③ 《清史稿》卷476《循吏传一·张沐传》。
④ 《清史稿》卷480《儒林传一·李来章传》。
⑤ 《清史稿》卷265《张伯行传》，乾隆《仪封县志》卷12《艺文志》，张伯行撰《请见书院记》。

使泌阳成为康熙时期社学发展最好的地区之一。其中他所制定的《社学条规》和《社学劝善规过条目》还曾数次为河南巡抚、学政颁行全省。康熙二十八年（1689）归乡创办朱阳书院，并亲任主讲。在他的努力下，"门下士济济雍雍"，"远方来学者鳞集，登堂问业娓娓不倦，理学之盛，继美嵩阳"①。一时声教大振，成为全省的一个理学教育中心。许多学者集于书院或研究或讲学，使"中州自夏峰、嵩阳外，朱阳学者称盛"矣。②

除了以上几人都在当地创建书院、兴文授徒外，其他贤达之士亦或设立书院，或讲学其中，如新乡郭遇熙康熙三十五年（1696）曾创办德化书院。数学家柘城李之铉、杜知耕则长期讲学于朱阳书院，其他如汝州仝轨、新安吕履恒、睢州汤斌、中牟冉觐祖、商丘刘榛、宋荦、郑廉等，亦多在这些书院讲学，或长期担任主讲，或偶而来此讲学，而这些名家的弟子从这些书院肄业后，又分讲于河南各地书院，如宝丰李宏志（1667—1742），师从耿介、汤斌研习于登封嵩阳书院，学成后主讲于宝丰春风书院。登封焦贲亨（？—1695）习于耿介，晚年继耿介长嵩阳，继承为师遗志，极力振兴书院。

伴随着孙奇逢理学思想的传播，孙之门下，人才济济，桃李满天，弟子之徒，又分散各地，讲学四方，最终以星火燎原、薪火相传之势带动了清初河南书院的兴起和发展，而书院也随着这些学术活动的影响而分布日广。

清代中期，随着宋明理学的穷途末路，以乾嘉学派为代表的经学研究逐渐成为学术主流。道光十六年（1836），河南巡抚桂良延请江南学者钱仪吉主掌大梁书院。钱为乾嘉大师阮元高足，毕业于乾嘉重地——杭州诂经精舍。故钱到任后，首要任务就是按照乾嘉思想改造大梁书院。推行经学研究，反对空谈义理。兢兢业业，前后六年，不但为当时的河南书院教育开创了一种新的学风，而且为当时的社会培养了一批经世致用之才。如固始蒋湘南、鄢陵苏源生、开封宋继郊、商丘陈凝远、密县翟允之、洛阳曹甫孙、祥符徐钱岑等。③这些人从大梁书院毕业后，并没有追寻科举之路，而同样是分讲各地，传播思想，改造书院。如蒋湘南讲学于信阳州申阳书院、苏源生主掌鄢陵文清书院、宋继郊先后讲学于许州聚星书院、光州南湖书院、南阳宛南书院。陈凝远讲学于商丘文正书院、翟允之讲学于密县桧阳书院、曹甫孙讲学于开封彝山书院等等，都深深地影响了各地书院的改革和发展。

清代后期，无论宋明理学还是乾嘉经学，都已经成为时世的赘学，都挽救不了清政

---

① 光绪《柘城县志》卷3《学校志》。
②《清史稿》卷480《儒林传一·李来章传附窦克勤传》。
③ 苏源生：《记过斋文稿·钱星湖先生遗事》，河南大学图书馆藏。

府灭亡的命运。面对西学东渐的大潮，具有资产阶级改良思想的卫辉府淇泉书院的几个院生——李时灿、王锡彤、高幼霞等，由于深感封建教育的误人误国和穷途末路，决心在教育上另辟蹊径，寻找正确的治学方法。光绪九年（1883）汲县读书学社正式成立。学社采用轮流做东，聚会家中，一起讲学，互阅日记，解疑答惑，讨论时事等方式，研究学问，探讨出路。①学社成立后，影响迅速扩大到豫北各县，不久，辉县学者史小周、新乡学者王静波也相继加入。②1898年，张之洞提出了"中学为体，西学为用"的改良思想。受此影响，李时灿决心办理一所新型书院，把读书学社的事业发展壮大。1901年，经正书院在汲县正式成立。李邀请豫北三府和开封府的学者前来任教讲学，进一步扩大了经正书院的影响。③1906年，经正书院改为卫辉府初级师范学堂。作为一所贯彻"中体西用"思想的相对新型的书院，经正书院为河南书院的改制准备了思想基础，起到了示范作用。

总之，抱残守缺的宋明理学通过孙夏峰先生在百泉书院的恳恳弘扬，深深地影响了清初河南各地书院的设立和教学。精研经学的乾嘉学派通过钱仪吉先生在大梁书院的改革整顿，再次影响了清代中期河南书院的教学和研究。中体西用的改良思想通过李时灿先生在经正书院的贯彻推行，最终促进了清代末期河南书院的改制和转型。学术活动对清代河南书院分布和发展的影响贯穿始终。

（二）传统习俗对学校分布和发展的影响

除了学术活动对传统学校特别是书院的发展差异有明显影响外，一个地区的习俗风尚、思想观念可能对此也有影响。这种影响可以是有形的，比如风水观念对各类学校微观选址和宏观布局的影响；也可以是无形的，比如教育观念对民众求学愿望和读书习惯的影响。像各类学校的设置和发展程度均较靠前的河南府，为宋明理学源头之一——洛学的发源地，在程颐、程颢二夫子所阐发的义理学说及其所表现的学术精神的影响下，河南府的民间风俗向来比较重视教育。嘉庆《重修一统志》卷205记载河南府风俗云："士向诗书，民习礼仪，务本立业，有周召遗风。"该书卷210记载南阳府风俗云："俗有武断之风，人勤农桑之务，惇朴尚农，俗以殷富。"虽然这些记载都是引自其他书籍，叙述的情形可能是其他时期的风俗，但一个地区风俗的延续是很强劲的，特别是在宋明

---

① 胡绍芬、耿玉儒：《一代耆儒李敏修先生》，《河南文史资料》1987年第5辑，第31页。
② 李怡山：《汲县经正书舍及其图书馆的概述》，《汲县文史资料》1988年第1辑，第33页。
③ 童坤厚：《王筱汀先生年谱》（未刊稿）第21页。

理学仍然作为清代官方的意识形态时，作为其发源地的河南府地区不可能比其他地方兴文崇教的积极性低。同样发达的开封府地区，深受科举习俗的影响，科举习俗已深入社会生活的各个方面。虽然科举习俗对各个地方都有比较深刻的影响，但作为省内乡试的举办地，开封府所受影响尤甚。至今开封府地区在婚礼撒帐习俗的铺床仪式上还流传着这样的民歌："铺床铺块砖，三儿俩做官；铺床铺火棍，三儿俩举人；铺床铺布袋，三儿俩秀才。"①把科举希望甚至寄托在尚无影子的生育结果上，表达了强烈的功名思想。由功名思想而带动的读书愿望无形中也促进了各级学校的发展。

当然，如果一种习俗对传统学校的发展是一种明显的促进作用，那么它对新式学堂的设立就是一种阻碍作用。清末汲县李时灿、孟县耿春宴等在兴办新式学堂时遭到当地群众强烈的围攻就是明证。②

总之，在政治、经济诸因素的主导下，文化条件作为一种相对隐性的因素，对各类学校的分布和发展发挥了自己独有的影响。

第三节 社会微观因素对各类学校分布和发展的影响

在对各类学校的分布和发展产生影响的诸多因素中，除了宏观的自然、政治、经济、文化等条件外，有一些微观因素或主观因素对各类学校的发展也有重要影响，有时甚至是决定性的影响，比如地方官绅的兴学热情。有时又可能是辅助性的影响，比如个别人物、学校的示范效应等。下面就这两个方面作一简单讨论。

一、地方官绅的兴学热情

上文提及，政策颁布后，在政策的执行过程中，各地会产生不同程度的误差，这种误差是造成各地教育发展差异的重要原因。那么，为什么同一个政策在执行程度上会带来这么大的差异？美国政治学家加布里埃尔·A. 阿尔蒙德和小 G. 宾厄姆·鲍威尔曾

---

① 尚会鹏：《中原地区的生育婚俗及其社会文化功能》，《民俗研究》1997 年第 2 期，第 42 页。
②《汲县志》（未刊稿）第一卷《人物》，转引自张信著，岳谦厚、张玮译：《二十世纪初期中国社会之演变》，北京：中华书局，2004 年。耿的危机转引自刘卫东，高尚刚：《河南书院教育史》，郑州：中州古籍出版社，1991 年，第 334 页。

经对此进行过研究，发现在政治决策过程中，政策意图与政策结果之间始终存在着巨大的差距。因为：①政策要经过一个执行的过程，在这个过程中，政策会改变。②政策是同政策所要影响的国内和国际环境中的社会、经济和文化过程相互作用的，而这种作用常常并未被决策者充分理解，或者受到无法预测的外部因素的影响。①实际上指出了政策意图和政策结果不一致的两个原因：政策的执行因素和制定因素。在有关清代河南各类学校设置的诸多政策中，我们暂且忽略政策制定过程中的偏差，因为相对于国内各省区来说，省内各府州的社会、经济、文化条件之间的差异要远远小得多。所以关键就是执行因素。在政策的执行过程中，不同地区的政策会发生不同程度的改变，产生执行政策的彻底程度不一的结果。那么，影响这种执行误差的原因又是什么？毫无疑问，是执行者的热情和素质。因为政策的决策者不可能同时充当政策的执行者，政策的执行必须依靠一定的中介才能实现，决策者要想把自己的决策付诸实施，必须依靠广大的中介执行者，决策者只能充当监督者，监督自己决策的进展情况，不可能亲自执行决策。对于倡导设置学校的决策来说，其决策者是皇帝、是巡抚，执行者是知府、是知县，是各府州县地方官绅。地方官绅正是决策的政策意图与政策结果之间的中介。这一中介群体执行政策的力度和热情是直接影响政策意图与政策结果之间一致程度的关键因素。

在有政策颁布时，地方官绅的素质和兴学热情对地方学校的发展有重要影响，在没有政策颁布时，地方官绅的素质和兴学热情对地方学校的设置就有更大的影响。在无法确知地方官绅个人素质的差异状况时，只能从其兴学的热情程度来讨论其对学校设置和发展的影响。

就省级官员而论，从顺治年间的亢得时到道光年间的程祖洛，巡抚、学政、布政使重视教育、力促设学者，代不乏人。如顺治年间的巡抚亢得时，顺治十一年（1654）任，"置学田，延师造势，文风蔚起"②。还直接参与创建了杞县玉泉、仪封饮泉等书院。按察司副使沈荃，顺治十三年（1656）任，"时学宫多毁圮，荃捐俸新之"。康熙时期的官员热心教育者更是比比皆是，除巡抚阎兴邦、顾汧多次檄文各地要求设立书院外，学政张九征、蒋伊对社学、儒学均有善政。如张九征，江苏丹徒人，康熙三年（1664）提学河南，"取士公明，不受请托，檄各郡邑修葺学宫，增设社学，广置书册于庠序，听诸生就读，凡境内陵墓祠宇有关名教者，并加葺治"。蒋伊，江苏常熟人，康熙二十四年

---

① 加布里埃尔·A. 阿尔蒙德、小 G. 宾厄姆·鲍威尔，曹沛霖等译：《比较政治学：体系、过程和决策》，上海：上海译文出版社，1987 年版，第 331—332 页。
② 嘉庆《重修一统志》卷 185《河南统部·名宦》。下文除特别注明外，均同。

（1685）提学河南，对于"学宫及名贤祠墓多捐俸葺治，以老卒官，士人皆为尽伤"。李国亮，汉军镶黄旗人，康熙三十五年（1696）由布政使升任巡抚，"首务教化，建修书院，延名宿以训课士子"。甘国基，汉军正蓝旗人，康熙四十二年（1703）由云南按察使升任河南布政使，"专意爱民造士，减重耗，惩贪酷，延名士教士，置义田，以资诸生膏火，一时成就者甚众"。大量热心教育的省级官员的集中，促成了省内各类学校康熙时期的设置高潮。

雍正时期河南的著名官吏要算巡抚田文镜了，田以苛厉著称，对社学、义学、书院设立过程中的沽名钓誉、名不副实等弊端深恶痛绝，特别是对诸多官员假借书院之名，私立生祠、玷污名教的恶劣行径极为痛恨，故为了贯彻中央决策并创造一个清新、清净的教育环境，上任伊始即发布了《饬查书院以崇义学以广风教事》，整顿书院，力除积弊，对教育不可谓不热心。不久续任的尹会一，更是对教育问题极为重视的一位巡抚。尹会一，河北博野人，乾隆二年（1737）授河南巡抚，"崇学校，教民务本""立社学，以教士"，在全省大力普及初级教育。继任的雅尔图亦曾"檄府县修书院，以起元总其事，乃教群士省身克己之学"①。

乾隆后期，著名汉学家毕沅两度出任河南巡抚（1785年3月—1786年7月，1786年11月—1788年8月），右文崇教，热心兴学。延请知名学者吴泰来及其幕僚，同为知名学者的洪亮吉主持大梁书院。毕沅也多次到大梁书院亲为诸生讲学。为道光年间阮元、钱仪吉在大梁书院提倡汉学、摒弃理学的学风宣传奠定了基础，也在一定程度上促进了河南书院学风的转变。

乾隆以后，随着官学化程度的加深，省内书院基本普及。但与此同时，国运日衰，社会日危，各类学校的破败也日甚一日，历任巡抚、学政，或无暇顾及，或无力回天。除道光年间巡抚程祖洛札饬各县设立义学外②，难见再有兴学之举。

就府州官绅而论，作为直接的政策执行者，各府州官员和地方绅士一道对政策的结果起着决定性的影响。如社学的设置，尽管顺治九年（1652）清政府已经谕令每乡置社学一区，但国家初定，地方不靖，明末社学毁废殆尽，草草创办的社学体系只是在名目上恢复明末的建置，到康熙年间已大多荒废。康熙二十五年（1686），孙奇逢的弟子窦克勤在贡于京期间，拜访了时任内阁学士的大师兄汤斌，汤"以师席不整，劝就教职"③，窦欣然应允。同年，因汤斌推荐，窦克勤出任泌阳教谕，当时的泌阳"地小而僻，人鲜

---

① 《清史稿》卷300《沈起元传》。
② 民国《太康县志》卷4《教育志》。
③ 《清史稿》卷480《儒林传一·李来章传附窦克勤传》。

知学"。窦克勤到任后，兴学教民，发展社学。分置五社，择优为长，另立童社，令少读经，制定学规，约束诸生，仿朱洞规，①推而广之。由于窦的热情和努力，使泌阳社学规制完备，学不息人，成为当时河南社学发展最好的地区之一。同样，乾隆二十八年（1763），康基渊任嵩县知县，到任之后，发现嵩县乐道、伊川两所书院所聚皆东境人士，而其"西南山村庄六百余处，山路修阻，从师无由，童蒙子弟及无力贫士，安于固陋，莫克振兴。山境数百里内乃至无一人应童子试，间有颇知延师，又多推奉差识字之民人，虽语孟，句读不能通晓，是以民生愚昧，罔闻诵读，虽风仍淳朴而难免粗野……"②因此决心筹建学舍，导民成俗。乾隆三十年（1765），康基渊查聚民间绝业及古庙基址行粮地38顷99亩余，在嵩县四方分建了34所社学，大部分都分布在西南山间，极大地促进了嵩县社学的发展。同时，由于筹划得力、布局合理、经费充裕、制度严密，直至光绪末年，34所社学仅仅荒废了1所。嵩县社学也在清代一直保持着河南社学发展最好地区之一的美誉。

再如禹州学校的发展，同样离不开历任知州在禹州的尽力文教，热心兴学。如李朝柱"以作育人才为心，修丹山、东峰两书院，各置学田备养膳，每月课季考衡文较射，竟日忘返"。朱炜，兴学用财，"少则独捐，多则首倡"③，修复丹山书院，复设多处义学。据道光《禹州志》的记载：道光三年，朱炜莅任禹州知州，下车伊始，便针对旧志所载的多所义社书院，寻旧访老，一一编查，发现义社故址一无存者，书院故址大多不识后，"遂于十里分设义学十处。六年，前府宪今升藩宪栗（按：栗毓美1832—1835年任布政使）札饬增设义学，广资教育，乃复于各里增设义学两处并在城两处。十年，增设礼临里两处，共三十四处。"④道光十三年，署知州严芝又增设两处，共36处。道光年间禹州所设的36处义学，朱炜亲自设立的即占34所。并制定了保障措施："其无学田者，岁筹官钱四百缗资塾师脩脯，其塾师岁终考验勤惰定次年去留，稽其授徒多寡给脩脯并详列师徒姓名及有无增设报大府，条教约束非不严明也。"⑤但是封建社会人在政在，人去政亡的弊端再次暴露：道光十五年朱炜离任，"义学又废"。直至同治三年（1864）另一位热心官员——宫国勋的出现。宫也是一位对文教事业较为热心的官员。早在同治初任信阳州知州时，就在信阳东西城设义塾二处，在他的带动下，"绅董于刘家堂设义

---

① 朱熹的《白鹿洞规》。
② 乾隆《嵩县志》卷16《学校》，康基渊撰《河南府嵩县为详请宪鉴事》。
③ 民国《禹县志》卷18《官师志》。
④ 道光《禹州志》卷12《学校志》。
⑤ 民国《禹县志》卷8《学校志》。

塾一处，四乡官立、私立之义塾多至二十余处"①。来到禹州任知州后，捻军起义还没有完全肃清，然"戎马倥偬，不废文教"，扩充义塾，添设乡学。光绪初年"丁戊奇荒"，宫又"捐俸置田六顷九十亩有奇，城乡分设义学一十七处"，使人们感到"自义塾置田，人始利其利"②。

除了地方官员的热心兴学外，地方绅士对兴学的热情积极也对地方学校的发展作用重大。如道光七年至八年，辉县知县周际华在接到巡抚程祖洛的檄文后，和当地士绅一起，先后设置了20所社学，其中地方士绅捐设的即占16所。③西平知县李德林在此期间也设立了40余所义学，所需经费一万余缗即为全县官绅捐赠。④同治七年至八年，叶县知县欧阳霖，查勘地亩，整顿学田，先后设置了40所义学，其中由地方士绅捐设的即占14所，没收争讼田地设立的7所，查归原田，规复旧制的19所。⑤士绅的捐赠占了相当部分。

至于地方官绅热心兴办书院的例证，在前述经济条件中已略述及，此处不再枚举。可以肯定的是，在这些传统学校的设置中，由于制定政策的国家的无责性和执行政策的地方的非强制性，地方官绅的热情和态度变成了影响政策结果的有力因素。

到了光绪末年，在新式学堂的设立中，由于"强邻环伺，时不我待"，中央首脑和地方大员都很着急，恨不得一下培养出千万人才。谕令檄文，接二连三，札饬命令，急如星火。无论地方官绅对兴建新式学堂有没有认识，有没有热情，都必须尽快完成任务，否则乌纱不保。在这种严格的催促下，官员的热情对区域学校设置的影响已几乎可以忽略不计了。

二、个别人物、学校的示范效应

在各类学校的设置中，有时个别人物或学校的示范作用对一个地区学校的设置或一所学校本身的发展，同样有着重要的作用。在前述诸多官绅捐资助学的例证中，就可看出地方官员的首倡行为通过对捐助总额的影响而间接地对学校的发展产生了影响。而一些优秀学生或学校创建人的品行操守则会对学校的学风产生直接影响。在《鄢署杂钞》

---

① 民国《重修信阳县志》卷13《教育》。
② 民国《禹县志》卷8《学校志》。
③ 光绪《辉县志》卷8《学校志》。
④ 民国《西平县志》卷12《经制志·学校篇》。
⑤ 同治《叶县志》卷2《建置上》。

中提到了一个部分义学童生由于考取生员而对其他学生产生鼓舞激励的例子。

鄢陵县清初有文昌阁义学在东关内，然岁久颓败。康熙五十二年（1713）经县令汪为熹整顿经理后，"三四年间，童子先后游庠者五人，如王蕴秀、汪熼、苏坦、梁锡类、刘燕贻登是也。而城外四学，东则十方院，西则陈画店，南则马栏镇，北则彭祖店，各有若干人，皆闻风振起，师徒鼓励"。对这种示范效应所带来的鼓舞和激励，汪为熹表达了自己的乐观，"将来必有可观"。同时，也表达了自己的遗憾和希望，"惜余已辞任，不及见之。而熏陶涵育，庶望夫后之令是邑者相沿不替"①。毫无疑问，成功者的示范效应不但可以激励在学者的学风，而且可以在学校的后续发展中增大对生源的吸引力。

而省身书院的创建人新乡知县李登瀛则以自己的品行操守对省身书院的学风和新乡书院的发展产生了积极影响。康熙三十四年（1695）新乡知县李登瀛创建省身书院，"政暇即与多士讲业，人文蔚起"②。李为一代贤令，除创建省身书院外，还以自己的行动感化士人。如乾隆《新乡县志》云"每公余，进多士讲业，角巾野服，萧然儒生"③。"吾邑侯李公以白下士为名，进士筮宰吾鄘，下车之日，政清刑简，庶务尤厘，簿书稍暇，即进多士而课之。不期年而吾邑门下士，夺解标、入翰苑，为天子文学侍从之臣。鄘人士咸鼓舞，奋发争自磋磨，以期无负侯雅意。……侯又好学不倦，政事之余，手握一编，尝至夜分，尤闻诵声，而多士卷牍累累积案，侯搌觚披阅，亲加点窜，曾无片晷之停留，嘻嘻！想文翁昌黎之善教，未必如是之谆切笃挚也……"④在李公的影响下，邑人郭遇熙于康熙三十五年专建德化书院以志之。

在清末的书院改制和新学设置中，一些首事者敢为天下先的勇气和精神也为其他地区提供了榜样和示范，从而带动了整个地区书院改制的进程和新学设置的速度。光绪二十七年八月初二（1901年9月14日），光绪皇帝颁布兴学诏书："著各省所有书院，于省城均改设大学堂，各府及直隶州均改设中学堂，各州县均改设小学堂，并多设蒙养学堂。"⑤令下不久，河南巡抚锡良即督饬各县切实办理。但全省绝大多数州县官吏对此采取延宕和抵制态度，1902年怀庆知府刘莲青改河内覃怀书院为怀庆府中学堂，荥阳知县张绍旭改汴源书院为荥阳县养蚕传习所。这两所书院成功改制后，怀庆府和开封府的书院改制便明显加快。截至1904年底，全省共改制书院76所，怀庆府即改制11所，

---

① 汪为熹：《鄢署杂钞》卷末。
② 嘉庆《重修一统志》卷200《卫辉府二·名宦》。
③ 乾隆《新乡县志》卷29《循吏》。
④ 乾隆《新乡县志》卷12《学校下·郭遇熙德化书院记》。
⑤ 朱寿朋编，张静庐等校：《光绪朝东华录》（四），北京：中华书局，1958年，总第4719页。

占其延续到清末的 17 所书院的 65%。开封府改制 20 所，大约也占其延续到清末的 31 所书院的 65%。两者合计达 31 所，占全省改制总数的 40%，早期改制书院的带动作用非常明显。

同样明显的还有女子学校的设立。1906 年，河南省第一所女子学校——兰仪官立女子小学校在开封府兰仪县成立，①随后对该府女子学校的设置产生了积极的促进。截至 1911 年，省内的 10 余所女子学校中，绝大部分都设立在兰仪周边的祥符、尉氏、通许等县域。学校虽然设立了，但由于观念的闭塞，来就学的女生并不多。没有生源就意味着学校的倒闭，怎么办？还是靠榜样的示范。这方面做得较好的是当时知名的教育家——张嘉谋。1907 年，张嘉谋和李时灿、张绍旭一起在开封旗蠹街创办了河南省第一所女子中学堂——中州女子学堂。面对民风的保守，张先生首先动员自己的未婚儿媳刘立先带头到中州女学堂报名，然后又提着点心去劝说其他女孩子报名。最终家长纷纷把女儿送进学堂，中州女学堂便逐渐走上正规。两年后，张嘉谋还在自己的家乡创办了南阳白庄公立女子小学，招收附近女子入学。不到一年，这些女孩子便认识了许多文字，过年竟能读春联写大字，当地民众亦惊亦服，送女孩子读书的家长便日益增多。②

由于特定情况下，个别人物、学校的示范作用能对学校的发展产生很强的推动。1902 年的《钦定中学堂章程》第一章《全学纲领》第三节曾专门规定："今定府治所设学堂为中学堂。中小学堂原不以府县而分，如州县治亦可立中学堂，府治亦可立小学堂；但目前官立诸学堂先就府治设一中学堂，州县治设一小学堂，以为绅民设立之模范。"③ 1904 年初的《奏定中学堂章程》重申了这一规定，便是对这种示范效应的利用。而大多数属县小学堂紧随府州中学堂的随后设立似乎也体现了这种效应的带动和影响。

总之，在政治、经济、文化等宏观条件的制约下，一些微观因素像地方官绅的兴学热情及个别人物或学校的示范效应也会对各类学校的分布和发展产生或大或小的决定和影响。

---

① 李明山：《河南第一所女子学校在哪里》，《河南大学学报》（社会科学版）1985 年第 1 期。
② 徐玉坤主编：《河南教育名人传》，郑州：河南教育出版社，1989 年。
③ 朱有瓛主编：《中国近代学制史料》第 2 辑上册，上海：华东师范大学出版社，1987 年，第 374 页。

第四节 小 结

清代河南各类学校的时空分布和发展差异是区域社会的宏观环境和微观环境综合作用的结果。宏观环境主要有自然、政治、经济、文化等条件，微观环境主要有地方官绅的兴学热情及个别人物或学校的示范效应等方面。

自然环境一方面通过对一个地区人口和经济状况的制约影响输入学校的物质和精神能量，进而间接影响学校的发展程度；另一方面通过地形地貌直接影响学校的地域分布，宏观地貌影响学校的宏观分布，微观地貌影响学校的微观选址。

政治因素对各类学校分布和发展差异的影响主要表现在文教政策、政治地位、社会局势等方面。就文教政策而言，儒学的建修与顺治年间兴文崇教、修复旧学的政策密切相关，建修的进展与清军肃定的进度和顺治年间各地录取举人的多寡相对一致。对于社学、义学、书院等其他学校，通过在各类学校每次政策的发布时间与发布后一段时间内该类学校设置数目的变化之间建立起严格的统计学意义上的相关性分析，发现基本上每次政令下达后紧接着的一段时间内，该类学校的设置数目都急剧增加，从而证明文教政策对学校发展的时间差异高度相关，而每次政策发布后各地执行政策的彻底程度的差异是影响学校发展空间差异的重要因素。就政治地位而言，由是否为该地区政治中心所在地决定的区域政治地位的高低，同样决定着教育发展的差异，政治中心地区聚集的教育资源的绝对优势使区域政治地位成了影响各类学校地域分布和发展差异的基本因素。无论儒学、书院等传统学校，还是中小学堂等新式学堂，政治中心地区都集中了大量设置，相应的传统科举人才和新式留学人才的多寡也基本证明了这种集中带来的产出优势。教育作为社会的一个子系统，不可避免地要受到社会总体局势的影响。义学、社学、书院在不同朝段设置数目的多寡与该时段的治乱局势基本一致。继之可以断定学校设置的繁荣和衰落与社会形势的稳定和动荡密切相关。

地区经济发展水平的高低从宏观上制约着各类学校普及程度的高低，儒学、书院受经济发展的影响明显大于社学、义学。不同经费来源的儒学、社学、书院、义学经费充裕情况各不相同，儒学主要依靠政府拨款，经费最为稳定，但日常开支有限，大多依赖学田。社学、义学、书院主要依靠官绅捐助，不同的捐助额度直接决定不同的经费充裕情况。从部分府州县义学和社学经费总数与设置数目的相关程度可知，地方教育经费的多少直接影响学校设置的多寡，而由清末不同书院的经费状况与院生数目之间的相关性可知，学校自身经费的充裕情况也决定着学校发展水平的高低和持续时间的长短，直接影响着学校所能提供的教育总量的多少。再者，从清末实业学堂不同地域的设置类型可知，区域的传统经济结构对学校设置的类型也有影响，这几种因素都切实地证明了经济因素在地区教育普及程度和学校自身发展水平中的决定性影响。

清初孙奇逢在百泉书院的教学直接带动了清初河南书院的发展，孙的诸多知名弟子散布四方的建院、讲学又直接影响了各地书院的发展。清初河南四大书院中的嵩阳、大梁、朱阳等都因百泉而兴。清中期钱仪吉在大梁书院的改革及其门徒蒋湘南、苏源生、宋继郊等人在信阳、鄢陵等地的讲学对当地和河南中期的书院发展都产生了深远影响。清末李时灿等人通过汲县读书社和经正书院的建立，为河南书院的改制准备了思想基础，起到了示范作用，再次对河南书院的发展产生了积极影响。不同时期的学术活动对清代河南书院分布和发展的影响贯穿始终。此外，一个地区的传统习俗、学术渊源和思想观念对各类学校的发展也有不可忽视的影响。作为河南教育的发达地区，开封府和河南府都深受浓厚的科举习俗和读书风气的影响。从而使文化条件作为一种相对隐性的因素，在政治、经济诸因素的主导下，对各类学校的分布和发展发挥了自己独有的影响。

由于政策意图和政策结果之间需要通过政策的执行者——地方官的作为来实现一致，故地方官的兴学热情便可直接影响政策的结果——各类学校的设置和发展状况。嵩县、禹州、洛阳、辉县等传统学校发展较好的地区，地方官的积极兴学便深刻揭示了这一因素发挥作用的力度。可以肯定的是，在这些传统学校的设置中，由于制定政策的国家的无责性和执行政策的地方的非强制性，地方官绅的热情和态度变成了影响政策结果的有力因素。而特定情况下，个别人物、学校的示范作用对学校发展的强劲推动也提示着这种作用也是一种不可忽视的力量。

总之，在政治、经济、文化等宏观条件的制约下，一些微观因素像地方官绅的兴学热情和个别人物、学校的示范效应也会对各类学校的分布和发展产生或大或小的作用和影响。

第六章
结 语

本书从历史地理的角度，选择教育的综合载体——学校为对象，对清代河南教育发展的大致背景、基本过程、时空分布、发展差异及相关影响因素等方面进行了深入探讨。通过以上研究,可以就清代河南教育发展的基本特征及其对当前教育改革的启示和借鉴,大致得出以下结论。

一、清代河南教育的发展具有明显的阶段性和突出的地域性

从顺治元年六月初四清军进入河南到宣统三年十二月二十九日河南最后一任巡抚齐耀琳宣布拥袁，清政权在河南的统治基本上贯穿其入关以来由强盛到败亡的全过程。在这 260 余年的统治中，河南地区的教育事业在长期发展的历程中，逐步呈现出了明显的阶段性和突出的地域性特征。

就阶段性特征而言，微观的阶段性与每一次的文教政策息息相关。无论中央或地方的谕令、檄文，大凡每次政策过后紧随的一段时间内，河南的各类学校都会有一个突飞猛进的发展，而随后又逐渐衰败，呈现明显的波峰与波谷状态。如义学的设置，康熙二十七年（1688）巡抚阎兴邦檄饬河南各地设立义学，康熙五十二年（1713）议准各省多立义学，雍正二年（1724）巡抚田文镜整改义学，嘉庆二十二年（1817）清廷再行整顿义学，道光六年（1826）巡抚程祖洛再次札饬各县增设义学。每次政令发布后的 5 年内，义学的设置数目基本上都占到了至下次政令发布前整段时间内设置总数的 50% 以上。宏观的阶段性特征与整体社会局势的稳定或动荡密不可分。乾隆之前，社会稳定，国势上

升；嘉庆以后，国势日微；咸同怒火，燃遍中原，社会动荡，达于顶峰；甲午战后，危如累卵，痛定思痛，呼声顿起。与此相应，清代河南教育的发展大致经历了三个阶段：传统教育体系的建立与发展（1644—1795）、传统教育体系的衰败与重创（1796—1899）、新教育的萌芽与确立（1900—1911）。传统教育体系包括儒学、社学、义学、私塾、书院等各类传统学校。新教育体系包括普通、师范、实业、女子等各类新式学堂。顺治初到乾隆末传统教育体系逐步建立和发展。嘉庆以后，各类传统学校逐渐衰败，咸同时期遭受重创，同光之际又得以恢复苟延。光绪末年直至清亡，在传统教育的改良过程中，新式教育逐渐萌芽并最终草草确立。

就地域性特征而言，无论是府州层次还是州县级别，无论是数量分布还是发展差异，各类学校的地域特征均较突出。具体来说，儒学依政区而置，时空分布与政区的调整息息相关。而发展差异缺乏考察途径，单由入学机会看，卫辉、陕州等地较大，光州、归德等地入学机会较小；一般而言，入学机会的大小与其所能提供的教育资源总量和发展程度呈正相关。义学的普及程度高于社学，虽然都是初级学校，但由于性质的些微差异，数量分布和发展差异各不相同。义学集中于南阳府、河南府、汝宁府和开封府等地。汝州、许州等地较为发达。社学集中于卫辉、河南等府，汝宁、许州等地较为发达。书院的设置集中于开封、河南两府。各府州之间和各县域之间差异悬殊，不同方位的大区之间差异明显。各府州设置总数的多寡与均匀程度的密疏不尽一致，县域层次书院分布的不均衡程度高于府州层次。而由人均书院教育供给量的比较可知开封、河南两府也是书院普及程度较高的地区。新式学堂中普通学堂特别是中小学堂的设置初具规模，中学堂各地设置数目差别不大，但发展差异明显。南阳、开封、怀庆等府中学教育发展良好，其余诸府相对较差。小学堂集中设于开封、怀庆、河南、光州等地，普及程度与数量分布基本一致。与普通学堂相比，师范学堂设立晚、撤废早，各地差异不大。但由县均学堂学生数所表达的普及程度看，怀庆、河南、许州、汝宁等府较为良好，光州、彰德、开封、南阳等地相对一般，汝州、陕州、卫辉等府州普及较差。

二、不同地区新旧教育的发展具有一致性和一定的错位性

在清末传统教育的改良过程中，河南的新式教育逐渐萌芽并草草确立。传统教育的垂而不死和新式教育的迟迟萌芽充分反映了清代河南教育的封建、保守与落后。与沿海江浙等省份相比，河南的传统教育恢复早、程度低，新式教育起步晚、发展差。比如传统教育体系的建立，江浙地区由于抗清复明斗争激烈，各类传统学校特别是书院的恢复

就比河南地区稍晚，但发展程度却较高，在无法比较各省学校设置情况的前提下，单单进士的录取情况即可见一斑，清代浙江共录取进士 2800 名，且多在一、二甲。河南共录取进士 1696 名，且多在三甲以后，人数和名次均较落后。而新式教育的发展，江浙地区早在同光之际的洋务运动时期即已展开，而此时河南地区地方官正在追剿消灭捻军残余和向广大民众反攻倒算，到光绪末年，江浙的新式教育已蔚为大观，河南地区才仓促上马。从江浙与河南新旧教育发展程度的对比来看，似乎新旧教育的发展具有很大的一致性。即旧教育落后，新教育亦落后；旧教育发达，新教育也发达。那么，河南地区如此，对于河南省内各府州而言，是否亦是如此呢？

答案是中性的。即有的地区新旧教育的发展程度较为一致，有的地区新旧教育的发展程度错位较大。不同地区情况不同，具体地区具体分析。综合而言，就是不同地区新旧教育的发展具有一致性和错位性。如果通过各府州新旧教育的发展位次的变化便可清晰地看出这种一致性与错位性的地区差异。

考虑到义学、社学、书院与中小学堂的渊源关系，为了使二者具有更加科学的可比性，不妨采用各府州义学、社学、书院的设置总数与中小学堂的设置总数和书院的县域密度与小学堂的县域密度两项指标略加对比。结果如下表 6-1。

表 6-1　清代河南各府州新旧教育的发展位次对照表

地区	义社学书院数	中小学堂数	义社书院数目位次	中小学堂数目位次	位次差	书院县域密度位次	小学县域密度位次	位次差
开封府	199	655	3	1	2	2	3	-1
归德府	114	139	7	11	-4	11	12	-1
陈州府	93	155	10	9	1	10	9	1
许州	173	243	5	7	-2	5	2	3
彰德府	71	146	11	10	1	12	5	7
卫辉府	190	191	4	8	-4	5	10	-5
怀庆府	98	312	9	2	7	3	4	-1
河南府	219	296	2	3	-1	1	6	-5
陕州	68	77	12	12	0	6	11	-5
汝州	102	75	8	13	-5	4	13	-9
南阳府	166	288	6	5	1	9	8	1
汝宁府	261	256	1	6	-5	8	7	1
光州	38	292	13	4	9	7	1	6

由新旧学校的设置数目看,有 7 个府州的发展位次大致一致。即开封府、陈州府、许州、彰德府、河南府、陕州、南阳府。其中陕州完全一致,陈州、彰德、河南、南阳等府基本一致,开封、许州相对一致。由各府州内部书院和小学堂县域设置的密度看,有 6 个府州的发展位次基本一致。即开封府、归德府、陈州府、怀庆府、南阳府、汝宁府。各府州的一致程度基本相当。而无论是府州设置总数还是县域设置密度,除以上地区外,其余府州新旧学校的发展位次均相差较大,具有明显的错位性。因此清代河南教育在 260 余年的发展历程中,不同地区新旧教育的发展既有一致性又有错位性。

三、各类学校分布差异与发展差异的一致程度与人口因素密切相关

由于各府州各类学校的时空分布差异是按照该地区的设置总数而论的,而其发展程度差异是按照该类学校所能提供的人均教育量的大小考察的,所以如果仅仅从各自的发展位次看,各类学校的分布差异与发展差异相错较大。也就是说,如果不考虑数目的人均设置情况,各类学校的数量分布位次与发展程度位次一致程度相对较差(表6-2)。

以传统学校为例,如果选择位次的差额在 ±2 之间作为一致程度的合理范围的话,社学的总数分布位次与发展差异位次较为一致的地区有归德等 9 个府州,义学的总数分布位次与发展程度位次较为一致的地区有陈州等 7 个府州,书院的总数分布位次与发展程度位次较为一致的地区有开封等 6 个府州。如果用人均学校分布数与发展程度之间进行考察,则社学的人均设置数位次与发展差异位次较为一致的地区有开封等 12 个府州,义学的人均设置数位次与发展差异位次较为一致的地区有开封等 11 个府州,书院的人均设置数位次与发展差异位次较为一致的地区也有开封等 11 个府州,从一致地区的范围来看,人均学校设置数目与发展程度即人均学校教育总量的一致程度高于地区学校设置总数与发展差异的一致程度,也就是说,如果考虑各类学校的人均分布状况,则其分布差异与发展差异是基本一致的,如果仅考虑地区的分布状况,则其分布差异与发展差异之间的一致程度是相对较低的。因此,各类学校分布差异与发展差异的一致程度与人口因素密切相关。

表 6-2　清代河南各府州社学、义学、书院设置数目与发展程度位次差异对照表

地区	社 学					义 学					书 院				
	总数位次	人均数位次	程度位次	总数位次差	人均数位次差	总数位次	人均数位次	程度位次	总数位次差	人均数位次差	总数位次	人均数位次	程度位次	总数位次差	人均数位次差
开封府	6	8	10	−4	−2	4	11	10	−6	1	1	5	3	−2	2
归德府	4	5	6	−2	−1	12	13	12	0	1	10	13	13	−3	0
陈州府	12	12	12	0	0	8	9	9	−1	0	9	12	12	−3	0
许州	2	2	4	−2	−2	7	3	2	5	1	8	8	4	4	4
彰德府	8	7	9	−1	−2	11	10	6	5	4	12	11	10	2	−1
卫辉府	3	3	1	2	2	5	5	7	−2	−2	3	2	5	−2	−3
怀庆府	13	13	13	0	0	9	8	11	−2	−3	5	6	7	−2	−1
河南府	5	4	2	3	2	2	4	3	−1	1	2	1	2	0	−1
陕州	10	6	5	5	1	10	2	4	6	−2	13	4	6	7	−2
汝州	11	10	7	4	3	6	1	1	5	0	7	3	1	6	2
南阳府	7	9	8	−1	1	1	6	8	−7	−2	4	7	8	−4	−1
汝宁府	1	1	3	−2	−2	3	7	5	−2	2	6	9	9	−3	0
光州	9	11	11	−2	0	13	12	13	0	−1	11	10	11	0	−1

四、区域社会条件的差异是学校分布不均和地区失衡的根本原因

通过对全省各类学校设置时段的考察和省内各府州各类学校地域分布和发展程度的分析，可以发现，清代河南各类学校的时空分布和发展程度呈现出明显的分布不均和地区失衡。造成这种现状的原因是多方面的，其中全省学校时间上的分布不均与文教政策和社会局势息息相关，省内各府州学校的地域分布和发展差异与各地宏观的自然、政治、经济、文化等条件和微观的地方官绅的兴学热情及个别人物或学校的示范效应等条件密不可分。总之，清代河南各类学校的时空分布和发展差异是区域社会的宏观条件和微观条件综合作用的结果。区域社会条件的差异是清代河南学校分布不均和地区失衡的根本原因。

各地不同的自然条件特别是地形地貌的差异是影响学校分布的首要因素。宏观地貌影响学校的宏观分布，微观地貌影响学校的微观选址。在河南的大地上，就宏观地貌而言，既有平原、山地，又有丘陵、盆地，不同地貌类型对学校的地域分布有着直接的影响。甚至可以说不同海拔高度对学校的地域分布有着直接影响，因为与地貌类型相关联的是海拔高度的差异，多姿多彩的地貌类型往往代表着千变万化的绝对高度和相对高度的合理组合，比如对书院和小学堂在不同地貌类型上的设置数目和分布密度的比较，就明显发现，丘陵地区分布最密，平原次之，山地又次之（表5-2）。

政治因素对各类学校分布和发展差异的影响突出表现在文教政策、政治地位、社会局势等方面。就文教政策而言，不同时期的文教政策和不同地区执行政策的彻底程度对各类学校的时空分布影响巨大。通过在各类学校每次政策的发布时间与发布后一段时间内该类学校设置数目的变化之间建立起严格的统计学意义上的相关性分析，发现基本上每次政令下达后紧接着的一段时间内，该类学校的设置数目都急剧增加，而各地增加数目的不同或执行政策的彻底程度的差异又是造成各类学校区域分布和发展差异的直接原因。就政治地位而言，由是否为该地区政治中心所在地决定的区域政治地位的高低，对各类学校地域分布和发展差异的决定作用巨大，政治中心地区聚集的教育资源的绝对优势使区域政治地位成了影响各类学校地域分布和发展差异的基本因素。无论儒学、书院等传统学校，还是中小学堂等新式学堂，政治中心地区都集中了大量设置，相应的传统科举人才和新式留学人才的多寡也基本证明了这种集中带来的产出优势。教育作为社会的一个子系统，不可避免地要受到社会总体局势的影响。义学、社学、书院在不同朝段设置数目的多寡与该时段的治乱局势基本一致。继之可以断定学校设置的繁荣和衰落与社会形势的稳定和动荡密切相关。

地区经济发展水平的高低从宏观上制约着各类学校普及程度的高低，儒学、书院受经济发展的影响明显大于社学、义学。在各类学校分布数量较多和发展程度较高的府州，如开封、河南、怀庆等地，地区经济的发展水平明显较高。而那些各类学校分布数量较少和发展程度较低的地区，如归德、南阳、汝宁等地，地区经济的发展水平明显较低。当然，经济条件是学校发展的必要条件，而非充分条件，即学校发展程度高的地区一定是经济发展较好的地区，而经济发展较好的地区学校发展程度不一定高，像光州地区，在清代河南各府州中，其经济的发展程度是比较高的，但各类学校的设置数目和普及程度却一直较低。此外，学校自身经费的充裕情况对其分布和发展也有重要影响。特别是由清末不同书院的经费状况与院生数目之间的相关性可知，学校自身经费的充裕情况也决定着学校发展水平的高低和持续时间的长短，直接影响着学校所能提供的教育总量的多少。而儒学、社学、义学、书院的经费来源各不相同，经费充裕情况也互有异同。儒学主要依靠政府拨款，经费最为稳定，但日常开支有限，大多依赖学田。社学、义学、书院主要依靠官绅捐助，不同的捐助额度直接决定不同的经费充裕情况。从部分府州县义学、社学经费总数与设置数目的相关程度可知，地方教育经费的多少直接影响学校设置的多寡。再者，从清末实业学堂不同地域的设置类型可知，区域的传统经济结构对学校设置的类型也有影响，这几种因素都切实地证明了经济因素在地区教育普及程度和学校自身发展水平中的决定性影响。

除自然、政治、经济等社会条件外，地区学术活动的影响也会从一个侧面对学校的分布和发展产生作用。特别是清初名儒孙奇逢在百泉书院的研究和教学直接带动了清初河南书院的发展，孙的诸多知名弟子散布四方的建院、讲学又直接影响了各地书院的发展。清初河南四大书院中的嵩阳、大梁、朱阳等都因百泉而兴。所以孙奇逢的学术活动无论从时间上还是空间上，对清代河南书院的发展都起到了极其重要的影响。乾隆以后，随着书院官学化程度的逐渐提高和科举习俗的恶劣影响，书院的学术活动基本停止，书院存在的特色和活力基本丧失，百泉书院及因其而兴的其他书院都先后泯然众院矣。清中期钱仪吉在大梁书院的改革及其门徒蒋湘南、苏源生、宋继郊等人在信阳、鄢陵等地的讲学对当地和河南中期的书院发展都产生了深远影响。清末李时灿等人通过汲县读书社和经正书院的建立，为河南书院的改制准备了思想基础，起到了示范作用，再次对河南书院的发展产生了积极影响。不同时期的学术活动对清代河南书院分布和发展的影响贯穿始终。此外，一个地区的传统习俗、学术渊源和思想观念对各类学校的发展也有不可忽视的影响。作为河南教育的发达地区，开封府和河南府都深受浓厚的科举习俗和读书风气的影响。从而使文化条件作为一种相对隐性的因素，在政治、经济诸因素的主导下，对各类学校的分布和发展发挥了自己独有的影响。

在政治、经济、文化等宏观条件的制约下，一些微观因素像地方官绅的兴学热情和个别人物或学校的示范效应也会对各类学校的分布和发展产生或大或小的作用和影响。由于政策意图和政策结果之间需要通过政策的执行者——地方官的作为来实现一致，故地方官的兴学热情便可直接影响政策的结果——各类学校的设置和发展状况。嵩县、禹州、洛阳、辉县等传统学校发展较好的地区，相应地方官的积极兴学便深刻揭示了这一因素发挥作用的力度。可以肯定的是，在这些传统学校的设置中，由于制定政策的国家的无责性和执行政策的地方的非强制性，地方官绅的热情和态度变成了影响政策结果的有力因素。而特定情况下，个别人物或学校的示范作用对学校的发展的强劲推动也提示着这种作用是一种不可忽视的重要影响。

总之，在影响各类学校时空分布和发展差异的诸多因素中，自然环境从宏观上或总体上制约着人的生存适应度及以人为对象的教育活动，特别是各类学校的分布。在集权政治和民间办学的社会框架下，政治因素对学校分布和发展的作用最大，经济因素次之，民众可以通过捐赠等手段平衡地区经济状况对学校发展的影响，但无法通过自身力量改变地区的政治地位。区域学术文化的发展对高等教育的书院的影响最为显著，对初级启蒙教育的义学、社学的影响则微乎其微。与此同时，一定时期内，在同样的宏观条件下，地方官的兴学热情和个别人物或学校的示范作用等区域社会的微观因素对学校的分布和发展也有不容置疑的影响。因此，区域社会的宏观条件和微观条件的综合作用造成了清代河南各类学校分布和发展的时空差异，而这种差异背后的原因则是这些区域社会条件的千姿百态。所以说区域社会条件的差异是清代河南学校分布不均和地区失衡的根本原因。

五、清代河南教育的发展对现代教育改革的启示是多方面的

通过对清代河南教育发展的基本过程和时空差异的探讨，可以发现清代河南教育的发展对现代教育改革的启示是多方面的。

（1）维持社会稳定是保证教育事业正常发展的外部保障。清代前期，河南地区社会相对稳定，经济逐渐发展，人民安居乐业，在安定的社会大环境下，教育事业也得以稳步发展，各类学校体系在中央和地方的政策谕令下逐步得以建立。乾隆以后，社会矛盾尖锐，内忧外患加剧，各地民变不断，社会局势动荡，特别是咸同年间席卷中原的捻军大起义，以摧枯拉朽之势，沉重地打击了河南的传统教育体系，各地学校或毁于兵燹，或毁于匪患，甚至咸丰五年的省内乡试也因此停止。传统教育体系几乎遭受灭顶之灾，直至同治末年才逐步得以恢复，但已是元气大伤，苟延残喘，最终在清末新式教育的改革浪潮中迅速崩溃。整个教育发展的过程充分表明教育事业的盛衰与外部社会局势的稳定与否关系重大，教育只是社会大系统的一个子系统，社会的风吹草动或多或少最终都会影响到教育的正常发展。因此，维持社会稳定是保证教育事业正常发展的外部保障。当然，维持社会稳定不等于掩盖社会矛盾，实现社会稳定的关键还是改革社会制度，缓和社会矛盾，实现社会正义，促进社会和谐。

（2）缩小社会差异是平衡教育发展和促进教育公平的根本途径。清代河南学校分布不均和地区教育失衡的根本原因是区域社会条件的巨大差异，特别是政治地位和经济地位的差异，由政治中心地位带来的教育资源的分配优势和经济中心地位带来的地方经费

的投入优势以及民间教育的捐助优势等,都是造成优势地区教育发达的区域因素。开封府作为全省的政治中心所具有的独一无二的天然优势是其他任何地区无法比拟的,归德府作为黄河的常泛地带所带来的农业生产的恶劣条件也是其他任何府州不曾具备的。怀庆府虽然不是全省的政治中心,但经济地位的强大弥补了政治地位的劣势,河南府经济和政治地位的双重靠前保证了地区教育的名列前茅。因此,无论是教育的发达地区如开封等府,还是教育的落后地区如归德等府,区域社会条件的影响无处不在。要想平衡区域教育的发展,促进教育的社会公平,必须缩小区域社会差异,发展地区经济,加大教育投入,并以人口为标准,合理安排学校布局,平等分配教育资源。

(3)教学科研并重是高等学校存在发展的活力和源泉。在清代河南的教育发展中,延续时间最久、教学活动最盛的学校就是书院了。书院夺走了儒学的生源,改变了儒学的性质,让一个国家正规的学校体系变成了纯粹的虚设机构。其原因就在于灵活的教学方法和深入的学术研讨。"儒师既无以教士,士乃群移于书院。"特别是学术研讨是书院发展的灵魂,失去了这个特色,也就失去了发展的根本。清初百泉、嵩阳、朱阳、大梁等书院的兴盛都是与频繁的学术交流和积极的学术研究分不开的。乾隆以后,随着书院官学化程度的加深,学术研究在这些书院基本停止,科举应试成了书院教学的唯一目的,书院失去了发展的特色,失去了创新的来源,其衰落也就是必然的了。因此,作为高等教育机构,不仅要重视教学方法的更新,而且要重视科学研究的进行,教学科研并重才是高等学校存在发展的活力和源泉。

(4)重视政策执行是实现政策意图、达到理想结果的关键。从清代河南各府州的学校设置看,地方官的兴学热情对各地学校的发展产生了极大影响。比如,同样是设置义学的饬令,同为汝宁府下属县,道光七年至八年,西平知县李德林积极劝捐一万余金,设置义学40余所;确山知县李绳宗仅劝捐钱300串,地50亩,设置义学2所。可见同样的政策意图下,地方官的兴学热情差别多大!因此,在制度尚未完善,人治色彩尚存的情况下,鉴于执行者在执行政策时的巨大自由和政策执行对政策结果的巨大影响,任何一项教育改革的措施都必须监督政策的执行,鼓舞各级教育管理者的工作热情。唯有如此,才能确保政策意图的顺利实现。

此外,更新培养观念、改善学校环境等都是清代河南教育发展带给我们的经验和教训。

参考文献

古籍类

[1] 嵇璜等纂. 清朝文献通考［M］. 台北：台湾商务印书馆，1983.

[2] 昆岗等编. 钦定大清会典事例［M］. 台北：新文丰出版股份有限公司，1976.

[3] 刘锦藻编. 清朝续文献通考［M］. 上海：商务印书馆，1955.

[4] 素尔纳等纂修. 钦定学政全书［M］. 台北：文海出版社，1966.

[5] 赵尔巽等修. 清史稿［M］. 北京：中华书局 1955.

[6] 朱寿朋编张静庐等校点. 光绪朝东华录［M］. 北京：中华书局，1958.

[7] 光绪二年丙子科河南乡试题名录（国家图书馆藏索书号：49502）

[8] 光绪五年己卯科河南乡试题名录（国家图书馆藏索书号：50100）

[9] 光绪八年壬午科河南乡试题名录（国家图书馆藏索书号：50103）

[10] 光绪十一年乙酉科河南乡试题名录（国家图书馆藏索书号：11308）

[11] 光绪十五年己丑恩科河南乡试题名录（国家图书馆藏索书号：50085）

[12] 光绪十七年辛卯科河南乡试同年全录（国家图书馆藏索书号：51764）

[13] 光绪十九年癸巳恩科河南乡试同年齿录（国家图书馆藏索书号：50020）

[14] 光绪二十年甲午科河南乡试题名录（国家图书馆藏索书号：50101）

[15] 光绪二十三年丁酉科河南乡试同年全录（国家图书馆藏索书号：49635）

[16] 光绪二十六年庚子辛丑科河南乡试录（国家图书馆藏索书号：51574）

[17] 光绪二十九年癸卯恩科十八省乡试同年录（国家图书馆藏索书号：51758）

方志类

[1]（清）和珅等奉敕撰：［乾隆］钦定大清一统志，台北：商务印书馆，1983 年。

[2]（清）潘锡恩等纂：［嘉庆］重修一统志，上海：商务印书馆，1934 年。

[3]（清）顾沅修，张沐纂：［康熙］河南通志，康熙三十四年（1695）刻本，五十卷。

[4]（清）田文镜等修，孙灏等纂：［雍正］河南通志，雍正十三年（1735）刻本，八十卷。

[5]（清）阿思哈、嵩贵纂修：［乾隆］续河南通志，乾隆三十二年（1767）刻本，八十卷。

[6] 时经训撰：［民国］河南地志，民国八年（1919）铅印本，不分卷。

[7] 刘景向、王荣楷纂修：［民国］河南新志，民国十八年（1929）稿本，十九卷。

[8] 刘峙、商震等主修，韩运章、胡汝麟等主纂：[民国]河南通志稿，稿本，原十六编，后佚大半。

[9] (清)管竭忠修，张沐纂：[康熙]开封府志，康熙三十四年（1695）刊本，四十卷。

[10] (清)张淑载修，鲁曾煜纂：[乾隆]祥符县志，乾隆四年（1739）刊本，二十二卷。

[11] (清)沈传义、俞纪瑞修，黄舒昺纂：[光绪]新修祥符县志，光绪二十四年（1898）刊本，二十四卷首一卷。

[12] 陶钟翰纂：[民国]开封县志草略，民国30年（1941）开封马集文斋铅印本，六目。

[13] (清)刘国儒修，刘湛纂：[康熙]禹州志，康熙三十二年（1693）刻本，十卷（存4-十卷）。

[14] (清)邵大业修，孙广生纂：[乾隆]禹州志，乾隆十二年（1747）刊本，十四卷。

[15] (清)朱炜修，姚椿、洪符孙纂：[道光]禹州志，道光十五年（1835）刊本，二十六卷。

[16] 车云修，王棽林纂：[民国]禹县志，民国二十年（1931）刊本，三十卷首一卷。

[17] (清)顾天挺纂修：[康熙]荥阳县志，康熙十七年（1678）刊本胶卷，八卷。

[18] (清)李煦修，李清纂：[乾隆]荥阳县志，乾隆十一年（1746）刊本，十二卷。

[19] 张向农修，张炘、卢以治纂：[民国]续荥阳县志，民国十三年（1924）石印本，十二卷。

[20] (清)王畹修，贺元士纂：[康熙]荥泽县志，康熙三十四年（1695）刊本胶卷，八卷。

[21] (清)崔淇修，王博、李维峤纂：[乾隆]荥泽县志，乾隆十三年（1748）刊本，十四卷。

[22] (清)许勉燉修，禹殿鳌纂：[乾隆]汜水县志，乾隆九年（1744）刊本胶卷，二十二卷。

[23] 田金祺修，赵东阶、张登云纂：[民国]汜水县志，民国十七年（1928）上海世界书局铅印本，十二卷。

[24] (清)申其彩修，毛泰徵纂：[康熙]河阴县志，康熙三十年（1691）刊本，四卷。

[25] (清)苏鹏翯纂：[光绪]河阴志稿，光绪三十年（1904）稿本，十六卷（存1—15卷）。

[26] 高廷璋、胡荃修，蒋藩纂：[民国]河阴县志，民国七年（1918）刊本，十七卷。

[27] (清)袁良怡修，李士珩纂：[康熙]密志，康熙三十四年（1695）刊本，六卷。

[28] (清)景纶修，谢增纂：[嘉庆]密县志，嘉庆二十二年（1817）刊本，十六卷。

[29] 汪忠修，吕林钟、阎凤舞纂：[民国]密县志，民国十三年（1924）铅印本，二十卷。

[30] (清)朱廷献、刘日炷纂修：[康熙]新郑县志，康熙三十三年（1694）刊本，四卷。

[31] (清)黄本诚纂修：[乾隆]新郑县志，乾隆四十一年（1776）刊本，三十一卷首一卷。

[32] (清)韩荩光修，冉觐祖纂：[康熙]中牟县志，康熙十四年（1677）补刻本，十五卷首一卷。

[33] (清)孙和相修，王廷宣纂：[乾隆]中牟县志，乾隆十九年（1754）刊本，十一卷首一卷。

[34] (清)吴若烺修，焦子蕃纂：[同治]中牟县志，同治十年（1871）刊本，十二卷首末各一卷。

[35] 萧德馨修，熊绍龙纂：[民国]中牟县志，民国二十五年（1936）中牟明德堂石印本，八册。

[36] (清)何锡爵修，黄志清纂：[康熙]郑州志，康熙三十二年（1693）刊本胶卷，十二卷。

[37] (清)张钺修，毛如诜纂：[乾隆]续修郑州志，乾隆十三年（1784）刊本，十二卷首一卷。

[38] 周秉彝修，刘瑞璘纂：[民国]郑县志，民国五年（1916）刊本，十八卷首一卷。

[39] (清)钟定纂修：[康熙]陈留县志，康熙三十年（1691）刊本，四十二卷首一卷。

[40] (清)钟定纂修，武从超续修，赵文琳续纂：[宣统]陈留县志，宣统二年（1910）石印本，四十二卷。

[41]（清）刘厚滋、沈湛修，王观潮等纂：[道光]尉氏县志，道光十一年（1831）刊本，二十卷。
[42]（清）张世绶修，杨笃生纂：[康熙]洧川县志，康熙三十一年（1692）刊本胶卷，八卷。
[43]（清）孙和相、邓正琮修，何之琪纂：[乾隆]洧川县志，乾隆二十年（1755）刊本，八卷。
[44]（清）何文明修，李绅纂：[嘉庆]洧川县志，嘉庆二十三年（1818）刊本，八卷首一卷。
[45]（清）恩麟编：洧川县乡土志，光绪二十六年（1900）石印本，洧川县乡土志二卷。
[46]（清）高世琦修，王旦、傅上襄纂：[康熙]兰阳县志，康熙三十五年（1695）刊本，十卷。
[47]（清）涂光範修，王壬纂：[乾隆]兰阳县续志，乾隆十二年（1747）刊本，八卷。
[48]（清）崔维雅纂修：[顺治]仪封县志，顺治十六年（1659）刊本胶卷，八卷。
[49]（清）钟定等纂修：[康熙]仪封县志，康熙三十年（1691）刊本，四十卷。
[50]（清）纪黄中、王续修，宋宣纂：[乾隆]仪封县志，乾隆二十九年（1764）刊本，十二卷。
[51]耿愔纂：[民国]续修仪封县志，民国三十六年（1947）手抄本，十六卷。
[52]（清）吴辙修，张正、王荣先纂：[康熙]通许县志，康熙三十二年（1693）修，雍正增刊本，十卷。
[53]（清）王应珮修，韩鼎、景份纂：[雍正]通许县志，雍正八年（1730）刊本胶卷，十卷。
[54]（清）阮龙光修，邵自佑纂：[乾隆]通许县志，乾隆三十五年（1770）刻本，十卷。
[55]张士杰、侯崑禾纂修：[民国]通许县新志，民国二十三年（1934）新豫印刷所铅印本，十四卷。
[56]（清）王之卫修，潘均纂：[乾隆]杞县志，乾隆十一年（1746）刊本，二十卷首一卷。
[57]（清）周玑修，朱璇纂：[乾隆]杞县志，乾隆五十三年（1788）刊本，二十四卷。
[58]蒋藩纂：[民国]杞县志稿，民国间手稿本，不分卷。
[59]（清）汪为熹纂：[康熙]鄢署杂抄，康熙五十八年（1719）给暇堂刊本，十二卷。
[60]（清）施诚纂：[乾隆]鄢陵县志，乾隆三十七年（1772）刊本，二十一卷首一卷。
[61]（清）吴堂纂修：[嘉庆]鄢陵县志，嘉庆十三年（1808）刊本，十二卷首一卷。
[62]（清）何鄂联修，洪符孙纂：[道光]鄢陵县志，道光十三年（1883）刊本，十八卷。
[63]（清）苏源生纂：鄢陵文献志，同治四年（1865）刊本，四十卷。
[64]靳蓉镜修，王介等纂：[民国]鄢陵县志，民国二十五年（1936）开封新豫印刷厂铅印本，三十卷首一卷末一卷。
[65]（清）张圣业修，董正纂：[康熙]河南府志，康熙三十四年（1695）刻本，二十八卷。
[66]（清）张汉纂修：[雍正]河南府续志，雍正六年（1728）刊本，四卷。
[67]（清）施诚修，童钰、裴希纯纂：[乾隆]河南府志，乾隆四十四年（1779）刻本，一百一十六卷首四卷。
[68]（清）龚崧林修，汪坚纂：[乾隆]洛阳县志，乾隆十年（1745）刊本，二十四卷。
[69]（清）魏襄修，陆继辂纂：[嘉庆]洛阳县志，嘉庆十八年（1813）刊本，六十卷。
[70]苏从武纂修：[民国]洛阳县志略，民国九年（1920）刊本，又名：《洛阳县小志》十八章。
[71]（清）邱轩昂修，曹鹏翀、赵发轫纂：[乾隆]巩县志，乾隆十年（1745）刊本，四卷。
[72]（清）李述武修，张紫岘纂：[乾隆]巩县志，乾隆五十四年（1789）刊本，二十卷首一卷。
[73]杨保东等修，刘莲青等纂：[民国]巩县志，民国二十六年（1937）开封泾川图书馆刊本，二十六卷。

[74]（清）王泽长修，姬之篧纂：[康熙]偃师县志，康熙三十一年（1692）刻本，四卷。

[75]（清）朱续志修，吕鼎祚等纂：[乾隆]偃师县志，乾隆十一年（1746）刊本胶卷，十四卷。

[76]（清）汤毓倬修，孙星衍、武亿纂：[乾隆]偃师县志，乾隆五十四年（1789）刊本，三十卷。

[77]（清）张圣浩修，焦钦宠纂：[康熙]登封县志，康熙三十五年（1696）刊本，十卷。

[78]（清）施奕簪修，焦如蘅纂：[乾隆]登封县志，乾隆九年（1744）续补康熙本，十卷。

[79]（清）陆继萼修，洪亮吉纂：[乾隆]登封县志，乾隆五十二年（1787）刊本，三十二卷。

[80]（清）孟常裕纂修，徐元灿增补：[康熙]孟津县志，康熙四十八年（1709）刊本，四卷。

[81]（清）赵擢彤修，宋缙纂：[嘉庆]孟津县志，嘉庆二十一年（1816）刊本，十二卷首一卷。

[82]（清）韩佑唐修，李瓒纂：[康熙]新安县志，康熙三十三年（1694）刊本，十七卷。

[83]（清）邱峨修，吕宣会纂：[乾隆]新安县志，乾隆三十一年（1766）刊本，十四卷。

[84]张钫修，杨堃纂：[民国]新安县志稿，民国十三年（1924）稿本，十五卷。

[85]李庚白修，李希白纂：[民国]新安县志，民国二十八年（1939）河南新安同文印刷所石印本，十五卷。

[86]（清）申明伦纂修：[康熙]宜阳县志，康熙三十一年（1692）刊，四卷。

[87]（清）王道成、周洵修，汪坚纂：[乾隆]宜阳县志，乾隆十二年（1747）刊本，四卷。

[88]（清）谢应起修，刘占卿、龚文明纂：[光绪]宜阳县志，光绪七年（1881）刊本，十六卷。

[89]张浩源、林裕焘修，王凤翔纂：[民国]宜阳县志，民国七年（1918）河南商务印刷所铅印本，十卷。

[90]（清）程万善修，张鼎延、锁青缙纂：[顺治]永宁县志，顺治十年（1653）刻本，存7-8卷。

[91]（清）佟赋伟纂修：[康熙]永宁县志，康熙三十八年（1699）刊本，七卷首一卷。

[92]（清）单履咸纂修：[乾隆]永宁县志，乾隆十二年（1747）刊本，八卷。

[93]（清）张楷纂修：[乾隆]永宁县志，乾隆五十五年（1790）刊本，八卷首一卷。

[94]贾毓鹗修，王凤翔纂：[民国]洛宁县志，民国六年（1917）铅印，八卷首一卷。

[95]（清）杨厥美修，屈翔纂：[康熙]嵩县志，康熙二年（1663）刊本，四卷。

[96]（清）卢志逊修，李滋纂：[康熙]嵩县志，康熙三十年（1692）刊本，十卷。

[97]（清）康基渊纂修：[乾隆]嵩县志，乾隆三十二年（1767）刊本，三十卷首一卷。

[98]（清）康基渊原本，龚文明增修，陈焕如增纂：[光绪]嵩县志，光绪三十二年（1906）刊本。

[99]（清）佚名纂：[光绪]嵩县乡土志，光绪三十二年（1906）刊本。

[100]（清）梁易简修，刘元善纂：[乾隆]渑池县志，乾隆十一年（1746）刻本，三卷。

[101]（清）甘扬声修，刘文运纂：[嘉庆]渑池县志，嘉庆十五年（1810）刊本，十六卷。

[102]陆绍志修，李凤翔、上官骏谟纂：[民国]渑池县志，民国十七年（1928）石印本，二十卷。

[103]（清）王登魁修，李在兹纂：[康熙]汝州全志，康熙三十四年（1695）刊本胶卷，十二卷。

[104]（清）宋名立修，韩定仁、屈启贤纂：[乾隆]汝州续志，乾隆八年（1743）刊本，胶卷八卷。

[105]（清）白明义修，赵林成纂：[道光]汝州全志，道光二十年（1840）刊本，十一卷首一卷。

[106]（清）谢梦弼修，杜李纂：[康熙]伊阳县志，康熙三十三年（1694）刊本，三卷。

[107]（清）李璋垍修，张施仁、赵先第纂：[乾隆]伊阳县志，乾隆三十一年（1766）刊本，四卷。

[108]（清）张道超修，马九功纂：[道光]伊阳县志，道光十八年（1838）刊本，六卷。

[109]（清）金世纯修，仝轨纂：[康熙]郑县志，康熙三十三年（1694）刻本，四卷。
[110]（清）张楣修，聂宁纂：[乾隆]郑县续志，乾隆八年（1743）刻本，一卷。
[111]（清）姜篯修，郭景泰纂：[咸丰]郑县志，咸丰九年（1859）刻本，十二卷。
[112]（清）姜篯原本，张熙瑞续修，郭景泰续纂：[同治]续郑县志，同治四年（1866）增刻咸丰九年本，十二卷。
[113]（清）佚名编，[清末]郑县乡土志，清末抄本，二卷。
[114]（清）马格修，李弘志纂：[乾隆]重修宝丰县志，乾隆八年（1743）刻本，五卷。
[115]（清）陆蓉修，武亿纂：[嘉庆]宝丰县志，嘉庆二年（1797）刊本，二十四卷。
[116]（清）李彷晤修，耿兴宗、鲍桂徵纂：[道光]宝丰县志，道光十七年（1837）刊本，十六卷。
[117]（清）王雍修，程正儒纂：[康熙]鲁山县志，康熙三十三年（1694）刊本，胶卷八卷。
[118]（清）徐若阶、马慧姿修，傅尔英、宋祖发纂：[乾隆]鲁山县志，乾隆八年（1743）刊本，九卷。
[119]（清）董作栋修，武亿纂：[嘉庆]鲁山县志，嘉庆元年（1796）刊本，二十六卷。
[120]（清）郑銮纂修：[道光]鲁山县志，道光年间刊本，存三、七两卷。
[121]（清）胡蔚先修，李芳辰纂：[康熙]卫辉府志，康熙三十四年（1695）刊本，十九卷。
[122]（清）德昌修，徐郎斋纂：[乾隆]卫辉府志，乾隆五十三年（1778）刊本，五十三卷。
[123]（清）佟国瑞、吴干将修，李中节纂：[康熙]汲县志，康熙三十四年（1695）刊本，十二卷。
[124]（清）徐汝瓒修，杜崐纂：[乾隆]汲县志，乾隆二十年（1755）刊本，十四卷首一卷末一卷。
[125]李时灿纂修：[民国]汲县志，民国二十四年（1935）稿本，二十卷首一卷。
[126]魏青铓纂：[民国]汲县今志，民国二十四年（1935）南京铅印本，二十章。
[127]（清）周毓麟、李登瀛修，任昌期纂：[康熙]新乡县续志，康熙三十二年（1693）刊本，十卷。
[128]（清）赵开元修，畅俊纂：[乾隆]新乡县志，乾隆十二年（1747）刊本，三十四卷。
[129]韩邦孚、蒋睿川修，田芸生纂：[民国]新乡县续志，民国十二年（1923）铅印本，六卷。
[130]（清）陈德敏修，王贯三纂：[康熙]考城县志，康熙三十七年（1698）刊本，四卷。
[131]张文清修，田春同纂：[民国]考城县志，民国十三年（1924）铅印本，十四卷。
[132]赵华亭修，李盛谟纂：[民国]考城县志，民国三十年（1941）铅印本，十四卷。
[133]（清）冯大奇修，贺振能等纂：[康熙]获嘉县志，康熙二十六年（1687）刻本，十卷。
[134]（清）吴乔龄修，李棟纂：[乾隆]获嘉县志，乾隆二十一年（1756）刊本，十六卷首一卷。
[135]邹古愚修，邹鹄纂：[民国]获嘉县志，民国二十四年（1935）刊本，十七卷首一卷。
[136]（清）余缙修，李嵩阳纂：[顺治]封丘县志，顺治十六（1659）刊本铅印本，九卷首一卷。
[137]（清）王赐魁修，李会生、宋作宾纂：[康熙]封丘县续志，康熙十九年（1660）刻本，不分卷。
[138]（清）孟鏐、耿纮祚修，李承绶纂：[康熙]封丘县续志，康熙三十六年（1697）刻本，五卷。
[139]姚家望修，黄荫柟纂：[民国]封丘县续志，民国二十六年（1937）开封新豫印刷所铅印本，二十八卷首一卷末一卷。
[140]（清）余心孺纂修，[康熙]延津县志，康熙四十年（1701）刊本，十卷。
[141]（清）滑彬修，冀应熊纂：[康熙]辉县志，康熙二十九年（1690）刊本，十八卷。
[142]（清）文兆爽修，杨喜荣、三楷纂：[乾隆]辉县志，乾隆二十二年（1757）刊本，胶卷十二卷。

[143]（清）周际华修，戴铭纂：［道光］辉县志，道光十五年（1835）刊本，二十卷首末各一卷。
[144]（清）姚德闻修，吕夷钟纂：［康熙］滑县志，康熙二十五年（1686）增刻顺治本，十卷。
[145]（清）吴乔龄纂修，吕文光增修，［乾隆］滑县志，乾隆二十五年（1760）刊本，十四卷。
[146]（清）姚锟修，徐光第纂：［同治］滑县志，同治六年（1867）刊本，十二卷。
[147]马子宽修，王蒲园纂：［民国］重修滑县志，民国二十一年（1932）开封新豫印刷所铅印本，二十卷首一卷。
[148]（清）劳经武修，高鉴儆纂：［乾隆］淇县志稿，乾隆十年（1745）手稿复印本河南文史馆藏，十卷。
[149]（清）［光绪］淇县舆地图说，光绪二十七年（1901）刊本，二卷。
[150]（清）刘德新修，马秉德纂：［康熙］浚县志，康熙十八年（1679）刊本，四卷。
[151]（清）熊向阶修，武穆淳纂：［嘉庆］浚县志，嘉庆七年（1802）刊本，二十二卷。
[152]（清）黄璟修，李作霖、乔景濂纂：［光绪］续浚县志，光绪十二年（1886）刊本，八卷。
[153]（清）刘维世修，萧瑞苞、乔腾凤纂：［康熙］怀庆府志，康熙三十四年（1695）刊本，十八卷。
[154]宋静溪纂修：［民国］长垣县志，民国三十三年（1944）开封佩文印刷所铅印本，十六卷。
[155]（清）杨方泰纂修，［雍正］覃怀志，雍正九年（1731）稿本，十八卷。
[156]（清）唐侍阶、杜琮修，洪亮吉纂：［乾隆］怀庆府志，乾隆五十四年（1789）刊本，三十二卷。
[157]（清）李楘修，萧家蕙、史琏纂：［康熙］河内县志，康熙三十二年（1693）刊本，五卷。
[158]（清）袁通修，方履荐、吴育纂：［道光］河内县志，道光五年（1825）刊本，三十六卷。
[159]刘恒济等纂修：［民国］沁阳县志稿，民国二十六年（1937）稿本，二十卷。
[160]（清）张慎纂修：［康熙］阳武县志，康熙二十九年（1690）刊本，胶卷八卷。
[161]（清）谈諟曾修，杨仲震纂：［乾隆］增修阳武县志，乾隆十年（1745）刊本，十二卷。
[162]窦经魁修，耿愔纂：［民国］阳武县志，民国二十五年（1936）豫成印刷所刊本，六卷。
[163]（清）詹怀芬修，戚一燮纂：［康熙］原武县志，康熙二十九年（1690）刊本，胶卷六卷。
[164]（清）吴文炘修，何远纂：［乾隆］原武县志，乾隆十二年（1747）刊本，十卷。
[165]刘启泰修，乔纯修纂：［民国］原武县志稿，民国二十三年（1934）稿本，十卷。
[166]（清）刘凡、张之纪修，乔腾凤、毛鹏纂：［康熙］孟县志，康熙三十四年（1695）刊本，胶卷。
[167]（清）仇汝瑚修，冯敏昌纂：［乾隆］孟县志，乾隆五十五年（1790）刊本，十卷。
[168]阮藩侪修，宋立梧、杨培熙纂：［民国］孟县志，民国二十二年（1933）刊本，十卷首一卷。
[169]（清）边景修，范琥纂：［康熙］修武县志，康熙三十四年（1695）刊本，四卷。
[170]（清）吴映白修，戈云锦续修，李谟纂：［乾隆］修武县志，乾隆三十一年（1766）增刊本，二十卷首一卷。
[171]（清）冯继照修，金皋、袁俊纂：［道光］修武县志，道光二十年（1840）刊本，十二卷。
[172]（清）孔继中增修，［同治］修武县志，同治七年（1868）增刊道光本，十二卷。
[173]萧国桢、李礼耕修，焦封桐、孙尚仁纂：［民国］修武县志，民国二十年（1931）新乡修文印刷所铅印本，十六卷首一卷。
[174]（清）甘国垓修，杜之业、千兆纂：［康熙］武陟县志，康熙三十年（1691）刊本，八卷。
[175]（清）王荣阶修，方履荐纂：［道光］武陟县志，道光九年（1829）刊本，三十六卷。

[176] 史延寿修，王士杰纂：[民国] 续武陟县志，民国二十年（1931）马集文斋刊本，二十四卷。

[177]（清）张承谟修，周大律纂：[乾隆] 温县志，乾隆十一年（1746）刊本，十六卷。

[178]（清）王其华修，苗于京纂：[乾隆] 温县志，乾隆二十四年（1759）刊本，十二卷首一卷。

[179] 王公容修，段继武纂：[民国] 温县志稿，民国二十二年（1933）稿本，十二卷首一卷。

[180]（清）萧应植修，沈荣莊纂：[乾隆] 济源县志，乾隆二十六年（1767）刊本，十六卷。

[181]（清）何荇芳修，刘大观纂：[嘉庆] 续济源县志，嘉庆十八年（1813）刊本，十二卷。[182]（清）汤传楷纂修：[康熙] 彰德府志，康熙三十五年（1696）刊本，十八卷首一卷。

[183]（清）刘谦、陈锡辂修，夏兆丰纂：[乾隆] 彰德府志，乾隆五年（1740）刻本，二十二卷首一卷。

[184]（清）黄邦宁修，景鸿宾、童钰纂：[乾隆] 彰德府志，乾隆三十五年（1770）刊本，二十四卷首一卷。

[185]（清）卢崧修，江大键、程焕纂：[乾隆] 彰德府志，乾隆五十二年（1787）刊本，三十二卷首一卷。

[186]（清）马国桢修，唐凤翔纂：[康熙] 安阳县志，康熙三十二年（1693）刊本，十卷。

[187]（清）陈锡辂修，朱煌纂：[乾隆] 安阳县志，乾隆三年（1738）刊本，十二卷首一卷。

[188]（清）赵锡璜修，武亿纂：[嘉庆] 安阳县志，嘉庆四年（1799）刊本，十四卷首一卷。

[189]（清）贵泰修，武穆淳纂：[嘉庆] 安阳县志，嘉庆二十四年（1819）刊本，二十八卷。

[190] 方策、王幼侨修，裴希度、董作宾纂：[民国] 安阳县志，民国二十二年（1933）北平文岚簃古宋印书局铅印本，十六卷首末各一卷。

[191]（清）李元桢编：[清末] 安阳县乡土志，光绪末抄本，不分卷。

[192]（清）徐岱、熊远寄修，万兆龙纂：[康熙] 林县志，康熙三十三年（1694）刻本，十二卷。

[193]（清）杨潮观纂修：[乾隆] 林县志，乾隆十七年（1752）刊本，十卷首末各一卷。

[194]（清）康仲方修，卫济世纂：[咸丰] 续林县志，咸丰元年（1851）刻本，四卷首一卷。

[195] 王泽溥、王怀斌修，李见荃纂：[民国] 林县志，民国二十一年（1932）石印本，十八卷。

[196] 赵九成纂：[民国] 林县小志，民国二十五年（1936）《禹贡》半月刊，第6卷第10期。

[197]（清）杨世逵纂修：[乾隆] 汤阴县志，乾隆三年（1738）刊本，十卷。

[198]（清）李渭修，黄之徵纂：[乾隆] 内黄县，志乾隆四年（1739）刊本，十八卷。

[199]（清）董庆恩、裘献功修，陈熙春纂：[光绪] 内黄县志，光绪十八年（1892）刻本十九卷。

[200] 韩兆麟修，周余惠纂：[民国] 内黄县志，民国二十六年（1937）搞本1987年铅印本。

[201]（清）黄泽修，窦彝常纂：[康熙] 涉县志，康熙五十三年（1714）刊本，十二卷。

[202]（清）戚学标纂修：[嘉庆] 涉县志，嘉庆四年（1799）刊本，八卷。

[203]（清）陶颖发纂修，陈大玠增修：[雍正] 临漳县志，康熙三十年（1691）刻，雍正九年（1731）增刻本，六卷首一卷。

[204]（清）张济纂修：[咸丰] 临漳县志，咸丰十年（1860）刊本，六卷。

[205]（清）骆文光纂修：临漳县志略备考，同治十三年（1874）刊本，四卷。

[206]（清）周秉彝修，周寿梓、李燿中纂：[光绪] 临漳县志，光绪三十年（1904）刊本，十八卷。

[207]（清）黄之孝修，李喆纂：[康熙] 武安县志，康熙五十年（1711）刊本，十八卷图一卷。

[208]（清）蒋光祖修，夏兆丰纂：[乾隆]武安县志，乾隆四年（1739）刊本，二十卷。
[209]（清）杜济美修，郗济川纂：[民国]武安县志，民国二十九年（1940）铅印本，十八卷。
[210]（清）钱祥保编：[光绪]武安乡土志，光绪三十二年（1906）刊本，不分卷。
[211]（清）何鼎纂修：[康熙]长葛县志，康熙三十年（1691）刊本胶卷，八卷。
[212]（清）阮景咸修，李秀生等纂：[乾隆]续修长葛县志，乾隆十二年（1747）刊本，十卷。
[213]陈鸿畴修，刘盼遂纂：[民国]长葛县志，民国十九年（1930）新时代印刷局铅印本，十卷。
[214]（清）胡良弼修，焦奎儒、寇哲纂：[康熙]许州志，康熙五年（1666）刊本，十五卷首一卷。
[215]（清）甄汝舟修，谈起行纂：[乾隆]许州志，乾隆十年（1745）刊本，十六卷。
[216]（清）萧元吉修，李尧观纂：[道光]许州志，道光十八年（1838）刊本，十六卷首一卷。
[217]（清）王秀文修，张庭馥纂：[道光]许州志，民国十二年（1923）宝兰斋石印本，二十卷。
[218]朱友廉等纂修：[民国]许昌县志初稿，民国二十三年（1934）稿本，八册。
[219]（清）赵作霖纂修：[乾隆]郾城县志，乾隆十年（1745）刻本，十卷。
[220]（清）傅豫纂修：[乾隆]郾城县志，乾隆十九年（1754）刻本，十八卷。
[221]周世臣纂修，陈金台纂辑：[民国]郾城县记，民国二十三年（1934）刊本，三十卷。
[222]（清）佟昌年原本，陈治安增修：[康熙]襄城县志，康熙三十六年（1697）刊本，十卷。
[223]（清）刘宗泗纂：[乾隆]襄城文献录，乾隆四年（1739）刊本，十二卷。
[224]（清）刘青芝、刘青莲纂：[乾隆]古汜城志，乾隆二十年（1755）《刘氏传家集》本，十卷。
[225]（清）汪运正纂修：[乾隆]襄城县志，乾隆十一年（1746）刊本，十卷首一卷。
[226]李峰修，胡元学、刘文林纂：[民国]重修襄城县志，民国二十五年（1936）襄城县修志馆第五次改定稿本，五十卷首一卷。
[227]（清）刘沆修，魏运嘉纂：[乾隆]临颍县志，乾隆十二年（1747）刊本，八卷。
[228]陈垣修，管大同纂：[民国]临颍县志，民国五年（1916）河南商务印刷所铅印本，十六卷。
[229]（清）霍潜远纂修：[康熙]灵宝县志，康熙三十年（1691）刊本，四卷。
[230]（清）周庆增修，敖启濬、许宰纂：[乾隆]重修灵宝县志，乾隆十二年（1747）刊本，六卷。
[231]（清）冯兹文纂：[乾隆]灵宝县志括记，乾隆五十七年（1792）稿本，不分卷。
[232]（清）周淦、方昨勋修，高锦荣、李镜江纂：[光绪]重修灵宝县志，光绪二年（1876）刊本，八卷。
[233]孙椿荣修，张象明纂：[民国]灵宝县志，民国二十四年（1935）铅印本，十首卷一卷。
[234]（清）梁溥纂修：[乾隆]阌乡县志，乾隆十二年（1747）刊本，十二卷首一卷。
[235]（清）刘思恕、汪鼎臣修，王维国、王守恭纂：[光绪]阌乡县志，光绪二十年（1894）刊本，十二卷首一卷末一卷。
[236]黄觉修，韩嘉会纂：[民国]阌乡县志，民国二十一年（1932）铅印本，二十四卷首一卷。
[237]（清）谢廷爵修，靳柱明纂：[康熙]卢氏县志，康熙三十四年（1695）刊本，四卷。
[238]（清）李炘修，侯肩复纂：[乾隆]卢氏县志，乾隆十二年（1747）刊本，十七卷首一卷。
[239]（清）郭光树修，李旭春纂：[光绪]卢氏县志，光绪十八年（1892）刊本，十八卷首一卷。
[240]（清）龚崧林修，杨建章纂：[乾隆]陕州直隶州志，乾隆十二年（1747）修二十一年（1756）刊本，二十卷首一卷。

[241]（清）周仁寿纂修：[同治]增直隶陕州志，同治六年（1867）刊本，二卷。
[242]（清）赵希会等纂修：[光绪]陕州直隶州志，光绪十七年（1891）刻本，十五卷。
[243]（清）黄璟修，庆增、李本龢纂：[光绪]陕州直隶州续志，光绪十八年（1892）刊本，十卷。
[244]欧阳珍修，韩嘉曾纂：[民国]陕县志，民国二十五年（1936）铅印本，二十六卷。
[245]（清）陈锡、永泰修，查岐昌纂：[乾隆]归德府志，乾隆十九年（1754）刊本，三十六卷。
[246]（清）刘德昌修，叶沄纂：[康熙]商丘县志，康熙四十四年（1705）刊本，二十卷首一卷。
[247]（清）吕正性修，汤斌纂：[康熙]睢州志，康熙十六年（1677）刻本，七卷。
[248]（清）马世英纂修：[康熙]睢州志，康熙三十二年（1693）刻本，七卷首一卷。
[249]（清）王枚修，徐绍廉纂：[光绪]续修睢州志，光绪十八年（1892）刻本，十二卷首一卷。
[250]（清）王图宁修，王肇栋纂：[康熙]宁陵县志，光绪十九年（1893）汪钧泽重印康熙三十二年（1693）刊本，十二卷首一卷。
[251]（清）萧济南修，吕敬直纂：[宣统]宁陵县志，宣统三年（1911）刊本，十二卷。
[252]孟广赟纂修：[民国]宁陵县志，民国三十年（1941）铅印本，十二卷首一卷末一卷。
[253]（清）张元鑑、蒋光祖修，沈俨纂：[乾隆]虞城县志，乾隆八年（1743）刊本，十卷。
[254]（清）张元鑑原本，李淇增修，席庆云增纂：[光绪]虞城县志，光绪二十一年（1895）刊本，十卷。
[255]（清）周正纪修，侯良弼纂：[康熙]永城县志，康熙三十六年（1697）刊本，八卷。
[256]（清）岳廷楷修，胡赞采、吕永辉纂：[光绪]永城县志，光绪二十九年（1903）刊本，三十八卷。
[257]（清）史鑑纂修：[康熙]柘城县志，康熙三十九年（1700）刊本，四卷。
[258]（清）李志鲁纂修：[乾隆]柘城县志，乾隆三十八年（1773）刊本，十六卷首一卷。
[259]（清）元淮、傅钟浚纂修：[光绪]柘城县志，光绪二十二年（1896）刊本，十卷。
[260]（清）尚崇霓修，关鳞如纂：[康熙]夏邑县志，康熙三十六年（1697）刊本胶卷，十卷。
[261]韩世勋修，黎德芬纂：[民国]夏邑县志，民国九年（1920）亳县福华石印本，九卷首一卷。
[262]（清）吕士鵕修，梁建纂：[康熙]鹿邑县志，康熙三十一年（1692）刊本，十卷首一卷。
[263]（清）许荚纂修：[乾隆]鹿邑县志，乾隆十八年（1753）刊本，十二卷首一卷。
[264]（清）于沧澜、马家彦修，蒋师辙纂：[光绪]鹿邑县志，光绪二十二年（1896）刊本，十六卷首一卷。
[265]（清）[光绪]鹿邑县全图，光绪二十二年（1896）刊本，十卷。
[266]（清）王清彦、张喆修，莫尔灌纂：[康熙]续修陈州志，康熙三十四年（1675）刊本四卷。
[267]（清）崔应阶修，姚之琅纂：[乾隆]陈州府志，乾隆十一年（1746）刊本，三十卷首一卷。
[268]（清）吴溶、冯奕宿修，于大猷纂：[乾隆]淮宁县志，乾隆十九年（1754）刻本，十三卷。
[269]（清）永铭修，赵任之、吴纯夫纂：[道光]淮宁县志，道光六年（1826）刊本，二十七卷。
[270]严绪钧修，朱撰卿纂：[民国]淮阳县志，民国五年（1916）刊本，二十卷首一卷。
[271]（清）徐树庸纂修：[康熙]西华县志补志，康熙三十五年（1696）刊本胶卷，二卷。
[272]（清）宋恂修，于大猷纂：[乾隆]西华县志，乾隆十九年（1754）刊本，十四卷首一卷。
[273]凌甲烺、吕应南修，张嘉谋纂：[民国]西华县志，民国二十七年（1938）铅印本，十四卷。
[274]（清）顾芳宗修，王耿言纂：[康熙]项城县志，康熙三十年（1691）刊本，八卷首一卷。

[275]（清）韩仪修，张延福纂：[乾隆]项城县志，乾隆十一年（1746）刊本，十卷首一卷。
[276]张振芳修，施景舜纂：[民国]项城县志，民国三年（1914）石印本，三十二卷。
[277]（清）章履成修，魏观颐、李涛纂：[康熙]太康县志，康熙三十六年（1697）刊本，十卷。
[278]（清）武昌国修，胡彦昇、宋铨纂：[乾隆]太康县志，乾隆二十六年（1761）刊本，八卷。
[279]（清）戴凤翔修，高嵩、江练纂：[道光]太康县志，道光八年（1828）刊本，八卷。
[280]杜鸿宾修，刘盼遂纂：[民国]太康县志，民国二十二年（1933）铅印本，十二卷首一卷。
[281]（清）缪应晋修，何际美纂：[康熙]扶沟县志，康熙三十二年（1693）刊本，不分卷。
[282]（清）赵如桓修，杜之昂纂：[康熙]扶沟县志，康熙三十八年（1699）刊本，四卷。
[283]（清）七十一、董丰垣修，郝廷松、薄玫纂：[乾隆]扶沟县志，乾隆二十七年（1762）刊本，十二卷首一卷末一卷。
[284]（清）王德瑛纂修：[道光]扶沟县志，道光十三年（1833）刊本，十三卷。
[285]（清）熊灿修，张文楷纂：[光绪]扶沟县志，光绪十九年（1893）大程书院刻本，十六卷。
[286]（清）高惺修，郭天锡纂：[顺治]商水县志，顺治十六年（1659）刊本，胶卷十一卷。
[287]（清）张崇樸修，郭熙纂：[乾隆]商水县志，乾隆十二年（1747）刻，四十八年（1783）增刻本，十卷首一卷。
[288]（清）何源洙修，鲁之璠纂：[乾隆]沈丘县志，乾隆十一年（1746）刊本，十二卷。
[289]（清）金镇修，孔暹纂：[康熙]汝宁府志，康熙元年（1662）刊本，十六卷首一卷。
[290]（清）何显祖修，董正纂：[康熙]汝宁府志，康熙三十四年（1695）刊本，十六卷首一卷。
[291]（清）德昌修，王增纂：[嘉庆]汝宁府志，嘉庆元年（1796）刊本，三十卷首一卷。
[292]（清）邱天英修，李根茂纂：[康熙]汝阳县志，康熙二十九年（1690）刊本，十卷。
[293]陈伯嘉修，李成均纂：[民国]汝南县志，民国二十七年（1938）石印本，二十二卷首一卷。
[294]（清）金忠济修，祝旸、魏弘谟纂：[乾隆]遂平县志，乾隆二十四年（1759）刊本，十六卷。
[295]（清）沈棻纂修，李植续修：[康熙]西平县志，康熙三十一年（1692）刊本，十卷。
[296]李毓藻修，陈铭鑑纂：[民国]西平县志，民国二十三年（1934）北平文华斋刻本，四十卷。
[297]（清）安圻修，晏允恭纂：[康熙]真阳县志，康熙三十五年（1696）刊本，胶卷八卷。
[298]（清）彭良弼修，吕元灏等纂，杨德容补修，贺祥补纂：[嘉庆]正阳县志，嘉庆元年（1796）刊本，十卷。
[299]刘月泉、刘炎光修，陈全三、魏松声纂：[民国]正阳县志，民国二十五年（1936）铅印本，八卷首一卷末一卷。
[300]（清）杨廷望修，张沐纂：[康熙]上蔡县志，康熙二十九年（1690）刊本，十五卷。
[301]翟爱之纂修：[民国]上蔡县志，民国三十三年（1944）石印本，十二卷。
[302]（清）周之瑚修，严克嶹纂：[乾隆]确山县志，乾隆十一年（1746）刊本，四卷。
[303]张璠璜纂修：[民国]确山县志，民国二十年（1931）铅印本，二十四卷。
[304]（清）谭弘宁原本，吕民服增修，李世燨增纂：[康熙]新蔡县志，康熙三十年（1691）刊本，八卷。
[305]（清）莫璺章修，王增纂：[乾隆]新蔡县志，乾隆六十年（1796）刊本，十卷。
[306]（清）贾待旌修，刘苏芳纂：[顺治]信阳州志，顺治十七年（1660）刊本，胶卷八卷。

[307]（清）陈昌言修，王补之纂：[康熙]信阳州续志，康熙二十九年（1690）续顺治十七年（1660）刊本，胶卷一册。

[308]（清）张钺修，万侯纂：[乾隆]信阳州志，乾隆十四年（1749）刊本，十二卷首一卷。

[309]方廷汉、谢随安修，陈善同纂：[民国]重修信阳县志，民国二十五年（1936）汉口洪兴印书铅印本，三十一卷。

[310]（清）阎兴邦、鲁麟纂修：[康熙]罗山县志，康熙三十年（1691）刊本，八卷。

[311]（清）葛荃修，李之杜、谢寶树纂：[乾隆]罗山县志，乾隆十一年（1746）刊本，八卷。

[312][民国]罗山县重修县志稿（残存十册），民国二十年代石印本。

[313]（清）莊泰弘修，孟俊纂：[顺治]光州志，顺治十七年（1660）刊本，十二卷。

[314]（清）缪发修，龚质生纂：[康熙]光州志，康熙三十一年（1692）刊本，十五卷。

[315]（清）李讱纂修：[乾隆]光州志，乾隆二十七年（1762）刊本，十二卷。

[316]（清）高兆煌纂修：[乾隆]光州志，乾隆三十五年（1770）刊本，六十八卷。

[317]（清）杨修田修，马佩玖纂：[光绪]光州志，光绪十三年（1887）刻本，十二卷首一卷。

[318]（清）胡赞采编：[光绪]光州乡土志，光绪三十三年（1907）石印本，不分卷。

[319]（清）观秸、费瀛修，齐联芳、李元鹏纂：[同治]增续长垣县志，同治十二年（1873）刊本，二卷。

[320]（清）管声骏修，孟俊纂：[顺治]光山县志，顺治十六年（1659）刊本，十二卷。

[321]（清）杨之徐修，张文炳、甘琮纂：[康熙]光山县志，康熙三十五年（1696）刊本，十卷。

[322]（清）杨殿梓修，钱时雍纂：[乾隆]光山县志，乾隆五十一年（1786）刊本，三十二卷。

[323]许希之修，晏兆平纂：[民国]光山县志约稿，民国二十五年（1936）开封谦记商务印制所铅印本，四卷首一卷。

[324]（清）许全学纂修：[康熙]商城县志，康熙二十九年（1690）刊本，八卷。

[325]（清）武开吉修，周之驎纂：[嘉庆]商城县志，嘉庆八年（1803）刊本，十四卷。

[326]万炯、顾莹修：[民国]商城县志稿，民国三十六年（1947）手稿本，三十七册。

[327]（清）杨汝楫纂修：[康熙]固始县，志康熙三十二年（1693）刊本，十二卷首一卷。

[328]（清）包桂纂修：[乾隆]固始县续志，乾隆十年（1745）刊本，十二卷。

[329]（清）谢聘修，洪亮吉纂：[乾隆]固始县志，乾隆五十二年（1787）刊本，二十六卷。

[330]（清）郑振藻、蒋彪修，何朝宗纂：[康熙]息县续志，康熙三十二年（1693）刊本，八卷。

[331]（清）刘光辉修，任镇及纂：[嘉庆]息县志，嘉庆四年（1799）刊本，八卷首一卷。

[332]（清）赵辉棣修，夏缙卿纂：[光绪]续修息县志，光绪六年（1880）刊本，不分卷。

[333]（清）佚名编：[清末]息县乡土志，清末修抄本，不分卷。

[334]（清）朱璘纂修：[康熙]南阳府志，康熙三十三年（1694）刊本，六卷。

[335]（清）孔传金纂修：[嘉庆]南阳府志，嘉庆十二年（1807）刊本，六卷。

[336]（清）张光祖修，宋景恩、徐永芝纂：[康熙]南阳县志，康熙三十二年（1693）刊本，六卷。

[337]（清）潘守廉修，张嘉谋、张凤冈纂：[光绪]南阳县志，光绪三十年（1904）刊本，十二卷。

[338]（清）潘守廉纂：[光绪]南阳府南阳县户口地土物产畜牧表，光绪三十年（1904）石印本，不分卷。

[339] 张嘉谋纂修：［民国］南阳县志，民国十五年（1926）稿本，十二卷。
[340] （清）程仪千修，马之起纂：［康熙］泌阳县志，康熙五十三年（1714）刊本，四卷。
[341] （清）倪明进修，栗郓纂：［道光］泌阳县志，道光八年（1828）刊本，十二卷首一卷。
[342] （清）赵德、万愫修，彭始超等纂：［康熙］邓州志，康熙三十三年（1694）刻本，八卷。
[343] （清）蒋光祖修，姚之琅纂：［乾隆］邓州志，乾隆二十年（1755）刊本，二十四卷。
[344] 邓县修志馆编：［民国］重修邓县志，民国三十一年（1942）稿本，三十六卷。
[345] （清）吕柳文修，牛天枢纂，崔赫等增修，魏尚信等增纂：［康熙］叶县志，康熙五十八年（1719）刻本，八卷。
[346] （清）石其灏修，程沭纂：［乾隆］叶县志，乾隆十一年（1746）刻本，八卷。
[347] 欧阳霖、张佩训修，仓景恬、胡廷桢纂：［同治］叶县志，同治十年（1871）刊本，十卷。
[348] （清）丁永琪修，李辙纂：［乾隆］舞阳县志，乾隆十年（1745）刊本，十二卷。
[349] （清）王德瑛纂修：［道光］舞阳县志，道光十五年（1835）刊本，十二卷首一卷。
[350] （清）高士铎修，樊翰纂：［康熙］续修桐柏县志，康熙三十四年（1695）刊本，四卷。
[351] （清）鞏敬绪修，李南晖纂：［乾隆］桐柏县志，乾隆十八年（1753）刻本，八卷首一卷。
[352] （清）郭治纂修：［康熙］淅川县志，康熙二十九年（1690）刊本，八卷。
[353] （清）徐光第纂修：［咸丰］淅川厅志，咸丰十一年（1861）刊本，四卷。
[354] （清）张琮修，崔皋宣纂：［康熙］镇平县志，康熙三十四年（1695）刊本，胶卷三卷。
[355] （清）吴联元修，王翊运纂：［光绪］镇平县志，光绪二年（1876）刻本，六卷。
[356] （清）董学礼纂修，宋名立续修：［乾隆］裕州志，乾隆五年（1740）补刻本，六卷。
[357] 杜续赞修，张嘉谋纂：［民国］方城县志，民国三十一年（1942）铅印本，八卷。
[358] （清）武国枢纂修：［康熙］新野县志，康熙五十一年（1712）刊本，胶卷八卷。
[359] （清）徐金位纂修：［乾隆］新野县志，乾隆十九年（1754）刊本，九卷首一卷。
[360] 赵莲溪纂：［民国］新野县志，民国七年（1918）手稿资料，六卷。
[361] （清）宝鼎望修，高佑釲纂：［康熙］内乡县志，康熙三十二年（1693）刊本，十二卷。
[362] （清）宝鼎望原本，张福永增修：［康熙］内乡县志，康熙五十一年（1712）增补三十二年（1693）本，十二卷。
[363] （清）佚名纂：［同治］内乡通考，同治三年（1864）稿本，十卷。
[364] 王铎纂修：［民国］内乡县志，民国二十一年（1932）石印本，十二卷首一卷。
[365] （清）平鄩鼎修，李璜纂：［康熙］唐县志，康熙三十五年（1696）刻本，八卷首一卷。
[366] （清）黄文莲修，吴泰来纂：［乾隆］唐县志，乾隆五十二年（1787）刻本，十卷。
[367] （清）陈之焜修，张睿、曹鹏翊纂：［乾隆］南召县志，乾隆十一年（1746）刊本，四卷。
[368] （清）李于垣修，杨元锡纂：［嘉庆］长垣县志，嘉庆十五年（1810）刊本，十六卷。
[369] （清）葛之铺、陈寿昌修，蒋庸、郭余裕纂：［道光］续长垣县志，道光二十九年（1849）刊本，二卷。

资料汇编

[1] 北京图书馆编. 民国时期总书目: 教育·体育（1911—1949）[M] 北京: 书目文献出版社, 1995.
[2] 陈谷嘉, 邓洪波主编. 中国书院史资料 [M]. 杭州: 浙江教育出版社, 1998.
[3] 陈学恂主编. 中国近代教育史教学参考资料 [M]. 北京: 人民教育出版社, 1986—1987.
[4] 陈学恂主编. 中国近代教育大事记（上中下）[M]. 上海: 上海教育出版社, 1981.
[5] 河南地方志综录编辑组. 河南地方志综录 [M]. 1981.
[6] 河南省教育志编辑室. 河南教育资料汇编（清代部分）[M]. 1983.
[7] 李国钧主编. 清代前期教育论著选 [M]. 北京: 人民教育出版社, 1990.
[8] 吕友仁主编. 中州文献总录 [M]. 郑州: 中州古籍出版社, 2002.
[9] 璩鑫圭主编. 中国近代教育史资料汇编 [M]. 上海: 上海教育出版社, 1991—1994.
[10] 全国图书联合目录编辑组编. 全国中文期刊联合目录（1833—1949）[M]. 北京: 书目文献 出版社, 1981.
[11] 舒新城编. 中国近代教育史资料 [M]. 北京: 人民教育出版社, 1981年3月第2版.
[12] 尹德新主编. 历代教育笔记资料第四册清代部分 [M]. 北京: 中国劳动出版社, 1993.
[13] 赵所生, 薛正兴主编. 中国历代书院志（共16册）[M]. 南京: 江苏教育出版社, 1995.
[14] 中国科学院北京天文台主编. 中国地方志联合目录 [M]. 北京: 中华书局, 1985.
[15] 中国人民政治协商会议河南省委员会文史资料研究委员会编. 河南文史资料: 第九辑 [M]. 郑州: 河南人民出版社, 1984.
[16] 中国人民政治协商会议河南省汲县学习文史委员会编. 汲县文史资料: 第一辑 [M]. 1988.
[17] 朱有瓛主编. 中国近代学制史料 [M]. 上海: 华东师范大学出版社, 1983—1993.
[18] 上海图书馆编. 中国近代期刊篇目汇录: 第二卷 [M]. 上海: 上海人民出版社, 1979—1982.

今人论著

著作类:

[1] 梁方仲编著. 中国历代户口、田地、田赋统计 [M]. 上海: 上海人民出版社, 1980.
[2] 谭其骧主编. 中国历史地图集 [M]. 北京: 中国地图出版社, 1987.
[3] 白新良. 中国古代书院发展史 [M]. 天津: 天津大学出版社, 1995.
[4] 陈谷嘉, 邓洪波主编. 中国书院制度研究 [M]. 杭州: 浙江教育出版社, 1997.
[5] 陈元晖编著. 中国古代的书院制度 [M]. 上海: 上海教育出版社, 1981.
[6] 程勉中. 中国书院书斋 [M]. 重庆: 重庆出版社, 2002.
[7] 程民生. 河南经济简史 [M]. 北京: 中国社会科学出版社, 2005.
[8] 程有为, 王天奖主编. 河南通史 [M]. 郑州: 河南人民出版社, 2005.
[9] 邓洪波编著. 中国书院学规 [M]. 长沙: 湖南大学出版社, 2000.
[10] 邓洪波编著. 中国书院章程 [M]. 长沙: 湖南大学出版社, 2000.

[11] 邓洪波，彭爱学主编. 中国书院揽胜 [M]. 长沙：湖南大学出版社，2000.
[12] 邓洪波. 中国书院史 [M]. 上海：东方出版中心，2004.
[13] 樊克政. 中国书院史 [M]. 台北：文津出版社，1995.
[14] 关晓红. 晚清学部研究 [M]. 广州：广东教育出版社，2000.
[15] 胡昭曦. 四川书院史 [M]. 成都：巴蜀书社，2000.
[16] 季啸风. 中国书院辞典 [M]. 杭州：浙江教育出版社，1996.
[17] 姜国钧. 中国教育周期论 [M]. 北京：北京大学出版社，2005.
[18] 李兵. 书院与科举关系研究 [M]. 武汉：华中师范大学出版社，2005.
[19] 李才栋. 中国书院研究 [M]. 南昌：江西高校出版社，2005.
[20] 李纯蛟. 科举时代的应试教育 [M]. 成都：四川出版集团巴蜀书社，2004.
[21] 李春祥，侯福禄主编. 河南考试史 [M]. 郑州：中州古籍出版社，1995.
[22] 李国钧主编. 中国书院史 [M]. 长沙：湖南教育出版社，1994.
[23] 刘少雪. 书院改制与中国高等教育近代化 [M]. 上海：上海交通大学出版社，2004.
[24] 刘卫东，高尚刚编著. 河南书院教育史 [M]. 郑州：中州古籍出版社，1991.
[25] 刘卫东，焦峰主编. 中国成人教育史 [M]. 北京：中国文史出版社，2005.
[26] 刘正伟. 督抚与士绅：江苏教育近代化研究 [M]. 石家庄：河北教育出版社，2001.
[27] 罗明东. 教育地理学 [M]. 昆明：云南大学出版社，2003.
[28] 商丽浩. 政府与社会：近代公共教育经费配置研究 [M]. 石家庄：河北教育出版社，2001.
[29] 申志诚，孙增福等编著. 河南近现代教育史稿 [M]. 开封：河南大学出版社，1990.
[30] 孙培青主编. 中国教育史 [M]. 上海：华东师范大学出版社，1992.
[31] 吴宣德. 中国区域教育发展概论 [M]. 武汉：湖北教育出版社，2003.
[32] 吴霓. 中国古代私学发展诸问题研究 [M]. 北京：中国社会科学出版社，1996.
[33] 徐玉坤主编. 河南教育名人传 [M]. 郑州：河南人教育出版社，1989.
[34] 徐玉坤主编. 河南教育大事记 [M]. 郑州：河南教育出版社，1993.
[35] 王炳照. 中国古代书院 [M]. 北京：商务印书馆，1998.
[36] 王炳照主编. 中国私学·私立学校·民办教育研究 [M]. 济南：山东教育出版社，2002.
[37] 王日新，蒋笃运主编. 河南教育通史 [M]. 郑州：大象出版社，2004.
[38] 王天奖. 太平军在河南 [M]. 郑州：河南人民出版社，1974.
[39] 阎广芬. 经商与办学：近代商人教育活动研究 [M]. 石家庄：河北教育出版社，2001.
[40] 杨布生，彭定国编著. 中国书院与传统文化 [M]. 长沙：湖南教育出版社，1992.
[41] 杨念群. 中层理论 [M]. 南昌：江西教育出版社，2001.
[42]（英）约翰斯顿著. 蔡运龙，江涛译. 哲学与人文地理学 [M]. 北京：商务印书馆，2000.
[43] 章柳泉. 中国书院史话：宋元明清书院的演变及其内容 [M]. 北京：教育科学出版社，1981.
[44]（美）张信著. 岳谦厚张玮译. 二十世纪初期中国社会之演变：国家与河南地方精英 [M]. 北京：中华书局，2004.
[45] 张正藩. 中国书院制度考 [M]. 台北：中华书局，1981.

[46] 赵泉澄. 清代地理沿革表 [M]. 北京：中华书局，1955.

论文类：

[1] 罗季龙. 中国书院制度之研究 [D]. 国立武汉大学，哲学教育系毕业论文民国26年（1937）.

[2] 王洪瑞. 河南书院地理初探 [D]. 陕西师范大学，硕士学位论文2000年4月.

[3] 叶后坡. 明清南阳书院研究 [D]. 陕西师范大学，硕士学位论文2006年4月.

[4] 班书阁. 书院兴废考 [J]. 河北省立女子师范学院（天津）主办《女师学院期刊》，1933，2（1）.

[5] 曹松叶. 宋元明清书院概况 [J]. 中山大学语言历史研究所主办《中山大学语言历史研究所周刊》第10辑第111—115期，1929—1930年出刊.

[6] 曹雪琴. 河南近代社会经济发展缓慢的一个重要原因：从地理环境对人思想观念的影响说起 [J]. 郑州大学学报（哲社版），1992（06）.

[7] 陈代光. 历史地理学的研究对河南经济建设的作用 [J]. 中原地理研究，1985（1）.

[8] 陈剩勇. 清代社学与中国古代官办初等教育体制 [J]. 历史研究，1995（6）.

[9] 程凯. 河南古代教育发展述略 [J]. 史学月刊，1994（5）.

[10] 程凯，赵国权. 近代河南教育改革与发展述略 [J]. 河南社会科学，1995（4）.

[11] 程凯，赵国权. 清末河南教育状况探究 [J]. 史学月刊，1995（6）.

[12] 程新. 张嘉谋 [J]. 南都学坛（社科版），1990（1）

[13] 戴金瑛. 河南女学教育 [J]. 中州今古，2001（1）.

[14] 邓亦兵. 清代河南漕运述论 [J]. 中州学刊，1985（5）.

[15] 邓亦兵. 对近代河南经济问题的一点思考 [J]. 中州学刊，1989（2）.

[16] 邓玉娜. 清代河南集镇的发展特征 [J]. 陕西师范大学学报（哲社版），2005（4）.

[17] 窦克武，杨文君. 为河南乡村教育做出贡献的王拱璧 [J]. 河南大学学报（社科版），1984（6）.

[18] 丁孟轩. 捻军在河南 [J]. 中州学刊，1986（1）.

[19] 高全余. 略述河南留学欧美预备学校 [J]. 学习论坛，1996（6）.

[20] 高尚刚. 李时灿与河南近代教育报刊 [J]. 中州今古，1994（5）.

[21] 高有鹏. 中国现代民间文化科学史上的河南学者略论 [J]. 河南大学学报（社科版），1997（5）.

[22] 顾建娣. 咸同年间河南的圩寨 [J]. 近代史研究，2004（1）.

[23] 郭彦玲. 中原名儒孙奇逢 [J]. 中州今古，2003（1）.

[24] 何宏波，董海立，宁娟. 中州巨擘学界楷模：写在嵇文甫先生百年诞辰之际 [J]. 河南社会科学，1995（6）.

[25] 蒋立松. 清前期贵州少数民族地区社学、义学发展述略 [J]. 贵州民族研究，1998（4）.

[26] 蒋维乔. 清末民初教育史料 [J]. 光华大学半月刊，1936，5（1）和1936，5（2）.

[27] 李兵，唐亚阳民间捐输对清代书院发展的影响及其现代意义 [J]. 交通高教研究，2002（4）

[28] 李并成，吴超. 清代甘肃书院的时空分布特征 [J]. 青岛科技大学学报（社科版），2005（2）.

[29] 李可. 清代云南"义学"初探 [J]. 昆明师专学报（哲社版），1992（1）.

[30] 李颖. 清代台湾土番社学述略：兼论清廷治番的文化政策 [J]. 福建省社会主义学院学报，2000（1）.

[31] 李德昌. 周口回族教育的历史、现状与发展对策［J］. 回族研究, 1997（4）.

[32] 李振宏.《刘桢》年谱的史料价值［J］. 史学月刊, 2001（3）.

[33] 廖志豪. 苏州府的府学、书院、社学与义塾［J］. 苏州铁道师院学报（社科版）, 1993（2）.

[34] 刘卫东. 青年冯友兰与河南大学［J］. 河南大学学报（社会科学版）, 1998（3）.

[35] 刘卫东. 李时灿：开创河南近代教育的先驱者［J］. 河南大学学报（社科版）, 2002（5）.

[36] 刘增杰. 刘氏兄妹与河南大学［J］. 河南大学学报（社科版）, 1998（6）.

[37] 刘喆. 河南近代著名进步教育家李时灿［J］. 河南大学学报（哲社版）, 1985（6）.

[38] 柳诒徵. 江苏书院志初稿［J］. 江苏省立国学图书馆年刊, 第4期专著栏, 1932年出刊.

[39] 买文兰. 绅士与地方：以河南士绅王锡彤为个案的透视［J］. 河南师范大学学报（哲社版）, 2004（5）.

[40] 潘大礼. 清代前中期珠江流域公共领域的发展：以该地区社学为例［J］. 台声·新视角, 2005（12）.

[41] 彭勇. 广收人材以资吏治：清前期河南地方教育体系略探［J］. 南都学坛（哲社版）, 2000（1）.

[42] 任唯贤. 为河南教育文化事业做出巨大贡献的张嘉谋［J］. 河南师大学报（社科版）, 1984（3）.

[43] 单远慕. 中原古代教育［J］. 天中学刊, 1996（4）.

[44] 苏云峰. 张之洞与湖北教育改革［J］. 台北中央研究院近代史研究所专刊, 第35辑, 1976.

[45] 王保国. 地理环境与中原文化的特征［J］. 寻根, 2005（2）.

[46] 王洪瑞. 清代河南书院的地域分布特征［J］. 史学月刊, 2004（10）.

[47] 王珂. 汤斌的思想渊源和实践［J］. 商丘师范学院学报, 2005（1）.

[48] 王镜第. 书院通征［J］. 北平清华学校研究院主办《国学论丛》, 1927, 1（1）.

[49] 王明钦. 清末河南学校的教员管理［J］. 史学月刊, 1993（3）.

[50] 王善军. 宋代族塾义学的兴盛及其社会作用［J］. 中国史研究, 1999（2）.

[51] 王天奖. 清末河南兴学述略［J］. 河南师范大学学报（哲社版）, 1984（1）.

[52] 王天奖. 近代河南的旧式学塾［J］. 商丘师范学院学报, 1995（1）.

[53] 王天奖. 民国时期河南的学校教育［J］. 河南大学学报（社科版）, 1996（3）.

[54] 王中茂. "五四"前后河南的教育改革述论［J］. 洛阳大学学报（自然科学版）, 1997（1）.

[55] 汪维真. 刘青霞慨捐救国事实及原因探析［J］. 河南大学学报（社会科学版）, 2003（1）.

[56] 吴景贤. 安徽书院沿革考［J］. 安徽省立图书馆（安庆）主办《学风》, 1932, 2（4/5/6/7/8）.

[57] 薛也孝. 论英国福公司在中国的投资经营活动［J］. 河南理工大学学报（社科版）, 2005（2）.

[58] 薛毅. 清代河南的采煤业［J］. 中州煤炭, 1987（4）.

[59] 许梦瀛, 孙顺霖. 嵩阳书院理学教育窥探［J］. 河南师范大学学报（哲社版）, 1997（4）.

[60] 严雄飞. 清代民间教育的种类及社会功能［J］. 湖北工学院学报, 2000（4）.

[61] 严雄飞等. 清代民间教育的近代化及意义［J］. 北京工业大学学报（社科版）, 2002（2）.

[62] 严雄飞. 清代民间教育的特点及其社会地位［J］. 北京理工大学学报（社科版）, 2002（4）.

[63] 杨玉润. 清末禹州朝阳门清真寺办义学事迹［J］. 中国穆斯林, 1995（1）.

[64] 姚娟, 刘锡涛. 清代安徽书院的地域分布特点［J］. 阜阳师范学院学报（社科版）, 2006（5）.

[65] 张玮. 河南回族教育述略［J］. 宁夏社会科学, 1998（6）.

[66] 赵滨予. 王锡彤与《抑斋自述》述评 [J]. 商丘师范学院学报, 2002 (3).

[67] 赵长海. 从河南文献网站看知识经济时代方志工作的新趋势 [J]. 中国地方志, 2003 (5).

[68] 郑永福. 从理学家到著名实业家的王锡彤: 一个近代中原士绅的嬗变追踪 [J]. 郑州大学学报 (哲社版), 2003 (2).

[69] 郑永福. 王锡彤与京师自来水公司 [J]. 中州今古, 2002 (4).

[70] 郑永福. 近代中州著名实业家王锡彤 [J]. 中州今古, 1997 (1).

[71] 智夫成. 李时灿与中州先哲传 [J]. 河南大学学报 (哲社版), 1990 (1).